Manual Avanzado de

Microsoft®

Word 2002

Office XP

MANUAL AVANZADO

RESPONSABLE EDITORIAL:
Eugenio Tuya Feijoó

AUTOEDICIÓN:
Tomás Eisman Cano
(SEVEN Servicios Integrales)

DISEÑO DE CUBIERTA:
Gracia Fernández-Pacheco

Manual Avanzado de

Microsoft®

Word 2002

Office XP

Ana Martos Rubio

ANAYA MULTIMEDIA

Juan Ignacio Luca de Tena, 15. 28027 Madrid
Depósito legal: M. 35.191 - 2001
ISBN: 84-415-1231-0
Printed in Spain
Imprime: Artes Gráficas Guemo, S.L.
Febrero, 32. 28022 Madrid

Índice

Cómo usar este libro 17
Destinatarios de este libro 18
Organización del libro 18
Capítulo 0 - ¿Qué sabemos de Word hasta hoy? 18
Capítulo 1 – Personalización del entorno para trabajar 18
Capítulo 2 – Control y optimización de Word 18
Capítulo 3 – Gestión avanzada de plantillas 18
Capítulo 4 – Gestión avanzada de formatos y estilos 18
Capítulo 5 – Autoedición 18
Capítulo 6 – Herramientas avanzadas de escritura 18
Capítulo 7 - Gestión de archivos 19
Capítulo 8 – Tareas avanzadas con tablas 19
Capítulo 9 – Funciones avanzadas de Word 19
Capítulo 10 – Combinar correspondencia 19
Capítulo 11 – El trabajo con documentos grandes o numerosos 19
Capítulo 12 – Organización del trabajo 19
Capítulo 13 – El trabajo con OLE y multimedia 19
Capítulo 14 – El menú Insertar y la Galería Multimedia 19
Capítulo 15 – Control del documento 19
Capítulo 16 – Importación y exportación 20
Capítulo 17 – Envío de formularios por correo electrónico y fax ... 20
Capítulo 18 – Las herramientas de programación de Word 20

Capítulo 19 – Recursos compartidos de Office XP 20
Capítulo 20 – Herramientas para Internet 20
Apéndice A – Instalación personalizada de Word 2002 20
Apéndice B – Contenido del CD-ROM 20
Apéndice C – Tabla de consulta rápida 20
Convenios que emplea este libro 20
Los ejemplos en la web de Anaya 21

Introducción 23

Microsoft Word 2002 versión eXPerience 24
Las novedades de Word 2002 24
Abrir y reparar 24
Barra de herramientas Contar palabras 24
Borrar formato 25
Comandos de voz 25
Comentarios de voz 25
Cuadro de ayuda 25
Estilos de lista 25
Estilos de tabla 25
Estilos y formato 25
Etiquetas inteligentes 25
Lienzo de dibujo 25
Marcas de agua impresa 25
Marcas de revisión 25
Mostrar formato 25
Ocultar espacio en blanco 26
Opciones de Autocorrección 26
Opciones de pegado 26
Opciones del Portapapeles 26
Paneles de tareas 26
Recuperación de documentos y aplicaciones 26
Selecciones múltiples 26
Soporte para nuevos idiomas 26
Traducir 26
Antes de abordar el manual avanzado de Word 2002 26

Capítulo 0. ¿Qué sabemos de Word hasta hoy? 27

Lo imprescindible de Word 28
Creación de documentos 29
Técnicas básicas de procesamiento de textos 29

Los formatos 31
Formatos básicos 31
Formatos avanzados 32
Composición de un documento 34
Las herramientas de escritura de Word 35
Las tablas 36
Estilos y plantillas 38
Los estilos 38
Las plantillas 39
Técnicas básicas para combinar correspondencia 40
Introducción a las macros 41
Personalización básica del entorno 41
Word y los gráficos 42
Word frente a Internet 43

Capítulo 1. Personalización del entorno para trabajar 45

Por qué es importante personalizar Word 46
Personalización del inicio de Word 47
Los modificadores 48
Personalización de los menús y las barras de herramientas 51
Barras de herramientas ancladas y flotantes 52
Paletas y menús flotantes 54
Creación de una barra de herramientas 54
Manipulación de los botones de las barras de herramientas 55
Personalización de los menús desplegables 58
Personalización de los menús emergentes 61
Resumen 62

Capítulo 2. Control y optimización de Word 65

Recomendaciones para optimizar Word 66
Personalización del cuadro de diálogo Opciones para mejorar el rendimiento de Word 68
Personalización de Word para adecuar su funcionamiento al trabajo personal 71
Resumen 81

Capítulo 3. Gestión avanzada de plantillas 83

Las plantillas 84
Aplicación de plantillas globales y complementos 86
Personalización de una plantilla 89

Creación de una plantilla ... 89
Ejemplo: creación de plantillas ... 90
La Galería de plantillas de Microsoft Office ... 98
De Microsoft España ... 100
De Microsoft.com ... 102
Resumen ... 103

Capítulo 4. Gestión avanzada de formatos y estilos ... 105

Los estilos de Word ... 106
El panel de tareas Mostrar formato ... 106
El Panel de tareas Estilos y formato ... 108
Creación de estilos ... 110
Estilos automáticos de Word ... 110
Creación de estilos personalizados ... 112
Aplicación de estilos con métodos abreviados ... 117
Creación de los restantes estilos ... 118
Las listas numeradas y con viñetas ... 121
Técnicas para copiar formatos y estilos ... 123
Búsqueda y reemplazo de estilos ... 126
El Organizador de plantillas y estilos ... 128
Resumen ... 129

Capítulo 5. Autoedición ... 131

Creación de un documento a partir de una plantilla personalizada ... 132
La carta ... 132
El folleto ... 133
El trabajo con columnas periodísticas ... 134
La línea divisoria ... 135
Los títulos en las columnas periodísticas ... 135
Control de la longitud de las columnas periodísticas ... 135
Columnas desiguales ... 136
Las imágenes ... 137
Inserción de imágenes en el folleto ... 138
Control de imágenes con columnas periodísticas ... 138
Orden de las imágenes ... 140
Números de página ... 142
Traslado de párrafos en un documento ... 143
Técnica para copiar texto e imágenes en Word ... 144
Los guiones ... 1

Tipos de guiones de Word 2002 ... 146
Eliminación de guiones ... 147
Otras técnicas avanzadas de autoedición ... 147
Letras capitales ... 147
Notas al pie y notas al final ... 148
Resumen ... 151

Capítulo 6. Herramientas avanzadas de escritura ... 153

La corrección ortográfica y gramatical ... 154
Opciones de Gramática ... 155
Creación y empleo de diccionarios personalizados ... 155
Empleo del diccionario personalizado ... 157
Opciones de Autocorrección ... 158
Las entradas de Autotexto ... 159
Inserción de entradas de Autotexto ... 160
Eliminación de entradas de Autotexto ... 161
La barra de herramientas Autotexto ... 161
Las entradas de Autotexto y las plantillas ... 162
La función Autocompletar ... 163
¿Autotexto o Autocorrección? ... 164
Selección múltiple y cambio de mayúsculas y minúsculas ... 165
Cambio de idioma ... 165
Soporte para otros idiomas ... 167
El nuevo comando Traducir ... 168
Resumen ... 169

Capítulo 7. Gestión de archivos ... 171

Gestión de archivos con los cuadros de diálogo Abrir y Guardar como ... 172
Abrir, guardar y cerrar todos los documentos a la vez ... 172
Cambiar de nombre y eliminar archivos ... 173
Abrir y reparar ... 175
Opciones de seguridad ... 175
Recuperación de documentos y aplicaciones ... 175
Herramientas de búsqueda ... 178
El cuadro de diálogo Buscar ... 178
Los paneles de tareas Búsqueda básica y Búsqueda avanzada ... 179
Herramientas de Windows ... 180
La impresión del documento ... 181

Selección de la impresora ... 181
Configuración de la página para impresión ... 182
Control de la impresión ... 183
Imprimir en un archivo ... 189
El Administrador de impresión ... 190
Resumen ... 191

Capítulo 8. Tareas avanzadas con tablas ... 193

Dibujo de tablas complejas ... 194
La barra de herramientas Tablas y bordes ... 194
Creación de una tabla ... 197
El formato de la tabla ... 198
Propiedades de la tabla ... 199
El formato de las celdas ... 199
Inserción de una hoja de cálculo en Word ... 209
Resumen ... 209

Capítulo 9. Funciones avanzadas de Word ... 211

Los códigos de campo ... 212
Tipos de campos ... 212
Inserción de códigos de campo en un documento de Word ... 213
Campos de número de página ... 215
Campos para contar palabras, caracteres, párrafos y líneas ... 216
Equivalencia de los nombres de campos en español e inglés ... 218
Gestión de los códigos de campo ... 220
Formato de los resultados de un campo ... 222
Modificadores de campo ... 222
Métodos para actualizar los campos ... 228
El sombreado de los campos ... 228
Eliminación de campos ... 229
Bloquear y desvincular campos ... 230
Campos anidados ... 230
Los marcadores ... 231
Creación de marcadores ... 231
Los nombres de los marcadores ... 232
Eliminación de marcadores ... 232
Visualización de los marcadores ... 232
Los marcadores como herramientas de búsqueda ... 233
Inclusión de marcadores en los campos de fórmula ... 234

Copiar, cortar y pegar elementos señalados con marcadores 235
Resumen 236

Capítulo 10. Combinar correspondencia 237

Las herramientas de combinación de correspondencia 238
El Panel de tareas Combinar correspondencia 238
Los Asistentes 238
La barra de herramientas Combinar correspondencia 239
Los campos de combinación y los campos de Word 240
Las plantillas para combinar correspondencia 240
El archivo de origen de datos 240
El proceso de Combinar correspondencia 243
La base de datos 243
Opciones de consulta 245
Opciones de la barra de herramientas Base de datos 247
Creación de una lista 248
El documento principal 249
Inserción de campos 250
Combinar correspondencia 254
El Asistente para la conexión de datos 257
Consultas con Microsoft Query 257
Creación de sobres y etiquetas 258
Resumen 259

Capítulo 11. El trabajo con documentos grandes o numerosos 261

La vista Esquema 262
La barra de herramientas Esquema 262
Creación de un esquema 264
El trabajo con esquemas 266
El trabajo con varias ventanas 270
En Word 270
Con Windows 271
Inserción de archivos 272
Insertar como vínculo 273
Los documentos maestros 275
Creación de un documento maestro 276
Gestión de los documentos maestros y subdocumentos 280
Apertura y cierre de subdocumentos 284

Modificación de los subdocumentos ... 285
Impresión de documentos maestros y subdocumentos ... 286
Enlazar documentos con hipervínculos ... 286
Resumen ... 287

Capítulo 12. Organización del trabajo ... 289

Índices alfabéticos de varios niveles ... 290
Creación de un índice alfabético ... 290
Creación de un índice de ejemplo ... 293
Archivos de concordancia ... 297
Modificadores para los campos de índice ... 300
Inserción de referencias cruzadas ... 301
Los Títulos de Word 2002 ... 303
Números de página con número de capítulo ... 305
Las tablas de contenido ... 305
Creación de tablas de ilustraciones y autoridades ... 307
Gestión de índices y tablas ... 309
Actualización ... 309
Modificación ... 310
Eliminación ... 310
Bloqueo ... 310
Conversión de un índice o una tabla en texto normal ... 310
Resumen ... 311

Capítulo 13. El trabajo con OLE y multimedia ... 313

Incrustación frente a vinculación ... 314
Los objetos vinculados ... 314
Los objetos incrustados ... 314
Incrustación de objetos en un documento de Word ... 315
El cuadro de diálogo Objeto ... 315
El submenú Imagen ... 317
Vinculación de objetos a un documento de Word ... 318
La casilla de verificación Vincular al archivo ... 319
La opción Insertar como vínculo ... 319
El comando Pegado especial ... 320
El comando Pegar como hipervínculo ... 330
El cuadro de diálogo Insertar hipervínculo ... 330
Resumen ... 333

Capítulo 14. El menú Insertar y la Galería Multimedia 335

Los cuadros de texto 336
El cuadro de diálogo Formato del cuadro de texto 337
Los cuadros de texto frente a los marcos 338
Vinculación de cuadros de texto 339
El Panel de tareas Insertar imagen prediseñada 342
Búsqueda de imágenes en el Panel de tareas 342
Gestión de imágenes en el Panel de tareas 344
Palabras clave 347
Las propiedades de las imágenes 348
La Galería multimedia de Office 348
Gestión de la Galería multimedia 349
El Lienzo de dibujo de Word 352
La opción Ocultar espacio en blanco 354
Las opciones para manipular figuras 354
Resumen 358

Capítulo 15. Control del documento 359

Propiedades de los documentos de Word 360
Versiones del documento 361
Gestión de las versiones 361
La revisión del documento 363
La ficha Control de cambios 363
La barra de herramientas Revisión 365
Los revisores 368
Los comentarios 369
Procedimiento de control de cambios 372
Protección para el control de cambios 373
Aplicación del control de cambios 374
Aceptar o rechazar cambios y comentarios 375
Otros métodos de búsqueda de cambios y comentarios 376
Envío de documentos para revisión 377
La opción Comparar y combinar documentos 377
Resumen 378

Capítulo 16. Importación y exportación 381

Las funciones de importación y exportación de Word 2002 382
Compartir archivos con Word para Macintosh 383
Los archivos de texto 384

Importación de direcciones de la Libreta de Outlook 384
Importación de datos del Registro de configuraciones de Windows 386
Intercambio de información entre programas de la suite Office XP 387
Enviar a PowerPoint 388
Exportar a Access 389
Intercambio con Excel 390
Importación de gráficos 392
El Portapapeles de Office XP 394
Opciones del Portapapeles 395
Reemplazo de datos con el contenido del Portapapeles 396
Copia de elementos de otros programas 396
Importación con la técnica de arrastrar y colocar 397
Resumen 398

Capítulo 17. Envío de formularios por correo electrónico y fax 399

Los Temas de Word 400
Creación de formularios 400
Formularios impresos 401
Formularios en pantalla 402
Protección de los formularios 407
Comprobación del formulario 407
Más sobre el diseño de los formularios 409
Los controles ActiveX 409
Formularios Web 412
Distribución electrónica de documentos 413
Envío de documentos por fax 413
Envío de documentos por correo electrónico 420
Envío de documentos para distribución 414
Resumen 416

Capítulo 18. Las herramientas de programación de Word 417

Personalización de las macros de Word 418
Las macros automáticas de Word 420
El Organizador 421
Los virus de macros 422
La opción Seguridad 422
El Editor de VBA 425

La barra de herramientas Visual Basic 426
Las aplicaciones en VBA 427
El proyecto 427
La ventana de código 428
Los módulos y los procedimientos 429
Los objetos 430
Los eventos 433
Constantes y variables 433
La Ayuda de VBA 434
Los formularios 434
Microsoft Word en la Red 436
El Centro de descargas de Office 437
La base de conocimiento de Microsoft 439
Resumen 441

Capítulo 19. Recursos compartidos de Office XP 443

Las funciones compartidas de Office 444
El Ayudante de Office 444
Instalación del Ayudante de Office 446
Funcionamiento del Ayudante de Office 446
Configuración del Ayudante de Office 448
Desactivación del Ayudante de Office 449
El Editor de ecuaciones 449
Accesos rápidos al Editor de ecuaciones 450
Creación de ecuaciones con el Editor 451
Edición de las ecuaciones 453
Modificación del espacio predeterminado y la alineación 454
Las plantillas del Editor de ecuaciones 455
Las matrices 457
MathType 4 458
Microsoft Office Document Imaging y Scanning 459
Opciones de configuración 460
Microsoft Graph 461
Creación de un gráfico 462
Modificación del gráfico 462
Resumen 465

Capítulo 20. Herramientas para Internet 467

Word y la World Wide Web 468
Las barras de herramientas Web y Herramientas Web 468

Creación de páginas Web ... 471
Recomendaciones para el diseño de la página Web ... 472
Conversión de un documento de Word en página Web ... 474
Creación de una página Web con Word 2002 ... 476
Modificación de la página Web con Word ... 477
Los Temas de Word 2002 ... 477
Los Marcos de Word 2002 ... 479
La barra de herramientas Marcos ... 479
Creación de un marco ... 480
Propiedades de los marcos ... 481
Hipervínculos entre páginas Web y marcos ... 481
Las carpetas Web ... 482
Las ubicaciones FTP ... 483
Resumen ... 484

Apéndice A. Instalación personalizada de Word 2002 ... 485

Instalación de Microsoft Office XP ... 486
Opciones de instalación de Word ... 487
La instalación personalizada de Word 2002 ... 487
Instalación personalizada ... 488
Instalaciones posteriores ... 489

Apéndice B. Contenido del CD-ROM ... 493

El CD-ROM de acompañamiento ... 494
La carpeta Ejemplos ... 494
La carpeta Complementos ... 495

Apéndice C. Tabla de consulta rápida ... 501

Los métodos abreviados de Word 2002 ... 502

Índice alfabético ... 511

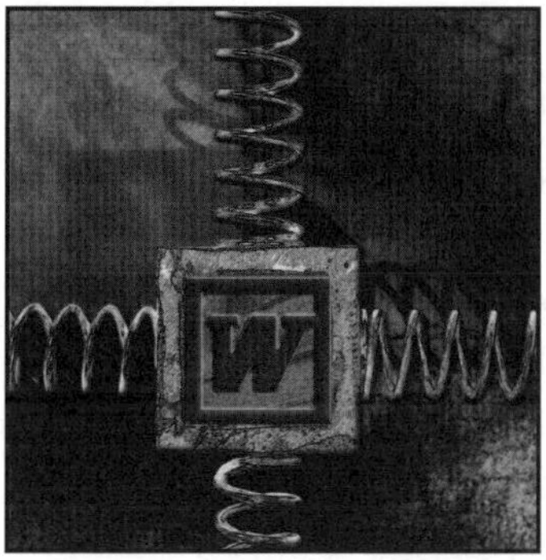

Cómo usar este libro

Destinatarios de este libro

Este libro está dirigido a todos los usuarios de Word 2002 que hayan superado la teoría y la práctica del nivel básico, contenidos en el *Manual Imprescindible de Word 2002* o en el correspondiente a la versión anterior, es decir, el *Manual Imprescindible de Word 2000*. También es recomendable para todos los usuarios de Word 2000 que migren a Word 2002 (Office XP), ya que este manual detalla el funcionamiento de las nuevas prestaciones del programa, explica su operación y ofrece ejemplos y prácticas.

Organización del libro

Este libro está dividido en 21 capítulos con los siguientes contenidos:

Capítulo 0 - ¿Qué sabemos de Word hasta hoy?: este capítulo realiza un recorrido por los recursos y funciones de Word aprendidos en los manuales esenciales de Word 2002 y Word 2000.

Capítulo1–Personalización del entorno para trabajar: este capítulo explica los métodos para personalizar el entorno de trabajo de Word y adecuarlo a las tareas a realizar, concretamente, a los ejemplos que se desarrollan a lo largo de varios capítulos.

Capítulo 2 – Control y optimización de Word: este capítulo explica nuevos métodos para personalizar y optimizar Word, principalmente los relativos al empleo del cuadro de diálogo Opciones.

Capítulo 3 – Gestión avanzada de plantillas: este capítulo explica la forma de crear plantillas para un folleto publicitario y una carta de acompañamiento, destinados a la explotación de la casa rural del primer ejemplo.

Capítulo 4–Gestión avanzada de formatos y estilos: este capítulo detalla la forma de crear estilos para el folleto y la carta, empleando los estilos creados en el capítulo anterior.

Capítulo 5 – Autoedición: este capítulo trata de la creación de la carta y del folleto a partir de la plantilla y de los estilos creados anteriormente y aplicando técnicas avanzadas de formato y autoedición.

Capítulo 6 – Herramientas avanzadas de escritura este capítulo profundiza en el conocimiento de algunas herramientas de escritura de Word descritas en el Manual Imprescindible. El ejemplo consiste en la aplicación de la corrección ortográfica a los documentos creados en los capítulos anteriores, la creación de un diccionario personalizado con un argot técnico específico y el cambio de minúsculas a mayúsculas.

Capítulo 7 - Gestión de archivos este capítulo trata de la gestión de archivos con las herramientas y cuadros de diálogo de Word, incluyendo el control preciso de la impresión, con el ejemplo de imprimir el folleto en una impresora ajena al ordenador en uso.

Capítulo 8 – Tareas avanzadas con tablas este capítulo trata de la creación de la factura para el ejemplo, con la base de una tabla de Word y la plantilla creada anteriormente.

Capítulo 9 – Funciones avanzadas de Word: este capítulo trata de los campos de Word y explica la forma de crear campos y marcadores, aplicados a los documentos del ejemplo.

Capítulo 10 – Combinar correspondencia: este capítulo describe un envío masivo del folleto publicitario para la promoción de la casa rural.

Capítulo 11 – El trabajo con documentos grandes o numerosos: este capítulo detalla el trabajo con la vista Esquema y con los documentos maestros, con un ejemplo de composición de un libro de relatos a partir de varios documentos independientes.

Capítulo 12 – Organización del trabajo: este capítulo enseña a crear y gestionar índices temáticos, tablas de contenido, tablas de ilustraciones, de autoridades y referencias cruzadas, así como a automatizar los títulos. El ejemplo consiste en crear índices y tablas para los documentos de ejemplo del capítulo anterior.

Capítulo 13 – El trabajo con OLE y multimedia: este capítulo abunda en las diferencias entre incrustar y vincular y describe diversos métodos y ejemplos utilizando esas tecnologías.

Capítulo 14 – El menú Insertar y la Galería Multimedia: este capítulo explica el funcionamiento de los cuadros de texto vinculados, detalla la forma de gestionar la Galería multimedia de Office y describe otros comandos del menú Insertar aplicados a uno de los documentos de ejemplo.

Capítulo 15 – Control del documento: este capítulo trata de las herramientas de Word para obtener información automática sobre un documento, así como para gestionar su revisión entre varias personas. El ejemplo continúa con la revisión de un documento de ejemplo procedente de capítulos anteriores.

Capítulo 16 – Importación y exportación: este capítulo explica los detalles del intercambio de archivos entre los distintos programas de la suite Office XP.

Capítulo 17 – Envío de formularios por correo electrónico y fax: este capítulo explica la forma de enviar documentos de Word por correo electrónico y por fax, utilizando recursos avanzados de Word. Incluye la creación de formularios en línea.

Capítulo 18 – Las herramientas de programación de Word: este capítulo profundiza en el conocimiento de las macros de Word y de sus posibilidades de programación.

Capítulo 19 – Recursos compartidos de Office XP: este capítulo explica los elementos de la suite Office que comparten los distintos programas y de los que Word puede beneficiarse.

Capítulo 20 – Herramientas para Internet: este capítulo da detalles sobre las herramientas y recursos de Word para la creación de páginas Web y para el trabajo en línea.

Apéndice A – Instalación personalizada de Word 2002: este apéndice detalla las opciones de instalación de Word y la forma de agregar o quitar elementos.

Apéndice B – Contenido del CD-ROM el CD-ROM contiene los archivos de libros de trabajo de los ejemplos, así como varios programas y utilidades.

Apéndice C – Tabla de consulta rápida: una tabla con las teclas de método abreviado para las funciones más habituales de Word 2002.

Convenios que emplea este libro

Las combinaciones de teclas que en la pantalla aparecen relacionadas con el signo más, como por ejemplo Ctrl+U, en este libro aparecen relacionadas con un guión e impresas en negrita, en este caso, **Control-U**.

Los nombres de botones, herramientas, fichas y combinaciones de teclas aparecen en negrita para facilitar su identificación, por ejemplo, el botón **Pegar**.

Los nombres de comandos, cuadros de diálogo, menús y submenús aparecen con un tipo de letra diferente para facilitar su identificación, por ejemplo, el menú Ventana.

Los comandos consecutivos a seleccionar aparecen separados por el signo mayor que (>) y en el orden de la selección. Por ejemplo, Archivo>Guardar como.

En el libro aparecen resaltados una serie de temas, circunstancias o acontecimientos extraordinarios de la siguiente forma:

Nota:

Comentarios o noticias fuera de texto.

Advertencia:

Información importante a tener en cuenta para la integridad del trabajo o del sistema.

Truco:

Consejo o información que puede facilitar un trabajo.

Los ejemplos en la web de Anaya

Los archivos de ejemplos utilizados en este libro se pueden obtener, además de en el CD-ROM de acompañamiento, en la web de Anaya Multimedia, en la dirección siguiente:

http://www.anayamultimedia.es

Seleccionando los menús: Atención al cliente>Complementos>Manuales Avanzados>Manual Avanzado Word 2002.

Introducción

Microsoft Word 2002 versión eXPerience

Microsoft Word llegó a España por primera vez en 1984. Entonces, los PC estaban iniciando su andadura con sistemas operativos como MS-DOS, CPM, Prologue o Pick, microprocesadores de 16 bits, con 640 K de memoria y 5 MHz. Word 1.0 operaba con MS-DOS a base de regletas sobre el teclado para recordar las combinaciones de teclas, por medio de pulsaciones, de tecleos, de mucho "Escape" y mucho Intro (entonces se llamaba Enter).

En aquella época, Word luchaba por abrirse paso entre los paquetes de Ofimática (entonces se llamaba Burótica) y por hacerse con una cuota de mercado frente a WordPerfect, Write y el todopoderoso WordStar.

En 1985, se oyó hablar de una trampa para capturar el ratón de Microsoft, un eslogan publicitario que hizo bastante ruido. Con el ratón incorporado, el trabajo con Word se hizo más llevadero. Las versiones fueron añadiendo nuevas prestaciones resultado del enriquecimiento de los recursos del programa, hasta la llegada de Windows, que supuso un enorme avance en las relaciones programa-usuario. Word para Windows llegó con grandes novedades que Word para MS-DOS ni siquiera pudo soñar: barras de herramientas, ventanas, botones... todo un mundo gráfico para una nueva interfaz.

Después, dejamos de asombrarnos. Word 7 se llamó Word para Windows 95, Word 8 llegó con el nombre de Word 97, Word 9 se ha venido conociendo como Word 2000 y, ahora, Word 10, la versión de la eXPeriencia, aparece como Word 2002.

Las novedades de Word 2002

Frente a Word 2000, Word 2002 trae bastantes novedades, algunas muy interesantes.

Las aprenderemos a lo largo del libro, cada una de ellas dentro de su contexto de operación. Pero ahora las veremos de forma sucinta:

Abrir y reparar:aparece en el cuadro de diálogo Abrir para reparar un archivo dañado.

Barra de herramientas Contar palabras: realiza un recuento rápido de palabras, caracteres, páginas y líneas.

Borrar formato: elimina todos los formatos del documento.

Comandos de voz: Office XP usa la funcionalidad de la tecnología de reconocimiento de voz. Por ahora, sólo funcionan en inglés y otros idiomas ajenos al nuestro, como chino simplificado y japonés. No vamos a tratarlos en este libro.

Comentarios de voz: Word 2002 permite insertar comentarios auditivos en los documentos. Pone en marcha la grabadora de sonidos.

Cuadro de ayuda: está situado en el extremo derecho de la barra de menú y muestra el mensaje "Escriba una pregunta". Equivale al Ayudante de Office, desactivado de forma predeterminada.

Estilos de lista: permite definir estilos para las listas numeradas o listas con viñetas.

Estilos de tabla: permite definir completamente los estilos de las tablas.

Estilos y formato: el Panel de tareas Estilos y formato muestra los estilos y formatos en uso en el documento activo.

Etiquetas inteligentes: las etiquetas inteligentes (por ahora, solamente para datos en inglés) son marcas que se insertan en nombres, direcciones de correo electrónico o fechas, para realizar tareas como agregar directamente a la libreta de direcciones los datos personales incluidos en un documento de Word. Se pueden obtener más etiquetas inteligentes en Internet, pulsando el botón **Más etiquetas inteligentes** del cuadro de diálogo Opciones de Autocorrección. El botón **Acciones de etiquetas inteligentes** aparece al apuntar con el ratón al texto subrayado con líneas de puntos color púrpura. Al hacer clic en el botón, aparece una lista de las acciones que se pueden realizar, por ejemplo, enviar correo, programar una reunión, abrir o agregar un contacto e insertar una dirección. No vamos a tratarlas en el libro.

Lienzo de dibujo: es un área del documento especial para organizar el tamaño y la posición de los objetos dibujados.

Marcas de agua impresa: Permite colocar una fotografía o ilustración como fondo del documento.

Marcas de revisión: una nueva ventana con lista desplegable para visualizar las marcas de revisión en la barra de herramientas Revisión.

Mostrar formato: El Panel de tareas Mostrar formato muestra las fuentes, formatos, tablas, imágenes o propiedades de la parte activa del documento.

Ocultar espacio en blanco: oculta el espacio en blanco entre dos páginas, en modo de ver Diseño de impresión.

Opciones de Autocorrección: nuevas opciones de control para la herramienta Autocorrección.

Opciones de pegado: el nuevo botón **Opciones de pegado** aparece automáticamente al pegar un texto, una figura u otro objeto procedente del Portapapeles.

Opciones del Portapapeles: el Panel de tareas Portapapeles de Office incorpora el Visor del Portapapeles a la barra de herramientas Portapapeles.

Paneles de tareas: los Paneles de tareas se acoplan a la ventana para ofrecer todas las opciones correspondientes a la tarea a realizar. Equivalen a los cuadros de diálogo.

Recuperación de documentos y aplicaciones: Word 2002 ofrece la posibilidad de guardar el documento activo en el caso de que se produzca un error en la aplicación.

Selecciones múltiples: es posible seleccionar de una sola vez diversas partes de un documento. El nuevo comando del cuadro de diálogo Buscar permite seleccionar objetos similares a los seleccionados.

Soporte para nuevos idiomas: Word 2002 soporta nuevos idiomas, como armenio, georgiano, hindi, persa, tamil, tailandés, vietnamita y urdu, que se incorporan al cuadro de diálogo Configuración regional del Panel de control. No vamos a tratarlo en el libro.

Traducir: permite traducir palabras a diferentes idiomas, según los diccionarios instalados.

Antes de abordar el manual avanzado de Word 2002

Antes de abordar el *Manual Avanzado de Word 2002*, es recomendable leer el *Manual Imprescindible de Word 2002*, publicado por Anaya Multimedia. Los contenidos de este Manual Avanzado son una continuación de los contenidos del Manual Imprescidible.

Capítulo 0

¿Qué sabemos de Word hasta hoy?

En este capítulo aprenderá a:

- Técnicas básicas de procesamiento de textos.
- Composición de un documento.
- Las herramientas de escritura de Word.
- Las tablas.
- Estilos y plantillas.
- Técnicas básicas para combinar correspondencia.
- Introducción a las macros.
- Word y los gráficos.

En este capítulo haremos un recorrido por los conocimientos básicos de Word aprendidos mediante el estudio y práctica del manual esencial.

Lo imprescindible de Word

En el anterior manual hemos aprendido lo imprescindible de Word, que abarca desde los primeros pasos con el programa para crear el primer documento, hasta el contacto con las numerosas técnicas de formato y edición y con las herramientas y recursos de escritura que Word ofrece no sólo para escribir, sino para crear páginas Web y programar con macros. Esta base cimentará el aprendizaje profundo de las mismas técnicas, herramientas y recursos, más otras muchas más avanzadas, novedosas y complejas.

Lo imprescindible de Word comprende, desde luego, el conocimiento y manejo de su interfaz gráfica, barras de herramientas, cuadros de diálogo, menús, etc. Dentro de ello, hemos aprendido a manejar los recursos de ayuda de Word, tanto el Ayudante de Office como la ayuda específica del programa.

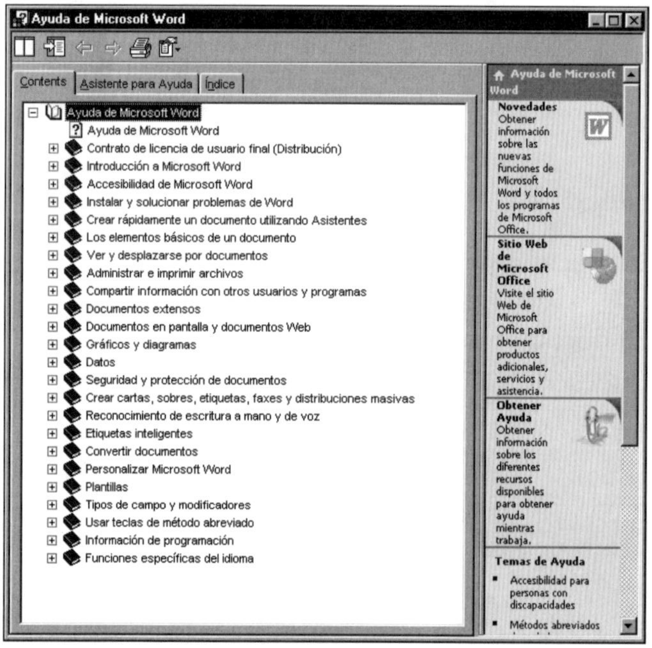

Figura 0.1. La Ayuda de Word

Creación de documentos

Los documentos se crean en base a una plantilla existente. Word ofrece numerosas plantillas predefinidas en las que basar los nuevos documentos y esas plantillas pueden modificarse para crear a su vez otras nuevas. En la creación de un documento hay algunas recomendaciones a tener en cuenta respecto al empleo de las teclas **Tab**, **Intro**, **Mayús** y la **Barra espaciadora**. La primera de ellas inserta saltos de tabulación, la segunda líneas en blanco, la tercera mantiene la caja alta de las letras y la cuarta inserta espacios en blanco.

La primera vez que se guarda un documento aparece entonces el cuadro de diálogo Guardar como que facilita la selección de un nombre y un emplazamiento adecuados para el nuevo documento. Cuando se modifica un documento, se puede guardar directamente con el comando o el botón **Guardar**, manteniendo el mismo nombre y ubicación.

Al cerrar un documento modificado, Word presenta un cuadro de aviso para solicitar guardar los cambios. Si se trata de un documento de nueva creación, Word presenta el cuadro de diálogo Guardar como.

Para abrir un documento se pueden emplear varias opciones:

- El comando Archivo>Abrir que da acceso al cuadro de diálogo Abrir.
- El menú Inicio>Documentos de Windows.
- Los últimos documentos utilizados aparecen en la parte inferior del menú Archivo.
- El comando Archivo>Buscar abre el cuadro de diálogo Buscar para localizar un archivo.

Técnicas básicas de procesamiento de textos

El desplazamiento en un documento se apoya en varios recursos:

- El teclado. Las flechas de desplazamiento, las combinaciones de teclas y las teclas de función.
- El ratón. Las barras de desplazamiento ofrecen flechas y botones para desplazarse con el ratón.

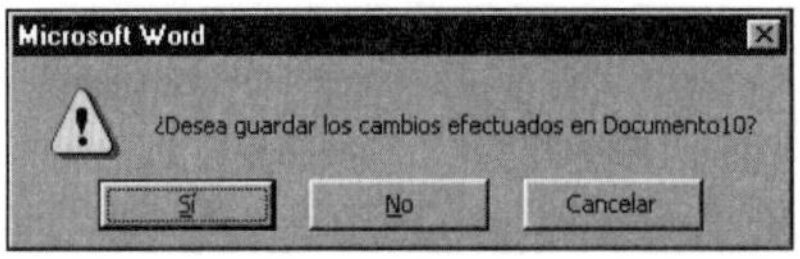

Figura 0.2. El cuadro de aviso

- El cuadro de diálogo Ir a. Permite trasladarse a otra página, sección, nota, etc.
- El modo de ver Mapa del documento (menú Ver) presenta en la zona izquierda de la pantalla los nombres y apartados principales del documento, para acceder a ellos con un clic.

La selección de texto se puede llevar a cabo:

- Con el ratón. Haciendo uno o más clics para seleccionar palabras, líneas, párrafos, etc.
- Con el teclado. Utilizando combinaciones de teclas.
- Con el ratón y el teclado. Combinando ambos para seleccionar grandes trozos de texto.

Para borrar un texto hay que seleccionarlo y utilizar la tecla **Supr**, **Retroceso** o el comando Edición>Borrar. Para copiar, cortar, pegar y mover texto, hay que emplear:

- Los botones de la barra de herramientas Estándar.
- Las opciones del menú Edición.
- La técnica de arrastrar y colocar.
- El Portapapeles.

El comando Edición>Buscar permite buscar texto por diversos criterios y reemplazarlo por otro. Pero no solamente texto, sino caracteres o formatos.

El cuadro de diálogo Imprimir (menú Archivo) ofrece las opciones necesarias para seleccionar la impresora y controlar los parámetros de impresión, que se configuran previamente con el cuadro de diálogo Configurar página (menú Archivo), como los márgenes para encuadernación, la impresión a una o dos caras, de una o dos páginas por hoja, el tamaño y la fuente del papel, el diseño, etc. Las opciones de impresión permiten imprimir o no las propiedades, códigos de campo, comentarios, texto oculto o gráficos, así como imprimir en orden inverso, en borrador o solamente los datos de los formularios.

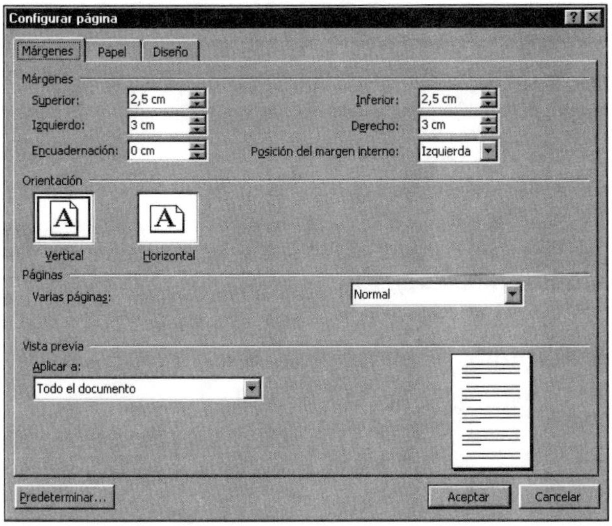

Figura 0.3. El cuadro de diálogo Configurar página

Los formatos

Word ofrece formatos de carácter y formatos de párrafo. Los formatos de carácter se aplican carácter a carácter, es decir, se pueden aplicar solamente a uno o más caracteres de una palabra, frase o párrafo. Los formatos de párrafo se aplican al párrafo completo. Ambos formatos se pueden aplicar antes de empezar a escribir, seleccionando los atributos con el documento en blanco, o después de haber escrito (o en cualquier momento), seleccionando los caracteres o párrafos y aplicándoles los formatos.

Formatos básicos

Los formatos de carácter incluyen la fuente y sus atributos, controlables mediante:

- El cuadro de diálogo Fuente (menú Formato).
- La barra de herramientas Formato.

Figura 0.4. Los botones de la barra de herramientas Formato para el control de las fuentes

Nota:

Las fuentes instaladas se encuentran en el icono Fuentes *del Panel de control de Windows.*

El formato de los párrafos se aplica asimismo mediante:

- Los saltos de sección, columna y página se insertan y controlan con el cuadro de diálogo Salto (menú Insertar). El cuadro de diálogo Párrafo (menú Formato).
- La barra de herramientas Formato.
- Los marcadores de sangría y tabulaciones de la regla.

Figura 0.5. Los botones de la barra de herramientas Formato para el control de los párrafos

Las tabulaciones y sus formatos se controlan con precisión mediante el cuadro de diálogo Tabulaciones (menú Formato).

Formatos avanzados

El cuadro de diálogo Fuente de Word permite modificar el espacio entre los caracteres, para expandir o comprimir el texto. También permite controlar el *kerning* o espacio entre pares de caracteres, para ajustar automáticamente el espacio existente entre determinados pares de caracteres. Cada fuente tiene un diseño diferente que indica una anchura para cada letra. Unas fuentes dan, por ejemplo, a la letra A una anchura mayor que otras, para evitar que las letras anchas tropiecen con otras y la estrechas queden aisladas y rodeadas de espacio en blanco. La casilla de verificación Ajuste de espacio para fuentes (ficha Espacio entre caracteres del cuadro de diálogo Fuente) hace que Word tenga en cuenta la disponibilidad de espacio cuando el carácter está apareado con otros caracteres junto a los cuales resulta grande.

Otra de las fichas del cuadro de diálogo Fuente es Efectos de texto, que permite aplicar a los caracteres efectos de animación que se reflejan en el cuadro Vista previa (figura 0.6).

Entre los formatos avanzados de párrafo, hay que destacar las listas numeradas y las viñetas, que pueden aplicarse de tres formas:

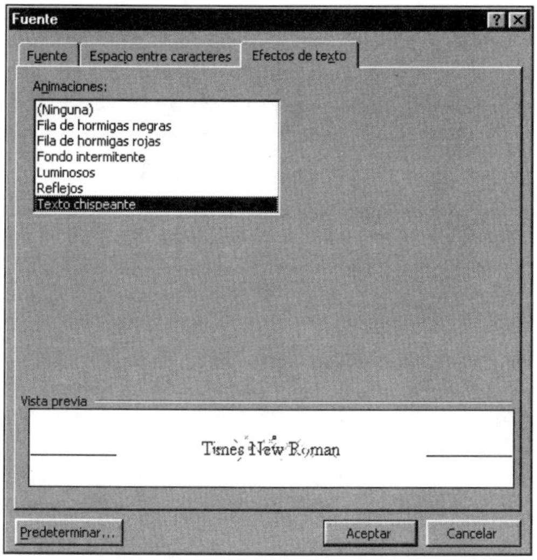

Figura 0.6. La ficha Efectos de texto

- Mediante los botones **Numeración** y **Viñetas** de la barra de herramientas Formato.
- Mediante la opción de menú Formato>Numeración y viñetas.
- De forma automática, iniciando la lista manualmente y dejando actuar a la función Autoformato de Word.

El cuadro de diálogo Numeración y viñetas permite seleccionar el formato de los números o las viñetas, así como la secuencia de numeración. Es posible personalizar los estilos de numeración y de viñetas con los cuadros de diálogo Personalizar lista numerada y Personalizar lista con viñetas. El nuevo cuadro de diálogo Numeración y viñetas de Word 2002 trae una nueva ficha, Estilos de lista, para definir los estilos. Las viñetas se pueden personalizar hasta emplear caracteres especiales del cuadro de diálogo Símbolos o imágenes.

La ficha Esquema numerado de este cuadro de diálogo organiza los párrafos en listas de varios niveles, que también se puede personalizar con el cuadro de diálogo Personalizar esquema numerado.

Una función importante de autoedición que Word incluye es el control de líneas viudas y huérfanas, así como la opción para conservar líneas juntas, lo que evita que el contenido de un párrafo se divida en dos páginas. Estas opciones se controlan mediante la ficha Líneas y saltos de página del cuadro de diálogo Párrafo.

Otra de las opciones de formato avanzadas es la aplicación de bordes y sombreados a distintas áreas del documento, ya se trate de un párrafo, una página, una tabla o cualquier porción de texto. El cuadro de diálogo Bordes y sombreado permite ajustar los bordes uno a uno y las opciones de sombreado. También se puede emplear el cuadro de diálogo Tablas y bordes para aplicar bordes a párrafos, caracteres y palabras.

Por último, la función Autoformato aplica formatos automáticos al documento, controlables mediante los cuadros de diálogo Autoformato y Opciones de Autoformato.

Figura 0.7. El cuadro de diálogo Autoformato

Composición de un documento

Los documentos se pueden dividir en secciones, cada una de las cuales puede tener formatos, estilos y paginación independiente de las otras, lo que permite dar a cada parte de un documento formatos diferentes o fijar distintos márgenes a diferentes partes del mismo. Dentro de cada sección, el documento se divide en páginas. Para separar un documento en secciones es preciso insertar saltos de sección. Los saltos de página pueden ser automáticos o bien manuales. También es posible aplicar al texto formato columnar, en dos o más columnas ya sean periodísticas o de diferente tamaño. Los saltos de sección, columna y página se insertan y controlan con el cuadro de diálogo Salto (menú Insertar).

Los encabezados y pies de página repiten información en la parte superior (encabezado) o inferior (pie) de las páginas, a lo largo de un texto, un capítulo, una sección, ya sea en todas las páginas, en las pares o en las impares. Los encabezados y pies se crean, visualizan y controlan mediante la barra de herramientas Encabezado y pie de página.

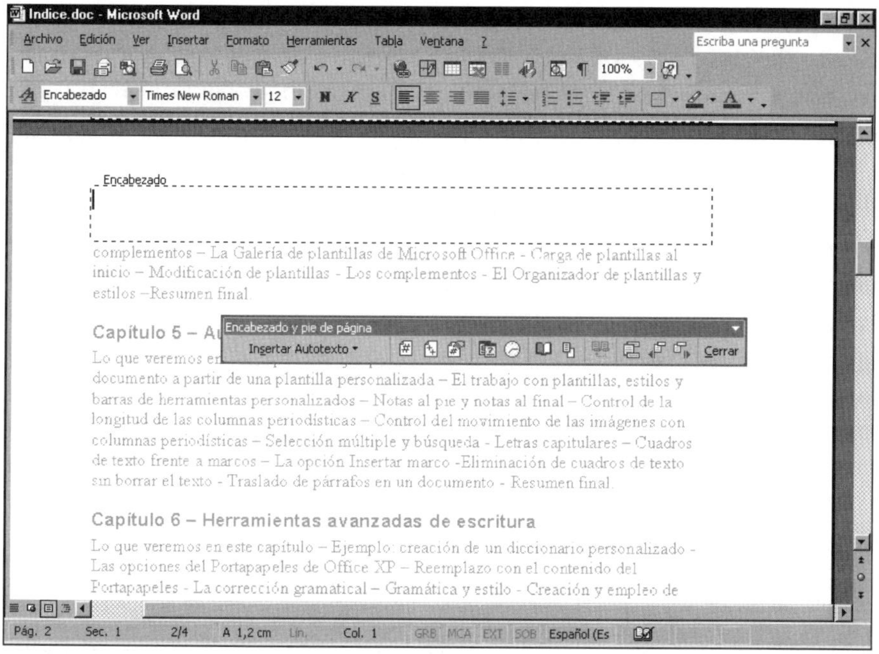

Figura 0.8. Un encabezado con la barra de herramientas

Los encabezados y pies pueden contener el número de la página, pero éste también se puede insertar y controlar desde el comando de menú Insertar>Números de página.

Los documentos pueden visualizarse de diversas formas, según la tarea a emprender. Así, para insertar números de página, gráficos o columnas, es preciso emplear el modo de ver Diseño de impresión. También se pueden emplear los modos de ver Esquema, Diseño Web para páginas Web, Mapa del documento para facilitar el desplazamiento o Vista preliminar para comprobar el aspecto del documento antes de imprimir.

Las herramientas de escritura de Word

El corrector ortográfico y gramatical de Word es una de las herramientas de escritura más importantes, porque permite no solamente corregir las faltas o errores tipográficos, ortográficos y/o gramaticales, sino emplear diccionarios especiales, de diversos idiomas, para aplicar correcciones precisas. El cuadro de diálogo **Ortografía y gramática** se activa seleccionando el comando de menú Herramientas>Ortografía y gramática. Hay un cuadro de diálogo Opciones para controlar algunas de las tareas automáticas de Word, como es la aplicación de la corrección sobre la marcha.

Otra herramienta interesante es el diccionario de sinónimos, al que se accede desde el menú emergente de la palabra seleccionada o bien seleccionando la opción de menú Herramientas>Idioma>Sinónimos.

Autocorrección es una función que ahorra mucho tiempo para construir palabras, frases, caracteres poco usuales, etc., aunque se utiliza para inserciones mucho más breves.

También es útil para corregir las faltas frecuentes de tipografía, como por ejemplo *opcioens* por *opciones*. El cuadro de diálogo Autocorrección (menú Herramientas>Opciones de Autocorrección) contiene casillas de verificación, activadas de forma predeterminada, que se pueden desactivar para impedir, por ejemplo, que Word ponga con mayúsculas la letra inicial de un escrito después de un punto.

El botón Excepciones sirve para indicar las excepciones para la letra inicial o para la mayúscula inicial.

Word permite asimismo insertar guiones automáticos o manuales, mediante la opción de menú Herramientas>Idioma>Guiones.

Las tablas

Las tablas permiten organizar la información en filas y columnas. Las intersecciones de filas y columnas se llaman *celdas*. Cada celda de una tabla es independiente del resto de las entradas y puede contener texto, gráficos y casi cualquier otra cosa que contenga un documento de Word. Para insertar una tabla en un documento de Word disponemos de las siguientes opciones:

- El botón **Insertar tabla** de la barra de herramientas Estándar.
- La opción de menú Tabla>Insertar.
- La opción de menú Tabla>Dibujar tabla.

El desplazamiento en las tablas se lleva a cabo con el teclado o con el ratón. La selección de elementos de una tabla tiene métodos del teclado, del ratón y comandos del menú Tabla>Seleccionar. Las filas y columnas se pueden modificar de tamaño, insertar, eliminar, combinar o dividir mediante los comandos del menú Tabla o las herramientas de la barra Tabla y bordes.

El formato de las tablas cuenta con la función Autoformato de tablas (menú Tabla), al que Word 2002 ha agregado los formatos específicos mediante la nueva función Estilos de tabla.

Estos estilos de tabla se pueden crear a partir de estilos predefinidos de Word, modificar y/o eliminar. El comando de menú Propiedades de tabla ofrece también un cuadro de diálogo con el que controlar las preferencias de formato, alineación, sangría, ajuste del texto, ancho de columna y alto de fila.

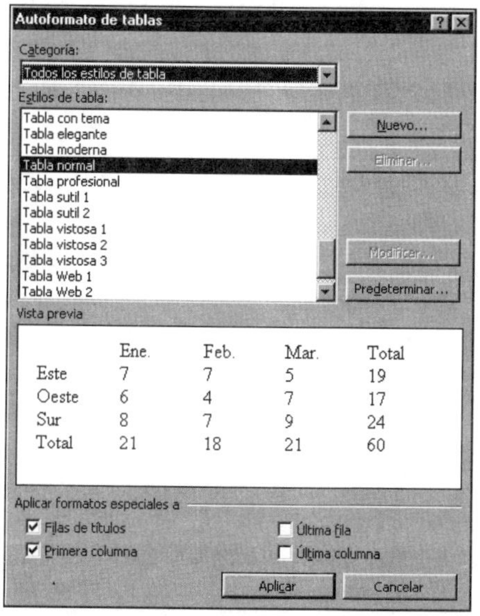

Figura 0.9. El cuadro de diálogo Autoformato de tablas

Las tablas pueden realizar cálculos automáticos sencillos, mediante inserción de fórmulas con el cuadro de diálogo Fórmula, al que se accede seleccionando las opciones de menú Insertar>Campo y pulsando el botón Fórmula en el cuadro de diálogo Campo. Las fórmulas hacen referencia a las celdas de la tabla por sus nombres, compuestos por la letra de la columna correspondiente (por ejemplo, A) y el número de la fila (por ejemplo, 3), por ejemplo, A3.

El menú Tabla tiene opciones para convertir el contenido de las celdas de la tabla en texto, separado por marcas de párrafo, tabulaciones o punto y comas, así como para convertir un texto seleccionado en una tabla.

Estilos y plantillas

Los estilos

Los estilos son especificaciones de formato con un nombre asignado, para poder aplicarlos a diferentes documentos. El estilo predeterminado de Word es el estilo Normal y tiene alineación izquierda, sangría izquierda de 0 puntos y sangría derecha de 0 puntos. La fuente predeterminada es Times New Roman de 12 puntos.

Word ofrece numerosos estilos predefinidos, tanto de carácter como de párrafo, que se pueden aplicar a cualquier texto, pero también es posible modificarlos y, a partir de ellos, crear nuevos estilos con nombres significativos para el trabajo habitual. Los estilos se aplican empleando tres posibles recursos:

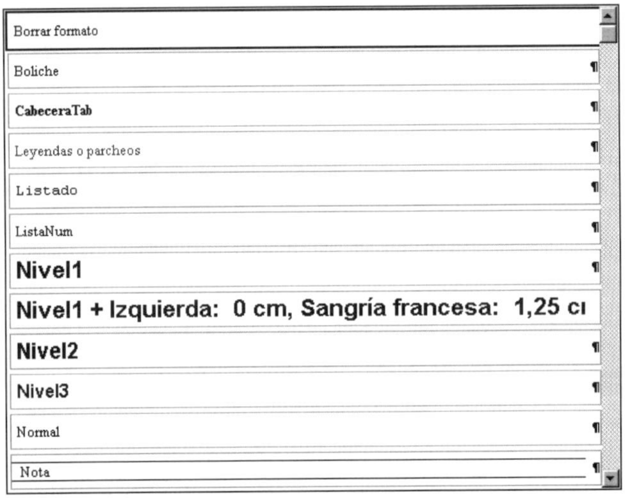

Figura 0.10. La lista desplegable Estilo

- El cuadro de lista desplegable Estilo de la barra de herramientas Formato.
- El nuevo Panel de tareas Estilos y formato de Word 2002.
- El nuevo Panel de tareas Mostrar formato de Word 2002.

Los estilos se crean con el cuadro de diálogo Nuevo que se abre al hacer clic en el botón Nuevo del Panel de tareas Estilos y formato. Para modificarlos, hay que utilizar el cuadro de diálogo Modificar el estilo, al que se accede haciendo clic en la opción Modificar del menú desplegable de cada estilo, en el Panel de tareas Estilos y formato.

Los estilos se pueden asignar mediante combinaciones de teclas, empleando el cuadro de diálogo Personalizar teclado, al que se accede haciendo clic en la opción Método abreviado de la lista desplegable Formato, del cuadro de diálogo Modificar estilo.

Word ofrece un cuadro de diálogo especial para ordenar los distintos estilos predefinidos o creados por el usuario, el Organizador, al que se accede seleccionando la opción de menú Herramientas>Plantillas y complementos y pulsando el botón **Organizador** del cuadro de diálogo Plantillas y complementos. La ficha Estilos del Organizador permite trasladar formatos de un estilo a otro y adjuntarlos a determinadas plantillas.

Las plantillas

Las plantillas son conjuntos de características de formato, es decir, estilos, fuentes, márgenes, tabulaciones, títulos, etc. que ofrecen la posibilidad de crear documentos con formatos coherentes. Word trae numerosas plantillas predefinidas que también pueden aplicarse a cualquier documento o bien modificarse para crear plantillas personalizadas a partir de ellas.

Todos los documentos se basan en plantillas. Si no se indica otra cosa, Word basa los nuevos documentos en su plantilla predeterminada, Normal.dot, que lleva asociado el estilo Normal, que vimos en el epígrafe *Los estilos*, más tres estilos de párrafo para títulos.

Las plantillas están recogidas en el cuadro de diálogo Plantillas, al que se accede seleccionando el comando de menú Archivo>Nuevo. Este cuadro de diálogo ofrece varias fichas con plantillas agrupadas según sus características y funciones.

En algunos casos, además de la plantilla predefinida, Word ofrece un asistente que ayuda a crear el documento a partir de la plantilla, como el Asistente para faxes o el Asistente para cartas.

Las plantillas se pueden también crear desde cero, creando estilos asignados y agregándole elementos de texto fijo o imágenes como marcas de agua, logotipos, etc. Word guarda las plantillas con la extensión .dot en la carpeta Windows\Application Data\Microsoft\Plantillas. Si se crea o modifica una de ellas, es imprescindible guardarla en esa carpeta y con esa extensión, para que el programa pueda localizarla.

La ficha Estilos del Organizador permite copiar estilos de una plantilla a otra, así como incluir entradas de Autotexto.

Técnicas básicas para combinar correspondencia

Word ofrece todos los recursos necesarios para combinar cartas modelo con direcciones de una base de datos y preparar envíos de correo masivo (*mailing*). Son los siguientes:

- El Asistente para cartas.
- El Panel de tareas Combinar correspondencia.
- La barra de herramientas Combinar correspondencia.
- La barra de herramientas Base de datos.
- Microsoft Query.

Las cartas modelo contienen campos de Word insertados que el Asistente para combinar correspondencia reemplazará por los datos de cada registro de la base de datos, es decir, el nombre, dirección, ciudad y otros. El Panel de tareas Combinar correspondencia se despliega al seleccionar la opción de menú Herramientas>Cartas y correspondencia>Asistente para combinar correspondencia.

Además de crear el documento principal personalizado a enviar a cada destinatario de la base de datos, se pueden crear etiquetas para distintos tipos de impresora y sobres.

El origen de datos, es decir, la base de datos que almacena las direcciones de los destinatarios, puede ser una tabla de Word, una hoja de cálculo de Excel, una tabla de Access, etc.

Para filtrar los datos recogidos en los registros y utilizar solamente los necesarios para el correo, el Asistente para consulta permite seleccionar los campos de la base de datos. Se accede a él seleccionando la opción Consulta de MS, en el menú desplegable Herramientas del cuadro de diálogo Seleccionar archivos de origen de datos.

Los documentos se pueden combinar en la pantalla, en la impresora, en el correo electrónico o en un documento nuevo. También es posible controlar el orden de salida.

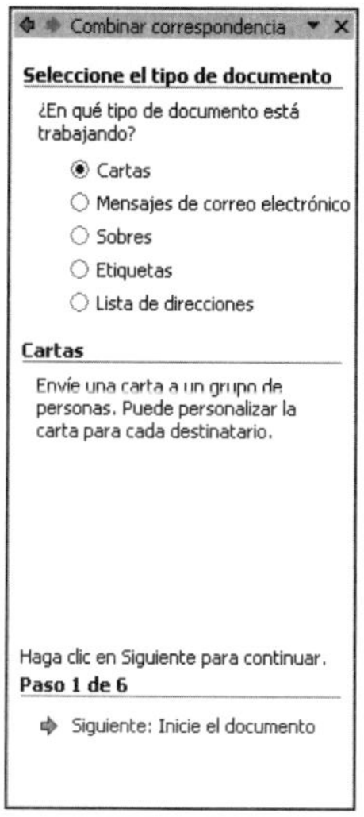

Figura 0.11. El Panel de tareas Combinar correspondencia

Introducción a las macros

Las macros simplifican el trabajo automatizando tareas repetitivas. Se crean con el cuadro de diálogo Grabar macro al que se accede seleccionando la opción de menú Herramientas, Macro, Grabar nueva macro.

Grabar una macro consiste simplemente en poner en marcha la grabadora de macros y en ir realizando, paso a paso, la tarea a automatizar. Después hay que guardarla con un nombre y asignarle una combinación de teclas o un botón de una barra de herramientas para ejecutarla. Cuando la macro se está grabando, la barra de herramientas Detener grabación está presente en la pantalla, para poder hacer pausas y reiniciar en caso necesario.

Las macros tienen también una ficha en el Organizador para gestionarlas. El cuadro de diálogo Macros (menú Herramientas, Macro, Macros) permite ejecutar macros, crearlas, modificarlas o eliminarlas.

Personalización básica del entorno

Word ofrece numerosas opciones para personalizar el entorno de trabajo y adaptarlo a la tarea a realizar. Las barras de herramientas, los menús desplegables y los menús emergentes se pueden personalizar empleando el cuadro de diálogo Personalizar (menú Ver>Barras de herramientas>Personalizar).

El cuadro de diálogo Opciones (menú Herramientas) dispone de numerosas fichas con casillas de verificación que permiten controlar muchos de los aspectos, funciones y operación de Word. Cada una de ellas está dedicada a un conjunto de acciones. Son las siguientes:

- Ver.
- Guardar.
- Ubicación de archivos.
- Información del usuario.
- General.
- Edición.
- Imprimir.
- Seguridad.
- Ortografía y gramática.
- Control de cambios.
- Compatibilidad.

Otra opción para personalizar Word es proteger los documentos de modificaciones que puedan aplicar otros usuarios o bien, de lectura. Se accede a ella seleccionando Herramientas>Proteger documento.

Word permite también aplicar modificaciones dejando un rastro visible en el documento, de manera que pueda identificarse fácilmente el tipo de modificación aplicada e incluso la persona que la ha aplicado. Esta opción se encuentra en el menú Herramientas>Control de cambios y cuenta con la barra de herramientas Control de cambios y con la ficha Control de cambios del cuadro de diálogo Opciones.

Word y los gráficos

Word emplea los recursos de la tecnología OLE, permitiendo insertar, incrustar y/o vincular objetos a los documentos. El menú Insertar ofrece una amplia gama de posibilidades para intercambiar datos entre documentos o aplicaciones, incrustando o vinculando imágenes de programas de diseño gráfico, tablas de bases de datos, hojas de cálculo, organigramas, gráficos y toda clase de objetos.

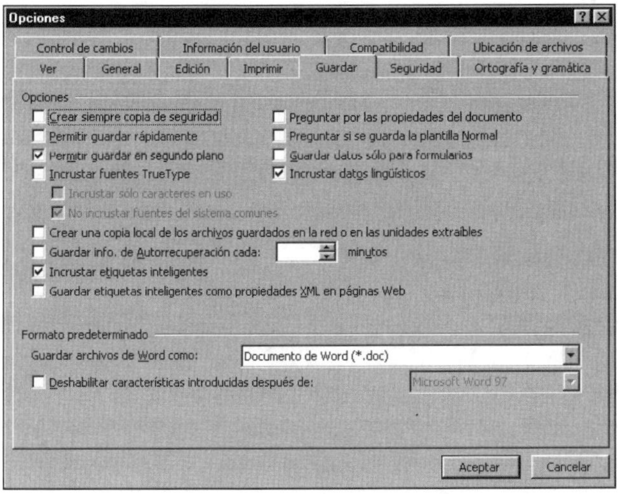

Figura 0.12. El cuadro de diálogo Opciones

Las imágenes insertadas en Word se pueden modificar mediante la barra de herramientas Imagen. Asimismo es posible insertar cuadros de texto que actúan como contenedores de textos, imágenes u otros objetos. El cuadro de diálogo Objeto (menú Insertar) ofrece la casilla de verificación Vincular al archivo, que establece vínculos entre el objeto insertado y el original. Al modificar el original, la copia insertada se actualiza en Word.

También es posible dibujar en Word. El nuevo Lienzo de dibujo ofrece un área destinada a dibujar con ayuda de las herramientas de la barra Dibujo.

Por último, la miniaplicación WordArt, compartida por la suite Office, permite insertar texto artístico en los documentos, con efectos especiales espectaculares.

Word frente a Internet

Frente a Internet, Word ofrece diversas opciones y recursos:

- La barra de herramientas Web.
- La barra Herramientas Web.
- El Cuadro de controles.

- Los Temas.
- Los Marcos.
- Los hipervínculos.
- El Asistente para páginas Web.
- Las plantillas de la ficha Páginas Web del cuadro de diálogo Nuevo.
- La opción Enviar del menú Archivo.
- La opción Guardar como página Web del menú Archivo.
- La opción Vista previa de la página Web del menú Archivo.
- El modo de ver Diseño Web del menú Ver.
- La barra de herramientas Discusiones Web.
- La opción Colaboración en línea (menú Herramientas).
- El cuadro de diálogo Opciones Web (botón Opciones Web de la ficha General del cuadro de diálogo Opciones).

Con todas estas herramientas, no sólo es posible crear páginas Web con Word, sino distribuirlas y publicarlas. Se pueden enviar documentos por correo electrónico y organizar reuniones en línea, usando NetMeeting.

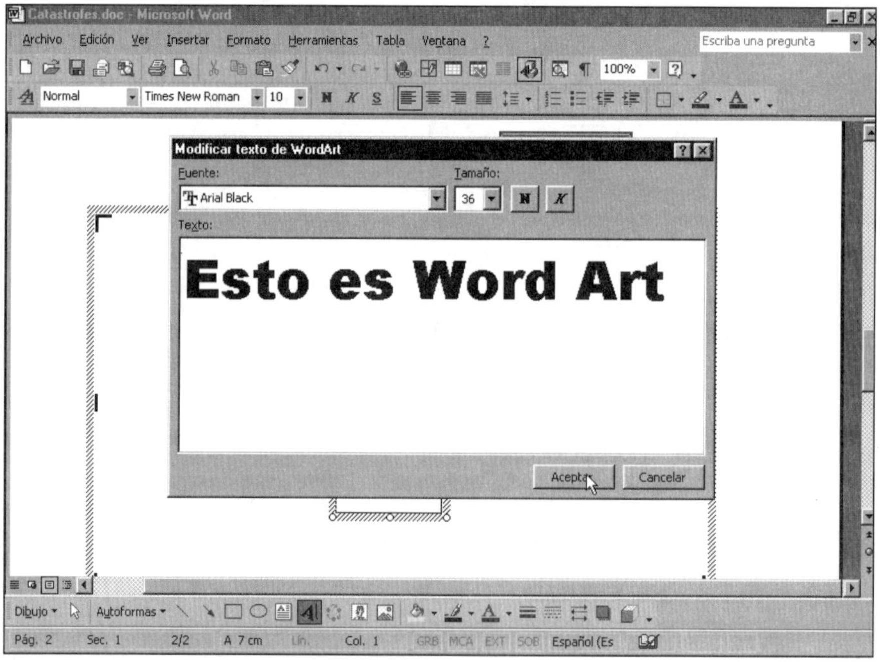

Figura 0.13. La ventana de WordArt

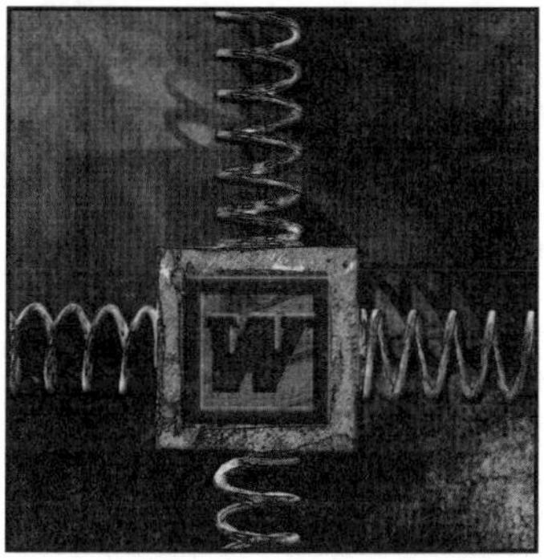

Capítulo 1

Personalización del entorno para trabajar

En este capítulo aprenderá a:

- Trabajar con los modificadores de inicio.
- Personalizar las barras de herramientas y los menús de Word.
- Crear barras de herramientas personalizadas.
- Personalizar botones.
- Crear opciones de menú personalizadas.

Por qué es importante personalizar Word

Como todos los programas y aplicaciones actuales, Microsoft Word trae consigo numerosas tareas automáticas, funciones activas y opciones predeterminadas que se ponen en marcha al iniciar el programa. Word es capaz de crear un resumen automático del documento, de corregir la ortografía mientras el usuario escribe, de recoger los menús desplegables en forma de persiana para que no estorben en la pantalla, de aplicar formatos automáticos, de completar entradas de Autotexto al empezar a escribirlas, etc.

Todas esas funciones son válidas siempre y cuando concuerden con los intereses del usuario y siempre y cuando las tareas a desarrollar se vean facilitadas por ese elevado nivel de automatización. Y eso no siempre es así. Los programas, por avanzados que sean, carecen de la flexibilidad necesaria para adecuarse a las características de muchas situaciones y la mayoría de las veces resulta mucho más eficaz que sea el usuario y no el programa quien lleve las riendas del trabajo. Por ello es conveniente personalizar las opciones automáticas de Word y mantener el control en todo momento, al menos en todo aquello que sea posible.

Uno de los aspectos automáticos de Word que mayor número de críticas ha sufrido ha sido la aparición inesperada del Ayudante de Office, Clipo, ofreciendo sus servicios para dirigir al usuario en lo que él suponía que era la escritura de una carta. La cantinela de Clipo "Parece que está usted escribiendo una carta" se llegó a hacer tan tristemente famosa, que Microsoft ha tenido que desactivar la función automática Ayudante de Office, de forma que sólo se instale cuando el usuario lo requiera explícitamente.

En desagravio, Microsoft ha creado una página Web en la que Clippy (la versión internacional de Clipo) entona la canción "Parece que está usted escribiendo una carta". También han creado un par de vídeo clips en que los usuarios echan a Clippy en cara su machacona afición a ofrecer ayuda innecesaria. Se pueden descargar los clips de vídeo en formato Flash y un archivo de sonido con la canción en formato Winamp y reproducirlos con el Reproductor de Windows Media. Se encuentran en las direcciones:

http://www.officeclippy.com/indexyes.html

La página de descargas se encuentra en:

http://www.officeclippy.com/downloads.html

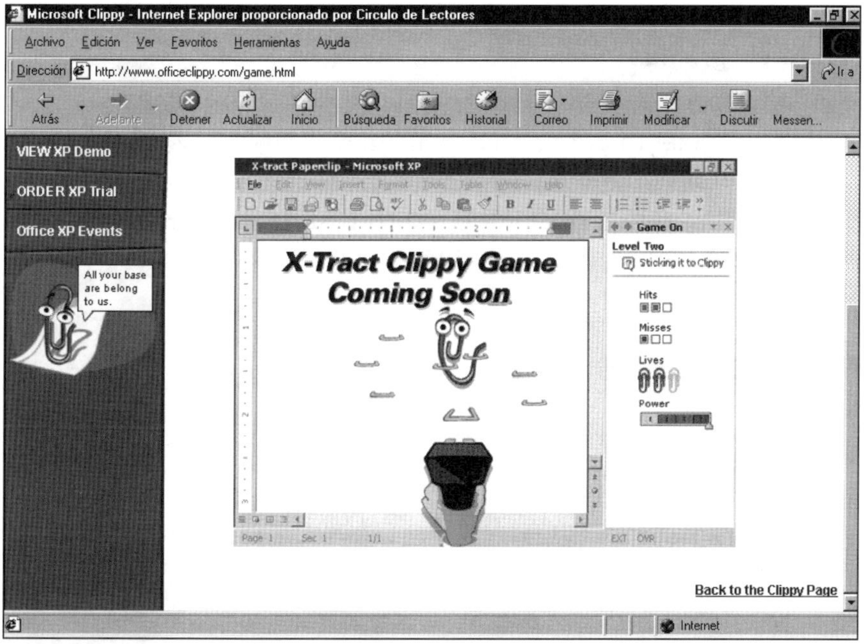

Figura 1.1. La página de Clippy

Personalización del inicio de Word

Para que Word se ponga en marcha en el mismo momento de iniciarse Windows, hay que agregarlo a la carpeta Inicio. También se puede hacer que Word ejecute un documento al iniciarse. Hay que hacer lo siguiente:

1. Hacer clic en la Barra de tareas de Windows con el botón derecho del ratón y elegir Propiedades en el menú emergente.
2. En la ficha Programas del menú Inicio, hacer clic en el botón Agregar.
3. En el cuadro de diálogo Crear acceso directo, hacer clic en el botón Examinar, abrir la carpeta de Word y luego pulsar dos veces el archivo Winword.Exe (normalmente en C:\Archivos de programa\Microsoft Office\Office10\Winword).
4. Para ejecutar un documento al inicio, hay que seleccionar Todos los archivos en el cuadro de lista Tipo de archivos, abrir la carpeta del documento y hacer doble clic en él para cerrar el cuadro de diálogo Examinar y que aparezcan el archivo y su ruta en el cuadro de texto Línea de comando.

5. Hacer clic en Siguiente, para abrir el cuadro de diálogo Seleccionar carpeta de programas.
6. Seleccionar la carpeta Inicio, dentro de la carpeta Programas.
7. Hacer clic en Siguiente para acceder al cuadro de diálogo Seleccione un título para el programa.
8. Escribir el nombre que represente a Word o al documento. Hacer clic en Finalizar para volver al cuadro de diálogo Propiedades de la barra de tareas y hacer clic en Aceptar.

Los modificadores

Un modificador es una instrucción especial que origina una acción determinada. Se componen de una barra invertida y un carácter. Modifican una función o un formato opcional. Word acepta modificadores que afectan al modo de inicio del programa. Para agregar estos modificadores se puede utilizar el cuadro de diálogo Ejecutar o el icono de acceso directo de Word.

Con el cuadro de diálogo Ejecutar

Para agregar modificadores de inicio con el cuadro de diálogo ejecutar, hay que hacer lo siguiente:

1. Seleccionar Inicio>Ejecutar.
2. En el campo Abrir del cuadro de diálogo Ejecutar, escribir winword.exe/modificador, por ejemplo, winword.exe/a, agregará el modificador /a.
3. Hacer clic en Aceptar.

También se puede localizar el archivo Winword.exe utilizando el botón Examinar del cuadro de diálogo Ejecutar, de la manera siguiente:

1. Hacer clic en Examinar para localizar el archivo Winword.exe. Normalmente se encontrará en la ruta C:\Archivos de programa\Microsoft Office\Office10\Winword.exe.
2. La ruta aparecerá entre comillas en el cuadro Abrir: "C:\Archivos de programa\Microsoft Office\Office10\Winword.exe".
3. Dejar un espacio en blanco detrás del cierre de comillas y escribir el modificador. Por ejemplo; "C:\Archivos de programa\Microsoft Office\Office10\Winword.exe" /a.
4. Hacer clic en Aceptar.

Con el icono del acceso directo

Para agregar modificadores de inicio con el icono de acceso directo de Word, hay que hacer lo siguiente:

1. Hacer clic en el icono de acceso directo de Word 2000 en el Escritorio de Windows y elegir **Propiedades** en el menú emergente.
2. Seleccionar la ficha **Acceso directo**.
3. Cuando aparezca la ruta de acceso a Word en el cuadro de texto **Destino**, escribir una barra inclinada después de las comillas finales.
4. A continuación de la barra, escribir el modificador y, si procede, la ruta del archivo que debe abrirse al inicio de Word. No debe haber blancos entre el modificador y la ruta.

Ejemplo:

"C:\Archivos de programa\Microsoft Office\Office10\WINWORD.EXE" / tC:\Imprimir\libro.doc inicia Word cargando el documento libro.doc almacenado en C:\Imprimir. Si la ruta de acceso contiene espacios en blanco, por ejemplo, la carpeta Mis documentos, hay que escribir toda la ruta entre comillas. No debe haber espacio entre la t del modificador y la ruta.

Nota:

La ruta de acceso a Word 2002 que aparece en el cuadro Destino, normalmente, es: "C:\Archivos de programa\Microsoft Office\Office10\WINWORD.EXE".

Truco:

Es posible que el acceso directo que Word crea en el Escritorio durante la instalación tenga desactivada la ficha Acceso directo y no sea posible escribir en el cuadro de texto Destino. En tal caso, se puede crear un nuevo acceso directo, haciendo esto:

1. *Hacer clic en Inicio, Programas.*
2. *Seleccionar Microsoft Word con el botón derecho y arrastrarlo al Escritorio.*
3. *Soltarlo en el Escritorio y elegir Crear iconos de acceso directo aquí, en el menú emergente.*

4. *El icono creado presenta el nombre seleccionado en color azul. Eso permite cambiarlo, escribiendo un nuevo nombre encima, por ejemplo, Word 2002. También se puede cambiar haciendo clic con el botón derecho y seleccionando* ***Cambiar nombre*** *en el menú emergente.*
5. *Para cambiar la imagen del icono, hay que pulsarlo de nuevo con el botón derecho, elegir* ***Propiedades*** *en el menú emergente, seleccionar la ficha* ***Acceso directo*** *y hacer clic en el botón* ***Cambiar icono.***

Word admite los siguientes modificadores de inicio:

Tabla 1.1. Modificadores de inicio de Word

Modificador	Efecto
/a	Impide que se carguen los complementos y las plantillas globales, incluida la plantilla Normal.
/c	Inicia Word con la barra de herramientas Reunión en línea.
/l*rutacomplemento*	Carga el complemento de Word cuya ruta se haya indicado tras el modificador.
/m	Inicia Word sin que se ejecuten las macros AutoExec.
/m*nombremacro*	Inicia Word y ejecuta la macro cuyo nombre se haya escrito tras el modificador. Impide que Word ejecute alguna de las macros AutoExec.
/n	Inicia Word sin abrir documento alguno en blanco.
/t*rutadocumento*	Inicia Word y carga el documento indicado. Es importante incluir la extensión .doc.
/t*rutaplantilla*	Inicia Word con la plantilla indicada. Es importante incluir la extensión .dot.
/w	Inicia una nueva instancia de Word con un documento en blanco. Los documentos abiertos en cada instancia de Word no aparecen en el menú Ventana de las otras instancias.

Ejemplo:

"C:\Archivos de programa\Microsoft Office\Office10\WINWORD.EXE" /t"C:\Windows\Application Data\Microsoft

Templates\MiPlantilla.dot" inicia Word con un documento en blanco basado en la plantilla MiPlantilla.dot, en lugar de basarlo en la plantilla predeterminada Normal.dot.

Nota:

Estos y otros trucos y pistas para Word se pueden hallar en las páginas de soporte de Microsoft en la dirección: http://support.microsoft.com/support/kb/articles/Q210/5/65.ASP.

Personalización de los menús y las barras de herramientas

De forma predeterminada, la interfaz de Word 2002 muestra al inicio las barras de herramientas Estándar y Formato en una sola fila. Los menús se despliegan sólo parcialmente, presentando un botón final que invita a hacer clic para desplegar el menú por completo. Estas opciones predeterminadas tienen una ventaja y es que dejan libre gran parte de la pantalla para escribir. Pero también tienen un inconveniente y es que dificultan la búsqueda de botones en las barras de herramientas y lo mismo sucede con las opciones de los menús. Si el usuario no conoce bien el programa, puede perder mucho tiempo buscando una opción en todos los menús y barras, que hubiera hallado a simple vista de haber estado el menú correspondiente o la barra desplegados por completo.

Es posible modificar estas opciones y ver cada una de las barras de herramientas Formato y Estándar en su propia fila, así como hacer que los menús se desplieguen totalmente al primer clic y muestren todas sus opciones. Hay que hacer lo siguiente:

1. Hacer clic con el botón derecho del ratón en una barra de herramientas cualquiera.
2. Seleccionar la opción Personalizar, al final del menú emergente.
3. En el cuadro de diálogo Personalizar, seleccionar la ficha Opciones.
4. Desactivar la casilla de verificación Las barras Formato y Estándar comparten una fila.
5. Activar entonces la casilla de verificación Mostrar siempre los menús completos.

La figura 1.2 muestra:

a) Las barras de herramientas **Formato** y **Estándar** en una sola fila.

b) Las barras de herramientas **Formato** y **Estándar** cada una en su fila, mostrando todos los botones.

c) El menú **Tabla** desplegado parcialmente. Obsérvese el botón final para desplegarlo por completo.

d) El menú **Tabla** desplegado completamente con todas las opciones visibles.

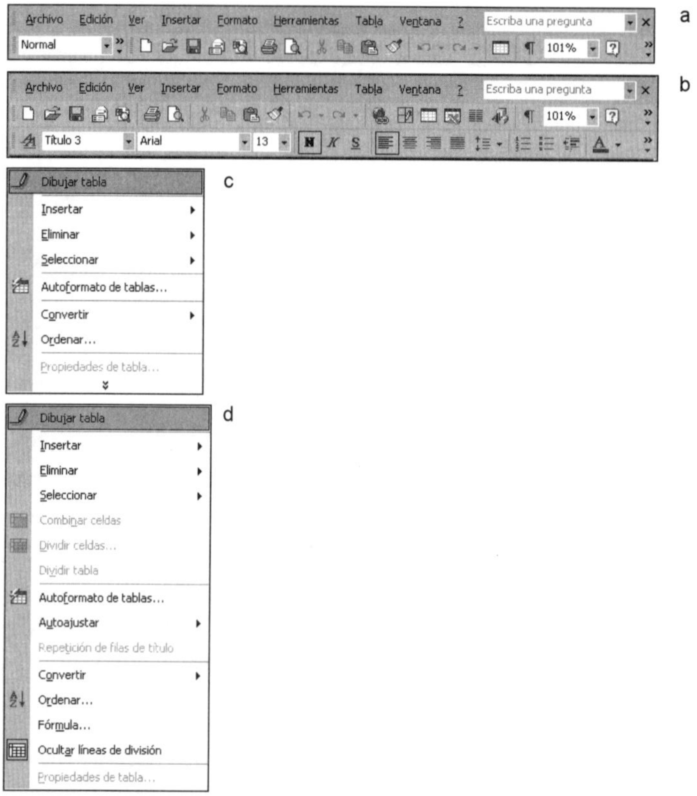

Figura 1.2. a) Barras en una sola fila. b) Barras en dos filas. c) Menú parcialmente desplegado. d) Menú completamente desplegado

Barras de herramientas ancladas y flotantes

Las barras de herramientas de Word pueden permanecer ancladas en un extremo de la pantalla o flotantes en cualquier punto de la ventana.

Cuando una barra se halla en estado flotante, al acercar el ratón a uno de sus bordes, se convierte en una flecha de dos puntas con la que se puede estirar en uno u otro sentido para modificar el tamaño y la forma de la barra, haciéndola cuadrada u oblonga, horizontal o vertical.

Para desplazar una barra flotante, hay que hacer clic en la barra de título y arrastrarla a cualquier punto de la pantalla. Si se acerca a un extremo, quedará anclada en él. Para desplazar una barra anclada y hacerla flotar, hay que acercar el cursor a un extremo y, cuando se convierta en una flecha de cuatro puntas, hacer clic y arrastrar.

La figura 1.3 muestra:

a) La barra de herramientas **Estándar** anclada en el lateral derecho de la pantalla. Obsérvese el cursor en forma de flecha de cuatro puntas que invita a arrastrar.

b) La barra de herramientas **Estándar** flotante en la pantalla. Obsérvese el cursor en forma de flecha de dos puntas que invita a estirar.

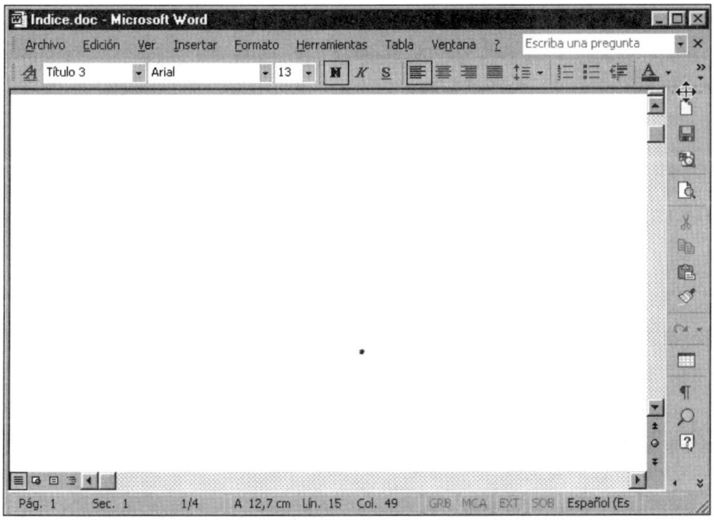

a

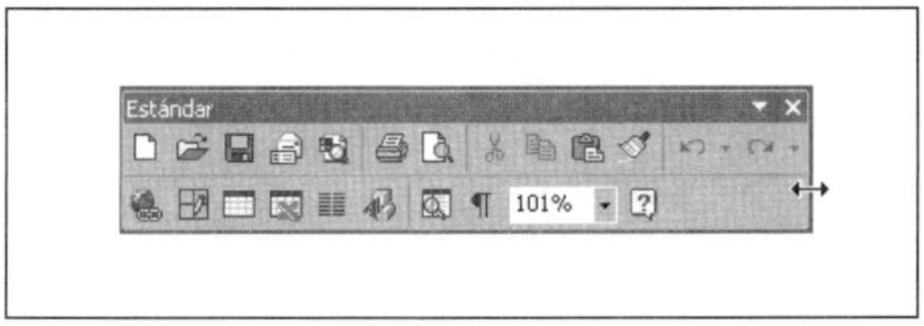

b

Figura 1.3. a) La barra de herramientas Estándar anclada.
b) La barra de herramientas Estándar flotante

Truco:

*La ventana de Word se despliega a veces de manera que oculta la barra de tareas de Windows. Basta pulsar **Ctrl-Esc** para visualizarla, junto con el botón **Inicio** de Windows.*

Paletas y menús flotantes

Algunas paletas desplegables de botones se pueden convertir en barras de herramientas flotantes, arrastrando el controlador de movimiento fuera de la barra de herramientas a la que pertenecen. Estas paletas presentan una barra gris en la parte superior y, al apuntarla con el ratón, cambia a color azul, como es el caso de la paleta del botón **Color de fuente** de la barra de herramientas Formato o de la paleta del botón **Bordes exteriores** de la barra de herramientas Tablas y bordes. En tales casos, al aproximar el cursor a la parte superior de la paleta, se convierte en una flecha de cuatro puntas y muestra la información de herramientas: Arrastrar para hacer flotar este menú (figura 1.4).

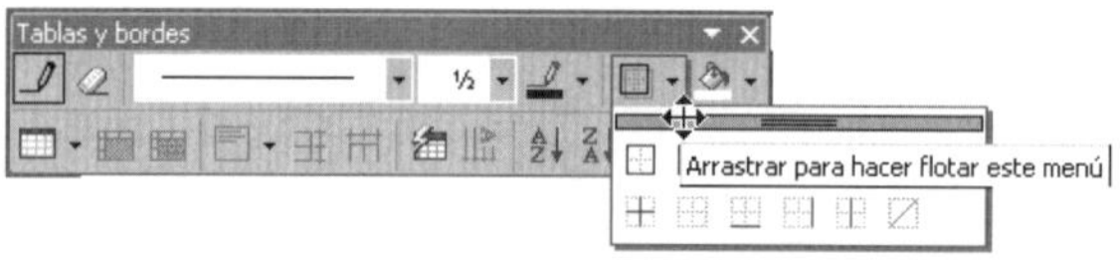

Figura 1.4. Una paleta desplegable que se puede convertir en barra flotante

En cuanto a la barra de menús de Word, hay que considerarla como una barra de herramientas, por lo que también es posible arrastrarla a cualquier punto de la pantalla para anclarla o hacerla flotar.

Creación de una barra de herramientas

El cuadro de diálogo Personalizar no solamente permite modificar las barras de herramientas existentes, sino también crear barras a partir de cero.

Hay que hacer lo siguiente:

1. Acceder al cuadro de diálogo Personalizar.
2. Seleccionar la ficha Barras de herramientas.
3. Hacer clic en el botón Nueva.

4. Word creará entones una barra de herramientas con el nombre de Personalizada1. Para cambiarlo, hay que hacer clic en el botón Cambiar nombre.
5. Para eliminar una barra de herramientas personalizada, hay que seleccionarla en esta misma ficha y hacer clic en el botón Eliminar.

Manipulación de los botones de las barras de herramientas

Las barras de herramientas de Word contienen muchos más botones de los que se ven en la pantalla. En el extremo derecho de cada barra, hay un botón llamado **Opciones de barra de herramientas** (figura 1.5) que da acceso a un menú desplegable con el que agregar o quitar botones.

Para añadir botones a una barra de herramientas, hay que realizar lo siguiente:

1. Hacer clic en el botón **Opciones de barra de herramientas**.
2. Hacer luego clic en la opción Agregar o quitar botones del menú desplegable.
3. Seleccionar el nombre de la barra de herramientas (la otra opción es Personalizar, pero ahora no es preciso utilizarla).
4. Aparecerá una larga lista con todos los botones correspondientes a esa barra. Los que aparecen marcados, están visibles en la barra. Para añadir un botón, hay que hacer clic en la casilla de verificación correspondiente y marcarla.
5. Para quitar un botón de una barra de herramientas, hay que hacer clic en la marca de la casilla de verificación y después eliminar esa marca. Esta acción no elimina el botón, sino que lo deja invisible. Para eliminarlo realmente, hay que pulsar la tecla **Alt** y arrastrar el botón fuera de la barra.

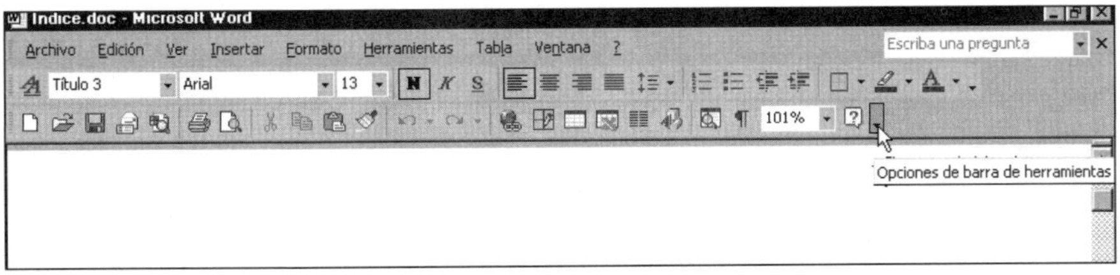

Figura 1.5. El botón Opciones de barra de herramientas

Traslado de botones entre barras de herramientas

Utilizando la tecla **Alt**, es posible manipular los botones de las barras de herramientas, cambiándolos de posición, intercambiándolos entre barras, eliminándolos, etc. Por ejemplo, después de crear la nueva barra de herramientas, podemos colocarle botones de las otras barras, de esta forma:

1. Hacer clic con el botón derecho en cualquier barra de herramientas, para desplegar el menú emergente que lista todas las barras existentes.
2. Activar la nueva barra de herramientas y las barras de las que tomar botones, haciendo clic en sus nombres.
3. Manteniendo pulsada la tecla **Alt**, arrastrar los botones de cada barra sobre la barra nueva.

Agrupamiento de botones

Los botones se pueden agrupar en la barra. Para ello, después de arrastrar un botón, hay que hacer lo siguiente:

1. Abrir el cuadro de diálogo Personalizar.
2. Hacer clic con el botón derecho del ratón en la barra de destino.
3. Seleccionar la opción Iniciar un grupo. Word colocará una línea delante del botón, para separarlo de los anteriores.

Truco:

Al arrastrar botones de una barra a otra, la primera los pierde, porque los botones se mueven, no se copian. Para mantenerlos, hay que hacer lo siguiente:

1. *Hacer clic en el botón Opciones de barra de herramientas, de la barra que haya perdido los botones.*
2. *Seleccionar la opción de menú Agregar o quitar botones> Personalizar.*
3. *Con la barra de herramientas seleccionada en el cuadro de diálogo Personalizar, hacer clic en el botón Restablecer.*

Personalización de la superficie de los botones

La superficie de los botones puede presentar uno de los tres contenidos siguientes:

- Una imagen.
- Un texto.
- Ambas cosas.

Nota:

Los botones de la barra de menús solamente llevan texto en la superficie.

Estos contenidos se pueden manipular para personalizarlos, haciendo lo siguiente:

1. Abrir el cuadro de diálogo **Personalizar**.
2. Hacer clic con el botón derecho en el botón a manipular.
3. En el menú emergente, seleccionar una de las opciones siguientes:
   - **Copiar imagen de botón** copia la imagen al Portapapeles.
   - **Pegar imagen del botón** pega la imagen contenida en el Portapapeles en el botón seleccionado.
   - **Modificar imagen del botón** da acceso al **Editor de botones**, con el que crear una imagen personalizada.
   - **Cambiar imagen del botón** despliega una paleta de iconos disponibles para la imagen del botón.

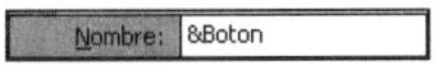

4. Sólo texto presenta un texto en la superficie del botón. Para poner el texto adecuado hay que usar la opción Nombre y escribirlo después del ampersand (&).
5. Imagen y texto permite mantener la imagen más el texto escrito a continuación del ampersand (&). Esta opción no es recomendable porque el botón ocupará mucho espacio.
6. **Restablecer imagen del botón** vuelve a la imagen original.

El Editor de botones

El **Editor de botones** permite crear imágenes personalizadas para los botones. Se accede a él al seleccionar la opción **Modificar imagen del botón**. El editor presenta una versión ampliada en la zona **Imagen**, en que cada cuadrito representa un pixel de la imagen en la pantalla. Los cuadros con barras diagonales vacíos hacen que el color del fondo asome en el botón. Al hacer clic en un cuadro, adquiere el color seleccionado. Vista previa presenta el resultado. El botón Borrar elimina toda la zona Imagen para empezar desde cero. Las cuatro flechas situadas bajo la zona Imagen permiten mover la imagen completa, en caso de que no esté alineada de forma correcta.

Truco:

Puesto que la opción Pegar imagen del botón opera con el Portapapeles de Windows, se puede colocar en él cualquier imagen de mapa de bits, incluso creada con un programa de dibujo como Paint, y pegarla al botón. También es posible capturar una imagen con un programa como Paint Shop Pro y copiarla al Portapapeles, pulsando la tecla ***PrintScreen*** *o* ***Control-C****. Al seleccionar la opción Pegar imagen del botón, se copiará en él la imagen almacenada en el Portapapeles.*

Nota:

Al acercar el cursor a un botón, aparece entonces un texto en un recuadro amarillo que indica el nombre o la función del botón. Esa opción se puede activar y desactivar mediante la casilla de verificación Mostrar información de pantalla en las barras de herramientas de la ficha Opciones del cuadro de diálogo Personalizar.

Personalización de los menús desplegables

Los menús desplegables de la barra de menús se pueden personalizar utilizando la ficha Comandos del cuadro de diálogo Personalizar. Puesto que en los próximos capítulos vamos a desarrollar un ejemplo de creación de documentos para un negocio de casa rural, comenzaremos por personalizar el menú Archivo y la barra de menús de Word para agregar dos opciones que facilitarán el trabajo posterior.

El submenú Trabajo será útil para agregarle todos los documentos relativos al ejemplo y tenerlos siempre accesibles.

El menú Calcular será útil para disponer de una calculadora en la pantalla de Word.

El submenú Trabajo

Word 2000 había incorporado el submenú **Trabajo** al menú **Archivo**, pero Word 2002 lo ha retirado de nuevo, como hizo en su día Word 97. Para agregar el submenú **Trabajo** al menú desplegable **Archivo**, hay que hacer lo siguiente:

1. Abrir el cuadro de diálogo **Personalizar** y después seleccionar la ficha **Comandos**.
2. Apartarlo a la derecha de la pantalla para dejar espacio para el menú **Archivo**.
3. Hacer clic en **Archivo** para desplegar el menú.
4. En la ventana **Categorías** de la ficha **Comandos**, seleccionar **Menús integrados**.
5. En la ventana **Comandos**, seleccionar **Trabajo**.
6. Arrastrar el comando **Trabajo** hasta el menú **Archivo** desplegado y depositarlo en el lugar deseado (véase la figura 1.6).
7. Cerrar el cuadro de diálogo **Personalizar**.

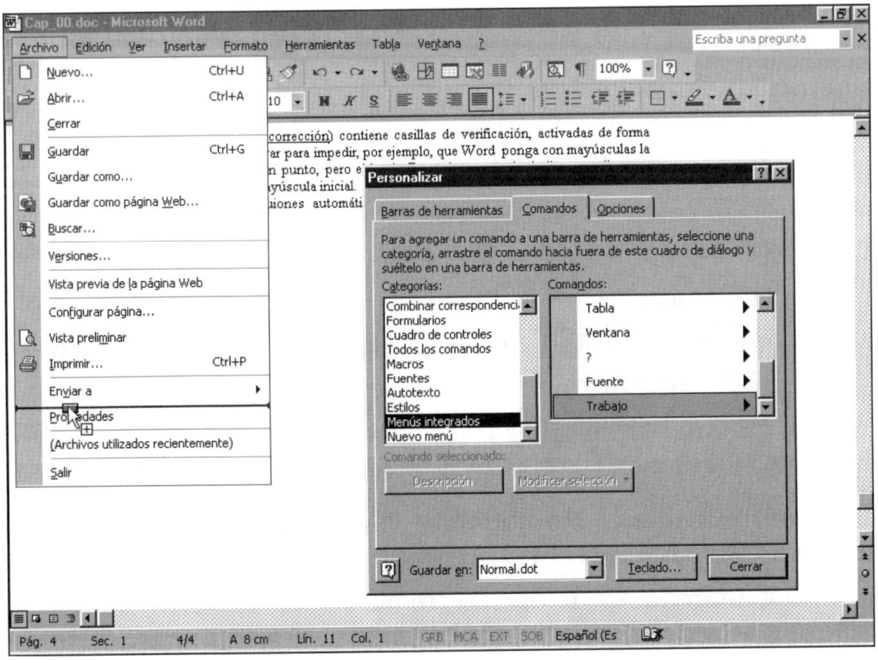

Figura 1.6. El menú Trabajo

Para agregar un archivo al menú Trabajo, hay que hacer lo siguiente:

1. Abrir el archivo en la ventana de Word.
2. Hacer clic en Archivo>Trabajo>Agregar a menú Trabajo.
3. El archivo quedará disponible en el menú Trabajo hasta que se cambie de nombre o ruta, se elimine o se retire del menú.

Para retirar un archivo del menú Trabajo, hay que hacer lo siguiente:

1. Pulsar **AltGr-guión** (-).
2. Con el cursor convertido en un guión largo y grueso, hacer luego clic en Archivo>Trabajo.
3. Hacer clic en el archivo a retirar del menú Trabajo.

Advertencia:

El menú Trabajo no es más que un puntero que apunta a los archivos que tiene incorporados. Si uno de ellos se cambia de posición en el ordenador, el menú no podrá localizarlo. Será preciso volverlo a incorporar.

El menú Calcular

El siguiente ejemplo será incorporar el menú Calcular a la barra de menús. Hay que hacer lo siguiente:

1. Abrir el cuadro de diálogo Personalizar y después seleccionar la ficha Comandos.
2. En la ventana Categoría, seleccionar Herramientas.
3. En la ventana Comandos, seleccionar Herramientas Calcular.
4. Arrastrar el comando Herramientas Calcular sobre la barra de menú y depositarlo en el lugar deseado.

Puesto que el nombre del menú es excesivamente largo, podemos acortarlo de la forma siguiente:

1. Con el cuadro de diálogo Personalizar visible, hacer clic en el menú Herramientas Calcular con el botón derecho del ratón.
2. En el menú emergente, en la opción Nombre, cambiar &Herramientas Calcular por &Calcular.
3. Cerrar el cuadro de diálogo Personalizar.

Advertencia:

El menú Calcular *aparece desactivado mientras no haya cifras o textos seleccionados.*

Truco:

Para poner una imagen en el menú Calcular, *hay que abrir el cuadro de diálogo* Personalizar *y activar la opción* Imagen y texto. *Después, se puede seleccionar* Cambiar imagen del botón *y elegir una o bien aplicar otra de las opciones para botones.*

Para llevar a cabo un cálculo, hay que hacer lo siguiente:

1. Escribir las cifras utilizando los operadores +, -, * y /.
2. Seleccionar lo escrito.
3. Hacer clic en el menú Calcular, que estará activo.
4. El resultado aparecerá en la barra de estado, tal y como muestra la figura 1.7.

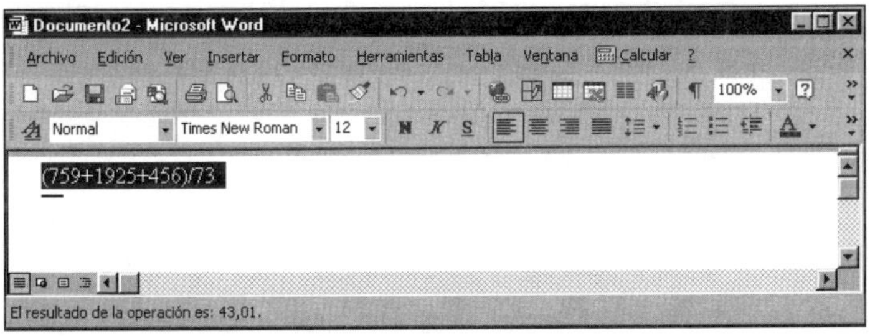

Figura 1.7. El menú Calcular en funciones

Personalización de los menús emergentes

También es posible personalizar los menús emergentes, utilizando el cuadro de diálogo Personalizar.

Como ejemplo, vamos a incorporar el comando Guardar todo al menú emergente del texto. Este comando solamente aparece en el menú Archivo cuando se hace clic con la tecla **Mayús** pulsada y resulta muy útil para guardar todos los documentos abiertos de una vez. Hay que hacer lo siguiente:

1. Abrir el cuadro de diálogo Personalizar.
2. En la ficha Barras de herramientas, seleccionar la casilla de verificación Menús contextuales.
3. Aparecerá la barra de herramientas Menús contextuales con tres elementos: Texto, Tabla y Dibujo. Seleccionar la ficha Comandos.

Figura 1.8. La barra de herramientas Menús contextuales

4. Seleccionar la categoría. Para ver todos los comandos disponibles, hacer clic en la categoría Todos los comandos.
5. Hacer clic en el comando Guardar todo.
6. Arrastrarlo sobre el botón **Texto** de la barra de herramientas Menús contextuales. Cuando se despliegue el menú Texto, seguir arrastrando el comando Guardar todo hacia abajo, hasta alcanzar el submenú Texto.
7. Continuar arrastrando el comando sobre las opciones del submenú Texto y depositarlo en el lugar adecuado.
8. Cerrar el cuadro de diálogo Personalizar. La figura 1.9 muestra el resultado.

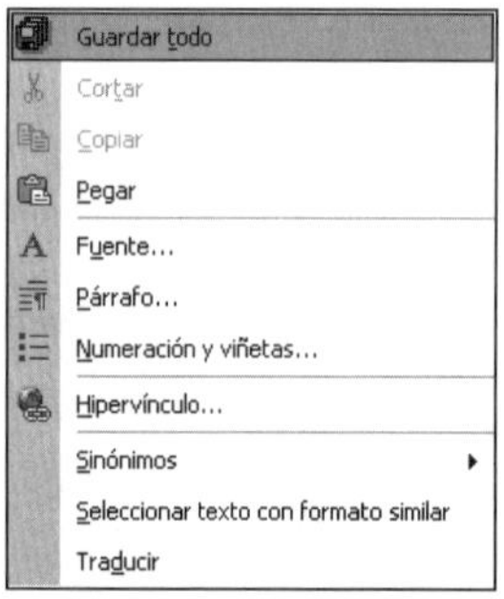

Figura 1.9. La opción Guardar todo incorporada al menú emergente

Resumen

Este capítulo detalla métodos para personalizar el inicio de Word 2002, así como la presentación de las barras de herramientas y menús desplegables. Señala la importancia de controlar en lo posible las acciones automáticas de Word para impedir resultados inesperados.

El inicio de Word se puede controlar mediante los modificadores de inicio que acepta el programa y que se pueden insertar en la ruta de acceso del icono de acceso directo del Escritorio. Eso permite, por ejemplo, poner Word en marcha con una plantilla o documento determinado cargados, así como con o sin macros.

Describe la creación de una barra de herramientas y la manipulación de los botones, así como la creación de botones mediante el Editor de botones.

Presenta ejemplos detallados para la inclusión de un submenú dentro del menú Archivo (el submenú Trabajo) y para la inserción de un nuevo menú en la barra de menús, el menú Calcular. Explica asimismo el funcionamiento de ambos elementos.

Por último, presenta otro ejemplo con la inclusión de la opción Guardar todo en el menú emergente del texto.

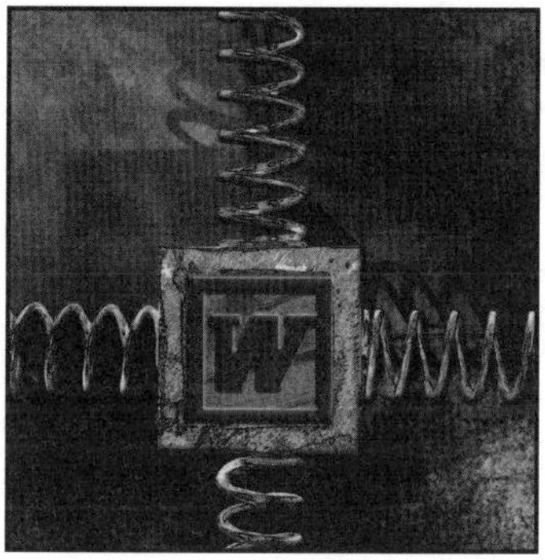

Capítulo 2

Control y optimización de Word

En este capítulo aprenderá a:

- Optimizar Word.
- Emplear las fichas del cuadro de diálogo Opciones y otros cuadros de diálogo para controlar las acciones automáticas de Word.

Recomendaciones para optimizar Word

Microsoft ofrece varios consejos para optimizar el rendimiento de Word. Veremos algunos de ellos, además de las casillas de verificación del cuadro de diálogo Opciones que se pueden activar o desactivar para la mejora del rendimiento.

- Trabajar siempre en modo de ver Normal, aunque no se vean columnas ni gráficos. Es más rápido que el modo Diseño de impresora.
- Aplicar el Desfragmentador de disco de Windows para desfragmentar el disco duro. Esta utilidad permite reorganizar los archivos y el espacio sin usar en el disco duro de forma que los programas se ejecuten más rápidamente. Su dirección es Inicio>Programas>Accesorios>Herramientas del sistema>Desfragmentador de disco.

- No utilizar demasiadas fuentes. Las fuentes ocupan muchos recursos y hacen que Windows se inicie con mayor lentitud. Los cuadros de diálogo Fuente (menú Formato) y Símbolo (menú Insertar) tardan más en aparecer cuando hay muchas fuentes instaladas. Las fuentes se controlan con el icono Fuentes del Panel de control de Windows.
- Limitar los colores del monitor a 256. El controlador del monitor suele admitir una resolución de 16 millones de colores y 24 bits, pero la pantalla no usa más de 256. Si el trabajo a realizar con Word está destinado únicamente a visualizarlo en el ordenador o bien sólo comprende textos, puede resultar útil reducir los colores a 256 (8bits), puesto que cuantos menos colores haya de gestionar el controlador de vídeo, mayor rapidez tendrá a la hora de redibujar la pantalla.

Para modificar la resolución de la pantalla, hay que realizar los siguientes pasos:

1. Hacer clic con el botón derecho del ratón en una zona en blanco del Escritorio.
2. Seleccionar Propiedades en el menú emergente.
3. En el cuadro de diálogo Propiedades de pantalla, seleccionar la ficha Configuración.
4. Desplegar la lista Colores y seleccionar 256 colores, como muestra la figura 2.1.
5. Hacer clic en Aceptar.

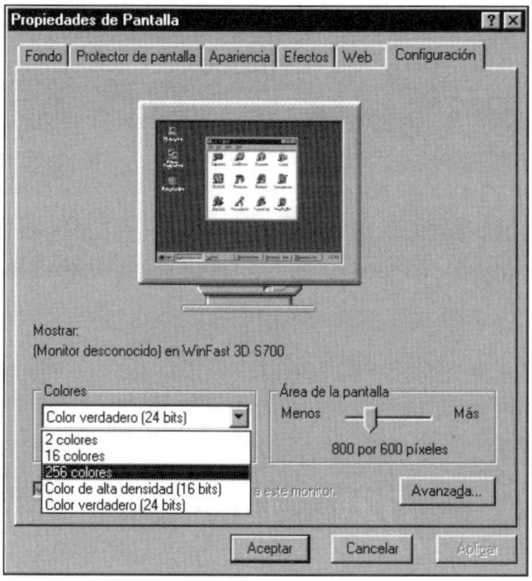

Figura 2.1. La ficha Configuración con la lista Colores desplegada

Advertencia:

Al seleccionar 256 colores, es posible que algunas imágenes se vean punteadas en la pantalla. Eso no afecta en absoluto a la calidad intrínseca de la imagen, ya que, para volver a verla con toda su resolución, basta seleccionar Color verdadero (24 bits) *en la lista* Colores *de la ficha* Configuración.

- No emplear unidades de disco comprimidas para Word ni para los archivos de Word. La compresión de discos aumenta el tamaño de la unidad, pero reduce su rendimiento. Esta función se lleva a cabo con la herramienta DriveSpace, localizada en Inicio>Programas>Accesorios>Herramientas del sistema>DriveSpace.
- Aunque siempre es recomendable hacer una copia de seguridad de los archivos en un disquete o en un disco móvil (como por ejemplo, Zip, CD, etc.), siempre resulta más lento trabajar con unidades móviles que fijas, por lo que conviene realizar los trabajos en el disco duro y, al finalizar el trabajo, copiarlos a un disco móvil para mantener una copia de seguridad.
- Si el equipo no tiene mucha memoria, no emplear papel tapiz para el Escritorio. El papel tapiz se controla mediante la ficha Fondo del cuadro de diálogo Propiedades de pantalla.

- Los Temas del Escritorio consumen bastantes recursos y muchas veces lentifican el sistema. Para aumentar el rendimiento, es recomendable abrir el icono Temas del Escritorio del Panel de control y, en el cuadro Tema, seleccionar Estándar de Windows.

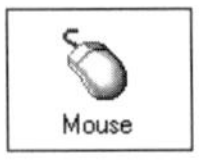

- Las combinaciones del ratón también consumen memoria. Para reducir el consumo, hay que abrir el icono Mouse del Panel de control, seleccionar la ficha Punteros y luego elegir Ninguno en la lista desplegable Combinación.
- Emplear el convertidor de Word97-2002 en vez de guardar los documentos para Word 6 ó 95. Si hay que guardar un documento de forma que sea compatible con Word 6 ó 95, el proceso resulta más rápido al aplicar la opción Word97-2002 & 6.0/95 – RTF (*.doc) de la lista desplegable Guardar como tipo (cuadro de diálogo Guardar como).

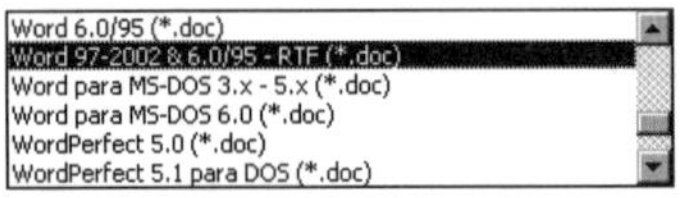

Figura 2.2. La lista desplegable Guardar como tipo con la opción Word97-2002

Advertencia:

Para poder aplicar la opción Word97-2002 es preciso haber instalado el convertidor durante la instalación de Word 2002. Si no aparece en la lista desplegable, hay que instalarlo empleando la opción Agregar o quitar programas.

Personalización del cuadro de diálogo Opciones para mejorar el rendimiento de Word

Otras recomendaciones se refieren a las fichas del cuadro de diálogo Opciones (menú Herramientas). Son las siguientes:

Ficha Ver

- Activar la opción Fuente de borrador para acelerar la presentación de la pantalla en documentos con formato y muchos gráficos, aunque los gráficos no se visualicen. Esta opción sólo está disponible en modo de ver Normal.

- Activar la opción **Marcadores de imagen** para aumentar la velocidad; Word muestra las imágenes como rectángulos vacíos.
- Desactivar la opción **Texto animado** para aumentar la velocidad.

Ficha Imprimir

- Activar la opción **Borrador** para acelerar la impresión con impresoras matriciales; el documento no usa las fuentes de la pantalla y se pueden perder algunos caracteres de formato.
- Activar la opción **Impresión en segundo plano** para continuar trabajando durante la impresión; desactivar para imprimir el documento más deprisa.

Ficha Guardar

- Activar la opción **Permitir guardar rápidamente**, ya que, de esa manera, Word sólo guarda los cambios.
- Desactivar la opción **Incrustar fuentes TrueType** para guardar más rápidamente.

Advertencia:

Los archivos guardados con la opción ***Permitir guardar rápidamente*** *no se pueden convertir a otros programas y, además, ocupan más espacio en el disco.*

Advertencia:

Al desactivar la incrustación de fuentes TrueType, si el archivo se abre en un ordenador que no tenga fuentes TrueType, no se podrá ver ni imprimir con las fuentes empleadas para crearlo.

Truco:

Es conveniente limitar el número de fuentes a emplear en el documento (el número óptimo es tres) y utilizar las fuentes TrueType lo menos posible, sustituyéndolas por las fuentes que lleve integradas la impresora. Para saber si una fuente es TrueType o integrada en la impresora, hay que desplegar la lista ***Fuente****, de la barra de herramientas* ***Formato*** *y observar el icono que aparece junto a cada fuente. En la figura 2.3 se pueden ver las seis* *primeras fuentes con el icono de la impresora y las seis últimas con el icono TrueType.*

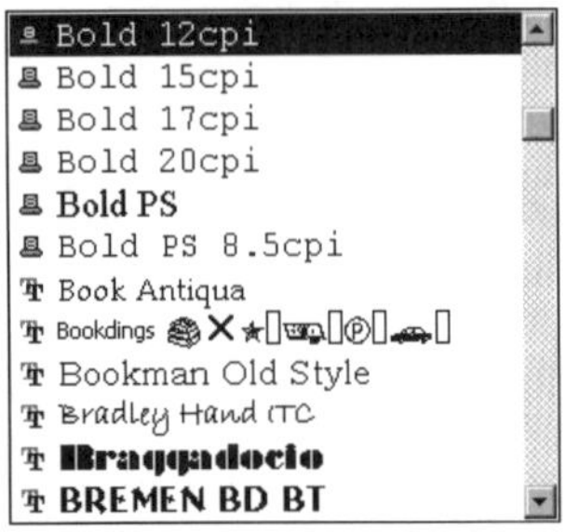

Figura 2.3. La lista Fuente con los iconos de impresora y TrueType

- Si está activa la casilla Incrustar fuentes TrueType, activar la opción Incrustar sólo caracteres en uso, para guardar más rápidamente el archivo y reducir su tamaño. Word sólo guarda los estilos de fuentes que el documento emplea.
- Desactivar la opción Crear siempre copia de seguridad para guardar más rápidamente. Las copias de seguridad se pueden hacer manualmente al final, copiando el archivo en un disco externo.
- Activar la opción Permitir guardar en segundo plano para seguir trabajando mientras Word guarda los archivos grandes.

- Desactivar la opción Guardar información de Autorrecuperación cada para evitar interrupciones periódicas. Es preferible guardar el archivo manualmente de forma periódica, pulsando **Mayús-F12** o haciendo clic en el botón **Guardar** de la barra de herramientas Estándar.

General

- Desactivar la opción Repaginación automática con el fin de mejorar el rendimiento.
- Desactivar la opción Informar mediante animaciones para mejorar el rendimiento.
- Desactivar la opción Actualizar vínculos automáticos al abrir para abrir los archivos más rápidamente.

Ortografía y gramática

- Desactivar las opciones Revisar ortografía mientras escribe y Revisar gramática mientras escribe con el fin de acelerar el rendimiento. Los posibles errores se pueden corregir al final aplicando el corrector manualmente.

Compatibilidad

- Desactivar la opción Usar las medidas en la impresora para dar formato al documento para mejorar la velocidad de desplazamiento. Esta opción está activada de forma predeterminada para documentos convertidos y preserva el formato de los documentos de Word 6 ó 7. Los desajustes son mínimos al desactivarla.

Personalización de Word para adecuar su funcionamiento al trabajo personal

Las fichas del cuadro de diálogo Opciones (menú Herramientas) contienen todas las opciones para controlar el funcionamiento de Word y adaptarlo al trabajo personal. Veremos a continuación unos cuantos consejos y trucos para mantener el control del programa y adecuarlo al trabajo individual. Muchos de ellos se basan en las casillas de verificación del citado cuadro de diálogo y otros consisten en manipular otros elementos del programa o de Windows.

Las carpetas predeterminadas

Word guarda los archivos de texto en una carpeta predeterminada, si no se le indica lo contrario. Lo mismo hace con los archivos de imágenes, las plantillas, herramientas, los archivos de recuperación automática, etc.

La carpeta en que Word, como los restantes programas de la suite Office, guarda los documentos, es Mis documentos. Dentro de ella, la carpeta Mis imágenes es el destino predeterminado de los archivos gráficos, como Mis Webs lo es de las páginas Web.

Esas carpetas de destino se pueden modificar fácilmente, de esta forma:

1. Seleccionar la ficha Ubicación de archivos del cuadro de diálogo Opciones.
2. Seleccionar Documentos en Tipos de archivo.
3. Hacer clic en el botón Modificar.
4. Seleccionar la nueva carpeta de destino.
5. Hacer clic en Aceptar.

A partir de ese momento, la ficha **Ubicación de archivos** mostrará la carpeta personalizada. Word guardará en ella los documentos, si no se le indica otra cosa, y el cuadro de diálogo **Abrir** apuntará también a esa carpeta.

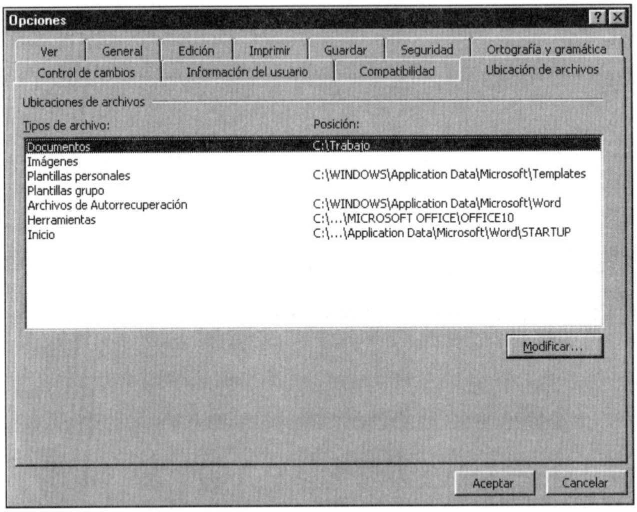

Figura 2.4. La ficha Ubicación de archivos con la carpeta de destino personalizada

Advertencia:

Word 2002 guarda las plantillas en la carpeta ***Windows\Application Data\Microsoft\Templates****. Si se guardan en una carpeta diferente, no aparecerán en el cuadro de diálogo* ***Plantillas*** *y será complicado localizarlas para aplicarlas a los documentos de nueva creación.*

Los nombres de los archivos

De forma predeterminada, Word aplica la extensión **.doc** a los documentos, igual que aplica la extensión **.dot** a las plantillas. Es posible personalizar esa extensión y cambiarla, simplemente escribiendo el nombre completo del archivo entre comillas.

Por ejemplo, para guardar un documento con el nombre de **Informe.mío**, hay que escribir "**Informe.mío**" en el cuadro de texto **Nombre de archivo** del cuadro de diálogo **Guardar como**. Si no escribe entre comillas, Word lo guardará como **Informe.mío.doc**.

Advertencia:

El cambio de extensión de los archivos tiene su lado peligroso. El cuadro de diálogo Abrir *busca, de forma predeterminada, documentos de Word, es decir que lleven extensiones predeterminadas aplicadas por el programa. Si cambiamos la extensión, habrá que buscar el archivo seleccionando la opción* Todos los archivos (*.*) *en la lista desplegable* Tipo de archivo *del cuadro de diálogo* Abrir.

En el caso de las plantillas, el problema puede ser mayor y es que, si lleva otra extensión, puede que Word la guarde en una carpeta distinta a la que almacena todas las plantillas, con lo cual, para localizarla luego, habrá que recurrir al sistema de búsquedas de Word o de Windows. Word abre automáticamente la carpeta predeterminada de plantillas cuando se guarda un documento con la extensión .dot.

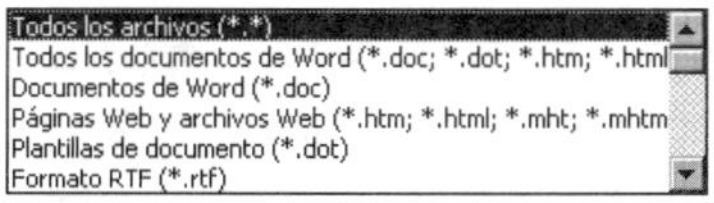

Figura 2.5. La lista desplegable Tipo de archivo

Detalles de los archivos

Los cuadros de diálogo Abrir y Guardar como, entre otros, tienen un menú desplegable en su barra de herramientas, Vistas, que permite visualizar los archivos de diferentes formas, ya sea como iconos, como una lista de nombres y extensiones, una vista previa, propiedades, etc.

Una de las opciones más interesantes es Detalles, porque presenta el nombre y extensión de cada archivo, su tamaño, su tipo y la fecha en que fue modificado por última vez. Esta información puede resultar muy útil, especialmente el tipo de archivo, a la hora de localizar un documento determinado. Windows señala los documentos creados con Word como Documento de Microsoft Word, es decir, incluye el nombre de Microsoft delante del programa que ha creado el archivo. Esto dificulta la visión en la ventana de los cuadros de diálogo Abrir o Guardar como, porque es demasiado largo y solamente se ve Documento de Mic... como muestra la figura 2.6.

Es posible acortar esa información para poder visualizar el tipo completo, haciendo lo siguiente:

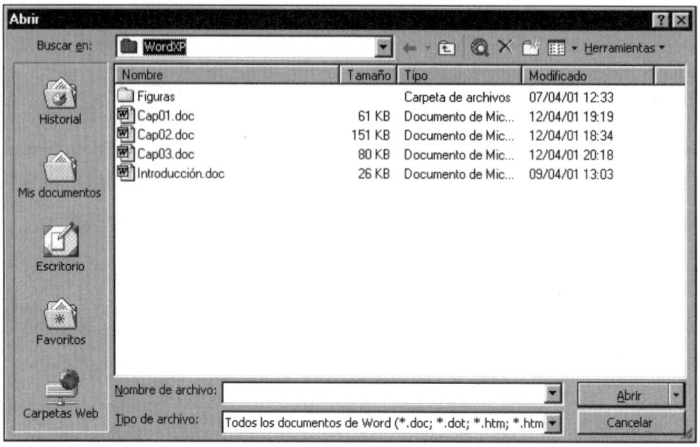

Figura 2.6. Los archivos en vista Detalles

1. En Mi PC o el Explorador de Windows, hacer clic en Ver, Opciones de carpeta.
2. En el cuadro de diálogo Opciones, seleccionar luego la ficha Tipos de archivo.
3. En la lista Tipos de archivo registrados, seleccionar Documento de Microsoft Word.
4. Hacer clic en el botón Editar.
5. En el campo Descripción del tipo del cuadro de diálogo Editar tipos de archivo, borrar la palabra Microsoft. También se puede modificar el nombre y dejar, por ejemplo, Documento Word.
6. Hacer clic en Aceptar.

Control de la selección de palabras

Word tiene una función activada de forma predeterminada que selecciona automáticamente la palabra completa cuando el cursor selecciona el primer carácter. Eso es práctico si se trata de seleccionar toda la palabra, pero resulta incómodo e ineficaz cuando se trata de seleccionar uno o varios caracteres, pero no la palabra completa. Es más conveniente desactivar esa función y controlarla manualmente, seleccionando los caracteres uno a uno y, para seleccionar la palabra completa, hacer doble clic en ella. Se desactiva de la forma siguiente:

1. Seleccionar la ficha Edición del cuadro de diálogo Opciones.
2. Desactivar la casilla de verificación Seleccionar la palabra completa.

La fuente predeterminada

La fuente predeterminada de Word es Times New Roman de 12 puntos y con ella inicia los documentos, si no se indica otra cosa, ya que es la fuente de la plantilla Normal.dot. Para cambiar de fuente predeterminada, hay que hacer lo que sigue:

1. Hacer clic en la opción Formato>Fuente.
2. Seleccionar la fuente deseada en el cuadro de diálogo Fuente, así como tamaño, estilo y color.
3. Hacer clic en el botón Predeterminar.
4. Confirmar el cambio cuando Word lo solicite.
5. Hacer clic en Aceptar.

Las unidades de medida de la regla

La regla utiliza unidades de medida predeterminadas. Las distancias, sangrados, tabulaciones, alturas, etc., se pueden medir en centímetros, pulgadas, milímetros, puntos o picas, pero la opción predeterminada son los centímetros. Para modificar este parámetro, hay que hacer lo siguiente:

1. Seleccionar la ficha General del cuadro de diálogo Opciones.
2. Desplegar la lista Unidades de medida.
3. Seleccionar la unidad deseada.
4. Hacer clic en Aceptar.

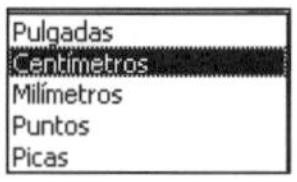

Figura 2.7. Las unidades de medida

La tecla Ins

La tecla **Ins** tiene dos utilidades:

- Pasar al modo sobrescritura.
- Insertar el contenido del Portapapeles.

De forma predeterminada, la tecla **Ins** se emplea para insertar el contenido del Portapapeles en el documento, lo que puede ser útil, a menos que se pulse inadvertidamente, cosa que sucede con cierta frecuencia y que resulta molesta y enojosa.

Para desactivar esta opción hay que hacer lo siguiente:

1. Seleccionar la ficha Edición del cuadro de diálogo Opciones.
2. Desactivar la casilla de verificación Usar la tecla INSERT para pegar.

De esa manera, la pulsación de la tecla **Ins** cambiará el trabajo al modo sobrescritura, lo que se advierte fácilmente porque la marca SOB queda activada en la barra de estado. Para pasar al modo normal de edición, hay que hacer doble clic en dicha marca o volver a pulsar la tecla **Ins**.

Advertencia:

La marca SOB se activa y desactiva haciendo doble clic en ella para pasar al modo sobrescritura o al modo normal de edición, pero la marca no desaparece ni aparece al hacer clic, sino que es necesario tocar cualquier tecla para que se ponga en marcha o se desactive. Es suficiente con pulsar, por ejemplo, la ***Barra espaciadora****.*

Corrección ortográfica y gramatical

Al empezar a escribir con Word, se observa que el programa va subrayando algunas palabras con una línea roja ondulada. Normalmente se trata de palabras escritas equivocadamente, pero otras veces se trata simplemente de palabras que Word no consigue localizar en su diccionario y las marca para corrección.

Esta función tiene dos vertientes:

1. Permite corregir las palabras sobre la marcha.
2. Lentifica el proceso de escritura y hace perder tiempo al marcar palabras correctas, pero inexistentes en el diccionario de Word, en especial cuando se escriben textos técnicos o científicos y se emplean jergas específicas.

En la mayoría de los casos, resulta mucho más conveniente desactivar esta opción predeterminada y aplicar posteriormente el corrector ortográfico y/o gramatical de forma manual. Si se trata de textos técnicos o científicos, lo más práctico es crear diccionarios especializados, como veremos en el capítulo dedicado a las herramientas avanzadas de escritura.

Para desactivar esta opción, hay que hacer lo siguiente:

1. Seleccionar la ficha Ortografía y gramática del cuadro de diálogo Opciones.
2. Desactivar las casillas de verificación Revisar ortografía mientras escribe y Revisar gramática mientras escribe.

Nota:

Otra opción predeterminada de Word que conviene desactivar en la ficha Ortografía y gramática *es* Omitir palabras en MAYÚSCULAS, *porque, entre otras cosas, impide corregir los acentos de las letras mayúsculas, cosa que muchas veces se olvida y está recomendado por la Real Academia de la Lengua.*

Información del usuario

Word almacena en la ficha Información del usuario del cuadro de diálogo Opciones los datos del usuario del programa, que se escriben durante la instalación, y los utiliza cuando le es conveniente, por ejemplo, para el remite de los sobres. Pero esa información se puede modificar cambiando los datos en la mencionada ficha Información del usuario, para que Word almacene una persona diferente, otras iniciales o bien una dirección distinta.

Los formatos automáticos

Word trae activadas funciones para detectar ciertos formatos específicos y aplicar automáticamente los estilos correspondientes. También es capaz de aplicar a un documento ya escrito un conjunto normalizado de formatos con un solo comando. Mediante el uso de un conjunto de reglas acerca de lo que define un encabezado, título, cuerpo de texto, figuras, tablas, etc., Word examina el documento, utilizando sus reglas para definición de títulos, encabezados, cuerpo de texto, tablas, figuras, etc. y aplica los estilos a cada elemento.

Estas funciones automáticas son útiles siempre y cuando Word acierte a la hora de aplicar un formato o estilo determinado, porque, de lo contrario, sólo sirven para retrasar el trabajo, al tener que deshacer lo hecho.

La función Autoformato es la responsable de todas estas acciones y opciones y se puede controlar mediante el cuadro de diálogo Autocorrección (menú herramientas), en las fichas Autoformato y Autoformato mientras escribe.

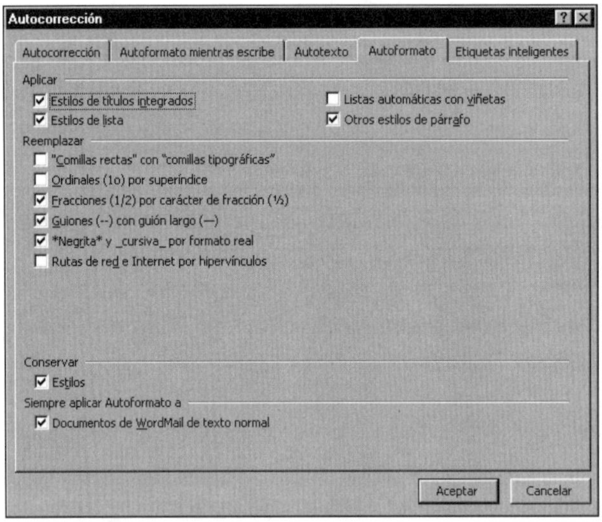

Figura 2.8. La ficha Autoformato

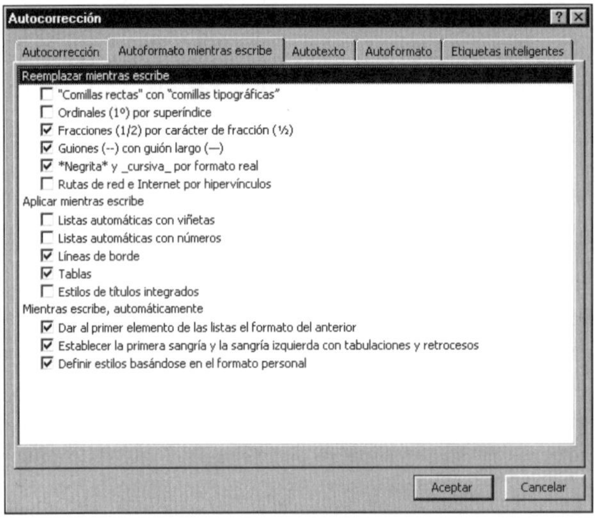

Figura 2.9. La ficha Autoformato mientras escribe

Las casillas de verificación Listas automáticas con números y Listas automáticas con viñetas tienen el cometido de detectar el inicio de una de estas listas por parte del usuario y continuarlas automáticamente. Por ejemplo, si escribimos el número 1 o la letra a seguidos de un cierre de paréntesis o de un punto, escribimos texto y pulsamos **Intro**, Word inicia automáticamente el párrafo siguiente con el número 2 o la letra b seguidos del punto o del paréntesis y con una sangría. Lo mismo sucede si iniciamos un párrafo con un asterisco. Al pulsar **Intro**, Word inicia el párrafo siguiente con una viñeta, cambia el asterisco del párrafo anterior por otra viñeta igual y sangra ambos párrafos.

Nota:

Cuando Word aplica un formato automático, hay que seleccionar la opción Edición>Deshacer Autoformato *con el fin de corregirlo.*

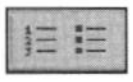

Esto resulta de gran utilidad cuando se trata realmente de escribir una lista con números o con viñetas, pero hace perder tiempo cuando no es el caso, porque hay que recurrir al comando Deshacer Autoformato para poder continuar trabajando sin formatos inoportunos. Por ello, muchas veces es más conveniente desactivar las opciones automáticas y escribir las listas numeradas o con viñetas haciendo clic en los correspondientes botones de la barra de herramientas Formato.

Para desactivarlas, hay que hacer lo siguiente:

1. Hacer clic en Herramientas>Opciones de Autocorrección.
2. En el cuadro de diálogo Autocorrección, seleccionar entonces la ficha Autoformato.
3. Desactivar la casilla de verificación Listas automáticas con viñetas (figura 2.8).
4. Seleccionar la ficha Autoformato mientras escribe.
5. Desactivar las casillas de verificación Listas automáticas con viñetas y Listas automáticas con números (figura 2.9).

Las fichas Autoformato y Autoformato mientras escribe presentan otras opciones que a veces es también conveniente desactivar.

- La casilla de verificación Ordinales 1o por superíndices es muy útil para cambiar 1a por 1ª cuando realmente se trata de escribir primera, pero resulta ineficaz si lo que verdaderamente queremos indicar es 1a. Para desactivarla, hay que hacerlo en ambas fichas.

- La casilla de verificación "Comillas rectas" con "comillas tipográficas" cambia automáticamente las comillas rectas que aparecen en el teclado del ordenador por las comillas tipográficas curvas. Eso es idóneo para la autoedición, pero puede traer complicaciones cuando el texto tiene que maquetarlo otra persona con un programa ajeno a Word. Para desactivarla, también es preciso hacerlo en ambas fichas.
- La casilla de verificación Rutas de red e Internet por hipervínculos convierte automáticamente en hipervínculos las direcciones de Internet escritas en un documento. Eso es válido para documentos en línea, porque permite al usuario pasar rápidamente al documento de destino al hacer clic en el hipervínculo, pero puede también resultar conflictivo a la hora de maquetar, cuando el texto está destinado a impresión y, además, da problemas a la hora de convertir los documentos a otras versiones de Word, como por ejemplo, 6.0, o a otros programas. También es necesario desactivar la opción en ambas fichas para que no surta efecto.
- La casilla de verificación Dar al primer elemento de las listas el formato del anterior se encuentra tan sólo en la ficha Autoformato mientras escribe y es útil cuando realmente todas las listas llevan un formato similar. De no ser así, es mejor desactivarla.

Aplicación de Autoformato

Hay una forma de aplicar manualmente la función Autoformato a un documento. Hay que hacer lo siguiente:

1. Seleccionar Formato>Autoformato.
2. En el cuadro de diálogo Autoformato, seleccionar el botón de opción Aplicar Autoformato ahora.
3. Para controlar los formatos que Word aplicará al documento, seleccionar el botón de opción Aplicar Autoformato y revisar cada cambio.

Las propiedades del documento

El menú Archivo tiene una opción, Propiedades, que contiene varias fichas con información relativa al documento, como datos del autor, resumen, estadísticas, etc. Veremos esta opción en el capítulo dedicado al control del documento.

Dado que no es obligatorio rellenar la información del cuadro de diálogo Propiedades, es fácil omitirla y, cuando se trata de un documento compartido por varios usuarios, a veces es importante disponer del mayor número de datos posible.

Para que Word se encargue de recordarnos esta opción, hay que hacer lo siguiente:

1. Seleccionar la ficha **Guardar** del cuadro de diálogo **Opciones**.
2. Activar la casilla de verificación **Preguntar por las propiedades del documento**.
3. De esa manera, Word recordará la conveniencia de guardar las propiedades, presentando el cuadro de diálogo al guardar los documentos por primera vez.

Resumen

En este capítulo hemos aprendido a controlar algunas de las opciones predeterminadas de Word para adecuar mejor su funcionamiento al trabajo habitual. Algunas de estas opciones están incluidas en las fichas del cuadro de diálogo **Opciones**, en el menú **Herramientas**, pero otras se encuentran localizadas en distintos cuadros de diálogo. También hemos aprendido numerosos trucos y pistas para optimizar el rendimiento de Word, algunos de ellos mediante el control de opciones del programa y otros a partir de opciones de Windows.

El rendimiento de Word se puede mejorar siguiendo los consejos de Microsoft en cuanto al uso y/o activación de determinadas opciones del programa, siempre y cuando no entorpezcan el trabajo a realizar. Algunas de las medidas de mejora de rendimiento tienen su parte negativa que conviene considerar antes de aplicarlas.

Tanto el cuadro de diálogo **Opciones** como los distintos cuadros de control de funciones automáticas, como **Autoformato** o **Autocorrección**, disponen de casillas de verificación que se pueden activar o desactivar según el hábito de trabajo del usuario, de forma que pueda tener mayor o menor control sobre la ejecución de dichas funciones.

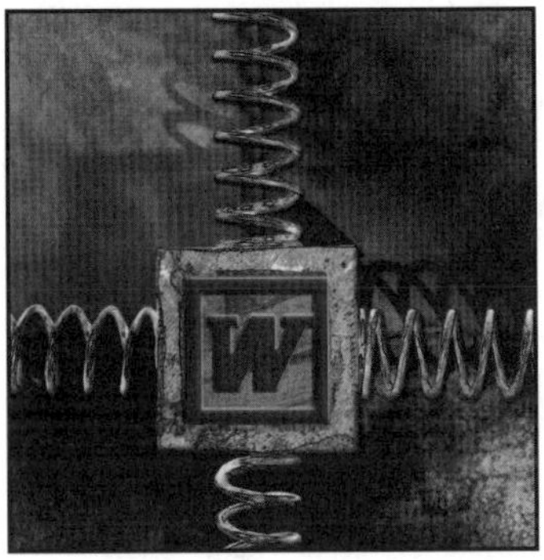

Capítulo 3

Gestión avanzada de plantillas

En este capítulo aprenderá a:

- Crear plantillas desde cero.
- Crear marcas de agua.
- Manejar WordArt.
- Manipular imágenes en Word.
- Crear marcos para trasladar imágenes.
- Crear pies de página con líneas de separación.
- Manejar plantillas y complementos.
- Descargar plantillas y complementos de la Galería de plantillas de Microsoft.

Las plantillas

Las plantillas son conjuntos de características de formato, es decir, estilos, fuentes, márgenes, tabulaciones, títulos, etc. que ofrecen la posibilidad de crear documentos con formatos coherentes. Word 2002 trae numerosas plantillas predefinidas que también pueden aplicarse a cualquier documento o bien modificarse para crear plantillas personalizadas a partir de ellas.

Las plantillas permiten crear fácilmente folletos, boletines de noticias, cartas, *curricula vitae*, etc., partiendo de plantillas prediseñadas y modificando el texto fijo. Las plantillas están agrupadas por temas en las fichas del cuadro de diálogo **Plantillas**. Hay algunas que ofrecen un asistente para desarrollarla, como el **Asistente para páginas Web**.

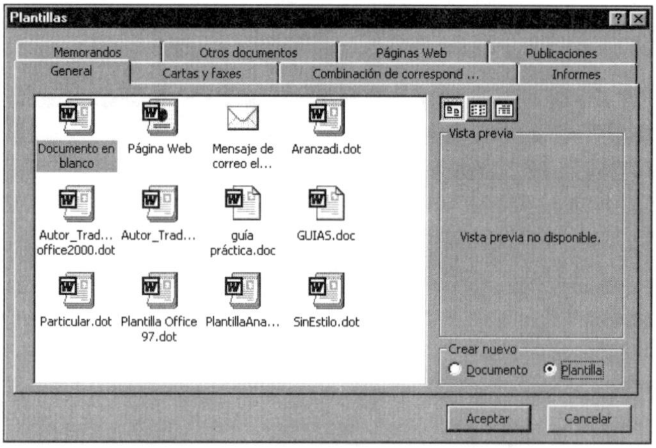

Figura. 3.1. El cuadro de diálogo Plantillas

Truco:

Para ver el efecto y los estilos de algunas de las plantillas predefinidas de Word, hay que seleccionar la opción **Formato>Tema** *y, en el cuadro de diálogo* **Tema**, *hacer clic en el botón* **Galería de estilos**. *Después, hay que seleccionar la plantilla deseada en la lista y, a continuación, activar el botón de opción* **Ejemplo** *o* **Modelo**. *No hay ejemplos ni modelos para todas las plantillas, pero sí para algunas y aquí se puede ver el resultado en el cuadro* **Vista previa**.

Emplear plantillas para crear documentos de uso frecuente, como informes o formularios preimpresos, resulta útil para normalizarlos, de forma que todos tengan el mismo diseño y formato. Al abrir un nuevo documento, se le transfiere todo el contenido y funciones de la plantilla. La plantilla original permanece inalterada en el disco.

Cada plantilla lleva asociado un estilo, que aparece al desplegar la lista **Estilo** de la barra de herramientas **Formato**. Las plantillas pueden contener lo siguiente:

- Cuerpo de texto, encabezados, pies, notas al pie así como gráficos con formato.
- Diseños de página y papel.
- Estilos.
- Entradas de Autotexto.
- Marcadores.
- Macros.
- Menús y comandos personalizados.
- Herramientas.
- Teclas de método abreviados.
- Marcas de agua.

Las plantillas de Word 2002 se almacenan generalmente en la carpeta **Templates**, en la ruta **Windows\Application Data\Microsoft\Templates**. Esa ruta se puede modificar en la **ficha Ubicación de archivos** del cuadro de diálogo **Opciones**, pero el cambio puede dar lugar a dificultades a la hora de localizar o aplicar una plantilla determinada.

Truco:

Para localizar una plantilla se puede utilizar el sistema de búsqueda de Windows, de la forma siguiente:

1. *Hacer clic en **Inicio>Buscar>Archivos o carpetas**.*
2. *En el cuadro de diálogo **Buscar**, escribir el nombre de la plantilla en el campo **Nombre**.*
3. *Si no se conoce el nombre exacto, escribir ***.dot**.*
4. *Hacer clic en el botón **Buscar ahora**.*

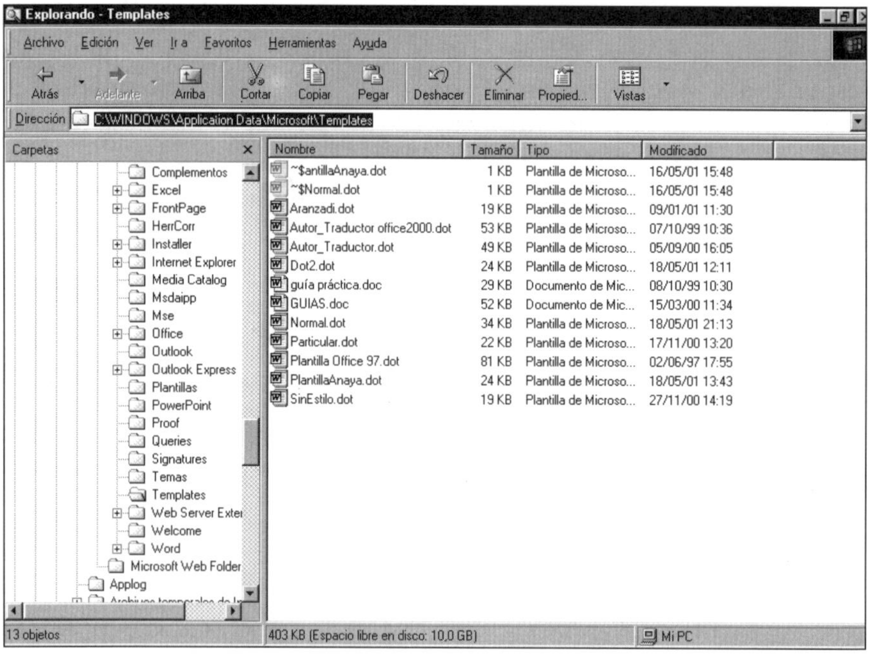

Figura 3.2. La carpeta Templates

Aplicación de plantillas globales y complementos

Las plantillas globales ofrecen a todos los documentos de Word los estilos, macros y definiciones personalizadas. La plantilla Normal.dot es global, siempre se carga y tiene prioridad sobre las demás. Además de esta plantilla, se puede utilizar cualquier otra como global.

Los documentos pueden utilizar los recursos de varias plantillas. Si un documento se ha creado, por ejemplo, basándolo en la plantilla Normal, se le puede adjuntar otra plantilla para utilizar los estilos, macros o elementos que contenga.

Para adjuntar una plantilla a un documento, hay que seguir los siguientes pasos:

1. Abrir el documento.
2. Hacer clic en la opción Herramientas>Plantillas y complementos.
3. Hacer clic en Adjuntar. En el cuadro de diálogo Adjuntar plantilla, seleccionar la nueva que reemplazará a la plantilla Normal.

4. Para añadir otra plantilla además de la adjunta, hay que hacer clic en **Agregar** y seleccionar la nueva plantilla en el cuadro de diálogo **Agregar plantilla**.
5. Para retirar una plantilla de un documento, hay que seleccionarla y hacer clic en **Quitar**.
6. Hacer clic en **Aceptar** para cerrar los cuadros de diálogo **Adjuntar plantilla** o **Agregar plantilla**.
7. Hacer clic en **Aceptar** para cerrar el cuadro de diálogo **Plantillas y complementos**.

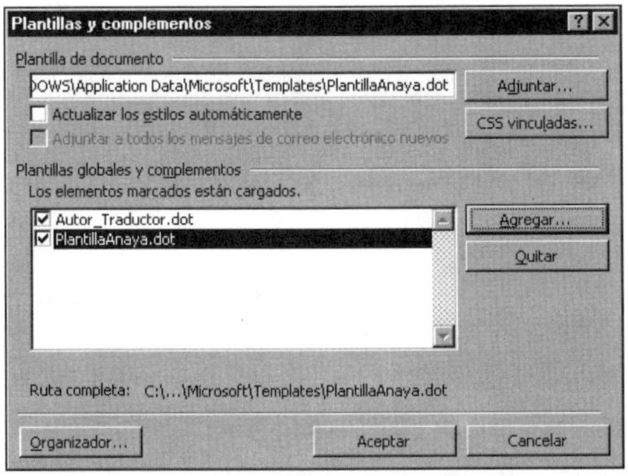

Figura 3.3. El cuadro de diálogo Plantillas y complementos

Si el documento se ha creado, por ejemplo, con la plantilla **Normal.dot**, al adjuntarle una nueva plantilla, los estilos de párrafo y carácter de ésta se copian al documento, reemplazando los estilos existentes con nombres duplicados.

Las especificaciones y entradas de Autotexto de la plantilla quedan disponibles para el documento, pero no se copian. Los textos, gráficos y especificaciones de diseño de la plantilla no forman parte del documento, por lo que, para acceder a estos y otros elementos contenidos en la plantilla, hay que abrirla en Word y copiarlos al documento.

La casilla de verificación **Actualizar los estilos automáticamente** del cuadro de diálogo **Plantillas y complementos**, obliga a Word a actualizar los estilos del documento activo y hacerlos coincidir con los de la plantilla. Por ejemplo, Word actualiza los estilos de párrafo con los que tenga la plantilla adjunta, cada vez que se abre el documento. Así es posible mantener los documentos coherentes de manera automática, si se modifica la plantilla.

Truco:

Al cerrar Word, las macros y plantillas cargadas con el cuadro de diálogo ***Plantillas y complementos*** *se descargan. Para cargarlas al inicio de Word, hay que copiarlas a la carpeta* ***Inicio****, que está situada en la dirección que aparece en la ficha* ***Ubicación de archivos****, del cuadro de diálogo* ***Opciones****, generalmente en C:\Windows\Application Data\Microsoft\Word\Startup.*

Los complementos

Los complementos son programas con macros y funciones especiales, que se pueden adquirir o desarrollar y se gestionan de la misma forma que las plantillas globales. Tienen la extensión .Wll. Las páginas Web de Microsoft ofrecen algunos que se pueden descargar en la dirección siguiente:

http://search.officeupdate.microsoft.com/spain/downloadCatalog/default.asp?product=Word

Para añadir un complemento a un documento, hay que seguir las mismas instrucciones que para añadir una plantilla, pero seleccionando Complementos de Word en el cuadro de lista Tipo de archivo del cuadro de diálogo Agregar plantilla. Los complementos se suelen almacenar en la carpeta C.\Windows\Application Data\Microsoft\Addins o C.\Windows\Application Data\Microsoft\Complementos según la versión.

Los Complementos COM (Modelo de objetos componentes) añaden funciones personalizadas. Para ver la lista de Complementos COM instalados, hay que hacer lo siguiente:

1. Seleccionar Personalizar en el menú emergente de cualquier barra de herramientas.
2. Hacer clic en la ficha Comandos.
3. En la lista Categoría, seleccionar Herramientas.
4. Arrastrar el comando Complementos COM hasta una barra de herramientas.
5. Hacer clic en Cerrar.
6. Hacer clic en el nuevo botón Complementos COM para ver los que se cargan con Word.

Para desactivar los Complementos COM, hay que quitar la marca de la casilla de verificación del cuadro de diálogo Complementos COM que aparece al hacer clic en el botón creado en la barra de herramientas.

Personalización de una plantilla

Una plantilla se puede personalizar, añadiéndole o quitándole elementos, de la forma siguiente:

1. Hacer clic en Archivo>Abrir.
2. Seleccionar Plantillas de documento (*.dot) en la lista Tipo de archivo.
3. En la lista desplegable Buscar en: acceder a la carpeta en que esté almacenada la plantilla.
4. Seleccionar la plantilla y pulsar Abrir.
5. La plantilla quedará cargada entonces en Word como si se tratase de un documento, pero la barra de título mostrará el nombre con la extensión .dot.
6. Aplicar las modificaciones deseadas.
7. Hacer clic en Archivo>Guardar como y darle un nombre. Si se trata de una plantilla de usuario, se puede mantener el mismo nombre con las modificaciones aplicadas.

Creación de una plantilla

Hay dos formas de crear una plantilla:

- Desde cero.
- A partir de un documento o formulario.

Creación de una plantilla desde cero

Para crear una plantilla desde cero, hay que hacer lo siguiente:

1. Hacer clic en Archivo>Nuevo.
2. Seleccionar después Plantillas generales en el Panel de tareas Nuevo documento.
3. En el cuadro de diálogo Plantillas, seleccionar el botón de opción Plantilla.
4. Hacer clic en Aceptar.

5. Crear el estilo, las entradas de Autotexto, macros, combinaciones de teclas, encabezados y otros elementos de la plantilla.
6. Guardarla en la carpeta Templates (o Plantillas, según la versión) con la extensión .dot. Aparecerá en la ficha General del cuadro de diálogo Plantillas.

Figura 3.4. La opción Plantillas generales en el Panel de tareas Nuevo documento

Creación de una plantilla a partir de un documento o formulario

Cuando hay que usar un tipo de documento con mucha frecuencia, merece la pena guardar una copia como plantilla, es decir, empleando la opción Guardar como, seleccionando Plantilla de documento (*.dot) en la lista desplegable Guardar como tipo y almacenándola en la carpeta Templates (o Plantillas, según la versión).

Después, ya sólo es cuestión de cargarlo como plantilla para basar en él los restantes documentos.

Ejemplo: creación de plantillas

Vamos a iniciar un ejemplo a desarrollar a lo largo de los próximos capítulos. Consiste en la creación de algunos documentos relativos al lanzamiento de un negocio de hostelería, concretamente, una casa rural. Lo primero que tenemos que crear son las plantillas que servirán como base para un folleto, una factura y una carta para la distribución masiva del folleto. Las imágenes y documentos correspondientes al ejemplo de este capítulo se encuentran en la carpeta Ejemplos\Cap03 del CD-ROM de acompañamiento.

La plantilla

La carta es el documento más sencillo, por lo tanto, crearemos primero su plantilla y, a partir de ella, podremos crear posteriormente plantillas más complejas para la factura y el folleto.

Hay que hacer lo siguiente:

1. Seleccionar Archivo>Nuevo.
2. Seleccionar luego Plantillas generales en el Panel de tareas Nuevo documento.
3. En el cuadro de diálogo Plantillas, seleccionar el botón de opción Plantilla.
4. Hacer clic en Aceptar.

La marca de agua

Una vez la plantilla abierta en Word, hay que agregarle los siguientes elementos:

1. Seleccionar Formato>Fondo>Marca de agua impresa.
2. En el cuadro de diálogo Marca de agua impresa, seleccionar el botón de opción Marca de agua de imagen.
3. Pulsar el botón Seleccionar imagen.
4. En el cuadro de diálogo Insertar imagen, seleccionar la carpeta y/o la unidad de disco en la lista desplegable Buscar en:.
5. Hacer clic en el botón **Vistas** de la barra de herramientas del cuadro de diálogo, para seleccionar Vista previa. Eso permitirá visualizar las imágenes a medida que se seleccionen en la ventana Nombre.
6. Seleccionar la imagen adecuada y hacer clic en Insertar.
7. Hacer clic en el botón Aceptar del cuadro de diálogo Marca de agua impresa.
8. La imagen quedará insertada como fondo de la plantilla, como muestra la figura 3.5.

9. Seleccionar Archivo>Guardar como. El cuadro de diálogo Guardar como apuntará a la carpeta Templates (o Plantillas). Guardarla como CasaRural.

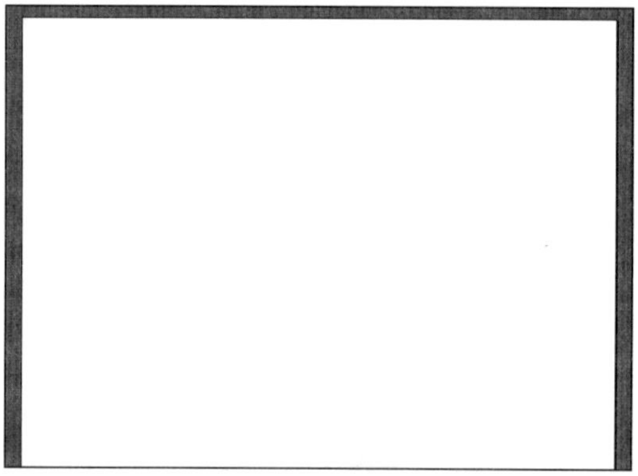

Figura 3.5. La marca de agua en la plantilla

El logotipo

A continuación hay que crear un logotipo y el texto fijo que deberá aparecer en todos los documentos.

Para ello, hay que hacer lo siguiente:

1. Abrir un nuevo documento en blanco. Será más cómodo crear el logotipo y el texto en un documento, formatearlo y después copiarlo a la plantilla.
2. Seleccionar Insertar>Imagen>Imagen de WordArt.
3. En la Galería de WordArt, seleccionar el primero de todos los modelos, el más sencillo.
4. En la ventana de WordArt, escribir La Casa del Bosque.
5. Desplegar la lista Tamaño y seleccionar 20 puntos.
6. Hacer clic en Aceptar.

Una vez creado el logotipo, hay que darle formato de la forma siguiente:

1. Seleccionarlo haciendo clic en él.

2. En la barra de herramientas WordArt, hacer clic en el botón Formato de WordArt.
3. En la ficha Colores y líneas, hacer clic en Color.

4. Seleccionar el color Verde.
5. Hacer clic en Efectos de relleno.
6. En la ficha Degradado, activar el botón de opción Dos colores, en la zona Colores.
7. En la zona Estilos de sombreado, seleccionar Horizontal.
8. Aceptar.

Después de crear el logotipo, hay que trasladarlo a la plantilla y colocarlo en la parte superior. Hay que hacer lo siguiente:

1. Seleccionarlo.

2. Hacer clic en el botón **Copiar** de la barra de herramientas Formato.
3. Abrir la plantilla CasaRural.dot.
4. Hacer clic en el botón **Pegar** de la barra de herramientas Formato.

Nota:

*Al pegar un objeto en un documento de Word, se activa el botón **Opciones de pegado**, que veremos en el capítulo siguiente. De momento, sólo hay que pulsar **Esc** para que desaparezca.*

Una vez copiado el logotipo a la plantilla, hay que situarlo en la parte superior central. Desplazar una imagen en Word no es tarea fácil. Solamente se puede trasladar cuando el cursor adquiera forma de flecha que apunta arriba a la izquierda y aun así resulta complicado llevar la imagen a otro lugar.

El marco

La mejor solución para mover adecuadamente una imagen es colocarle un marco, pero la opción de menú Insertar>Marco hace tiempo que desapareció del menú Insertar. Como hemos visto en el capítulo anterior la forma de personalizar los menús, vamos a recuperar esa opción y a utilizarla para mover cómodamente ésta y otras imágenes en Word.

1. Abrir el cuadro de diálogo Personalizar y después seleccionar la ficha Comandos.
2. Apartarlo a la derecha de la pantalla para dejar espacio para el menú Insertar.

3. Hacer clic en **Insertar** para desplegar el menú.
4. En la ventana **Categorías** de la ficha **Comandos** del cuadro de diálogo **Personalizar**, seleccionar **Todos los comandos**.
5. En la ventana **Comandos**, seleccionar **InsertarMarco**.
6. Arrastrar el comando **InsertarMarco** hasta el menú **Insertar** desplegado y depositarlo en el lugar deseado.
7. Cerrar el cuadro de diálogo **Personalizar**.

Figura 3.6. El menú Insertar con el nuevo comando

Una vez el comando **Marco** disponible, hay que hacer lo siguiente:

1. Seleccionar el logotipo haciendo clic en él.
2. Seleccionar **Insertar>Marco**.
3. Acercar el cursor al logotipo. Cuando se convierta en una flecha de cuatro puntas, arrastrarlo a la parte superior de la hoja, centrándolo.

Truco:

Para colocar el logotipo en la parte superior de la hoja, se puede utilizar la barra de herramientas **Dibujo**. *Si no está visible, hay que hacer clic con el botón derecho en cualquier barra y elegir* **Dibujo** *en el menú emergente. Con la imagen seleccionada, hay que hacer lo siguiente:*

1. *Hacer clic en* **Dibujo**, *para desplegar el menú de la barra de herramientas* **Dibujo**.

2. *Seleccionar* Alinear o distribuir>Con relación a la página.
3. *Seleccionar de nuevo* Dibujo>Alinear o distribuir>Alinear en la parte superior.
4. *Para centrarlo, pulsar de nuevo* Dibujo>Alinear o distribuir> Distribuir horizontalmente.

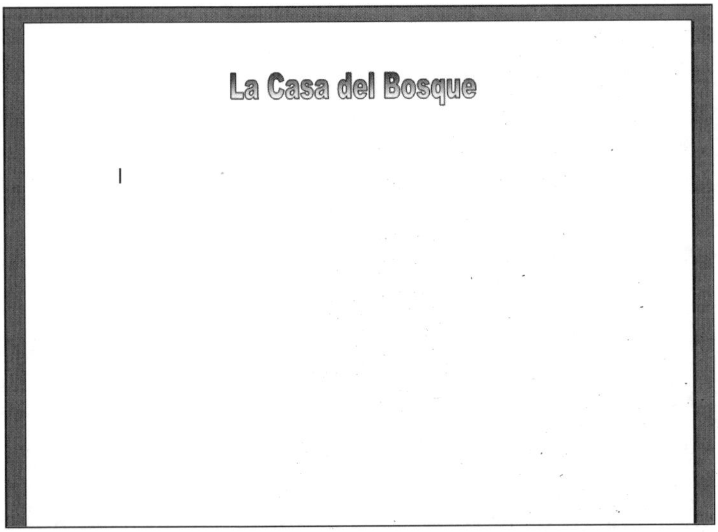

Figura 3.7. El logotipo en la plantilla

Normalmente, habrá que retocar la posición arrastrando el logotipo con el ratón.

Truco:

Otra forma de colocar los objetos en una plantilla o documento de Word es activar la Cuadrícula de dibujo. *Hay que hacer esto:*

1. *En la barra de herramientas* Dibujo, *seleccionar* Dibujo>Cuadrícula.
2. *En el cuadro de diálogo* Cuadrícula de dibujo, *activar la casilla de verificación* Objetos a la cuadrícula.
3. *Esta opción alinea los objetos e imágenes pero no muestra la cuadrícula. Para verla, hay que activar la casilla de verificación* Mostrar líneas de cuadrícula en la pantalla.
4. *Una vez la cuadrícula visible, es más fácil colocar los objetos.*

El texto fijo

La plantilla debe llevar un texto fijo con la dirección de la casa rural en la parte superior y otro con el CIF en la parte inferior.

Primero crearemos la dirección en el mismo documento en que hemos creado el logotipo.

1. Escribir el texto siguiente:

   Camino del Pinar s/n, Aldea del Olivar

   Tel y Fax 98 22 33 44 casabosque@server.es

2. Seleccionarlo y luego hacer clic en el cuadro de lista Fuente para desplegarla.
3. Elegir Arial.
4. Hacer clic en el cuadro de lista tamaño y seleccionar 10 puntos.
5. Hacer clic en el botón **Copiar** de la barra de herramientas Formato.

Hacer clic y escribir

La función Hacer clic y escribir se incorporó a Word en la versión 2000 y es muy útil para empezar a escribir en un documento en cualquier lugar, sin necesidad de pulsar **Intro** ni la **Barra espaciadora**. En el caso de la plantilla, va a resultar muy eficaz a la hora de insertar el nuevo texto desvinculado de la imagen incrustada del logotipo.

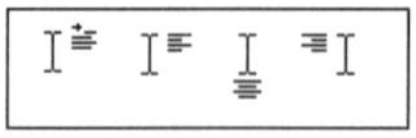

Figura 3.8. El cursor en la función Insertar y hacer clic. De izquierda a derecha indica alineación izquierda con sangría de primera línea, alineación izquierda, alineación centrada y alineación derecha

Advertencia:

La función Hacer clic y escribir solamente funciona en modo de ver Diseño de impresión y se puede activar o desactivar en la casilla de verificación Habilitar Hacer clic y escribir, en la ficha Edición del cuadro de diálogo Opciones. Cuando está activa, el cursor adopta la forma de una I con las características de alineación similares a los botones de alineación de texto de la barra de herramientas Formato.

Hemos copiado el texto anterior al Portapapeles y ahora lo pegaremos de la forma siguiente:

1. Abrir la plantilla.
2. Situar el cursor debajo del logotipo y cuando adquiera la forma de la alineación centrada (figura 3.8), hacer doble clic.
3. Hacer clic en el botón **Pegar** de la barra de herramientas Formato.

4. Seleccionar los párrafos pegados y, si no quedan bien centrados, hacer clic en el botón **Centrar** de la barra de herramientas Formato.

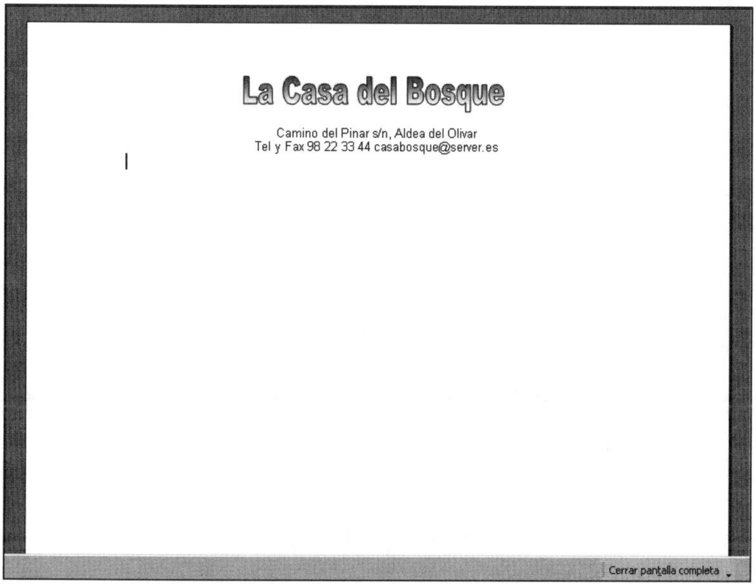

Figura 3.9. El logotipo y la dirección

Truco:

*Word recuerda las tres últimas posiciones del punto de inserción, por lo que, al escribir un texto, si hay que volver a una de ellas para modificar o borrar algo, basta pulsar **Mayús-F5** para que el cursor vaya saltando a las posiciones previas.*

Encabezados y pies de página

Por último, vamos a crear un pie de página para incluir el CIF y los datos bancarios:

1. Abrir la plantilla.
2. Seleccionar Ver>Encabezado y pie de página.
3.  En la barra de herramientas Encabezado y pie de página, hacer clic en el botón **Cambiar entre encabezado y pie**.
4. En el pie de página, escribir el texto siguiente:

   C.I.F. A2335566 – Inscrita en el registro mercantil de la provincia de Madrid, tomo 1000, sección 4ª

5. Seleccionarlo, hacer clic en la lista Tamaño y luego elegir 10 puntos. La fuente predeterminada de Word, Times New Roman, puede ser adecuada.

A continuación, vamos a colocar una línea que separe el pie de página del cuerpo de texto, haciendo lo siguiente:

1. Seleccionar Formato> Bordes y sombreado y elegir la ficha Borde de página.
2. En Valor, seleccionar Cuadro.
3.  Hacer clic en los botones de Vista previa, eliminando los bordes laterales y el superior, para trazar la línea en la parte inferior de la página, de forma que separe el pie. Solamente debe quedar activo el botón que muestra la línea inferior.
4. Hacer clic en Opciones y comprobar en el cuadro Vista previa que la línea está en el lugar adecuado. Si no lo está, cambiarla haciendo clic en los cuadros de número Superior e Inferior. Para que quede como muestra la figura 3.10, el cuadro Superior debe indicar 24 puntos y el cuadro Inferior 1 punto.
5. Desplegar la lista Medir desde y seleccionar Texto.
6. Desactivar las cuatro casillas de verificación Alinear bordes de párrafo y tabla con borde de página, Mostrar siempre en primer plano, Rodear encabezado y Rodear pie de pagina.

La Galería de plantillas de Microsoft Office

Microsoft ofrece en sus páginas Web numerosas plantillas para los programas de la suite Office. Se encuentran en la Galería de plantillas a la que se puede acceder de dos maneras:

Figura 3.10. El pie de página

- Haciendo clic sobre el hipervínculo Galería de plantillas de Microsoft Office, contenido en el Asistente para ayuda de la Ayuda de Word, cuando se selecciona el tema Crear una plantilla de documento (véase figura 3.11a).
- Haciendo clic en el hipervínculo Plantillas de Microsoft.com del Panel de tareas Nuevo documento (véase figura 3.11b).

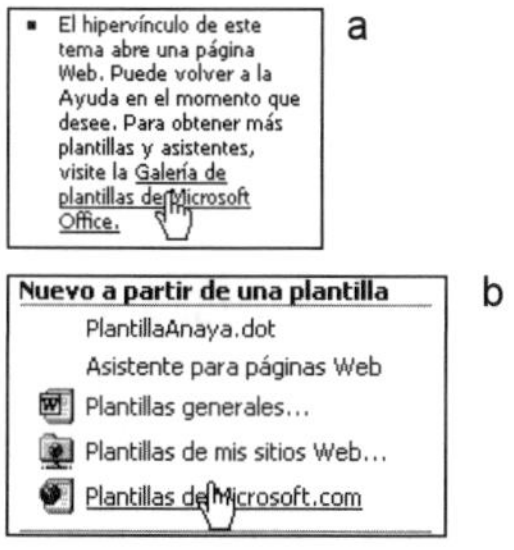

Figura 3.11. a) Acceso desde el Asistente para ayuda.
b) Acceso desde el Panel de tareas Nuevo documento

Advertencia:

A veces no es posible acceder a la Galería de plantillas de Microsoft Office desde los citados enlaces. En tal caso, sus direcciones son las siguientes:

http://www.microsoft.com/Spain/Clickonline/sec_plantillas.asp Microsoft España.

http://officeupdate.microsoft.com/templategallery/ Microsoft Internacional.

De Microsoft España

En la dirección de Microsoft España se pueden descargar, entre otras, las plantillas siguientes:

- Albarán.
- Aviso de cambio de domicilio.
- Carta de cobro.
- Factura.
- Factura de un trabajador autónomo.
- Nota de prensa para un nuevo producto.
- Recibo.

Para descargar una de las plantillas disponibles hay que hacer clic en el enlace de la plantilla seleccionada. El servidor de Microsoft enviará el archivo en formato Zip al disco duro del destinatario.

También es posible descargar plantillas y complementos de la Secretaría de *Click&Explore en línea*, en la dirección siguiente:

http://www.microsoft.com/Spain/office/Office97/OfficeUpdate/enhWord.asp

El enlace Mas mejoras de Word conduce a la Biblioteca de mejoras de Word, en la que se puede encontrar una plantilla para búsquedas en Internet con Word. Se trata de plantillas antiguas correspondientes a Word 97, pero algunas son bastante útiles. Esta página tiene un enlace con la Biblioteca de asistencia de Word 97, donde pueden hallarse algunos trucos interesantes, así como sugerencias y soluciones a problemas. Cada producto lleva un botón **Descargar** en el que hay que hacer clic para iniciar la descarga.

Otra dirección en la que podemos localizar plantillas, complementos y actualizaciones más modernos, también en español, para Word 2000, es la siguiente:

http://search.officeupdate.microsoft.com/spain/downloadCatalog/default.asp?product=Word

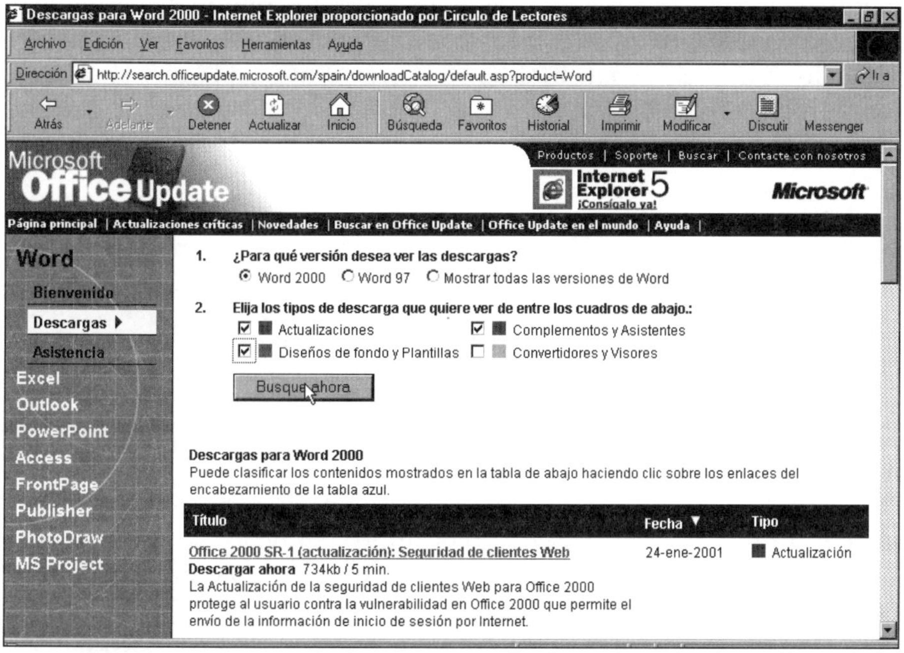

Figura 3.12. Página de descargas de plantillas, complementos y actualizaciones para Word

En esta página, hay que hacer lo siguiente:

1. Activar el botón de opción Word 2000, para visualizar productos para la versión más moderna. Es probable que ya exista material para la versión Word 2002 cuando se publique este libro, pero, de no haberlo, el de Word 2000 es interesante.
2. Seleccionar las casillas de verificación Actualizaciones, Diseños de fondo y plantillas y Complementos y asistentes.
3. Hacer clic en el botón **Busque ahora**.

4. Seleccionar el complemento haciendo clic en el enlace. Junto a cada uno, hay un enlace Descargar ahora y, junto a él, la indicación del tamaño del archivo y los minutos aproximados que durará la descarga (figura 3.12).
5. Indicar la unidad y carpeta de destino para almacenar las plantillas y complementos.
6. Los archivos de plantillas suelen llegar con formato Zip y los complementos y actualizaciones en forma de un archivo ejecutable con la extensión .exe. Las plantillas se copian a la carpeta Templates o Plantillas después de descomprimirlas y los complementos se instalan haciendo doble clic en el archivo ejecutable. Se suelen alojar en la carpeta Herramientas de Microsoft Office, en la ruta Inicio>Programas. La instalación es automática.

Nota:

Otra página de descargas de Word desde la que descargar complementos, actualizaciones, artículos sobre Word, trucos, sugerencias y comentarios es: http://officeupdate.microsoft.com/spain/welcome/word.asp.

De Microsoft.com

La Galería de plantillas de las páginas internacionales de Microsoft se encuentra en la dirección siguiente: http://officeupdate.microsoft.com/templategallery/.

La colección de plantillas que ofrece está organizada en un directorio, que agrupa las plantillas por categorías. Naturalmente, todas están en inglés, pero eso puede hacerlas precisamente más interesantes a la hora de redactar documentos en ese idioma.

Existen las categorías siguientes:

- Dirección de empresas y gestión de personal.
- Cartas a clientes.
- Marketing.
- Textos jurídicos.
- Formularios de empresa.
- Papel de cartas, etiquetas y tarjetas.

- Carrera profesional.
- Desde la posición de cliente.
- Reuniones, acontecimientos, proyectos.
- Contabilidad y finanzas.
- Publicaciones y formación.
- Intereses personales, comunidad y políticas.

Cada una de estas categorías se desglosa en varias subcategorías que contienen los distintos documentos. Por ejemplo, en la categoría Marketing, hay una subcategoría, Brochures, que contiene algunos folletos publicitarios que podrían resultar útiles para crear el folleto de la casa rural. Entre ellos, hay uno que se llama Brochure, es decir, es un folleto general.

Al hacer clic en el folleto, se accede a una vista previa de la plantilla. Ésta contiene un texto que explica la forma de crear un folleto y todo lo que hay que saber para llevarlo a cabo. El enlace Edit in Microsoft Word abre la plantilla en Word.

Una vez abierta, la segunda página de la plantilla especifica la forma de personalizarla y ofrece información muy útil acerca de elementos como las imágenes, los saltos de página o sección, el espaciado, etc.

Resumen

En este capítulo hemos aprendido a crear una plantilla partiendo de cero, para poderle ir incorporando nuevos elementos a medida que transcurran los capítulos y vayamos aprendiendo nuevas técnicas.

La creación de la plantilla implica el aprendizaje y práctica de diversas técnicas, como la inserción de marcas de agua, la creación de logotipos utilizando los recursos de WordArt y sus opciones de formato, el manejo de rellenos, etc.

La plantilla lleva también un pie de página y una línea que lo separa del texto, lo que supone el manejo de las funciones de bordes de página.

El desplazamiento de imágenes es complicado en Word, por lo que conviene recurrir a los marcos que facilitan enormemente esa tarea. Pero como Microsoft ha retirado hace tiempo el comando Marco del menú Insertar, es necesario personalizar ese menú con los métodos aprendidos anteriormente para colocar el comando de manera que quede disponible.

La **Galería de plantillas de Microsoft** en Internet ofrece numerosas plantillas, complementos, actualizaciones, así como sugerencias y trucos. Hay una parte que se puede conseguir en español en las páginas de Microsoft España y otra, la más importante, que está en inglés en las páginas de Microsoft.com.

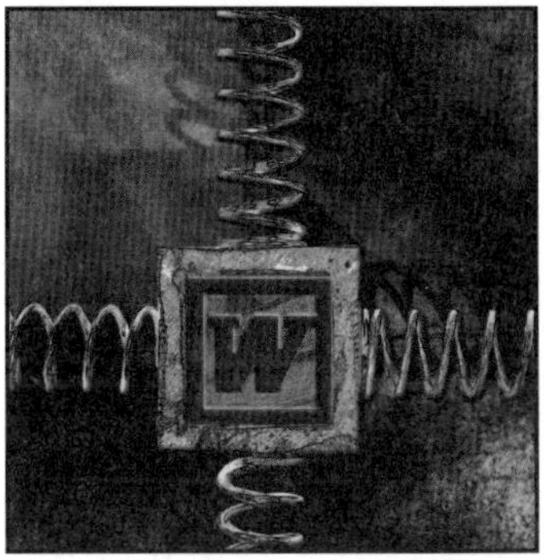

Capítulo 4

Gestión avanzada de formatos y estilos

En este capítulo aprenderá a:

- Crear estilos partiendo de los estilos prediseñados de Word.
- Manejar los nuevos paneles de tareas Mostrar formato y Estilos y formato.
- Copiar, buscar y reemplazar formatos y estilos.
- Manejar la nueva función Opciones de pegado.
- Gestionar los estilos con el Organizador de plantillas y estilos.

Los estilos de Word

Word 2002 trae estilos predefinidos, a partir de los cuales se pueden crear estilos personalizados, al igual que sucede con las plantillas. Incluye dos tipos de estilos:

- Estilos de párrafo. Se aplican a párrafos completos e incluyen las características de formato que afectan al párrafo. El estilo predeterminado de párrafo de Word es el Normal, que tiene alineación izquierda, sangría izquierda 0 puntos y sangría derecha 0 puntos. La fuente predeterminada es Times New Roman de 12 puntos.
- Estilos de carácter. Se aplican a partes de texto e incluyen formatos que se aplican a caracteres individuales, como fuente, subrayado, negrita o cursiva. Word no tiene un estilo predeterminado de carácter aunque sí una fuente predeterminada que acompaña al estilo Normal: Times New Roman de 12 puntos. Los estilos de carácter son acumulativos. Si un carácter lleva el atributo de Cursiva y se le asigna Negrita, llevará Cursiva y Negrita.

Truco:

Para saber si un estilo de la lista Estilo *(barra de herramientas* Formato*) es de carácter o de párrafo, hay que observar el símbolo que lo acompaña. La lista muestra los estilos de párrafo con el símbolo de párrafo ¶ y los de carácter con la letra* a *subrayada (figura 4.3).*

Para poder gestionar los estilos, Word 2002 aporta dos nuevos paneles de tareas:

- El Panel de tareas Mostrar formato.
- El Panel de tareas Estilos y formato.

El panel de tareas Mostrar formato

El Panel de tareas Mostrar formato presenta todas las propiedades, fuentes, formatos de párrafo, tablas, imágenes, etc. de la parte activa del documento. Además de facilitar la aplicación de formatos, permite comparar distintas partes del mismo documento y trasladar formatos de una a otra.

Para visualizarlo, hay que hacer clic en la opción de menú **Formato>Mostrar formato**.

Figura 4.1. El Panel de tareas Mostrar formato

Nota:

Los paneles de tareas tienen una pequeña barra de herramientas con las opciones siguientes:

- *Los botones* ***Atrás*** *o* ***Adelante****, para pasar de un panel a otro.*
- *El nombre del panel.*
- *La flecha abajo despliega paneles de tareas adicionales.*
- *El botón* ***Cerrar*** *cierra el panel de tareas.*

La parte superior del Panel de tareas **Mostrar formato** presenta el texto seleccionado en el documento. Al aproximar el cursor, aparece una flecha abajo que despliega una lista con las opciones siguientes:

- **Seleccionar todo el texto con formato similar.** Esta opción es útil cuando se trata de reemplazar un formato por otro.
- **Aplicar el formato del texto adyacente.** El texto seleccionado recibe las características de formato del texto que le rodea.

- **Borrar formato**. Elimina el formato del texto seleccionado que queda con el estilo Normal.

Nota:

La opción **Borrar formato** *se encuentra también en el menú* ***Edición>Borrar>Formatos.***

La casilla de verificación **Comparar con otra selección**, permite comparar estilos y formatos de dos párrafos o porciones de texto. Hay que hacer lo siguiente:

1. Seleccionar la primera porción de texto.
2. Activar la casilla de verificación **Comparar con otra selección**.
3. Seleccionar la segunda porción de texto.
4. El resultado aparece en el cuadro **Diferencias de formato**. Si señala **No hay diferencias de formato** se debe a que ambas selecciones tienen exactamente los mismos formatos. De lo contrario, en dicho cuadro aparecen las características de la segunda porción de texto que la diferencian de la primera.

La parte inferior del Panel de tareas **Mostrar formato** presenta el formato del texto seleccionado con todas sus características de fuente, idioma, párrafo, etc.

Las opciones finales son:

- **Distinguir origen del estilo**. Indica el estilo base sobre el que se ha creado el estilo aplicado al texto seleccionado.
- **Mostrar marcas de formato**. Activa los caracteres ocultos. Equivale a hacer clic en el botón **Mostrar u ocultar** de la barra de herramientas **Estándar**.

El Panel de tareas Estilos y formato

El Panel de tareas **Estilos y formato** se activa al hacer clic en **Formato>Estilos y formato**. En la parte superior, presenta el formato del texto seleccionado. Al igual que en el panel de tareas anterior, al aproximar el cursor, aparece una flecha abajo que despliega una lista con las opciones siguientes:

- Seleccionar todas las instancias. Selecciona todos los elementos del texto que contengan el formato seleccionado. Cumple la misma función que el botón Seleccionar todo, situado inmediatamente debajo.
- Borrar formato. Elimina el formato y los estilos del texto seleccionado. Es similar a la opción de menú Edición>Borrar>Formatos.
- Nuevo estilo. Abre el cuadro de diálogo Nuevo, con el que crear un nuevo estilo. Cumple la misma función que el botón Nuevo, situado inmediatamente debajo.
- Modificar. Abre el cuadro de diálogo Modificar estilo, con el que aplicar modificaciones a los estilos existentes.
- Mostrar formato. Abre el Panel de tareas visto anteriormente, Mostrar formato.

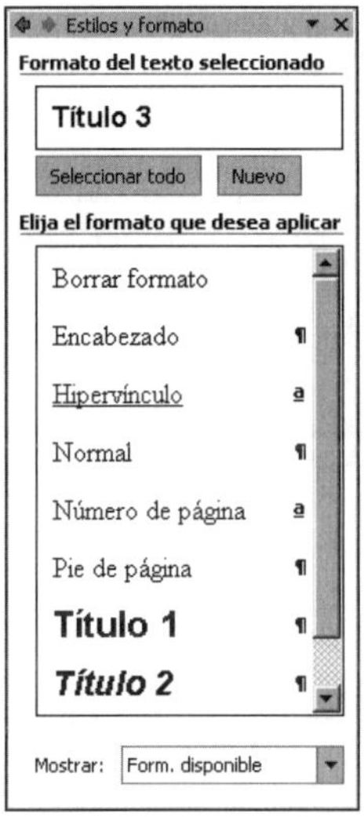

Figura 4.2. El Panel de tareas Estilos y formato

La ventana central del Panel de tareas Estilos y formato presenta los formatos disponibles. Al aproximar el cursor a cada uno de ellos se despliega una lista con varias opciones, entre ellas la que permite eliminar un estilo:

- Seleccionar todas las instancias. Igual a la opción anterior.
- Modificar. Abre el cuadro de diálogo Modificar estilo.
- Eliminar. Elimina el estilo, es decir, no borra el estilo del texto seleccionado, sino que lo elimina de la lista Estilo de la barra de herramientas Formato.

- Actualizar para que coincida con la selección. Redefine el estilo y le aplica el formato del texto seleccionado.

Truco:

*Los formatos de carácter se eliminan seleccionando el carácter o caracteres y pulsando **Control-Barra espaciadora**.*

Advertencia:

Conviene tener en cuenta la diferencia entre las opciones Borrar formato, que se limita a borrar el formato o estilos que lleve aplicados el estilo seleccionado y lo deja con el estilo Normal, y la opción Eliminar, que elimina el estilo creado de la barra Estilos, aunque permanece en la plantilla.

La flecha desplegable Mostrar contiene una lista de opciones que permite visualizar los estilos disponibles, todos los estilos, los formatos usados o personalizar la presentación de estilos y formatos en este panel de tareas.

Creación de estilos

Una vez que hemos creado una plantilla para los documentos del ejemplo que vamos a desarrollar a lo largo de los siguientes capítulos, ahora procede crear estilos para dichos documentos y adjuntarlos a la plantilla. También es posible decidir que dichos estilos no solamente estén disponibles al usar esa plantilla, sino que puedan emplearse con cualquier tipo de documento, para lo cual sería necesario adjuntarlos al estilo Normal, que es el que preside todos los documentos de Word de forma predeterminada.

Los archivos con las plantillas que contienen los nuevos estilos se encuentran en la carpeta \Ejemplos\Cap04.

Estilos automáticos de Word

Word crea estilos automáticamente a medida que se modifican características de los estilos disponibles. Por ejemplo, si aplicamos a un párrafo el estilo **Normal** y subrayamos una palabra, Word creará inmediatamente el estilo **Normal+Subrayado** y lo situará en la lista **Estilo** de la barra de herramientas **Formato**. Si posteriormente aplicamos alineación justificada a un párrafo que lleve el estilo **Normal**, Word creará el estilo **Normal+Justificado**.

Esos estilos quedan en la lista **Estilo** y se pueden aplicar a cualquier texto, siempre y cuando se base en la misma plantilla en que se basó el texto sobre el que Word construyó los nuevos estilos.

Así, después de aplicar a un párrafo con estilo **Normal** la alineación justificada y de subrayar una palabra contenida en él, Word habrá creado dos nuevos estilos:

- **Normal + Subrayado**. Se trata de un estilo de carácter, aplicable a caracteres individuales.
- **Normal + Justificado**. Se trata de un estilo de párrafo, aplicable a párrafos seleccionados.

La figura 4.3 muestra la lista desplegable **Estilo** de la barra de herramientas **Formato**, con numerosos estilos personalizados, por ejemplo, **Nota**. Obsérvese que, junto a **Nota**, aparecen los estilos **Nota + Negrita** y **Nota + Subrayado**.

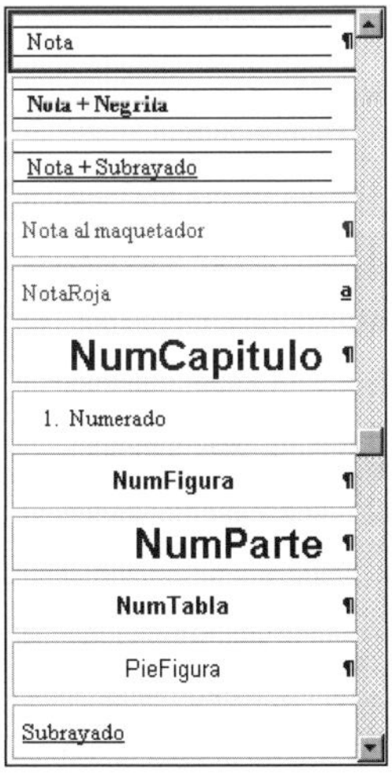

Figura 4.3. La lista Estilo

En esta figura se puede también observar el código que Word coloca junto a los estilos para distinguir los estilos de carácter de los de párrafo.

Así, el estilo Nota es un estilo de párrafo, mientras que el estilo NotaRoja es un estilo de carácter. En cuanto a los estilos creados por Word, carecen de esa marca de identificación, como es el caso de Nota+Negrita.

Creación de estilos personalizados

Los estilos personalizados a crear para los documentos del negocio de hostelería se van a basar en los estilos predefinidos de Word: Normal, Fuente de párrafo predeterminada, Título1, etc. Crearemos estilos para la carta, el folleto y una lista de precios.

Nuevo estilo para la carta

Los estilos para la carta irán adheridos a la plantilla CasaRural creada en el capítulo anterior.

1. Seleccionar Archivo>Abrir.
2. En la lista desplegable Buscar en: del cuadro de diálogo Abrir, seleccionar la ruta Windows>Application Data>Microsoft>Templates.
3. Seleccionar CasaRural.dot.
4. Hacer clic en Abrir.

Después de abrir la plantilla, crearemos el estilo de párrafo para la carta, de la manera siguiente:

1. Seleccionar Formato>Estilos y formato.
2. Hacer clic en el botón Nuevo del Panel de tareas Estilos y formato.
3. En el cuadro de diálogo Nuevo, seleccionar el campo Nombre y escribir ParrafoCarta.
4. La lista desplegable Tipo de estilo indica Párrafo, que es correcto, ya que vamos a crear un estilo de párrafo.
5. La lista desplegable Estilo basado en indica Normal, que es correcto, ya que basaremos en él el nuevo estilo de párrafo.
6. Desplegar la lista Estilo del párrafo siguiente y seleccionar ParrafoCarta. Eso hará que al pulsar **Intro** después de escribir un párrafo con el nuevo estilo, el párrafo siguiente lo adopte también automáticamente y no sea preciso volver a aplicarlo.
7. Hacer clic en la casilla de verificación Agregar a la plantilla, para que el nuevo estilo quede adjunto a la plantilla CasaRural.dot.

Truco:

Puesto que habrá que trabajar frecuentemente con la plantilla **CasaRural.dot**, *lo más cómodo será agregarla al menú* **Trabajo** *para tenerla siempre disponible. Después de abrirla, hay que seleccionar* **Archivo>Trabajo>Agregar al menú Trabajo**.

Nota:

Si no se activa la casilla de verificación **Agregar a la plantilla**, *el nuevo estilo queda disponible sólo para el documento activo. Como, en este caso, el documento activo es la plantilla* **CasaRural**, *el resultado viene a ser el mismo. Si el estilo se crea sobre un documento en lugar de sobre una plantilla, es conveniente activar la casilla de verificación para que el estilo pase a la plantilla.*

La ventana central del cuadro de diálogo **Nuevo** indica los formatos que Word piensa aplicar al nuevo estilo de párrafo (figura 4.4). Obsérvese que, por ejemplo, el alto de tabulación previsto es de 12,48 centímetros.

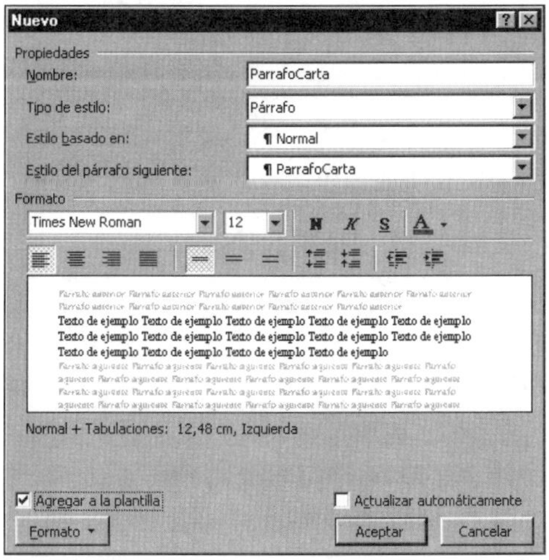

Figura 4.4. Los formatos previstos en el cuadro de diálogo Nuevo

Nota:

El nombre del nuevo estilo ha de ser exclusivo. Si el nombre corresponde a un estilo existente, Word redefinirá el estilo existente

en vez de crear uno nuevo y todo el texto formateado con él adquirirá los nuevos formatos.

Advertencia:

El estilo predeterminado que aparece en la lista desplegable **Estilo del párrafo siguiente** *es el mismo del estilo de párrafo creado, pero a veces no es conveniente, por ejemplo, que después de un estilo de título siga otro estilo de título, sino un estilo de cuerpo de texto. Por ello, al crear o bien modificar un estilo, conviene siempre confirmar que la selección es correcta.*

Advertencia:

Al crear un nuevo estilo, Word rellena automáticamente el contenido de la lista desplegable **Basado en**, *con el estilo que él considera conveniente, es decir,* **Normal** *si se trata de un párrafo y* **Fuente de párrafo predeterminada** *si se trata de un estilo de carácter. Esto puede dar lugar a cambios inesperados de formatos al redefinir el estilo en que se basa el nuevo. Para evitarlo, conviene elegir manualmente el estilo en que basar el nuevo.*

Una vez creado el estilo, adjunto a la plantilla y con un nombre exclusivo, es preciso elegir los formatos convenientes. Hay que hacer lo que sigue:

1. Hacer clic en el botón Formato del cuadro de diálogo Nuevo.
2. Seleccionar Fuente.
3. En el cuadro de diálogo Fuente, seleccionar la fuente Lucida Sans en la lista Fuente. En la lista Estilo de fuente, seleccionar Cursiva y en la lista Tamaño, dejar 12 puntos.
4. Hacer clic en Aceptar para cerrar el cuadro de diálogo Fuente.
5. Hacer clic de nuevo en el botón Formato del cuadro de diálogo Nuevo.
6. Seleccionar Párrafo.
7. En el cuadro de diálogo párrafo, seleccionar Justificada en la lista desplegable Alineación.
8. Hacer clic en Aceptar para cerrar el cuadro de diálogo Párrafo.
9. Hacer clic una vez más en el botón Formato del cuadro de diálogo Nuevo.

10. Seleccionar Tabulaciones.
11. En el cuadro de diálogo Tabulaciones, hacer clic en Eliminar para quitar la tabulación predeterminada.
12. A continuación, escribir 5 en el cuadro de texto Posición y hacer clic en Fijar. Word indicará 5 cm.
13. Hacer clic en Aceptar para cerrar el cuadro de diálogo Tabulaciones.
14. Observar si todas las especificaciones son correctas en la ventana central del cuadro de diálogo Nuevo.
    - Si algo no es conforme, hay que volver a hacer clic en Formato, seleccionar Fuente, Párrafo o el parámetro disconforme y modificar las especificaciones.
    - Si todo es correcto, hacer clic en Aceptar. El estilo quedará disponible en la lista desplegable Estilo de los documentos que se generen basados en la plantilla CasaRural.
15. Guardar la plantilla.

Nuevo estilo basado en otro personalizado

El estilo de párrafo creado es adecuado para iniciar la carta, pero es conveniente crear otro con sangría de primera línea para los párrafos centrales. Lo crearemos basándolo en el anterior, con el fin de mantener los formatos de fuente, párrafo y tabulaciones.

1. Abrir la plantilla CasaRural.dot seleccionando Archivo>Trabajo>CasaRural.dot.
2. Desplegar el Panel de tareas Estilos y formato y hacer clic en el botón Nuevo.
3. En el cuadro de diálogo Nuevo, seleccionar el campo Nombre y escribir ParrafoCartaSangria.
4. La lista desplegable tipo de estilo indica Párrafo, que es correcto, ya que vamos a crear un estilo de párrafo.
5. En la lista desplegable Estilo basado en seleccionar ParrafoCarta.
6. Desplegar la lista Estilo del párrafo siguiente y seleccionar ParrafoCartaSangria.
7. Hacer clic en la casilla de verificación Agregar a la plantilla, para que el nuevo estilo quede adjunto a la plantilla CasaRural.dot.
8. Hacer clic en el botón Formato.
9. Seleccionar Párrafo.

10. En el cuadro de diálogo Párrafo seleccionar Primera línea en la lista desplegable Especial.
11. En el cuadro de número En: escribir 2,5 cm.
12. Pulsar Aceptar para volver al cuadro de diálogo Nuevo.
13. Comprobar que todo es correcto y hacer clic en Aceptar.

Modificación de un estilo

Hemos creado un estilo de párrafo inicial para la carta, ParrafoCarta y otro estilo de párrafo central con sangría de primera línea, ParrafoCartaSangria. Ahora es preciso hacer que el segundo siga al primero, es decir, que al escribir el párrafo inicial de una carta con el estilo ParrafoCarta y pulsar **Intro**, aparezca automáticamente el estilo ParrafoCartaSangria. Hay que hacer lo siguiente:

1. Abrir la plantilla CasaRural.dot y activar el Panel de tareas Estilos y formato.
2. En la ventana Elija el formato que desea aplicar, seleccionar ParrafoCarta, hacer clic en la flecha abajo que aparece y seleccionar Modificar.
3. En el cuadro de diálogo Modificar el estilo, hacer clic en la lista desplegable Estilo del párrafo siguiente y seleccionar ParrafoCartaSangria.
4. Activar la casilla de verificación Agregar a la plantilla.
5. Hacer clic en Aceptar.
6. Guardar la plantilla.

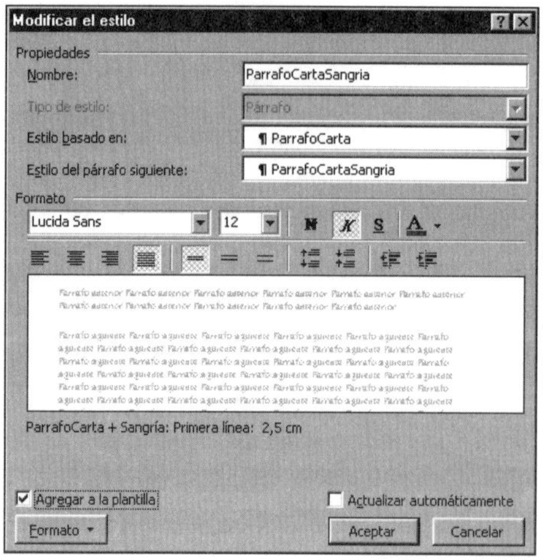

Figura 4.5. El cuadro de diálogo Modificar el estilo

A partir de este momento, podemos escribir cartas, creando documentos basados en la plantilla CasaRural.dot y aplicando los nuevos estilos creados. La figura 4.6 muestra la lista Estilo que acompaña a los documentos creados con esa plantilla. Obsérvese los estilos ParrafoCarta y ParrafoCartaSangria.

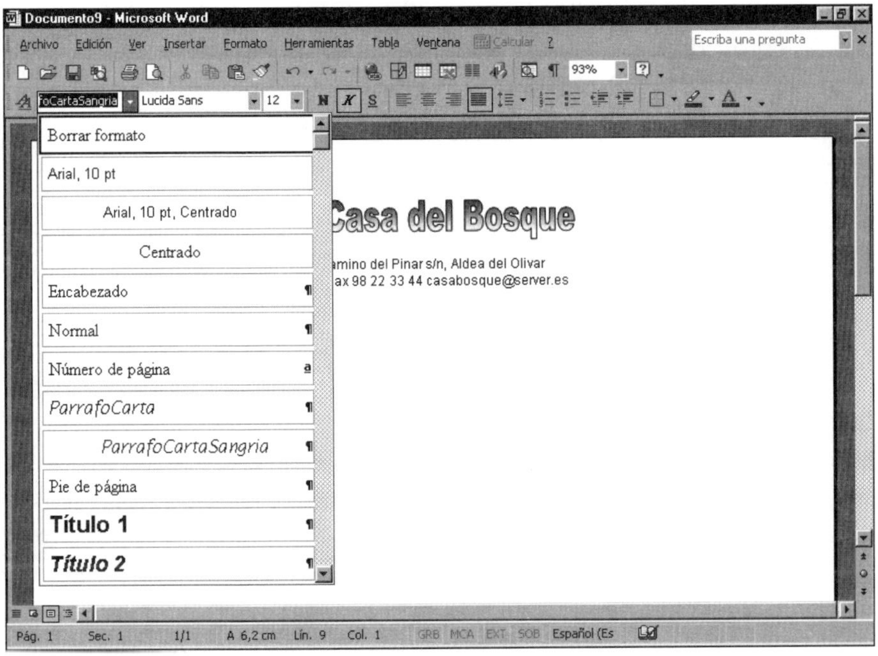

Figura 4.6. Un nuevo documento con la lista Estilo

Aplicación de estilos con métodos abreviados

Aplicar un estilo a un texto es sumamente fácil:

- Si se trata de un estilo de párrafo, hay que desplegar la lista Estilo, hacer clic en el estilo a aplicar y escribir el texto en el lugar en que ha quedado aplicado el estilo.
- Si se trata de un estilo de carácter, hay que escribir el texto, seleccionar el carácter o caracteres y después seleccionar el estilo en la lista Estilo.

Pero también es posible aplicar los estilos mediante métodos abreviados del teclado, asignándoles combinaciones de letras. Veremos la forma de introducir esta novedad en los dos estilos creados:

1. Abrir la plantilla CasaRural.dot y activar el Panel de tareas Estilos y formato.
2. En la ventana Elija el formato que desea aplicar, seleccionar Parrafo-Carta, hacer clic en la flecha abajo que aparece y seleccionar Modificar.
3. En el cuadro de diálogo Modificar el estilo, hacer ahora clic en el botón Formato y seleccionar Método abreviado en la lista desplegable.
4. En el cuadro de diálogo Personalizar teclado, hacer clic en el cuadro de texto Nueva tecla de método abreviado.
5. Pulsar **Alt-P**. Aparecerá el mensaje Asignada a: [sin asignar].
6. Hacer clic en Asignar. La combinación **Alt-P** pasará al cuadro de texto Teclas activas.
7. Hacer clic en Cerrar.
8. Activar la casilla de verificación Agregar a la plantilla.
9. Hacer clic en Aceptar.
10. Repetir las instrucciones para el estilo ParrafoCartaSangria, asignándole la combinación de teclas **Alt-S**.

A partir de este momento, para aplicar el estilo ParrafoCarta a un texto no será necesario desplegar la lista Estilo, sino simplemente pulsar **Alt-P**.

Advertencia:

Es preciso prestar mucha atención al mensaje que Word muestra en el cuadro de diálogo Personalizar teclado *después de pulsar la combinación de teclas. Si pulsamos, por ejemplo,* ***Control-C****, aparecerá el mensaje* Asignada a: EdiciónCopiar. *Eso significa que ese método abreviado se utiliza para copiar una selección al Portapapeles. Si se utiliza para aplicar estilos, ya no se podrá emplear para copiar, porque Word la asignará al estilo y la retirará del comando de copia.*

Creación de los restantes estilos

Después de crear estos dos estilos, podemos utilizarlos para crear dos estilos para el folleto. Únicamente será necesario cambiar el tipo de letra, porque la fuente de la carta no es adecuada para un folleto publicitario. Después, crearemos una lista con viñetas personalizadas para la lista de servicios de la casa rural.

1. Abrir la plantilla CasaRural.dot y activar el Panel de tareas Estilos y formato.
2. Hacer clic en el botón Nuevo.
3. En el cuadro de diálogo Nuevo, seleccionar el campo Nombre y escribir ParrafoFolleto.
4. En la lista desplegable Estilo basado en seleccionar ParrafoCarta.
5. Desplegar la lista Estilo del párrafo siguiente y seleccionar ParrafoFolleto.
6. En el cuadro de diálogo Fuente, seleccionar la fuente Goudy Old Style en la lista Fuente. En la lista Estilo de fuente, seleccionar Regular y en la lista Tamaño, seleccionar 12 puntos.
7. Seleccionar Formato>Párrafo, para revisar las especificaciones del párrafo.
8. En el cuadro de diálogo Párrafo, seleccionar la ficha Líneas y saltos de página.
9. Comprobar que está seleccionada la casilla de verificación Control de líneas viudas y huérfanas.
10. Hacer clic en Aceptar.
11. Hacer clic de nuevo en el botón Formato y seleccionar Método abreviado en la lista desplegable.
12. En el cuadro de diálogo Personalizar teclado, hacer clic en el cuadro de texto Nueva tecla de método abreviado.
13. Pulsar **Alt-FF**. Aparecerá el mensaje Asignada a: [sin asignar] (la combinación de teclas **Alt-F** está asignada a los prefijos).
14. Hacer clic en Asignar. La combinación **Alt-FF** pasará al cuadro de texto Teclas activas.
15. Hacer clic en Cerrar.
16. Activar la casilla de verificación Agregar a la plantilla.

Nota:

Una línea viuda es la última línea de un párrafo que se imprime en la página siguiente. Una línea huérfana es la primera línea de un párrafo que se imprime sola al final de la página, mientras que el resto del párrafo pasa a la página siguiente. Esta casilla de verificación impide que en el folleto se impriman líneas viudas o huérfanas.

Ahora crearemos dos estilos de título para el folleto:

1. En el cuadro de diálogo Nuevo, seleccionar el campo Nombre y escribir Titulo1Folleto.
2. En la lista desplegable Estilo basado en seleccionar Título1.
3. Desplegar la lista Estilo del párrafo siguiente y seleccionar ParrafoFolleto.
4. Hacer clic en el botón Formato y seleccionar Fuente.
5. En el cuadro de diálogo Fuente, seleccionar Impact, 16 puntos.
6. Hacer de nuevo clic en Formato y seleccionar Método abreviado.
7. En el cuadro de diálogo Personalizar teclado, hacer clic en el cuadro de texto Nueva tecla de método abreviado.
8. Pulsar **Alt-1**. Aparecerá el mensaje Asignada a: [sin asignar].
9. Hacer clic en Asignar. La combinación **Alt-1** pasará al cuadro de texto Teclas activas.
10. Hacer clic en Cerrar.
11. Activar la casilla de verificación Agregar a la plantilla.
12. Repetir las instrucciones anteriores para crear el estilo Titulo2Folleto basado en Titulo1Folleto, de forma que vaya seguido de ParrafoFolleto, con fuente Century Gothic, Negrita, 14 puntos, y con el método abreviado **Alt-2**.

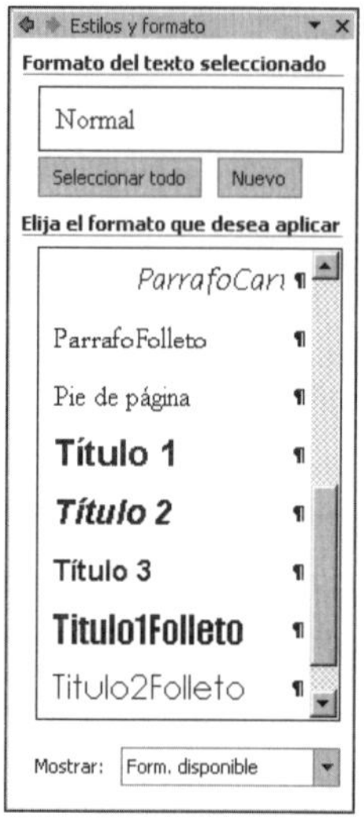

Figura 4.7. El Panel de tareas Estilos y formato con los nuevos estilos

Las listas numeradas y con viñetas

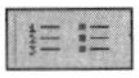

Las listas numeradas o con viñetas se inician haciendo clic en el botón **Numeración** o **Viñetas** de la barra de herramientas Formato y finalizan desactivando el mismo botón, haciendo clic en él de nuevo. También se puede abrir el cuadro de diálogo Numeración y viñetas (seleccionándolo en el menú emergente) y elegir un tipo de numeración o viñeta para empezar o Ninguno para finalizar.

Cada párrafo de una lista numerada o con viñetas puede llevar uno o más párrafos subordinados, que no deben llevar numeración ni viñeta, ya que pertenecen al párrafo principal. Para insertar un párrafo subordinado, hay que hacer lo siguiente:

1. Escribir el párrafo o párrafos y seleccionarlos.
2. Hacer clic en el botón **Numeración** de la barra de herramientas Formato, para que Word elimine los números de los párrafos seleccionados o seleccionar Ninguno en el cuadro de diálogo Numeración y viñetas.
3. Hacer clic en el botón **Aumentar sangría** de la barra de herramientas Formato.

Truco:

El menú emergente de una lista numerada contiene dos opciones importantes: Reiniciar numeración, aplica el número 1 al primer párrafo de la lista. Continuar numerando, le aplica el número que corresponda siguiendo la lista anterior.

Truco:

*Para crear una lista numerada que empiece por 0, hay que escribir 0, pulsar la tecla **Tab** y escribir el primer párrafo. Al pulsar **Intro**, Word iniciará el párrafo siguiente con 1.*

Los esquemas numerados

Los esquemas numerados se inician eligiendo un esquema en la ficha Esquema numerado del cuadro de diálogo Numeración y viñetas y terminan eligiendo Ninguno. También se pueden agregar párrafos subordinados, de la misma manera que a una lista numerada. La ficha Esquema numerado tiene un botón Personalizar para personalizar la lista de esquemas numerados.

Word 2002 ha agregado la ficha Estilos de lista, en la que se puede seleccionar un estilo y aplicarlo haciendo clic en el botón Aceptar.

El botón Agregar permite añadir el estilo de lista a un estilo ya creado. El botón Modificar da acceso al cuadro de diálogo Modificar el estilo, con el que cambiar las características del estilo de lista, como la fuente, la sangría del párrafo, etc.

Creación del estilo para la lista con viñetas

1. Abrir la plantilla CasaRural.dot y luego activar el Panel de tareas Estilos y formato.
2. Hacer clic en el botón Nuevo.
3. En el cuadro de diálogo Nuevo, seleccionar el campo Nombre y escribir Viñetas1.
4. En la lista desplegable Estilo basado en seleccionar Lista con viñetas.
5. Desplegar la lista Estilo del párrafo siguiente y seleccionar Viñetas1 para que la lista continúe.
6. Desplegar la lista Formato (del centro del cuadro de diálogo) con el fin de seleccionar la fuente Goudy Old Style, que es la misma de los párrafos del folleto. Conviene que los documentos no tengan más de tres fuentes.
7. Hacer clic en el botón Formato y seleccionar Numeración.
8. En el cuadro de diálogo Numeración y viñetas, hacer clic en el botón Personalizar.
9. En el cuadro de diálogo Personalizar lista con viñetas, hacer clic en el botón Carácter.
10. En el cuadro de diálogo Símbolo, desplegar la lista Fuente y seleccionar Wingdings.
11. Hacer clic en el carácter que señala la figura 4.8 y que parece una casita. El código de carácter que aparece en la parte inferior del cuadro marcará 44.
12. Hacer clic de nuevo en el botón Formato y seleccionar Método abreviado en la lista desplegable.
13. En el cuadro de diálogo Personalizar teclado, hacer clic en el cuadro de texto Nueva tecla de método abreviado.

14. Pulsar **Alt-V**. Aparecerá el mensaje Asignada a: [sin asignar].
15. Hacer clic en Asignar. La combinación **Alt-V** pasará al cuadro de texto Teclas activas.
16. Hacer clic en Cerrar.
17. Activar la casilla de verificación Agregar a la plantilla.
18. Guardar la plantilla.

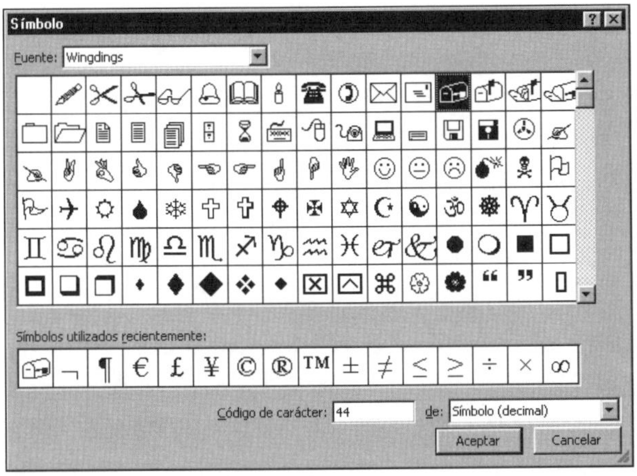

Figura 4.8. El cuadro de diálogo Símbolo con el carácter personalizado

Técnicas para copiar formatos y estilos

Los formatos se pueden copiar de un párrafo o carácter a otro utilizando el teclado o el botón **Copiar formato** de la barra de herramientas Estándar.

Con el teclado, hay que hacer lo siguiente:

1. Seleccionar el texto cuyo formato hay que copiar.
2. Pulsar **Control-Mayús-C**.
3. Seleccionar el párrafo de destino.
4. Pulsar **Control-Mayús-V**.

Con el botón **Copiar formato** de la barra de herramientas Estándar hay que hacer lo siguiente:

1. Seleccionar el texto cuyo formato hay que copiar.
2. Hacer clic en el botón **Copiar formato**.

3. Arrastrar sobre el texto de destino el cursor en forma de brocha. Al soltar el ratón, el texto de destino quedará formateado con el formato del texto de origen.

Nota:

*Con un solo clic del botón **Copiar formato** es posible copiar el formato una sola vez. Con dos clics, el botón queda activado y se puede copiar de nuevo. Para desactivarlo, hay que volver a hacer clic en el botón o pulsar **Esc**.*

Advertencia:

*El botón **Copiar formato** solamente copia los atributos del primer carácter del texto original. Si éste contiene varios atributos, cursiva, subrayado, tipo de letra, etc., el botón copia solamente el atributo del primer carácter al texto de destino.*

Truco:

Para que Word analice los formatos aplicados y se puedan aplicar fácilmente en otro lugar o documento, hay que activar la casilla de verificación Realizar un seguimiento del formato, *en la ficha* Edición *del cuadro de diálogo* Opciones.

La función de las marcas de párrafo y las marcas de salto de sección

Para copiar el formato del párrafo, es imprescindible incluir la marca de párrafo en la selección, pues, de lo contrario, solamente se copiará el formato de los caracteres. Las marcas de párrafo acumulan todos los formatos del párrafo al que siguen y, si se borra una de ellas, el párrafo siguiente se une a él y adquiere sus formatos.

Por ejemplo, si tenemos un párrafo formateado como título y a continuación otro como cuerpo de texto, al borrar la marca de párrafo que sigue al título, el cuerpo de texto se convertirá en título.

Word inserta una marca de párrafo al pulsar la tecla **Intro**. Para visualizar ¶ esas marcas, hay que hacer clic en el botón **Mostrar u ocultar** de la barra de herramientas Estándar. Eso permite seleccionar el párrafo con su marca, para poder copiar los formatos. También permite copiar un texto sin copiar el formato, al seleccionarlo sin incluir la marca de párrafo en la selección.

Otro tanto sucede con las marcas de salto de sección, que también acumulan los formatos aplicados a la sección a la que siguen. Si se borra una marca, la sección toma automáticamente los formatos de la siguiente. Por ejemplo, si una sección está formateada con columnas periodísticas y la siguiente no, al borrar la marca de salto de sección que las separa, las columnas desaparecerán.

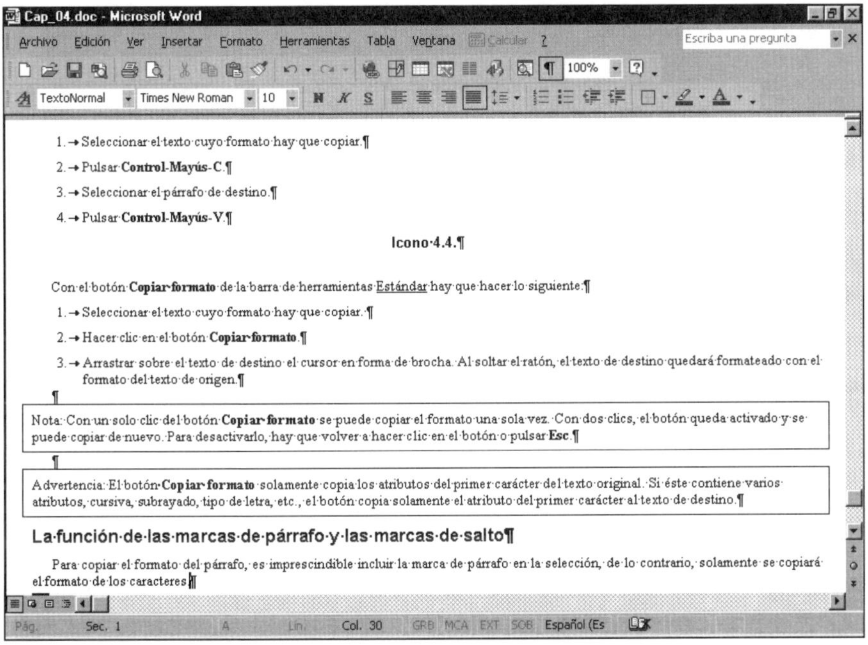

Figura 4.9. Las marcas de párrafo de este mismo texto

Opciones de pegado

El botón **Opciones de pegado** es una novedad de Word 2002, que permite copiar y pegar textos incluyendo o no los formatos en la copia. Al copiar y pegar un texto o un objeto en un documento, aparece este botón con una flecha adjunta. Al hacer clic en ella, se despliega una paleta que ofrece las opciones siguientes:

- Conservar formato de origen. Copia el texto con el formato original.
- Hacer coincidir formato de destino. Copia el texto y le aplica el formato del documento de destino.
- Conservar sólo texto. Copia el texto con el estilo Normal.
- Aplicar estilo o formato. Abre el Panel de tareas Estilos y formato.

Truco:

*El botón **Opciones de pegado** se puede desactivar, quitando la marca de la casilla de verificación Mostrar los botones de las opciones de Pegar de la ficha Edición del cuadro de diálogo Opciones.*

Búsqueda y reemplazo de estilos

El cuadro de diálogo Buscar y reemplazar permite buscar texto por el estilo aplicado o bien reemplazar un estilo por otro con independencia del texto que lo lleve asignado.

Eso permite cambiar, por ejemplo, todos los atributos de negrita por cursiva o subrayado en un documento.

Para buscar textos formateados, por ejemplo, con el estilo Titulo1Folleto (y localizar así todos los títulos del folleto), hay que seguir los siguientes pasos:

1. Seleccionar Edición, Buscar.
2. En el cuadro de diálogo Buscar, borrar los caracteres que pueda haber escritos en el cuadro de texto Buscar:. No se trata de buscar texto, sino formatos.
3. Hacer clic en el botón Más.
4. Hacer clic en el botón Formato y después seleccionar Estilo en la lista desplegable.
5. En el cuadro de diálogo Buscar estilo, escribir una T que es la inicial del estilo a buscar, para acceder a los estilos que empiezan por T.
6. Desplazarse hacia abajo hasta localizar Titulo1Folleto y entonces seleccionarlo.
7. Hacer clic en Aceptar para volver al cuadro de diálogo Buscar.
8. Hacer clic en el botón Buscar siguiente.

Advertencia:

Después de una búsqueda con estilos o formatos, el cuadro de diálogo Buscar *mantiene ese formato para la siguiente búsqueda. Para poder buscar un texto cualquiera que no lleve el formato anterior, hay que hacer clic en el botón* Sin formato.

Supongamos que queremos reemplazar todos los estilos de los párrafos que lleven el estilo Titulo1Folleto por Titulo2Folleto. Hay que hacer esto:

1. Seleccionar Edición, Reemplazar.
2. En el cuadro de diálogo Buscar y reemplazar, borrar los caracteres que pueda haber escritos en el cuadro de texto Buscar:.
3. Hacer clic en el botón Más.
4. Hacer clic en el botón Formato y después seleccionar Estilo en la lista desplegable.
5. En el cuadro de diálogo Buscar estilo, escribir una T que es la inicial del estilo a buscar, para acceder a los estilos que empiezan por T.
6. Desplazarse hacia abajo hasta localizar Titulo1Folleto y seleccionarlo.
7. Hacer clic en Aceptar para volver al cuadro de diálogo Buscar y reemplazar.
8. Hacer clic en el cuadro de texto Reemplazar con y borrar los caracteres que pueda haber escritos.
9. Hacer clic en el botón Formato y después seleccionar Estilo en la lista desplegable.
10. En el cuadro de diálogo Buscar estilo, localizar Titulo2Folleto y seleccionarlo.
11. Hacer clic en Aceptar para volver al cuadro de diálogo Buscar y reemplazar.
12. Hacer clic en el botón Reemplazar todos.

Truco:

Otra forma de buscar formatos es aplicar la opción Seleccionar todo el texto con formato similar *del Panel de tareas* Mostrar formato. *Y otra forma de reemplazar formatos es aplicar las opciones* Seleccionar todas las instancias *y* Modificar *del Panel de tareas* Estilos y texto.

Búsqueda y reemplazo de caracteres especiales

Este cuadro de diálogo también permite buscar y reemplazar caracteres especiales, merced a la lista desplegable Especial. Por ejemplo, si convertimos una tabla en texto con las columnas separadas por tabulaciones, podemos posteriormente reemplazar las tabulaciones por marcas de párrafo, de la manera siguiente:

1. Seleccionar Edición>Buscar y reemplazar.
2. Hacer clic en el cuadro de texto Buscar.
3. Hacer clic en el botón Especial.
4. Seleccionar Marca de tabulación en la lista desplegable.
5. Hacer clic en el cuadro de texto Reemplazar con.
6. Hacer clic en el botón Especial.
7. Seleccionar Marca de párrafo en la lista desplegable.

El Organizador de plantillas y estilos

Otro método para copiar o trasladar estilos es utilizar el Organizador de plantillas y estilos. Hemos creado varios estilos que han quedado adjuntos a la plantilla CasaRural. Eso significa que solamente podremos utilizarlos con documentos creados con esa plantilla como base. Si queremos utilizarlos con todos los documentos, será preciso copiarlos a la plantilla Normal. Hay que hacer lo siguiente:

1. Seleccionar Herramientas, Plantillas y complementos.
2. Hacer clic en el botón Organizador del cuadro de diálogo Plantillas y complementos.
3. En el Organizador, seleccionar la ficha Estilos.
4. Seleccionar CasaRural.dot (plantilla) en la lista desplegable Estilos disponibles en:. Esto sólo es posible si se ha abierto la plantilla antes de abrir el Organizador. Si no es así, la plantilla CasaRural no aparecerá en la lista. Hay que hacer lo siguiente.
5. Hacer clic en el botón Cerrar archivo.
6. Cuando se convierta en Abrir archivo, volver a hacer clic.
7. En el cuadro de diálogo Abrir archivo, seleccionar la carpeta Templates en el campo Buscar en:.
8. Seleccionar CasaRural.dot y hacer clic en Abrir.

9. En la ventana de la derecha, seleccionar **Normal.dot** en la lista desplegable **Estilos disponibles en:**. Si se trata de copiar estilos a otra plantilla que no se encuentre en esta lista, hay que repetir la operación anterior desde la instrucción 5.
10. En la ventana de la izquierda, seleccionar el estilo a copiar.
11. Hacer clic en **Copiar**. El estilo pasará a la plantilla de la derecha.
12. Los botones **Eliminar** y **Cambiar nombre** permiten borrar estilos de una plantilla o modificar su nombre.

Nota:

El ***Organizador*** *tiene fichas para copiar y transferir entradas de* ***Autotexto****, barras de herramientas personalizadas y macros. El funcionamiento es idéntico al que hemos visto para los estilos.*

Resumen

En este capítulo hemos aprendido a crear estilos personalizados para los documentos del ejemplo, basándolos en estilos predefinidos de Word o bien en estilos personalizados anteriores. Hemos aprendido a modificar los estilos para cambiar el estilo siguiente, la fuente o el método abreviado para aplicarlos.

Asimismo hemos aprendido la forma de crear listas con viñetas personalizadas y algunos trucos y sugerencias relativos a las listas.

Hemos aprendido a manejar los paneles de tareas **Mostrar formato** y **Estilos y formato**, para controlar, crear y modificar los estilos y formatos de los documentos.

Hemos aprendido también diferentes métodos para copiar formatos y estilos, utilizando el teclado, los botones de la barra de herramientas y el nuevo botón **Opciones de pegado**.

Finalmente, hemos aprendido a buscar y reemplazar formatos y estilos con independencia del texto al que vayan aplicados, así como a copiar y transferir estilos entre plantillas utilizando el **Organizador**.

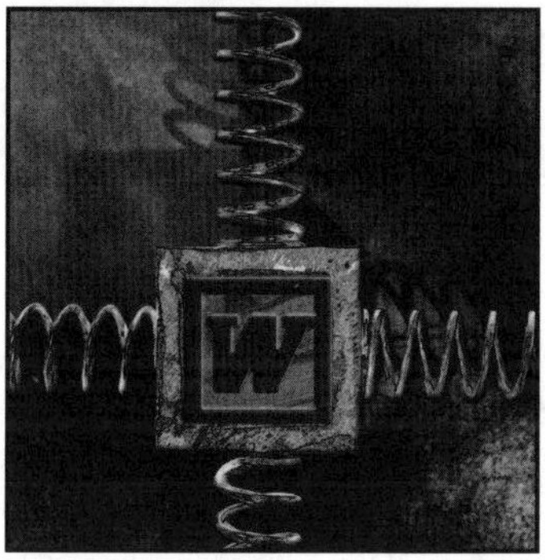

Capítulo 5

Autoedición

En este capítulo aprenderá a:

- Crear documentos a partir de una plantilla personalizada.
- Aplicar formatos y estilos complejos.
- Manejar texto columnar.
- Insertar y manejar imágenes en un texto formateado con columnas periodísticas.
- Copiar y desplazar texto e imágenes en Word.
- Insertar notas al pie y notas al final.
- Insertar letras capitales.

Creación de un documento a partir de una plantilla personalizada

La carta

En primer lugar, crearemos la carta que ha de acompañar al folleto publicitario para el lanzamiento de la casa rural. El texto está en el archivo DocumentoCarta.doc, en la carpeta \Ejemplos\Cap05 del CD-ROM de acompañamiento. El resultado ha de ser similar al archivo Carta.doc, almacenado en la misma carpeta.

Hay que hacer lo siguiente:

1. Seleccionar Archivo>Nuevo.
2. Seleccionar luego Plantillas generales en el Panel de tareas Nuevo documento.
3. En el cuadro de diálogo Plantillas, hacer clic en CasaRural, que se debe encontrar en la ficha General, como muestra la figura 5.1.

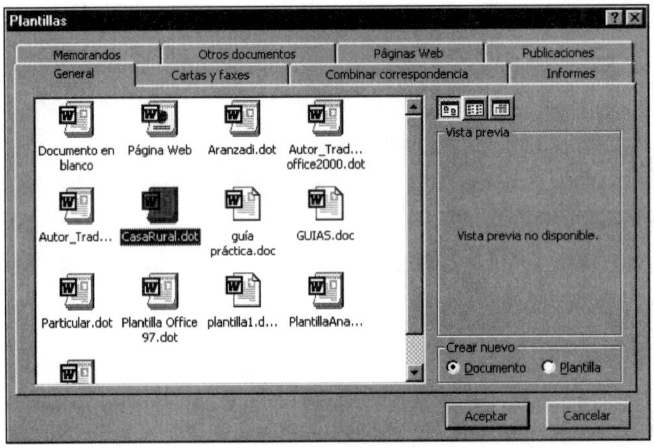

Figura 5.1. La plantilla CasaRural en el cuadro de diálogo Plantillas

4. En el nuevo documento, pulsar varias veces la tecla **Intro** para dejar espacio para la dirección y la fecha.
5. Pulsar **Alt-P**. El estilo ParrafoCarta aparecerá en la lista Estilo.
6. Escribir o copiar y pegar el primer párrafo de DocumentoCarta.doc.
7. Pulsar **Intro** dos veces. El estilo de la lista pasará a ParrafoCartaSangria.

8. Terminar de escribir o copiar el texto.
9. Guardar la carta como Carta.doc.

El folleto

El folleto sin formato se encuentra en el archivo DocumentoFolleto.doc, en la carpeta \Ejemplos\Cap05 del CD-ROM de acompañamiento. El resultado ha de ser similar al archivo Folleto.doc, en la misma carpeta. Hay que hacer lo siguiente:

1. Crear un nuevo documento basado en la plantilla CasaRural.dot.
2. Pulsar **Alt-1** para insertar el estilo Título1Folleto al principio del documento.
3. Escribir o copiar y pegar el primer título.
4. Pulsar **Intro** para iniciar el primer párrafo. La lista Estilo mostrar ParrafoFolleto.
5. Escribir o copiar y pegar los dos primeros párrafos.
6. Pulsar de nuevo **Alt-1** para escribir el segundo título: La alternativa.
7. Después del cuerpo de texto con el estilo ParrafoFolleto, volver a pulsar **Alt-1** para el tercer título: Actividades.
8. Después del cuerpo de texto, pulsar **Alt-2** para el primer subtítulo: Actividades de interior.
9. Después del cuerpo de texto, el segundo subtítulo, Excursiones, también lleva el estilo Titulo2Folleto.
10. Después del cuerpo de texto, pulsar **Alt-2** para el tercer subtítulo: Visitas y excursiones organizadas.
11. Escribir el primer párrafo de cuerpo de texto con el estilo ParrafoFolleto y pulsar **Intro**.
12. Pulsar **Alt-V** para iniciar la lista de viñetas.
13. Escribir o copiar el texto de la lista, siempre con el estilo Viñetas1.
14. Después del último elemento de la lista, Alpinismo con monitores, pulsar **Intro**.
15. Pulsar **Alt-1** para insertar un nuevo título: Accesos.
16. Después del cuerpo de texto con el estilo ParrafoFolleto, insertar el último título, Precios y el texto final.
17. Guardar el documento como Folleto.doc.

Nota:

El ejercicio se puede simplificar abriendo el archivo Documento-Folleto.Doc, *situando el cursor en cada párrafo y aplicándole el estilo correspondiente con el método abreviado. Pero como está creado con la plantilla* Normal.dot, *será primero necesario transferir los estilos a esa plantilla utilizando el* Organizador *como vimos en el capítulo anterior. Lo mismo vale para la carta.*

Figura 5.2. La lista Estilo con los estilos de la carta y del folleto

El trabajo con columnas periodísticas

La siguiente tarea consistirá en formatear el texto del folleto publicitario con columnas periodísticas, es decir, columnas de igual tamaño. Para ello, simplemente hay que abrir el documento, situar el cursor en cualquier parte del texto y hacer clic en el botón **Columnas** de la barra de herramientas Estándar. Cuando se despliegue la paleta, hay que elegir 2 columnas. Pero conviene tener en cuenta el texto fijo de la plantilla, que quedará incluido en el formato columnar, para evitarlo, hay que hacer:

1. Abrir el documento Folleto.doc.
2. Hacer clic a continuación del texto fijo, después de la dirección de la casa rural, y pulsar **Intro** dos veces, para separarlo del texto siguiente.
3. Seleccionar Insertar>Salto.

4. En el cuadro de diálogo Salto, seleccionar el botón de opción Continuo, en la zona Tipos de saltos de sección.
5. Hacer clic en la nueva sección, en cualquier lugar, y pulsar el botón **Columnas**.
6. Seleccionar 2 columnas.

Advertencia:

Conviene recordar que las columnas solamente se pueden ver en modo Diseño de impresión.

La línea divisoria

A continuación, vamos a insertar una línea divisoria entre las columnas:

1. Seleccionar Formato>Columnas.
2. En el cuadro de diálogo Columnas, activar la casilla de verificación Línea entre columnas.

Los títulos en las columnas periodísticas

Dado que en las columnas periodísticas, el texto tiene la mitad del espacio para extenderse, puede suceder que algún título no tenga espacio suficiente y haya de quedar en dos filas. Eso se puede evitar contrayendo los caracteres para acomodarlos al espacio existente.

1. Seleccionar todos los caracteres del título.
2. Seleccionar la opción de menú Formato>Fuente.
3. En el cuadro de diálogo Fuente, hacer clic en la ficha Espacio entre caracteres.
4. Disminuir la expansión del texto en las opciones Escala, Espacio y Posición.

Control de la longitud de las columnas periodísticas

A veces, las columnas no quedan con la misma longitud, porque Word no distribuye el texto para igualarlas, sino que rellena la columna de la izquierda y luego pasa a rellenar la de la derecha. Si no hay texto suficiente para llenarla, ésta quedará más corta que la de la izquierda.

Para obligar al texto que se encuentra detrás del punto de inserción a pasar a la columna siguiente, hay que pulsar **Control-Mayús-Intro** o seleccionar Insertar>Salto>Salto de columna. Para conseguir la misma longitud en ambas columnas, hay que hacer lo siguiente:

1. Colocar el cursor al final de la última columna.
2. Seleccionar Insertar>Salto.
3. En el cuadro de diálogo Salto, seleccionar el botón de opción Continuo, en la zona Tipos de saltos de sección.

Al insertar el nuevo salto de sección, la siguiente no quedará formateada con columnas, por lo que Word no tendrá más remedio que distribuir el texto por igual en las columnas anteriores. La opción Continuo impide un salto de página, que haría la página columnar más corta que las otras.

Columnas desiguales

Se puede cambiar el ancho de las columnas ya creadas, utilizando el cuadro de diálogo Columnas o la regla. Con el cuadro de diálogo Columnas, hay que escribir el ancho de cada columna en la casilla correspondiente. Con la regla, hay que arrastrar el marcador de columnas para darles el tamaño deseado. Al arrastrarlo a la mitad de la columna, cambia el ancho de columna a ambos lados, aunque el espacio entre ellas continúa igual y, al arrastrar el marcador derecho o izquierdo, se ajusta solamente una columna en ese lado y se modifica el espacio entre dos columnas. Pulsando **Alt** al arrastrar, Word muestra la anchura de las dos columnas y el espacio entre ellas de forma numérica (figura 5.3d).

Advertencia:

La regla se hace visible seleccionando Ver>Regla, pero cuando hay texto columnar, no aparece hasta hacer clic en las columnas.

Advertencia:

Conviene no confundir los marcadores de la regla. Los marcadores que se ven en la figura 5.3 son para las sangrías izquierda, derecha, francesa y de primera línea. Al aproximar el cursor a la franja que separa las columnas, se convierte en una flecha de dos puntas y aparece la información **Margen derecho** *o* **Margen izquierdo**. *Arrastrando la flecha, se pueden desplazar los márgenes. Justamente al lado de ese punto, al aproximar el cursor se convierte asimismo en una flecha de dos puntas y la información indica* **Mover columna**. *La figura 5.3 muestra también estos marcadores.*

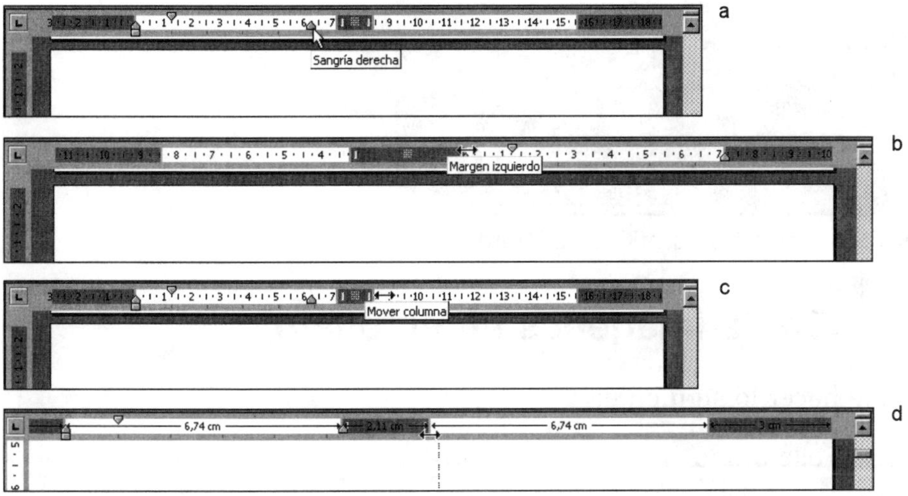

Figura 5.3. a) Marcadores de sangría. b) Marcador de margen izquierdo. c) Marcador para mover la columna. d) El espacio y anchura en forma numérica al arrastrar con la tecla Alt pulsada

Las imágenes

Una vez completo el folleto, hay que insertarle diversas ilustraciones. Todas se encuentran en la carpeta Ejemplos\Cap05 y están guardadas con formato Tif comprimido. Este formato es apto para Word, que no tiene dificultad alguna en leerlo y en insertar esos archivos.

Si se presentan dificultades, puede deberse a la falta de algún filtro gráfico en la instalación. Eso es fácilmente subsanable recurriendo a la opción Agregar o quitar programas de la instalación de Word 2002. En el apéndice A de este libro se detalla la forma de instalar elementos de Word y la figura 5.4 muestra los filtros gráficos en la instalación de Word. El primero de ellos es el que permite la importación de archivos Tiff.

Figura 5.4. Los filtros gráficos de Word

Inserción de imágenes en el folleto

Hay que hacer lo siguiente:

1. Abrir Folleto.doc.
2. Hacer clic al principio del primer párrafo, tras el primer título, para situar el cursor.
3. Seleccionar Insertar>Imagen>Desde Archivo.
4. En el cuadro de diálogo Insertar imagen, seleccionar la carpeta que contiene las ilustraciones. La lista desplegable Tipo de archivo debe mostrar Todas las imágenes o bien Formato TIFF (*.tif *.tiff).
5. Seleccionar Ciudad.tif y hacer clic en Insertar.

Control de imágenes con columnas periodísticas

La imagen queda insertada en el punto en que se encuentre el cursor, pero es preciso manipularla para controlar su posición, tamaño y ajuste del texto. Las instrucciones que siguen son válidas para todas las imágenes a insertar en el folleto:

1. Hacer clic en la imagen con el botón derecho del ratón.
2. Seleccionar Formato de imagen en el menú emergente.

3. En el cuadro de diálogo Formato de imagen, seleccionar ahora la ficha Diseño.
4. Seleccionar la opción Estrecho.
5. Hacer clic en el botón Avanzado de la ficha Diseño.
6. Seleccionar la ficha Posición de la imagen en el cuadro de diálogo Diseño avanzado.
7. Comprobar que está activada la casilla de verificación Mover objeto con el texto. Esto evitará que las imágenes se descoloquen si el texto se desplaza al aplicar los guiones.
8. Hacer clic en la imagen y arrastrarla a la posición deseada. La nueva especificación de ajuste de texto permite desplazarla fácilmente sin necesidad de marco.
9. Disminuir el tamaño de las figuras que resulten demasiado grandes.

Truco:

Para desplazar una imagen pixel a pixel y controlar totalmente su movimiento, hay que seleccionarla y luego pulsar ***Control-Flecha arriba, Control-Flecha abajo, Control-Flecha dcha.*** *o bien* ***Control-Flecha izda.***

Las figuras CasasMadera y CasaBosque ocupan mucho espacio y se pueden recortar de la forma siguiente, después de insertarlas en el texto:

1. Seleccionar CasasMadera.
2. Si la barra de herramientas Imagen no está visible, hacer clic en la figura con el botón derecho del ratón y seleccionar Mostrar barra de herramientas Imagen en el menú emergente.

3. Hacer clic en el botón **Recortar** de la barra de herramientas Imagen.
4. Acercar el cursor a la esquina superior izquierda de la figura hasta que adquiera la forma de una escuadra.
5. Con el cursor en forma de escuadra, estirar la esquina hacia abajo para recortar la parte superior.
6. Seleccionar CasaBosque.
7. Hacer clic en el botón **Recortar**.
8. Con el cursor en forma de escuadra, arrastrar la esquina inferior izquierda hacia arriba para recortar la parte inferior.

9. Arrastrar la esquina inferior derecha hacia la izquierda para recortar la parte derecha.

Nota:

El cursor pierde la forma de escuadra de recortar al terminar de arrastrar. Para que recupere su forma normal sin recortar la imagen, hay que pulsar ***Esc****.*

Orden de las imágenes

La tabla 5.1 indica el lugar en que hay que insertar las imágenes en el folleto. Tras insertar cada una, conviene darle formato y colocarla, para evitar que las siguientes se desplacen al retocar cada una.

Tabla 5.1. Las imágenes para el folleto

Archivo	Posición en el texto
Ciudad.tif	Al inicio del primer párrafo tras el primer título.
CarreteraBosque.tif	Cuatro líneas antes de finalizar el primer párrafo. Tras el texto "Esto se consigue adquiriendo una casa".
Relax.tif	Una línea antes de finalizar el segundo párrafo. Tras el texto "Un fin de semana placentero se convierte en unos días de".
CasaBosque.tif	Al final del primer párrafo tras el título "La alternativa". Antes del texto "Y el camino es éste".
Comida.tif	Cinco líneas antes de finalizar el tercer párrafo. Tras el texto "Las actividades deportivas son".
Excursión.tif	Al inicio del primer párrafo tras el título "Actividades".
Ajedrez.tif	Al inicio del primer párrafo tras el título "Actividades de interior".
Baile.tif	Al final del primer párrafo tras el título "Actividades de interior".
CasasMadera.tif	Después de la primera línea del primer párrafo tras el título "Excursiones". Tras el texto "Desde la Casa del Bosque se pueden".
Castillo.tif	Seis líneas después de CasasMadera. Tras el texto "encanto de la vida rústica y la acogida".

Archivo	Posición en el texto
Pueblo.tif	Al final del párrafo anterior. Tras el texto "Las excursiones pueden llevarse a cabo".
Alpinismo.tif	Al final de la lista titulada "Excursiones organizadas".
Tren.tif	Al inicio del primer párrafo tras el título "Accesos".

Advertencia:

A pesar del control de viudas y huérfanas del estilo del párrafo, después de colocar las imágenes y poner los guiones en el folleto del ejemplo, sigue quedando una línea viuda en el último párrafo, que pasa a la página siguiente creando una tercera página con una sola línea. Esto se debe a que Word no reconoce la línea restante como viuda, porque, si quitamos el equilibrado de columnas, quedarán dos líneas y no una en la tercera página. En todo caso, volveremos sobre este problema en el capítulo 7, en la parte dedicada a la impresión.

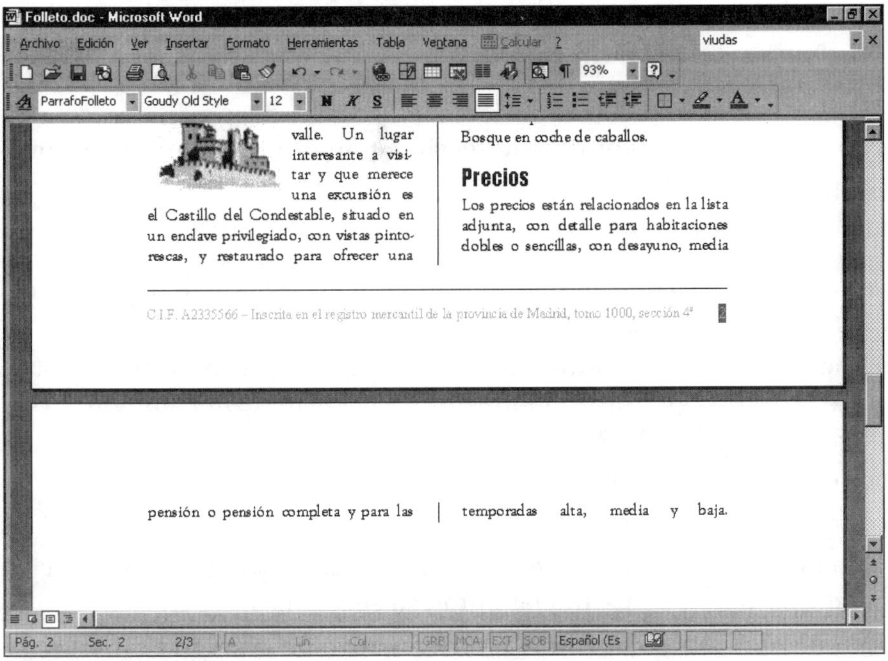

Figura 5.5. La línea viuda. En realidad son dos líneas al final de la columna

Números de página

Para insertar los números de página en el folleto, hay que seguir los siguientes pasos:

1. Seleccionar Insertar>Números de página.
2. Aceptar las opciones del cuadro de diálogo Números de página. El número de la página quedará situado en la parte inferior, a la derecha. También se puede elegir otra posición y alineación.
3. El botón Formato permite elegir un formato personalizado para los números de página.

Eliminación de un número de página

Los números de página están comprendidos en los encabezados o en lo pies de página.

Para borrarlos, hay que hacer lo siguiente:

1. Seleccionar Ver>Encabezado y pie de página.
2. Seleccionar el número de página y borrarlo con la tecla **Supr**.

Cambio de numeración de páginas

También es posible reiniciar la numeración de un documento cada vez que haya un cambio de capítulo, de sección o de parte, generando números de página por secciones.

Hay que hacer lo siguiente:

1. Hacer clic para situar el punto de inserción en la sección que haya de llevar números de página diferentes.

2. Desvincular los encabezados y pies de página de los anteriores, desactivando el botón **Igual que el anterior** de la barra de herramientas Encabezado y pie de página.
3. Seleccionar Insertar>Números de página.
4. Hacer clic en el botón Formato.
5. En Numeración de páginas, seleccionar Iniciar en y escribir o seleccionar el número de página inicial para esa sección.
6. Hacer clic en Aceptar y de nuevo en el cuadro de diálogo Números de página.

Traslado de párrafos en un documento

En el caso del ejemplo que venimos desarrollando, no ha sido necesario recurrir a las técnicas de traslado de párrafos, pero es algo que se da con bastante frecuencia.

Muchas veces, después de crear un folleto, una carta, un artículo o un informe, se llega a la conclusión de que el resultado sería mejor si tal o cual párrafo se encontrase en otro lugar del documento.

Hay varias técnicas para trasladar un párrafo completo en un documento de Word:

- Seleccionarlo, arrastrarlo y colocarlo.
- Cortarlo y pegarlo, utilizando el Portapapeles.
- Seleccionar Ver>Esquema, seleccionar la marca del párrafo y trasladarlo con el ratón.
- El método más rápido consiste en lo siguiente:
    1. En primer lugar, poner el punto de inserción en cualquier lugar del párrafo.
    2. Pulsar **Alt-Mayús**.
    3. Para desplazar el párrafo hacia arriba, junto con **Alt-Mayús**, pulsar la tecla **Flecha arriba**.
    4. Para desplazar el párrafo hacia abajo, junto con **Alt-Mayús**, pulsar la tecla **Flecha abajo**.

Este último método es útil para trasladar secciones o partes completas de un documento, ya que es posible seleccionar varios párrafos con el ratón y pulsar después la combinación de teclas correspondiente para moverlos arriba o abajo.

Nota:

Arrastrar y colocar funciona de la forma siguiente:

1. *Seleccionar el texto.*
2. *Hacer clic en la selección y, sin soltarla, arrastrar hasta la nueva posición.*
3. *Soltar el ratón.*

Truco:

Hay otra forma de mover texto o imágenes seleccionados sin utilizar el Portapapeles. Consiste en seleccionar el texto o la imagen y pulsar la tecla de función ***F2****. La barra de tareas mostrará la pregunta* ¿Mover adónde? *Para trasladar la selección, hay que hacer clic en la nueva posición y pulsar* ***Intro****. Para cancelar la acción, hay que pulsar* ***Esc****.*

Técnica para copiar texto e imágenes en Word

El folleto que hemos confeccionado lleva insertadas varias imágenes gráficas que en ningún caso se repiten. Lo mismo sucede con el texto. Sin embargo, en numerosas ocasiones es necesario repetir una porción de texto o una misma imagen en varios lugares del documento.

Word 2002 ofrece una técnica especialmente rápida para copiar texto o imágenes, que consiste en lo siguiente:

1. Seleccionar la imagen o el trozo de texto a copiar.
2. Mantener pulsada la tecla **Control**.
3. Arrastrar con el ratón a la posición deseada.
4. Word realizará una copia del texto o de la imagen en el lugar elegido, a diferencia de la técnica de arrastrar y colocar, con la que el elemento no se copia, sino que se traslada.

Advertencia:

En la aplicación de las técnicas de copiar texto en Word 2002, hay que tener en cuenta la marca de final de párrafo. Si se incluye en la selección, se copiará también el formato. De lo contrario, el texto llevará el formato Normal.

Los guiones

Las columnas periodísticas precisan de la inserción de guiones para ajustar el texto. La figura 5.5 muestra el folleto con las imágenes insertadas y el formato de columnas. Obsérvense los espacios que quedan entre las palabras, especialmente cuando hay una ilustración próxima.

Para insertar los guiones, hay que hacer lo siguiente:

1. Seleccionar **Herramientas>Idioma>Guiones**.
2. En el cuadro de diálogo **Guiones**, activar la casilla de verificación **Dividir palabras en mayúsculas**.
3. Desactivar la casilla de verificación **División automática del documento**. Normalmente estará desactivada.

Advertencia:

Como la mayoría de las funciones automáticas de Word, la casilla **División automática del documento** *es un arma de dos filos. Ahorra mucho tiempo, pero puede aplicar guiones en lugares inadecuados.*

4. Hacer clic en el botón **Manual**.
5. Word empezará a recorrer el texto y a presentar las palabras a dividir en un cuadro, que permite dividirlas separando distintas sílabas.
6. Aceptar o corregir las propuestas de Word. Al finalizar, conviene repasar el texto, porque a veces Word sigue dejando huecos, como el que muestra la figura 5.6.

Si la aplicación de guiones no resulta satisfactoria, se puede volver a realizar seleccionando de nuevo los mismos comandos.

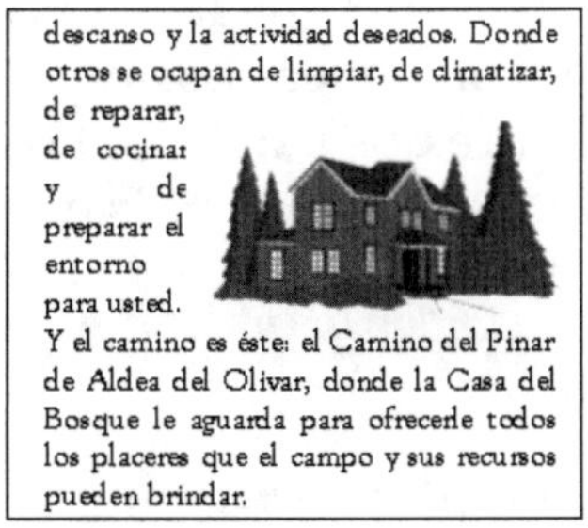
descanso y la actividad deseados. Donde
otros se ocupan de limpiar, de climatizar,
de reparar,
de cocinar
y de
preparar el
entorno
para usted.
Y el camino es éste: el Camino del Pinar
de Aldea del Olivar, donde la Casa del
Bosque le aguarda para ofrecerle todos
los placeres que el campo y sus recursos
pueden brindar.

Figura 5.6. Tras la aplicación de los guiones, sigue habiendo huecos

Truco:

La **Zona de división** *a que se refiere el cuadro de diálogo* **Guiones** *es la distancia desde el margen, lo que es importante para aplicar guiones a un texto estrecho, como por ejemplo, columnas*

periodísticas, ya que se puede disminuir esa distancia, obligando a Word a insertar más guiones.

Tipos de guiones de Word 2002

También es posible insertar guiones opcionales y guiones y espacios de no separación:

- Los guiones regulares, como los que hemos aplicado al folleto, dividen la palabra para ajustarla al final de una línea. Se utilizan para palabras que se pueden dividir en sílabas y pasar a la línea o líneas siguientes.
- Los guiones opcionales sirven para dividir las palabras al final de la línea. Se insertan pulsando **Control-Guión** y se usan para dividir palabras al final de la línea. No se ven en la pantalla, a menos que la palabra aparezca al final de la línea.

Truco:

Los guiones opcionales se pueden ver activando la casilla de verificación Guiones opcionales*, de la ficha* Ver *del cuadro de diálogo* Opciones *(menú* Herramientas*), o bien pulsando el botón* ***Mostrar u ocultar*** *de la barra de herramientas* Estándar.

- Los espacios y guiones de no separación permiten ajustar el aspecto del texto en un documento, por ejemplo, para conseguir que las letras de unas siglas o un acrónimo aparezcan en la misma línea. Los espacios de no separación evitan los saltos de línea entre dos palabras. Los guiones de no separación evitan los saltos de línea de las palabras que llevan guión. Son útiles si se aplica la división automática.

Se insertan de la forma siguiente:

1. Hacer clic en el lugar en que haya que insertar el espacio o el guión de no separación.
2. Para insertar un espacio de no separación, pulsar **Control-Mayús-Barra espaciadora**. Para insertar un guión de no separación, pulsar **Control-Mayús-Guión**.

Si la palabra, el elemento o la frase no caben en la línea, Word lo trasladará al inicio de la línea siguiente.

Eliminación de guiones

Para eliminar los guiones, hay que hacer lo siguiente:

1. Abrir el cuadro de diálogo **Buscar y reemplazar**.
2. Dejar en blanco el cuadro de texto **Buscar**.
3. Hacer clic en el botón **Especial** y seleccionar **Guión opcional**, **Guión de no separación** o **Guión corto**.
4. Hacer clic en el cuadro de texto **Reemplazar con** y pulsar **Supr**.
5. Para eliminarlos todos, hay que seleccionar el botón **Reemplazar todos**. El botón **Reemplazar** permite eliminarlos de uno en uno.

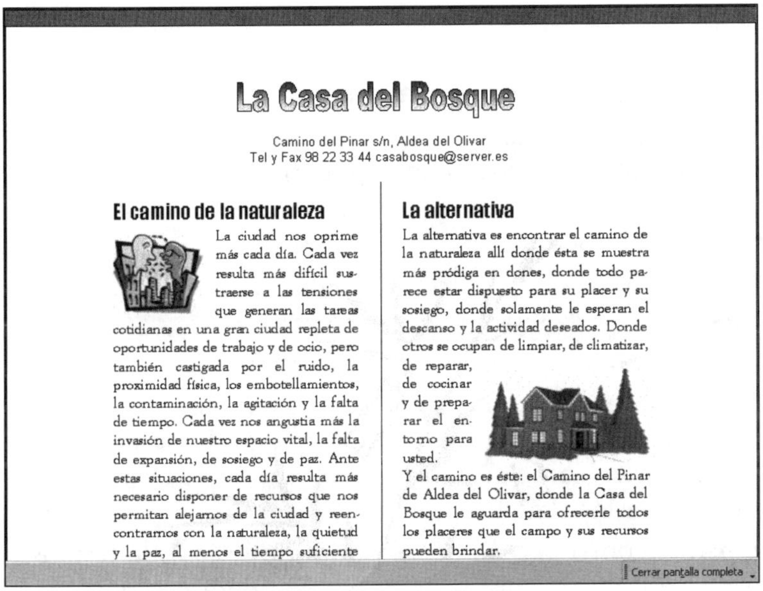

La Casa del Bosque

Camino del Pinar s/n, Aldea del Olivar
Tel y Fax 98 22 33 44 casabosque@server.es

El camino de la naturaleza

La ciudad nos oprime
más cada día. Cada vez
resulta más difícil sus-
traerse a las tensiones
que generan las tareas
cotidianas en una gran ciudad repleta de
oportunidades de trabajo y de ocio, pero
también castigada por el ruido, la
proximidad física, los embotellamientos,
la contaminación, la agitación y la falta
de tiempo. Cada vez nos angustia más la
invasión de nuestro espacio vital, la falta
de expansión, de sosiego y de paz. Ante
estas situaciones, cada día resulta más
necesario disponer de recursos que nos
permitan alejarnos de la ciudad y reen-
contrarnos con la naturaleza, la quietud
y la paz, al menos el tiempo suficiente

La alternativa

La alternativa es encontrar el camino de
la naturaleza allí donde ésta se muestra
más pródiga en dones, donde todo pa-
rece estar dispuesto para su placer y su
sosiego, donde solamente le esperan el
descanso y la actividad deseados. Donde
otros se ocupan de limpiar, de climatizar,
de reparar,
de cocinar
y de prepa-
rar el en-
torno para
usted.
Y el camino es éste: el Camino del Pinar
de Aldea del Olivar, donde la Casa del
Bosque le aguarda para ofrecerle todos
los placeres que el campo y sus recursos
pueden brindar.

Cerrar pantalla completa

Figura 5.7. Los guiones correctamente insertados. Ya no hay huecos

Otras técnicas avanzadas de autoedición

Letras capitales

Las letras capitales (letras capitulares) inician un capítulo, dándole un aspecto ornamental. Para insertar una letra capitular, hay que hacer lo siguiente:

1. Seleccionar el primer carácter del texto.
2. Hacer clic en Formato>Letra capital.
3. Seleccionar una posición. En texto suele quedar mejor que En margen.
4. Opcionalmente, elegir una fuente y un tamaño.

Notas al pie y notas al final

Las notas al pie y las notas al final son indicaciones que llevan un número o marca de referencia para señalar que al pie de la página o al final del capítulo hay una explicación relativa al texto en que aparece la marca. Para insertar una nota al pie o una nota al final, hay que hacer lo siguiente:

1. Colocar el punto de inserción inmediatamente después de la palabra a señalar.
2. Hacer clic en Insertar>Referencia>Nota al pie.
3. En el cuadro de diálogo Notas al pie y notas al final, hacer clic en el botón de opción Notas al pie o Notas al final, para incluir una nota al pie, situada al final de la página o bien, en el segundo caso, una nota al final, situada al final del documento.
4. En Formato de número, elegir el formato para las sucesivas referencias de las notas.
   - La opción Marca personal permite utilizar una marca cualquiera personalizada.
   - El botón Símbolo da acceso al cuadro de diálogo del mismo nombre, en el que elegir un carácter para las referencias de las notas, como hemos visto con las viñetas.
   - Iniciar en permite comenzar las notas por el número 1, la letra a u otros.
   - La lista desplegable Numeración contiene opciones para numerar las notas de forma continua o bien empezando en cada nueva sección o página.
   - La lista Aplicar cambios a contiene opciones para insertar las notas solamente para la sección activa o para todo el documento.
5. Hacer clic en Insertar.
6. En la ventana Notas al pie o Notas al final, escribir la nota a continuación de la marca.
7. Aplicarle el formato deseado, igual que a cualquier otro texto.

Para borrar las notas al pie o al final hay que borrar la marca del texto pulsando las teclas **Supr** o **Retroceso**. Word renumera automáticamente las notas restantes.

No es preciso borrar el texto de la nota. Téngase en cuenta que la nota no se elimina sin borrar la marca.

Búsqueda de notas al pie y notas al final

Las notas al pie y al final no están visibles en modo Normal, sino en modo Diseño de impresión. No obstante, existen varios métodos para poder verlas:

- Seleccionar Ver, Notas al pie, desplegar la lista de la ventana Notas al pie y elegir Todas las notas al pie o Todas las notas al final.
- Acercar el cursor a una marca de nota al pie o al final, para ver el texto de la nota (figura 5.8).

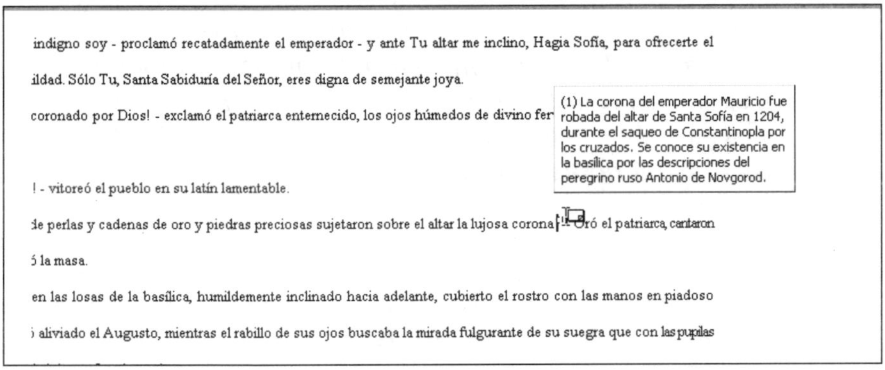

Figura 5.8. Una nota al pie vista al aproximar el cursor a la marca

- Para ver todas las marcas de notas al pie o al final de un documento, de una en una, hay que pulsar **F5**, seleccionar Nota al pie o Nota al final en el cuadro de diálogo Ir a y hacer clic en el botón Siguiente. Para acceder a una marca de nota específica, hay que escribirla en el cuadro de texto Número de la nota.

- El botón **Seleccionar objeto de búsqueda** de la barra de desplazamiento vertical también es útil para revisar las notas al pie y las notas al final de un documento. Al hacer clic en él se despliega una paleta en la que es posible seleccionar la opción Examinar por notas al pie o la opción Examinar por notas al final.

Nota:

*El botón **Seleccionar objeto de búsqueda** permite recorrer un documento en busca de elementos como campos, modificaciones, títulos, tablas, etc. Resulta muy útil cuando hay que localizar todos los cambios aplicados en busca de alguno especial o bien para buscar todas las imágenes o tablas de un documento, cuando son numerosas y el documento es muy largo.*
Después de seleccionar el objeto, por ejemplo, Modificaciones, *hay que pulsar el botón situado debajo de él para localizar la modificación siguiente o bien el botón de encima para ir a la anterior. También tiene opciones para abrir los cuadros de diálogo* Ir a *y* Buscar y reemplazar.

Truco:

Las notas al pie se pueden transformar en notas al final y viceversa. Para convertir una sola nota, hay que hacer clic en ella con el botón derecho del ratón en la ventana Notas al pie *o* Notas al final *y pulsar* Convertir en nota al pie *o* Convertir en nota al final *en el menú emergente. Para convertir todas las notas, hay que seleccionar el botón* Convertir *del cuadro de diálogo* Notas al pie y notas al final.

Nota:

Para copiar o trasladar una nota al pie o al final, hay que utilizar las opciones Cortar, Copiar *y* Pegar.

Formato de las notas al pie y al final

Las notas al pie y las notas al final se pueden formatear al igual que cualquier texto. Para cambiar el formato de todas las notas al pie, es posible redefinir los estilos de la forma siguiente:

1. Seleccionar Formato>Estilos y formato y elegir el estilo en la lista del Panel de tareas Estilos y formato.
2. Hacer clic para desplegar el menú, seleccionar Modificar y aplicar los cambios en la lista desplegable Formato del cuadro de diálogo Modificar el estilo.
3. Hacer clic en Aceptar.

Resumen

En este capítulo hemos creado dos documentos a partir de la plantilla personalizada y los estilos creados en los capítulos anteriores. Uno de estos documentos es una carta que servirá en su momento para realizar una emisión de correo masivo, utilizando las funciones de combinación de correspondencia de Word 2002.

El otro documento es un folleto publicitario. Al completarlo, hemos aprendido y practicado las técnicas de formato y control de texto columnar. Hemos aplicado varias imágenes gráficas al texto columnar, y aprendido técnicas de ajuste de texto, recorte y control del desplazamiento de los gráficos dentro de las columnas. También hemos aplicado guiones al texto y aprendido los distintos tipos de guiones que pueden insertarse con Word 2002.

Otra de las técnicas aprendidas ha sido la copia y desplazamiento de textos y gráficos, utilizando diferentes métodos y trucos.

Por último, hemos aprendido otras técnicas avanzadas de autoedición, como son las notas al pie y las notas al final, y las letras capitales o letras capitulares.

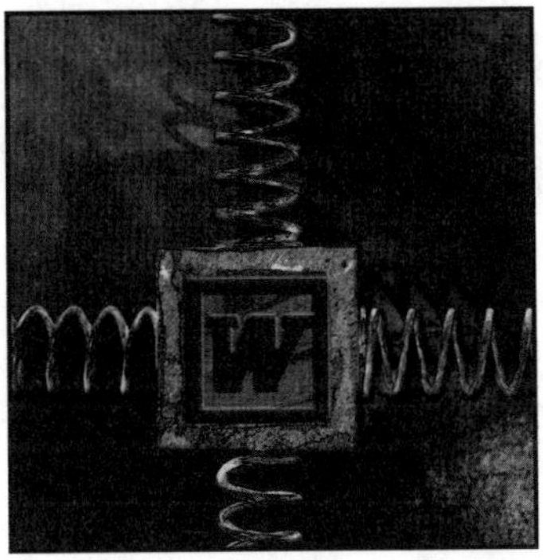

Capítulo 6

Herramientas avanzadas de escritura

En este capítulo aprenderá a:

- Aplicar corrección ortográfica y gramatical de forma personalizada.
- Crear y utilizar diccionarios personalizados.
- Usar las opciones de Autocorrección.
- Crear y manejar entradas de Autotexto con la función Autocompletar.
- Emplear la selección múltiple para aplicar mayúsculas.
- Trabajar con Word en otros idiomas.
- Aplicar el nuevo comando Traducir.

La corrección ortográfica y gramatical

Después de haber creado y formateado la carta y el folleto, les aplicaremos la corrección ortográfica y gramatical. Hay que hacer lo siguiente:

1. Abrir el archivo Carta.doc.
2. Seleccionar Herramientas>Ortografía y gramática.
3. Aceptar o rechazar las sugerencias de Word.
4. Guardar el documento.
5. Repetir las instrucciones anteriores para el archivo Folleto.doc.

Si está activada la casilla de verificación Revisar gramática, Word revisará la ortografía y la gramática al mismo tiempo, ofreciendo sugerencias para modificar las palabras u oraciones que encuentre incorrectas. Para deshabilitar la revisión gramatical, hay que hacer lo siguiente:

1. Seleccionar Herramientas>Opciones.
2. Hacer clic en la ficha Ortografía y gramática del cuadro de diálogo Opciones.
3. Desactivar la casilla de verificación Revisar gramática con ortografía.

Si esa casilla de verificación está desactivada, después de revisar la ortografía se puede revisar la gramática, haciendo lo siguiente:

1. Activar la casilla de verificación Revisar gramática con ortografía.
2. Hacer clic en el botón Volver a revisar documento (figura 6.1). Este botón sólo se llama así cuando se ha aplicado la corrección. De lo contrario, se llama Revisar documento. Hacer clic en Aceptar.
3. Volver a seleccionar Herramientas>Ortografía y gramática, para volver a aplicar el corrector.
4. Durante la revisión, se puede hacer clic en el botón Explicar para obtener la explicación de Word acerca de la corrección propuesta.

Nota:

Cuando se aplica la corrección ortográfica, el icono Estado de ortografía y gramática *aparece en la barra de estado indicando trabajo o inacción.*

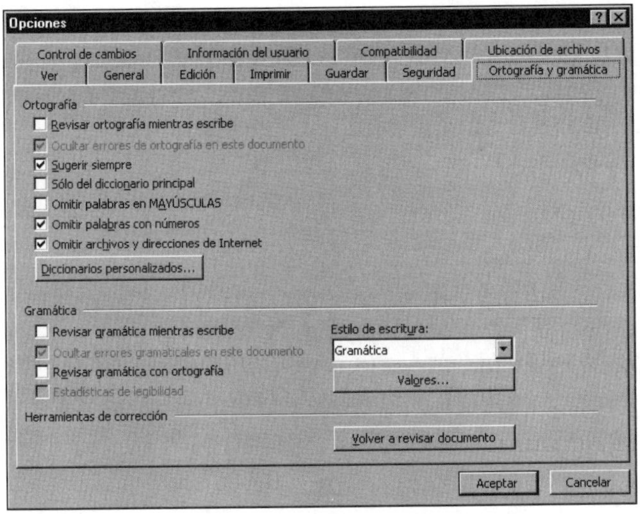

Figura 6.1. La ficha Ortografía y gramática

Opciones de Gramática

También se posible personalizar el estilo que Word ha de emplear para corregir la gramática del documento. Hay que hacer lo siguiente:

1. Desplegar la lista Estilo de escritura de la ficha Ortografía y gramática para seleccionar Gramática o Gramática y estilo.
2. Hacer clic en el botón Valores.
3. En el cuadro de diálogo Gramática, activar o desactivar las casillas de verificación de las reglas de gramática y/o estilo que Word ha de aplicar a la corrección gramatical.

Creación y empleo de diccionarios personalizados

Los diccionarios personalizados son útiles cuando hay que corregir documentos que emplean argot técnico o científico, específico de una profesión o tarea. Siguiendo nuestro ejemplo, si se trata de corregir un documento que verse sobre turismo rural, es obvio que Word encontrará algunas palabras y expresiones correctas, pero que no se contemplen en sus diccionarios, por lo que será preciso activar con frecuencia el botón Agregar al diccionario de la ficha Ortografía y gramática.

Como este tipo de trabajos se han de repetir con cierta frecuencia, es conveniente crear un diccionario personalizado que contenga palabras exclusivas de la jerga técnica empleada en agroturismo, seleccionarlo al aplicar la corrección a los documentos e ir añadiéndole nuevas palabras técnicas con el botón Agregar al diccionario.

Nota:

El diccionario personalizado, llamado Agroturismo.dic, se encuentra en la carpeta \Ejemplos\Cap06 del CD-ROM de acompañamiento. Contiene algunos términos específicos del turismo, los deportes que se practican en el entorno de turismo rural y algunos alimentos.

Hay dos formas de crear un diccionario personalizado:

Una es hacer clic en el botón Diccionarios personalizados de la ficha Ortografía y gramática. Esto abre el cuadro de diálogo Diccionarios personalizados, que presenta los siguientes botones:

- El botón Nuevo permite crear el nuevo diccionario, al que se puede dar un nombre y guardar en la ruta de acceso de los diccionarios de Word.
- El botón Modificar presenta el contenido del diccionario seleccionado como texto sin formato que permite insertar, modificar o eliminar vocablos.
- El botón Agregar da acceso al directorio que contiene los diccionarios de Word, en el que elegir el nuevo a añadir a la lista.
- El botón Quitar elimina el diccionario seleccionado de la lista. No lo borra.

La otra es emplear un editor de textos cualquiera, como Word o WordPad, para crear el archivo, haciendo lo siguiente:

1. Escribir una palabra en cada línea.
2. Cambiar de línea pulsando la tecla **Intro**.
3. Guardarlo en la carpeta C: \Windows\Application Data\Microsoft\Proof, con la extensión .Dic. Es preferible guardarlo como texto sin formato, eligiendo para ello la opción Texto sin formato (*.txt) en la lista desplegable Guardar como tipo, para evitar que Word lo trate como a un documento.

Nota:

Word guarda los diccionarios en C:\Archivos de programa\Archivos comunes\Microsoft Shared\Proof *o en* \Windows\Application Data\Microsoft\Proof. *Los diccionarios personalizados de versiones anteriores de Office o Word se suelen encontrar en* C:\Windows\Msapps\Proof. *El cuadro de diálogo* Diccionarios personalizados *muestra la ruta completa del diccionario del ejemplo* Agroturismo.dic *(figura 6.2).*

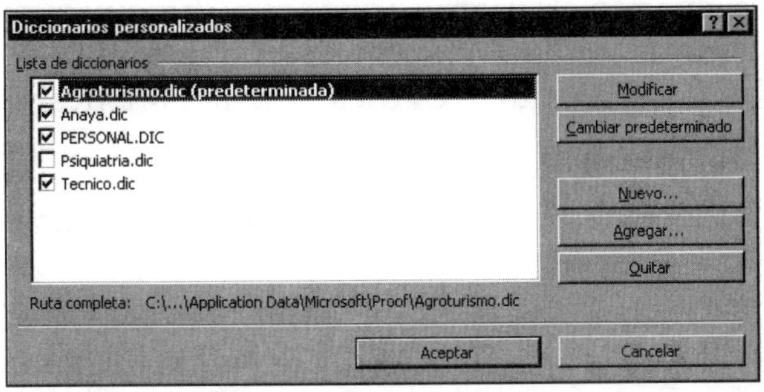

Figura 6.2. El cuadro de diálogo Diccionarios personalizados. Obsérvese la ruta de acceso al diccionario personalizado de ejemplo

Empleo del diccionario personalizado

Después de crear un diccionario personalizado, hay que seleccionarlo en la lista del cuadro de diálogo Diccionarios personalizados y a continuación, hacer clic en el botón Cambiar predeterminado. Se irán agregando términos pulsando el botón Agregar al diccionario durante la corrección ortográfica.

Téngase en cuenta que los diccionarios creados se inician con todo el contenido del diccionario estándar de Word más las palabras añadidas por el usuario.

Advertencia:

Es posible que Word solicite la codificación a aplicar al utilizar por primera vez un diccionario personalizado. En tal caso, hay que hacer clic en el botón de opción Windows (predeterminada) *y luego en* Aceptar, *para abrir el diccionario en la ventana de Word.*

Opciones de Autocorrección

Word 2002 ha cambiado el comando Autocorrección anterior por Opciones de Autocorrección. Se encuentra asimismo en el menú Herramientas. Al igual que antes, la función Autocorrección trae activadas una serie de opciones que se pueden desactivar o bien moderar con excepciones, mediante el cuadro de diálogo Excepciones de Autocorrección.

Conviene tener en cuenta que la función Autocorrección agrega automáticamente nuevas excepciones, cuando el usuario aplica modificaciones al texto. Esto supone posibles errores, ya que Word puede, por ejemplo, tomar por abreviatura una expresión que no lo es o viceversa. Para desactivar esta función automática, hay que hacer lo siguiente:

1. Hacer clic en el botón Excepciones en el cuadro de diálogo Autocorrección.
2. En el cuadro de diálogo Excepciones de Autocorrección, quitar la marca de la casilla de verificación Agregar automáticamente palabras a la lista.
3. Repetir la operación en las tres fichas del cuadro de diálogo Excepciones de Autocorrección.

Empleo de Autocorrección con formato

Autocorrección se puede utilizar para dar formato a palabras que se repiten con frecuencia y que van formateadas de manera distinta que el resto del texto en que se encuentran. Por ejemplo, supongamos que tenemos que aplicar cursiva a la palabra *Copyright* siempre que la escribamos en un texto, lo que es muy frecuente.

Para incluir el formato en la corrección automática, hay que hacer lo siguiente:

1. Escribir la palabra y aplicarle cursiva.
2. Seleccionar la palabra formateada con cursiva y hacer clic en Herramientas>Opciones de Autocorrección.
3. La palabra "Copyright" aparecerá en el cuadro de texto Con:, pero sin formato.
4. Hacer clic en el botón de opción Con formato. La palabra aparecerá con cursiva.

5. Escribir la abreviatura en el cuadro de texto Reemplazar:, como por ejemplo, cp.
6. Hacer clic en Agregar.

La nueva función Opciones de Autocorrección

Al escribir una abreviatura incluida en la lista de la función Autocorrección, Word 2002 escribe la palabra o frase completa, pero no se limita a ello, sino que presenta el botón **Opciones de Autocorrección**. Por ejemplo, si hemos incluido la palabra "tambien", sin acento, para que Autocorrección la reemplace por "también" con acento, al escribir "tambien" Word la reemplaza, pero presenta una marca azul que indica que es una palabra corregida automáticamente. Al aproximar el cursor a esa marca, aparece el botón **Opciones de Autocorrección**, que ofrece estas posibilidades:

- Volver a la palabra escrita por el usuario, entendiéndose que no hay que corregirla.
- Detener la corrección automática de la palabra escrita por el usuario. Esto elimina la palabra de la lista de palabras a reemplazar.
- Controlar las opciones de Autocorrección. Abre el cuadro de diálogo Autocorrección.

La marca de Autocorrección situada junto a las palabras corregidas permanece en el documento hasta que se cierra. Para deshabilitar el botón **Opciones de Autocorrección**, hay que desactivar la casilla de verificación Mostrar los botones de opciones de Autocorrección, del cuadro de diálogo Autocorrección. La corrección automática seguirá funcionando, pero sin las opciones.

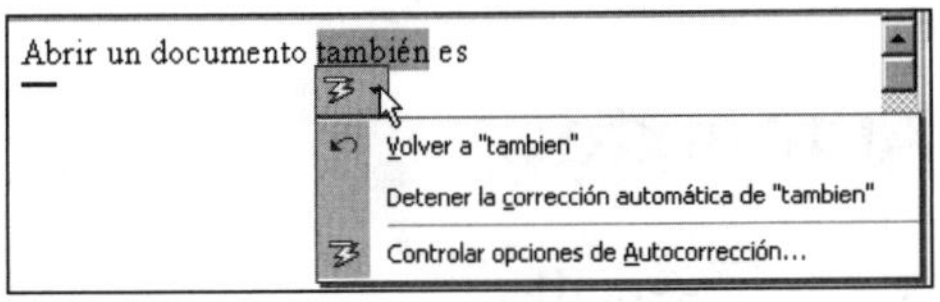

Figura 6.3. El botón Opciones de Autocorrección

Las entradas de Autotexto

Autotexto es una función muy útil que permite almacenar texto, caracteres especiales, texto artístico de WordArt, imágenes, tablas, etc. y tenerlo disponible para insertarlo en cualquier momento y en cualquier documento. Word trae algunas entradas de Autotexto predefinidas, pero en la mayoría de los casos es preferible eliminarlas y crear las propias.

La principal utilidad de esta función es que permite almacenar cualquier cantidad de material (según la capacidad del ordenador). Por ejemplo, podríamos guardar el folleto creado en el capítulo anterior como entrada de Autotexto, al igual que un libro de varias páginas, diversas ilustraciones o una tabla muy compleja con formatos, fórmulas y campos insertados en ella.

Otra de las utilidades de la función Autotexto es la posibilidad de almacenar textos o imágenes para insertarlos en un encabezado o en un pie de página, haciendo clic en el botón Insertar Autotexto de la barra de herramientas Encabezado y pie de página.

Una entrada de Autotexto que puede sernos de utilidad en el ejemplo que estamos siguiendo puede ser el logotipo de la casa rural. Hay que hacer lo siguiente:

1. Abrir cualquier documento que contenga el logotipo, por ejemplo, la carta.
2. Seleccionar el logotipo haciendo clic en él.
3. Seleccionar Insertar>Autotexto>Nuevo (o pulsar **Alt-F3**).
4. En el cuadro de diálogo Crear Autotexto, escribir el nombre de la nueva entrada: logo.
5. Hacer clic en Aceptar.

Inserción de entradas de Autotexto

Una vez creada la entrada, su empleo es muy sencillo:

1. Abrir un documento.
2. Colocar el cursor en el lugar de destino.
3. Seleccionar Insertar>Autotexto>Autotexto.
4. Seleccionar logo en la lista Elementos de Autotexto.
5. Hacer clic en Insertar.

Eliminación de entradas de Autotexto

Para eliminar una entrada de Autotexto, por ejemplo, una de las entradas predefinidas de Word 2002, hay que seleccionarla en la lista Elementos de Autotexto y hacer clic en el botón Eliminar.

La barra de herramientas Autotexto

Hay dos formas de hacer visible la barra de herramientas Autotexto:

- Hacer clic en el botón Mostrar barra del cuadro de diálogo Autotexto.
- Hacer clic con el botón derecho del ratón en cualquier barra de herramientas y seleccionar Autotexto en el menú emergente.

La barra de herramientas Autotexto tiene tres botones:

- Autotexto. Abre el cuadro de diálogo Autotexto.
- Todos los elementos. Despliega un submenú que contiene las entradas de Autotexto disponibles, distribuidas por estilos.
- Nuevo. Crea una entrada de Autotexto.

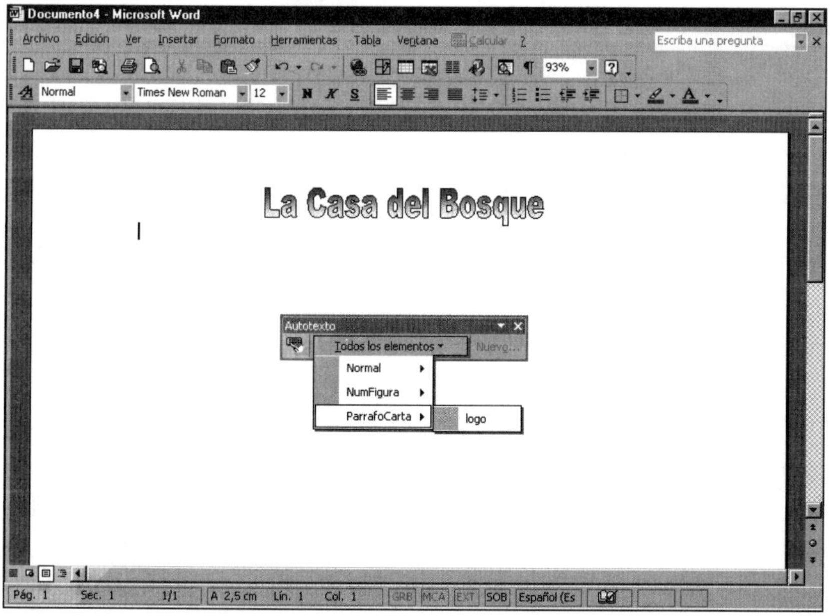

Figura 6.4. La barra de herramientas Autotexto. Obsérvese que la entrada "logo" se encuentra en el estilo ParrafoCarta

La distribución que hace Word de las entradas de Autotexto dificulta mucho el acceso a las mismas, ya que las clasifica según el estilo del párrafo de cada entrada. La única forma de que Word organice todas las entradas en el mismo submenú es crearlas con el estilo Normal, pero eso es imposible para casos como el del logotipo.

Por ello, la utilidad de la barra de herramientas Autotexto es mínima, porque resulta mucho más fácil localizar las entradas en la lista del cuadro de diálogo que en el menú desplegable de la barra. Además, el menú desplegable de la barra de herramientas Autotexto solamente presenta las entradas creadas con la plantilla del documento con el que fueron creadas, mientras que el cuadro de diálogo Autotexto las ofrece todas. Por ejemplo, si hacemos visible la barra de herramientas con el documento Carta abierto, el menú desplegable solamente contendrá la entrada logo, mientras que, si abrimos el cuadro de diálogo Autotexto con el documento Carta abierto, la lista de entradas contiene logo más todas las entradas existentes.

Las entradas de Autotexto y las plantillas

Las entradas de Autotexto quedan almacenadas en la plantilla del documento para el que se crean.

Pero el cuadro de diálogo Autotexto tiene una lista desplegable, Buscar en, que permite seleccionar la plantilla en la que se encuentra la entrada buscada.

También es posible copiar o bien trasladar entradas de Autotexto entre plantillas, utilizando el Organizador. Por ejemplo, para copiar entradas creadas con otras plantillas en la plantilla CasaRural.dot, hay que hacer lo siguiente:

1. Seleccionar Herramientas, Plantillas y complementos.
2. Hacer clic en el botón Organizador del cuadro de diálogo Plantillas y complementos.
3. En el Organizador, seleccionar la ficha Entradas de Autotexto.
4. Seleccionar la entrada de Autotexto deseada en la lista de la izquierda, que contendrá las entradas creadas con la plantilla Normal.dot.
5. A continuación, en la ventana de la derecha, hacer clic en el botón Cerrar archivo.
6. Cuando se convierta en Abrir archivo, volver a hacer clic.

7. En el cuadro de diálogo Abrir archivo, seleccionar la carpeta Templates en el campo Buscar en:.
8. Seleccionar CasaRural.dot y hacer clic en Abrir.
9. Hacer clic en Copiar. La entrada de Autotexto pasará a la plantilla de la derecha.

Los botones Eliminar y Cambiar nombre permiten borrar entradas de Autotexto de una plantilla o modificar su nombre.

La función Autocompletar

El cuadro de diálogo Autotexto tiene una casilla de verificación que viene activada de forma predeterminada. Se llama Mostrar sugerencias de Autocompletar y tiene la función de ofrecer al usuario una entrada de Autotexto completa cuando éste escribe su nombre.

Si la entrada es muy corta, como en el caso de logo, la función Autocompletar no tiene ocasión de mostrar la sugerencia, pero funciona de todas formas. Veámoslo:

1. Escribir logo en cualquier lugar de un documento.
2. Pulsar **F3**.
3. El logotipo de la casa rural quedará insertado en el lugar en que se escribió la palabra logo.

Si se trata de una entrada de nombre más largo, Autocompletar presenta su sugerencia.

Veamos un ejemplo:

1. Seleccionar el primer párrafo de la carta.
2. Seleccionar Insertar>Autotexto>Nuevo.
3. Darle el nombre de casarural.
4. Situar el cursor en el lugar de destino del documento.
5. Empezar a escribir casarural.
6. Cuando aparezca la sugerencia, pulsar **Intro** o **F3** para insertar la entrada de Autotexto.
7. Si no se trata de insertar la entrada, continuar escribiendo sin prestar atención a la sugerencia, que desaparecerá cuando Word detecte que no es una entrada.

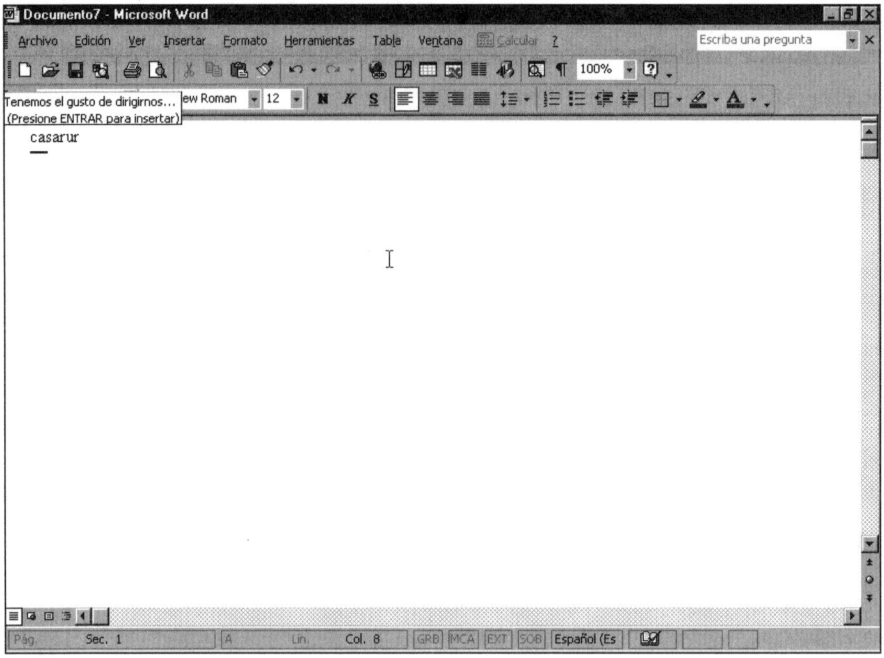

Figura 6.5. La sugerencia de Autotexto. Obsérvese la palabra casarur a medio escribir y el contenido de la sugerencia, que es el texto que contiene la entrada de Autotexto

¿Autotexto o Autocorrección?

Ambas funciones parecen solaparse en las acciones de Word, pero no es así. En realidad, tienen grandes diferencias.

Veamos algunas:

- Autocorrección no puede insertar imágenes gráficas, mientras que Autotexto sí.
- Las entradas de Autocorrección se insertan de manera automática, mientras que las de Autotexto precisan confirmación del usuario previamente.
- Las entradas de Autocorrección se pueden deshacer sobre la marcha, utilizando para ello el botón **Opciones de Autocorrección**, mientras que, para deshacer las de Autotexto es necesario aplicar el comando Deshacer.

Selección múltiple y cambio de mayúsculas y minúsculas

Una herramienta importante nueva en Word 2002 es la selección múltiple, que permite seleccionar de una sola vez diversas partes de un documento. Además, con esta función hay un nuevo comando en el cuadro de diálogo Buscar para seleccionar partes u objetos similares a los ya seleccionados.

Por ejemplo, si quisiéramos seleccionar varias imágenes del folleto, tendríamos que pulsar la tecla **Control** y hacer clic en cada una de ellas.

Supongamos que queremos aplicar un formato distinto, por ejemplo, poner con mayúscula la inicial de la palabra "ayuntamiento" todas las veces que aparezca en el folleto. Hay que hacer lo siguiente:

1. Seleccionar Edición>Buscar.
2. Escribir ayuntamiento en el campo Buscar.
3. En el cuadro de diálogo Buscar, activar la casilla de verificación Resaltar todos los elementos encontrados en. El botón Buscar siguiente se convierte en Buscar todos.
4. Elegir Documento principal en la lista desplegable.
5. Hacer clic en el botón Buscar todos.
6. Pulsar Cerrar.

Con todas las palabras ayuntamiento seleccionadas, hay que hacer lo que sigue:

1. Seleccionar Formato>Cambiar mayúsculas y minúsculas.
2. En el cuadro de diálogo Cambiar mayúsculas y minúsculas seleccionar el botón de opción Tipo Título.
3. Hacer clic en Aceptar.

Cambio de idioma

Word es capaz de trabajar en diferentes idiomas, según el diccionario disponible. Para corregir, por ejemplo, una carta en francés, hay que hacer lo siguiente:

1. Seleccionar **Herramientas>Idioma>Definir idioma.**
2. En el cuadro de diálogo **Idioma**, seleccionar **Francés**. Téngase en cuenta que muchos de los idiomas se desglosan según las características de los diferentes países en que se utilizan. Así, el francés, que es diferente en Francia, en Bélgica o en Suiza, se puede seleccionar así en este cuadro de diálogo.
3. Hacer clic en el botón **Predeterminar**, para que Word lo agregue a la plantilla. Si se trata de la plantilla **Normal.dot**, se puede volver a seleccionar el español al finalizar la tarea.
4. Hacer clic en **Aceptar**.
5. Aplicar la corrección ortográfica y/o gramatical, los sinónimos y/o los guiones.

Nota:

Si hay que trabajar con frecuencia con otro idioma, merece la pena crear una plantilla en que el idioma predeterminado sea ése. Simplemente hay que llevar a cabo las instrucciones anteriores y Word empleará los diccionarios de ese idioma para corregir, poner guiones, presentar sinónimos o traducir.

Advertencia:

Los sinónimos se pueden aplicar normalmente seleccionando la palabra en el texto, haciendo clic con el botón derecho y eligiendo ***Sinónimos*** *en el menú emergente. En otros idiomas eso no funciona siempre y la lista de sinónimos aparece vacía. Pero si se accede al cuadro de diálogo* ***Sinónimos****, seleccionando* ***Herramientas>Idioma>Sinónimos****, Word ofrecerá todos los sinónimos disponibles para la palabra seleccionada (figura 6.6).*

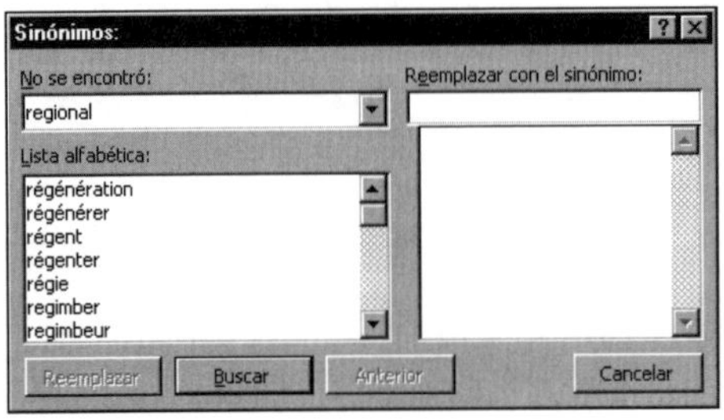

Figura 6.6. El cuadro de diálogo Sinónimos con la lista en francés

Nota:

La barra de estado muestra la indicación del idioma en uso. Haciendo clic en el icono, se abre el cuadro de diálogo **Idioma**.

Truco:

Al cambiar de idioma, pueden presentarse dificultades a la hora de aplicar la **Ortografía**, *porque Word insiste, por ejemplo, en emplear un diccionario en francés a pesar de haberle indicado que el idioma predeterminado es de nuevo el español. En tal caso, lo mejor es seleccionar el texto a revisar, seleccionar el idioma español como predeterminado y aplicar el corrector ortográfico a la selección.*

Soporte para otros idiomas

Word soporta idiomas que emplean horarios, forma de expresar la fecha, moneda y configuración del teclado diferentes al español. Para cambiar la moneda, la hora, la fecha, etc., a otro idioma, hay que hacer esto:

1. Seleccionar Inicio>Configuración>Panel de control.
2. Hacer doble clic en el icono Configuración regional.
3. Desplegar la lista Configuración regional y seleccionar el idioma.

Para activar el teclado en un idioma distinto, hay que hacer lo siguiente:

1. Seleccionar Inicio>Configuración>Panel de control.
2. Hacer doble clic en el icono Teclado.
3. Seleccionar la ficha Idioma y hacer clic en el botón Agregar.
4. Seleccionar el idioma en la lista desplegable.
5. Pulsar Aceptar.

Advertencia:

Todas estas funciones no se suelen instalar cuando se aplica la instalación predeterminada de Word 2002. Al seleccionar otros idiomas, generalmente hay que reinstalar alguna función, pero Word lo hace de forma automática. En todo caso, puede solicitar insertar el CD-ROM de instalación.

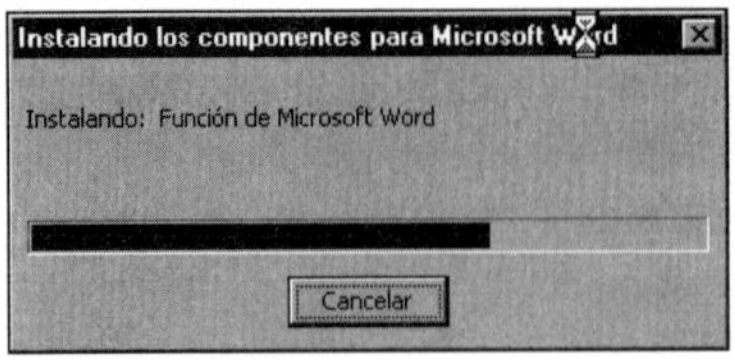

Figura 6.7. Instalación de funciones de Word

El nuevo comando Traducir

Traducir es un nuevo comando de Word 2002. Permite traducir palabras a diferentes idiomas, según los diccionarios instalados. Se puede traducir un texto escrito en la casilla del Panel de tareas Traducir, una selección o todo el documento.

Nota:

La opción Traducir también se encuentra en el menú emergente del documento. El diccionario español-inglés, por ejemplo, admite solamente traducción de palabras sueltas. Para traducir frases completas o párrafos, conviene emplear la opción Traducir por medio del Web.

Para traducir un texto, por ejemplo, de inglés a francés, hay que hacer:

1. Seleccionar el texto en el documento.
2. Hacer clic en la selección con el botón derecho y seleccionar Traducir en el menú emergente.
3. En el Panel de tareas Traducir, desplegar la lista Diccionario y seleccionar Inglés (Estados Unidos) a Francés (Francia).
4. Hacer clic en el botón de opción Selección actual.
5. Hacer clic en el botón Ir a.
6. La traducción aparece en el cuadro de lista Resultados. Puede haber más de una sugerencia.
7. Para reemplazar la traducción por la palabra escrita en el texto, seleccionar el resultado adecuado y hacer clic en el botón Reemplazar.

Si el texto es largo, lo más probable es que Word no consiga traducirlo y haya que traducir palabra a palabra. También se puede escribir la palabra en el cuadro de texto y activar el botón de opción Texto. La figura 6.8 muestra el resultado de traducir la palabra Word al francés.

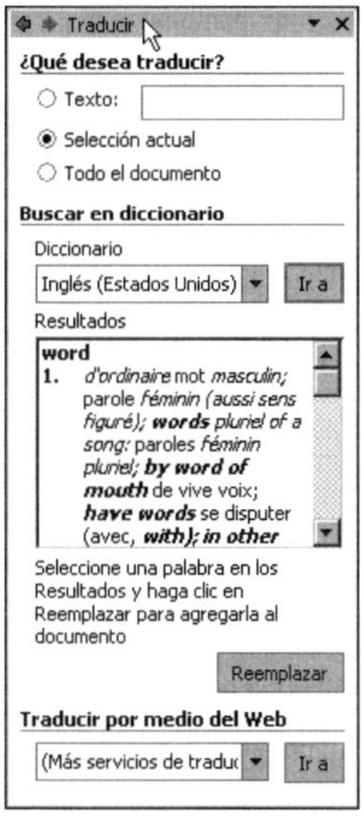

Figura 6.8. El Panel de tareas Traducir con la traducción de Word al francés

Resumen

En este capítulo hemos aprendido algunas de las herramientas avanzadas que Word ofrece para facilitar la escritura.

Hemos visto la forma de crear diccionarios personalizados para la aplicación de la corrección ortográfica, así como la posibilidad de personalizar las reglas gramaticales y el estilo que Word ha de emplear en la corrección gramatical.

Hemos aprendido a utilizar la nueva función Opciones de Autocorrección, así como el empleo de la misma teniendo o no en cuenta el formato del texto.

También hemos visto en la práctica la forma de crear entradas de Autotexto, la manera de insertarlas y de transferirlas de una a otra barra de herramientas empleando el Organizador. El mecanismo de funcionamiento de Autotexto incluye la barra de herramientas Autotexto y la función Autocompletar.

El cambio de mayúsculas y minúsculas es otra función que puede aplicarse fácilmente con un comando de Word. Hemos visto la forma de aplicarlo en la práctica, utilizando la nueva función de selección múltiple y búsqueda de elementos similares.

También hemos aprendido a cambiar de idioma, para que Word aplique la corrección ortográfica y gramatical, así como los guiones o los sinónimos en lenguas diferentes. Hemos visto asimismo el nuevo comando Traducir, traduciendo del inglés al francés la palabra Word.

Capítulo 7

Gestión de archivos

En este capítulo aprenderá a:

- Gestionar archivos con los cuadros de diálogo Abrir y Guardar como.
- Recuperar documentos y aplicaciones.
- Utilizar las herramientas de búsqueda de Word 2002.
- Configurar la página para imprimir.
- Imprimir documentos en impresoras no disponibles.
- Trucos para controlar la impresión.
- Manejar el Administrador de impresión.

Gestión de archivos con los cuadros de diálogo Abrir y Guardar como

Los cuadros de diálogo Abrir y Guardar como no solamente sirven para abrir y guardar documentos, sino que incluyen una serie de funciones muy útiles para la gestión puntual de archivos sobre la marcha.

Las barras de herramientas y las barras de botones de ambos son idénticas, salvo en el menú desplegable Herramientas, que tiene algunas diferencias notables. El del cuadro de diálogo Abrir tiene la opción Buscar. Mientras que el del cuadro de diálogo Guardar como tiene opciones para guardar, para seguridad y para guardar diferentes versiones de un mismo documento.

Nota:

La carpeta Historial, situada en la barra de botones de la izquierda en el cuadro de diálogo Abrir, guarda copia de los documentos abiertos recientemente. Su ruta de acceso es C:\Windows\Application Data\Microsoft\Office\Recent.

Abrir, guardar y cerrar todos los documentos a la vez

El cuadro de diálogo Abrir permite abrir de una sola vez todos los archivos que se hallen en una misma carpeta.

Para abrir varios archivos a la vez hay que hacer lo siguiente:

1. Seleccionar Archivo>Abrir.
2. Seleccionar la unidad o carpeta en la lista desplegable Buscar en:.
3. Para abrir varios archivos correlativos, hay que mantener pulsada la tecla **Mayús**, hacer clic en el primer archivo y después en el último. Todos los archivos intermedios quedarán seleccionados.
4. Para abrir varios archivos no correlativos, mantener pulsada la tecla **Control**, hacer clic en cada uno de los archivos a abrir, para seleccionarlos.
5. Hacer clic en Abrir.

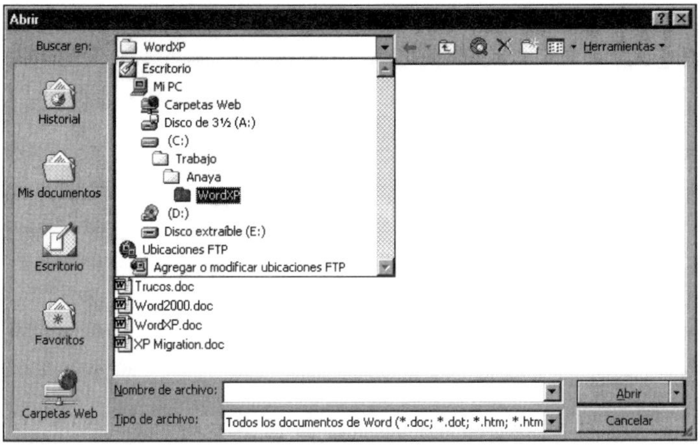

Figura 7.1. El cuadro de diálogo Abrir

Para guardar o cerrar todos los archivos abiertos, hay que hacer esto:

1. Con la tecla **Mayús** pulsada, hacer clic en el menú Archivo.
2. Seleccionar Guardar todos o bien Cerrar todos.

Nota:

En el capítulo 1 insertamos el comando Guardar todos *en el menú emergente. También se puede agregar* Cerrar todos.

Cambiar de nombre y eliminar archivos

Cualquier cuadro de diálogo Abrir, Guardar como o Examinar es útil para cambiar de nombre o eliminar un archivo, aunque nada tenga que ver con la aplicación a que pertenece. Por ejemplo, la figura 7.2 muestra el cuadro de diálogo Abrir dibujo de Corel Draw! con un archivo de Word seleccionado. Es evidente que Corel Draw! no puede abrir un archivo de Word, pero sí puede utilizarse su cuadro de diálogo Abrir para cambiar el nombre del archivo de Word o bien para eliminarlo. Hay dos métodos. El primero es el siguiente:

1. Seleccionar Todos los archivos en la lista desplegable Tipo de archivo del cuadro de diálogo Abrir.
2. Acceder a la carpeta en que se halla el archivo o documento a cambiar de nombre o a eliminar.

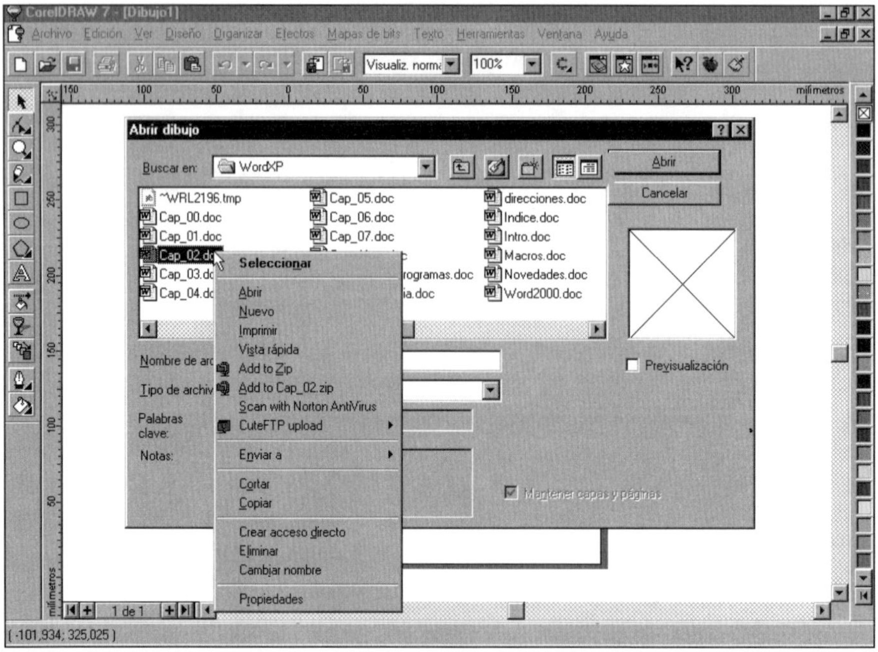

Figura 7.2. Gestión de archivos de Word con el cuadro de diálogo Abrir de Corel Draw!

3. Seleccionarlo y hacer clic en él con el botón derecho del ratón.
4. En el menú emergente, seleccionar Cambiar nombre o Eliminar.

El segundo método es similar hasta la instrucción 3:

1. Para eliminarlo, seleccionarlo y pulsar **Supr**.
2. Para cambiar el nombre, hacer clic en él dos veces, con un intervalo de tiempo entre ambos para que el programa no interprete que se trata de doble clic y trate de abrir el archivo.
3. Cuando el nombre quede seleccionado de color azul, escribir encima el nuevo nombre.

Truco:

Al cambiar de nombre un archivo utilizando el método anterior de hacer dos clics y escribir encima, se pueden aplicar las técnicas de cortar, copiar y pegar. Hay que seleccionar con el ratón el nombre o parte del nombre y luego pulsar ***Control-X*** *para cortar,*

Control-C *para copiar y* ***Control-P*** *para pegar. Así, una parte de un nombre largo de un archivo se puede copiar en el nombre de otro.*

Nota:

Todas estas acciones se pueden llevar a cabo asimismo en las ventanas de Mi PC o del Explorador de Windows.

Abrir y reparar

El cuadro de diálogo Abrir presenta un menú de opciones que se despliega al hacer clic en la flecha abajo del botón Abrir. Además de permitir abrir el archivo sólo para lectura o como copia, Word presenta la nueva opción Abrir y reparar, con la que es posible reparar un archivo dañado y abrirlo normalmente.

Opciones de seguridad

Un comando interesante del menú desplegable Herramientas del cuadro de diálogo Guardar como es Opciones de seguridad, que da acceso al cuadro de diálogo Seguridad, similar a la ficha Seguridad del cuadro de diálogo Opciones.

Este cuadro es útil para escribir una contraseña que proteja el documento e impida que otras personas lo lean o bien permitir leerlo pero no modificarlo. Hay también una casilla de verificación para eliminar la información personal del archivo antes de guardarlo.

Recuperación de documentos y aplicaciones

Otra de las novedades que ofrece Word 2002 es la posibilidad de guardar el documento activo si se produce un fallo que obliga al programa a cerrarse. Esta función aparece automáticamente. Permite seleccionar la opción para recuperar el documento y luego hacer clic en Cerrar. Para abrir el documento o los documentos recuperados, hay un nuevo Panel de

recuperación, así como opciones para comunicar el fallo a Microsoft para futuras mejoras.

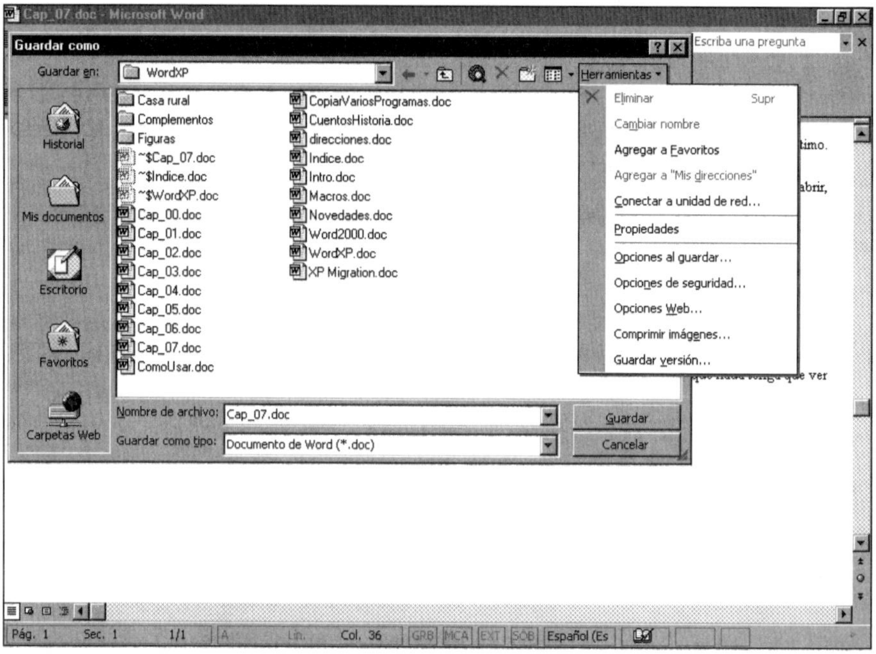

Figura 7.3. El cuadro de diálogo Guardar como con el menú desplegable Herramientas

El error que obliga a Word a cerrarse puede deberse a algún deterioro del archivo en el que Word está trabajando. Antes de cerrarse, Word muestra un cuadro de aviso con las opciones siguientes:

- El botón **Enviar informe de errores** hace que Word envíe un informe a Microsoft señalando el error que ha causado el cierre de la aplicación. Para ello es necesario conectarse a Internet.
- El botón **No enviar** prosigue el proceso de cierre y recuperación sin enviar el informe a Microsoft. La casilla de verificación **Recuperar el trabajo y reiniciar Word** aparece activada.

Después del reinicio, aparece el Panel de tareas **Recuperación de documentos**, con los documentos recuperados. Al acercar el puntero del ratón a cada uno, aparece entonces una sugerencia que indica cuál es el que conviene recuperar, es decir, cuál es el más reciente y que puede contener cambios.

- El botón **Cerrar** cierra el Panel de tareas sin recuperar los archivos. Esto es útil si no hay cambios a recuperar, porque los documentos se habían guardado antes del cierre.
- La opción **¿Qué archivos desea guardar?** ofrece ayuda y también sugerencias.
- Si se selecciona un documento recuperado, muestra un menú desplegable con las opciones siguientes: **Abrir**, **Guardar como**, **Eliminar**, **Mostrar reparaciones.**

Después de reiniciarse, Word ofrece información sobre el archivo recuperado, que se puede guardar con otro nombre o eliminarlo si no es necesario, sin que nada de esto afecte al archivo original.

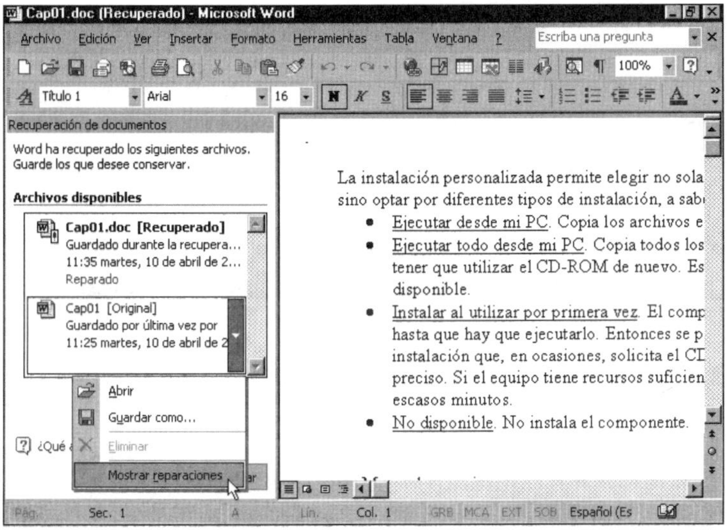

Figura 7.4. El Panel de tareas Recuperación de documentos

Otra nueva función es la recuperación de aplicaciones. Cuando se produce un fallo y Word deja de responder, es entonces posible cerrarlo e iniciar después la recuperación de los documentos, haciendo para ello lo siguiente:

1. Seleccionar **Inicio> Programas>Herramientas de Office.**
2. Hacer clic en **Recuperar aplicación.**
3. En el cuadro de diálogo **Recuperación de aplicaciones de Microsoft Office**, elegir recuperar o cerrar el programa.

Figura 7.5. La nueva herramienta de Office XP para recuperar aplicaciones

Herramientas de búsqueda

Word 2002 ofrece varias herramientas de búsqueda:

- El cuadro de diálogo Buscar y reemplazar. Lo hemos visto en el capítulo 4.
- El botón **Seleccionar objeto de búsqueda**. Lo hemos visto en el capítulo 5.
- El cuadro de diálogo Buscar.
- Los paneles de tareas Búsqueda básica y Búsqueda avanzada.

El cuadro de diálogo Buscar

El cuadro de diálogo Buscar no sirve para buscar texto ni imágenes, sino archivos. Es una verdadera herramienta de búsqueda, que permite aplicar criterios sofisticados mediante operadores booleanos. Se accede a él seleccionando la opción Buscar del menú desplegable Herramientas del cuadro de diálogo Abrir.

El funcionamiento de este cuadro de diálogo es idéntico al de los nuevos paneles de tareas Búsqueda básica y Búsqueda avanzada. De hecho, las opciones de cada uno de estos paneles son idénticas a las de las dos fichas del cuadro: Básica y Avanzadas. Veremos, pues, el funcionamiento de los paneles de tareas en el epígrafe siguiente. Ambas herramientas conducen a los mismos resultados por lo que es optativo emplear uno u otro.

La figura 7.6 muestra el cuadro de diálogo Buscar y la 7.7, el Panel de tareas Búsqueda avanzada.

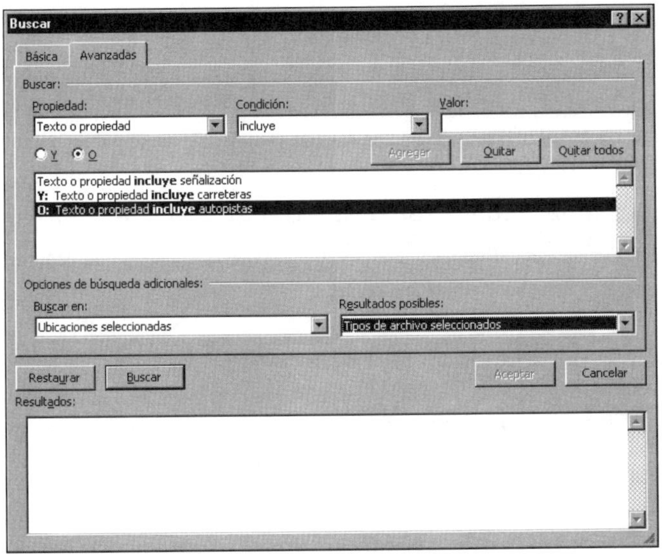

Figura 7.6. El cuadro de diálogo Buscar

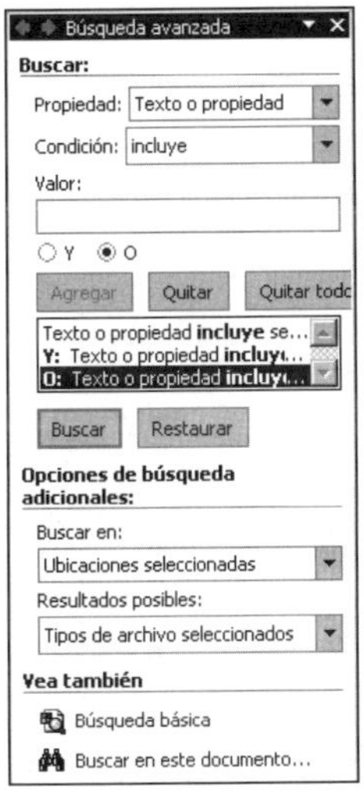

Figura 7.7. El Panel de tareas Búsqueda avanzada

Los paneles de tareas Búsqueda básica y Búsqueda avanzada

Los paneles de tareas Búsqueda básica y Búsqueda avanzada se acoplan a la ventana de Word al seleccionar Archivo>Buscar. Primero se despliega Búsqueda básica, con un enlace en el que hacer clic para acceder a Búsqueda avanzada.

Supongamos, por ejemplo, que estamos buscando un documento cuyo nombre no recordamos. Sólo sabemos que en él se menciona algo relativo a señalización de carreteras o autopistas. Esa es toda la información.

Podemos utilizar igualmente la ficha Avanzadas del cuadro de diálogo Buscar o el Panel de tareas Búsqueda avanzada. Hay que hacer esto:

1. Seleccionar Archivo>Buscar.
2. En el Panel de tareas Búsqueda básica, hacer clic en la opción Búsqueda avanzada.
3. En el Panel de tareas Búsqueda avanzada, hacer clic en la flecha abajo Propiedad.
4. En la lista desplegable Propiedad, seleccionar Texto o propiedad.
5. En el cuadro de texto Valor, escribir señalización.
6. Hacer clic en el botón Agregar.
7. Hacer clic en el botón de opción Y.
8. En el cuadro de texto Valor, escribir carreteras.
9. Hacer clic en el botón Agregar.
10. Hacer clic en el botón de opción O.
11. En el cuadro de texto Valor, escribir autopistas.
12. Hacer clic en el botón Agregar.
13. Para delimitar la búsqueda a un disco, hacer clic en la lista desplegable Buscar en:.
14. En la lista, quitar la marca de las unidades que no tengan posibilidad de contener el archivo, por ejemplo, CD-ROM, la carpeta Mis documentos, etc.
15. Desplegar la lista Resultados posibles y quitar la marca a los archivos de Excel, Access, etc. dejando sólo activa la opción Archivos de Word.
16. Pulsar el botón Buscar.

Herramientas de Windows

Además de las herramientas de búsqueda de Word, Windows ofrece sus propias herramientas de búsqueda que también se pueden utilizar para localizar documentos de Word:

- El comando **Buscar**. Se halla en la ruta **Inicio>Buscar>Archivos o carpetas**. Permite buscar archivos por nombre, ubicación, tipo, tamaño, intervalo de fechas de modificación y texto contenido.

- El icono **Búsqueda rápida** del Panel de control. Realiza un índice automático que no suele precisar intervención alguna por parte del usuario; únicamente hay que indicarle la carpeta en que se hallan los archivos a indexar y el tipo de archivos, es decir, el programa con el que han sido creados (Word, Excel, etc.). Después de indexado, esta función acelera la búsqueda de cualquier documento en cualquier aplicación de Office. Si no está instalada, los paneles de tareas de búsqueda de Word lo advierten.
- La opción **Vista rápida**. Permite ver parte del documento con caracteres grandes. Se encuentra en los menús emergentes de los cuadros de diálogo **Abrir, Guardar como, Examinar,** así como en el Explorador de Windows y Mi PC. Simplemente hay que localizar el documento, hacer clic en él con el botón derecho y después seleccionar **Vista rápida** en el menú emergente.

La impresión del documento

Antes de imprimir un documento, es preciso configurar la página para adecuarla a la impresora disponible. Supongamos que queremos imprimir los documentos creados para la casa rural, especialmente el folleto, en la impresora de una oficina de servicios, puesto que la impresora de casa no ofrece las suficientes prestaciones. Lo más cómodo es realizar la impresión en un disco y llevarlo a la tienda para que lo impriman.

Selección de la impresora

En primer lugar, hay que averiguar el tipo de impresora en que se va a imprimir el folleto, su configuración, tamaño del papel, etc. para preparar el documento.

Con los datos a mano, hay que instalar la impresora en Windows:

1. Seleccionar **Inicio>Configuración>Impresoras**.
2. Hacer clic en el icono **Agregar impresora**.
3. Hacer clic en **Siguiente** en el primer cuadro del asistente.

4. Seleccionar el fabricante en la lista de la izquierda y el modelo de impresora en la de la derecha. También se puede hacer clic en el botón Utilizar disco, para mayor seguridad. Para este ejemplo, hemos instalado la impresora HP Color Laserjet 5/5 M PS. Dado que el disco de Windows 98 contiene el controlador, no es necesario utilizar otro disco de instalación que el de Windows.
5. Word crea una base de datos de controladores, a los que añade la impresora seleccionada.

Para que Word tome en consideración los datos de la nueva impresora a la hora de configurar la página y las opciones de impresión, conviene configurarla como predeterminada:

1. En la ventana Impresoras, hacer clic con el botón derecho del ratón en la nueva impresora.
2. Seleccionar depués Configurar como predeterminada en el menú emergente.
3. Después de imprimir el documento en un disco, hay que cambiar la impresora predeterminada a la que realmente esté funcionando con el equipo.

Configuración de la página para impresión

Una vez seleccionada la impresora como predeterminada, el cuadro de diálogo Configurar página (menú Archivo) ofrecerá las opciones adecuadas. Los márgenes y el tamaño del papel son los correspondientes a la impresora.

Solamente hay que tener en cuenta un detalle y consiste en desplegar la lista Aplicar a de las tres fichas y seleccionar después la opción Todo el documento, puesto que normalmente estará seleccionada la opción Esta sección.

Truco:

Para crear una muestra del documento de la mitad de tamaño del original, hay que seleccionar la opción Dos páginas por hoja *en la lista desplegable* Varias páginas *de la ficha* Márgenes *del cuadro de diálogo* Configurar página. *El resultado es muy útil para hacer una presentación del documento.*

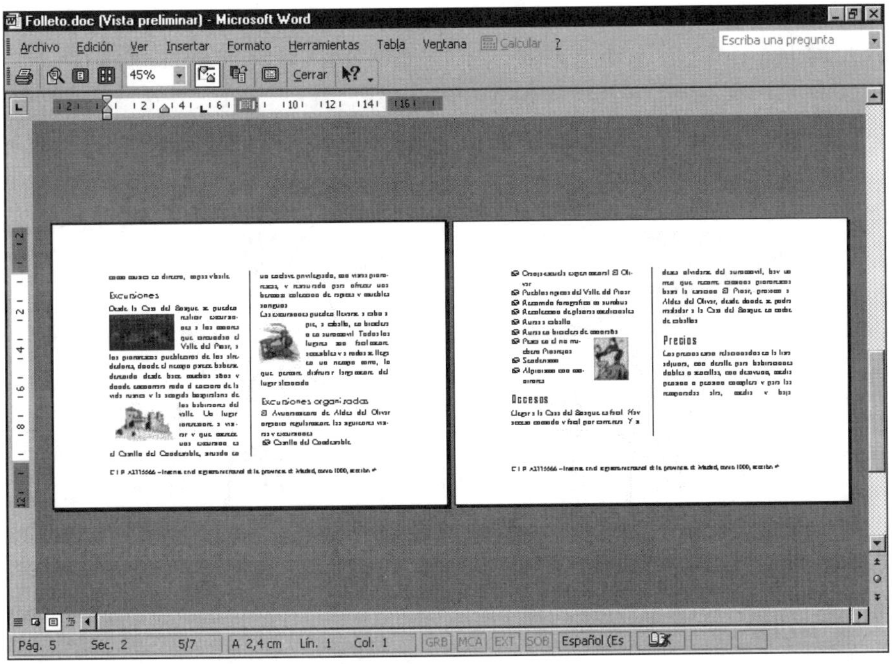

Figura 7.8. La muestra del folleto

Control de la impresión

El botón Opciones del cuadro de diálogo Imprimir abre un cuadro de diálogo que contiene las opciones de impresión. Las opciones predeterminadas son correctas porque ahora no procede imprimir en borrador ni en orden inverso ni incluir las propiedades.

Antes de imprimir, es importante observar con atención el documento y asegurarse de que se va a imprimir correctamente. Para ello, hay que hacer lo siguiente:

- Visualizar el documento en modo Diseño de impresión y comprobar que las imágenes, números de página, pie, logotipo y texto fijo se encuentran en su sitio, después de configurar la impresora como predeterminada.
- Activar la casilla de verificación Fuentes de borrador de la ficha Ver del cuadro de diálogo Opciones.
- Si las fuentes utilizadas son TrueType, Word emplea las mismas en la pantalla que para imprimir.

- Activar la casilla de verificación **Incrustar fuentes TrueType**, en la ficha **Guardar**, del cuadro de diálogo **Opciones**, en prevención de que la impresora a utilizar no las tenga instaladas.
- Seleccionar **Archivo>Vista preliminar** y luego fijar en 100 por cien el valor de la lista desplegable **Zoom**, para ver el documento en modo Vista preliminar.

Advertencia:

En el capítulo 2 vimos la conveniencia de desactivar la casilla de verificación **Incrustar fuentes TrueType** *para aumentar el rendimiento de Word. Sin embargo, esta opción puede ser interesante si es preciso enviar a otra persona un documento creado y no se tiene la seguridad de que dicha persona tenga instaladas en su equipo las mismas fuentes que el equipo en que se creó el documento.*

Nota:

Las fuentes TrueType son escalables, por lo que se puede ver en pantalla casi exactamente lo que se va a imprimir. Se instalan automáticamente con Windows y se distinguen por la marca Tt. Las fuentes que hemos utilizado para el folleto son TrueType, como puede verse en la figura 7.9.

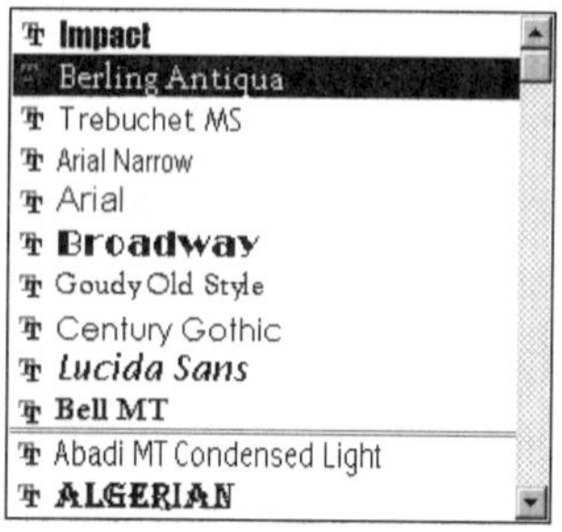

Figura 7.9. La lista Estilo con las fuentes utilizadas en la carta y el folleto. Todas son TrueType

Las líneas viudas

La figura 7.10. muestra la vista preliminar del folleto. Recordemos que, en el capítulo 5, a pesar del control de viudas y huérfanas, en la última página quedó una línea viuda, ya que Word interpreta las línea como dos líneas, al estar formateado en columnas. Por otra parte, el equilibrio de las columnas es incompatible con la capacidad para controlar líneas viudas y huérfanas.

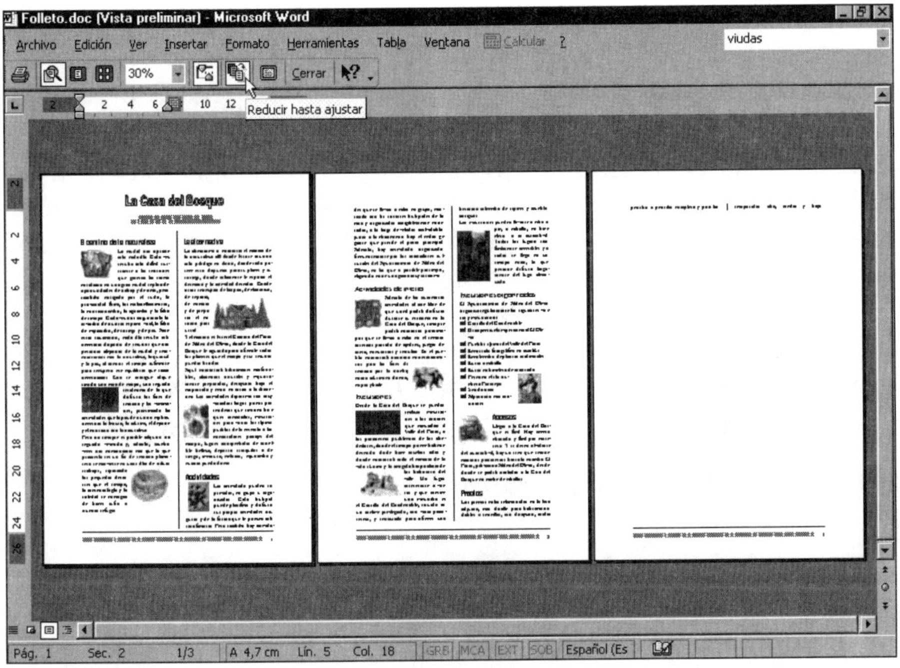

Figura 7.10. La vista preliminar del folleto

Veamos unas soluciones posibles que nos pueden servir en otros casos:

- Una de las soluciones podría ser hacer clic en el botón **Reducir hasta ajustar**, de la barra de herramientas, que aparece señalado en la figura. Esta opción reduce el espacio que ocupa el texto para incorporar la línea viuda a la página anterior.

Advertencia:

La herramienta **Reducir hasta ajustar** *puede ser un arma de doble filo en un documento con imágenes, porque al disminuir la extensión del texto para que ocupe una línea menos, Word descoloca las ilustraciones que con tanto cuidado hemos colocado en capítulos anteriores.*

- Otra posibilidad es aplicar la opción **Conservar líneas juntas**, en la ficha **Líneas y saltos** del cuadro de diálogo **Párrafo**, que impide saltos de página dentro del párrafo de manera que, si no cabe completo en la página, lo traslada entero a la página siguiente. Sin embargo, esta opción podría trastocar completamente el documento, porque el último párrafo de la primera página es muy largo y es preciso truncarlo, lo que descabalaría todo el texto y todas las imágenes.
- Otra solución podría ser crear un nuevo estilo de párrafo idéntico a **ParrafoFolleto**, pero con la opción **Conservar líneas juntas** activada, y aplicarlo exclusivamente al último párrafo del folleto. Pero el resultado tampoco es bueno, porque Word deja las columnas de la página 2 desequilibradas y pasa el título y el párrafo a la página 3, repartidos por columnas.
- La ficha **Líneas y saltos** tiene otras opciones que se podrían probar, pero ninguna soluciona el problema. La opción **Salto de página anterior** inserta un salto de página delante del párrafo y lo desplaza a la página 3, pero deja desequilibradas las columnas de la página 2.

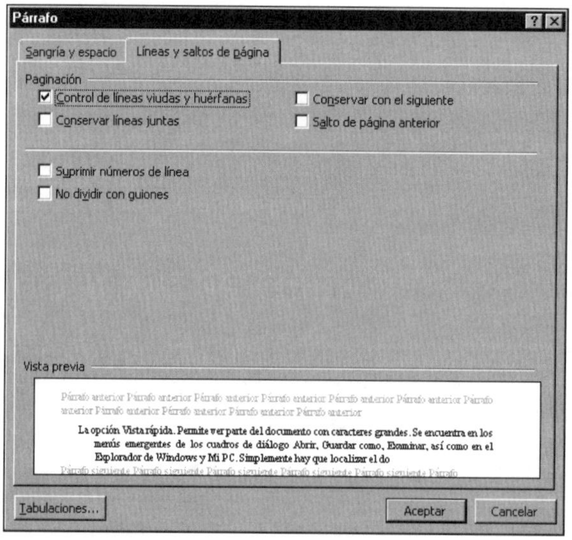

Figura 7.11. La ficha Líneas y saltos con las opciones para controlar la impresión

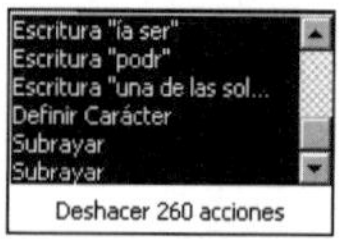

Nota:

Es interesante experimentar con todas estas opciones y soluciones y buscar otras, que muchas veces dependen de la impresora disponible. Solamente hay que seleccionar Edición>Deshacer *después de aplicar cada solución inválida. No hay que olvidar que Word apila las acciones y que el comando* Deshacer *permite deshacer, una a una, cientos de acciones, empezando por la última y avanzando hacia la primera.*

- Una solución manual, podría ser desplazar el último párrafo completo a la página 3, de la forma siguiente:
  1. Colocar el cursor al final del penúltimo epígrafe, detrás de la frase "coche de caballos".
  2. Pulsar **Intro** para insertar un salto de línea.
  3. Seleccionar Insertar>Salto>Continuo, para insertar un salto de columna en la línea en blanco que hemos creado y equilibrar al mismo tiempo las columnas de la página 2.
  4. El último epígrafe pasará a la página 3 y las columnas quedarán equilibradas por el salto de sección insertado al crear el folleto. Para ajustar el texto de la última línea, pulsar **Intro**.
- Otra solución podría ser modificar ligeramente los márgenes de la página. Esto no sería factible si hubiera que imprimir el folleto con el formato de libro plegado, porque los márgenes derecho e izquierdo, así como el espacio entre columnas quedan demasiado grandes y habría que modificar la configuración de la página. Para retocar los márgenes, hay que abrir el cuadro de diálogo Configurar página y, en la ficha Márgenes, hacer clic en los cuadros de número Izquierdo y Derecho para reducir de 3 cms. a 2,7.

Advertencia:

El formato de impresión Libro plegado *es una de las opciones de la lista desplegable* Varias páginas, *en la ficha* Márgenes *del cuadro de diálogo* Configurar página. *Lo aconsejable es seleccionar esta opción antes de crear el documento, es decir, al crear la plantilla, para que Word tenga en cuenta todas las especificaciones necesarias. Si se intenta aplicar después de creado, habrá que retocar uno a uno los estilos, imágenes y demás elementos.*

Truco:

La Vista preliminar también permite modificar los márgenes. Hay que visualizar la regla y luego hacer clic en el marcador de sangría para desplazarlo. Pero la ficha Márgenes *permite mayor exactitud.*

Truco de maquetación

La solución más adecuada, la que aplicaría probablemente un maquetador, sería ajustar el espacio entre pares de letras y reducir mínimamente la escala de los caracteres. Para ello, hay que hacer lo siguiente:

1. Abrir el folleto y seleccionar Formato>Estilos y formato para desplegar el Panel de tareas.
2. Colocar el cursor en un párrafo que tenga el estilo ParrafoFolleto, para seleccionarlo.
3. En el Panel de tareas Estilos y formato, hacer clic en el estilo ParrafoFolleto para desplegar el menú y seleccionar Modificar.
4. En el cuadro de diálogo Modificar el estilo, seleccionar Formato>Fuente. No es conveniente activar la casilla de verificación Agregar a la plantilla, porque esta solución es puntual para este caso específico y puede no ser necesaria en otros documentos.
5. En el cuadro de diálogo Fuente, seleccionar la ficha Espacio entre caracteres.
6. Hacer clic en el cuadro de número Escala y escribir 97, en lugar de 100 por cien.
7. Activar la casilla de verificación Ajuste de espacio para fuentes, para 12 puntos o más.

Con esto, el texto se comprime ligeramente, de manera que ocupa solamente dos páginas. Si sigue existiendo una tercera página en blanco, se debe al salto de sección continua que insertamos en su momento para equilibrar las columnas. Como ya no es necesario porque las columnas están completas, se puede borrar haciendo lo siguiente:

1. Hacer clic en el botón Mostrar u ocultar de la barra de herramientas Estándar, para visualizar los caracteres ocultos.

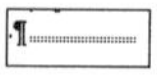

2. Seleccionar la marca de salto de división y pulsar **Supr**.

Por último, hay que recolocar alguna figura que se pueda haber descolocado y aplicar de nuevo los guiones, ya que ha cambiado la forma del texto en las columnas.

La figura 7.12 muestra la Vista preliminar del folleto. Ahora ocupa solamente dos páginas.

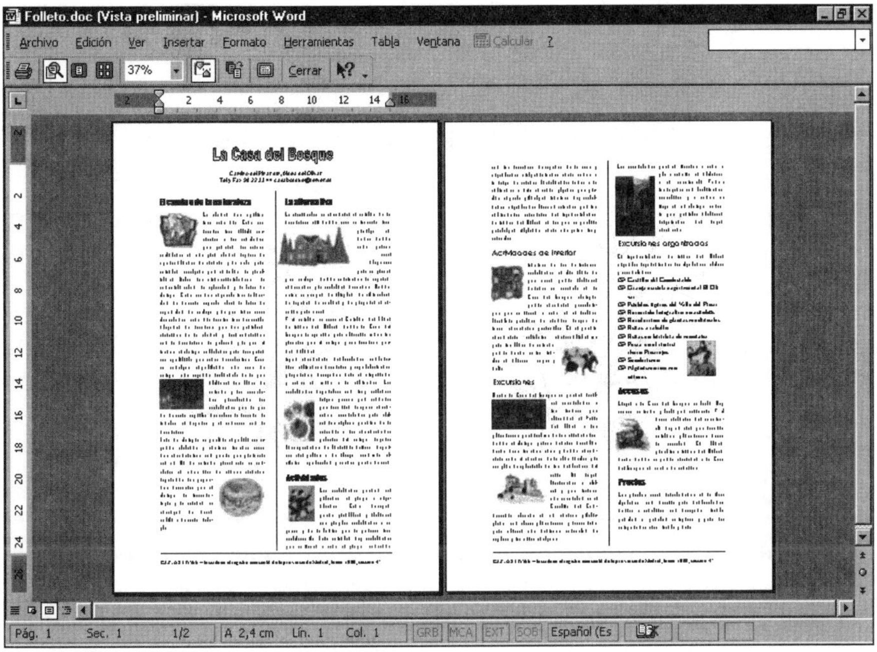

Figura 7.12. El folleto completo

Imprimir en un archivo

Una vez configurada la página y las opciones de impresión, hay que imprimir el documento, pulsando simplemente Archivo>Imprimir.

Truco:

Es posible imprimir uno o varios archivos sin abrirlos. Solamente hay que seleccionarlos en el Explorador de Windows, Mi PC o los cuadros de diálogo Abrir *o* Guardar como*, hacer clic en la selección con el botón derecho del ratón y elegir* Imprimir *en el menú emergente. Conviene asegurarse de que las opciones de impresión activadas son correctas.*

Pero este documento vamos a imprimirlo en una impresora que no está disponible, por lo que habrá que hacer lo siguiente:

1. Abrir el folleto.
2. Seleccionar Archivo>Imprimir.
3. En el cuadro de diálogo Imprimir, seleccionar la casilla de verificación Imprimir a archivo.
4. Hacer clic en Aceptar.
5. En el cuadro de diálogo Imprimir a archivo, seleccionar la carpeta en la que guardar el archivo, en la lista desplegable Guardar en:.
6. En el cuadro de texto Nombre, escribir un nombre para el archivo de impresión, por ejemplo, Folleto. Word lo guardará con el formato prn, es decir, Folleto.prn.

El siguiente paso sería llevar el archivo de impresión a la oficina de servicios donde han de imprimir el folleto. Para imprimir un archivo de este tipo, hay que escribir lo siguiente en la ventana de MS-DOS: Copy *NombreDeArchivo* PRN o bien, Copy *NombreDeArchivo* LPT1.

Advertencia:

Para imprimir el símbolo del Euro, es preciso que esté incluido en las fuentes de la impresora. De lo contrario, se imprimirá un cuadro u otro carácter. Para ver las características de la impresora, hay que hacer clic con el botón derecho, en su icono de la ventana Impresoras, y seleccionar Propiedades en el menú emergente. Las fuentes de la impresora suelen instalarse mediante un disco proporcionado por el fabricante.

Nota:

El archivo de impresión y el folleto con las modificaciones aplicadas se encuentran en la carpeta \Ejemplos\Cap07 del CD-ROM de acompañamiento.

El Administrador de impresión

Al empezar la impresión, aparece el icono del Administrador de impresión en la barra de tareas. Haciendo doble clic en él, se despliega el cuadro de diálogo que contiene la información de todos los trabajos de impresión que tiene pendientes la impresora activa. El menú de la ventana ofrece las opciones siguientes:

- **Impresora**. Sus opciones permiten interrumpir el trabajo de impresión en curso. También se pueden eliminar todos los trabajos pendientes, haciendo clic en **Purgar documentos de impresión**.
- **Documento**. Contiene opciones para interrumpir o cancelar la impresión del documento seleccionado, así como para activar la impresión del siguiente.
- **Ver**. Permite activar o desactivar la barra de estado, donde aparece el número de documentos encolados, como muestra la figura 7.13.

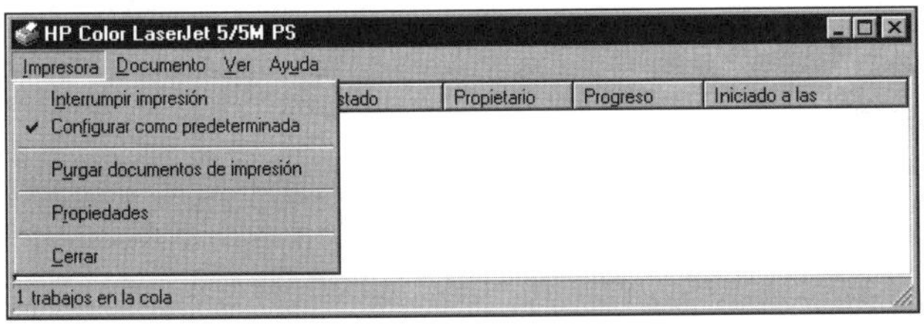

Figura 7.13. El Administrador de impresión de Windows

Resumen

En este capítulo hemos aprendido métodos para gestionar archivos mediante los cuadros de diálogo **Abrir** y **Guardar como**. Hemos aprendido a utilizar opciones de seguridad y salvaguarda, así como las nuevas funciones para recuperar documentos, archivos y aplicaciones.

También hemos aprendido a manejar las distintas herramientas de búsqueda de Word para localizar archivos por criterios y usando operadores booleanos y hemos anotado la existencia de herramientas de búsqueda en Windows.

Hemos aprendido asimismo a configurar las opciones para imprimir un documento, resolviendo pequeños problemas de última hora y preparando la impresión en un archivo para imprimir posteriormente en una impresora externa.

Por último, hemos visto las funciones del **Administrador de impresión** de Windows.

Capítulo 8

Tareas avanzadas con tablas

En este capítulo aprenderá a:

- Dibujar tablas complejas.
- Crear una factura usando las prestaciones de una tabla de Word.
- Aplicar formatos y estilos a una tabla.
- Insertar autoformas, caracteres especiales y fórmulas en una tabla.
- Formatear y manejar autoformas.
- Recalcular fórmulas.
- Insertar hojas de cálculo en un documento de Word.

Dibujo de tablas complejas

La herramienta **Dibujar tabla** es un lápiz con el que se pueden dibujar tablas de cualquier tipo como si se trazaran sobre el papel. Después de crear una tabla, resulta mucho más fácil ajustar el ancho de columnas y el alto de filas. Esta herramienta parece más útil que el comando Insertar tabla, pero, si se trata, por ejemplo, de crear una tabla muy grande, que no quepa en la página o una tabla totalmente simétrica, es mucho más útil el comando Insertar tabla.

Nota:

*Después de crear una tabla con la herramienta Dibujar tabla, hay que hacer clic en ella o pulsar **Esc** para que el cursor deje la forma de lápiz.*

Otra herramienta útil que complementa la anterior es **Borrador**, que borra los errores del dibujo de la tabla, simplemente pulsando el botón y aplicando el cursor a la zona a borrar.

Nota:

La cuadrícula de las tablas de Word se pueden ver en la pantalla, pero no se imprime. Para ocultarla, habrá que activar la opción Ocultar líneas de división en el menú Tabla. La misma opción se convierte en Mostrar líneas de división para volver a hacerlas visibles.

La barra de herramientas Tablas y bordes

La gestión de las tablas de Word se lleva a cabo con el menú Tabla y la barra de herramientas Tablas y bordes, que, como todas las barras de herramientas de Word 2002, tiene un botón **Más botones** que despliega una paleta con todas las opciones posibles, por lo que se pueden instalar absolutamente todos los comandos del menú en la barra de herramientas.

La tabla 8.1 resume el cometido de los botones de la barra de herramientas Tablas y bordes. Los comandos relativos a los bordes se pueden aplicar para formatear bordes de párrafos, de páginas, etc.

Figura 8.1. El menú Tabla

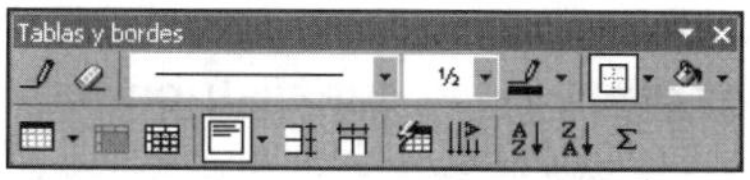

Figura 8.2. La barra de herramientas Tablas y bordes

Tabla 8.1. Los botones de la barra de herramientas Tablas y bordes

Nombre del botón	Utilidad
Dibujar tabla	Activa o desactiva el modo Dibujar tabla.
Borrador	Borra las líneas dibujadas al arrastrarlo sobre ellas.
Estilo de línea	Define el estilo de la línea dibujada. La forma predeterminada es Sin borde, pero lista desplegable ofrece estilos diferentes.
Grosor de la línea	El grosor predeterminado es medio punto, pero la paleta ofrece desde ¼ de punto hasta 6 puntos.
Color del borde	El borde predeterminado tiene un color automático, pero se puede elegir cualquier color en la paleta e incluso crearlo, seleccionando Más colores de línea para abrir el cuadro de diálogo Colores.
Borde exterior	Inserta el borde seleccionado en la paleta: será superior, inferior, lateral, una línea interna o completo.
Color de sombreado	La opción predeterminada para los sombreados es Sin relleno, pero la paleta desplegable permite elegir uno o acceder al cuadro de diálogo Colores, para crearlo.

Nombre del botón	Utilidad
Insertar tabla	Despliega un menú para insertar tablas, filas, columnas y aplicar las opciones del menú Tabla. La paleta que ofrece no es limitada como la del botón **Insertar tabla** de la barra de herramientas Estándar, sino que abre un cuadro de diálogo para personalizar la tabla, con un número de filas y columnas predeterminado, así como opciones de Autoformato y ajuste de filas y columnas.
Combinar celdas	Sirve para unir varias celdas en una sola.
Dividir celdas	Sirve para crear varias celdas a partir de una sola.
Alinear arriba a la izquierda	Despliega una paleta para alinear el texto contenido en la celda o celdas seleccionadas.
Distribuir filas uniformemente	Es útil cuando las filas han sido trazadas manualmente con el botón **Dibujar tabla** y hay que distribuirlas de manera uniforme.
Distribuir columnas uniformemente	Es útil cuando las columnas han sido trazadas manualmente con el botón **Dibujar tabla** y hay que distribuirlas de manera uniforme.
Autoformato de tablas	Da acceso al cuadro de diálogo Autoformato de tablas, el cual permite aplicar diversas opciones de formato automático a las tablas.
Cambiar dirección del texto	Permite escribir texto vertical en la fila seleccionada, ampliando la altura de ésta. Al seleccionar este botón, todos los botones de la barra de herramientas Formato relativos a la alineación aparecen de forma vertical.
Orden ascendente	Clasifica los contenidos de la tabla o texto seleccionado por orden ascendente.
Orden descendente	Clasifica los contenidos de la tabla o texto seleccionado por orden descendente.
Autosuma	Suma rápidamente el contenido de las celdas seleccionadas.

Nota:

*Los botones **Orden ascendente** y **Orden descendente** equivalen a las opciones del mismo nombre del menú* Tabla *y se usan también para ordenar párrafos de texto en el documento. Aunque se* *encuentren en el menú de las tablas, son aplicables a cualquier elemento.*

Creación de una tabla

Vamos a crear la factura de la casa rural, utilizando la plantilla y una tabla de Word. El documento se encuentra en la carpeta Ejemplos\Cap08 del CD-ROM de acompañamiento, con el nombre de Factura.doc.

1. Seleccionar Archivo>Nuevo.
2. En la sección Nuevo a partir de una plantilla del Panel de tareas Nuevo documento, seleccionar Plantillas generales.
3. En el cuadro de diálogo Plantillas, seleccionar CasaRural.dot.
4. Hacer clic en Aceptar.
5. En el nuevo documento creado, hacer doble clic unas líneas más abajo del texto fijo, para empezar a escribir, dejando espacio para la dirección del destinatario.
6. En la lista desplegable Estilo, seleccionar el estilo ParrafoFolleto.
7. Escribir Factura Nº.
8. Pulsar **Intro** dos veces y escribir Fecha:.
9. Pulsar **Intro** dos veces.
10. En la lista desplegable Estilo, seleccionar el estilo Normal.
11. Seleccionar Tabla>Dibujar tabla.
12. Hacer clic con el lápiz y arrastrar abajo y a la derecha, para crear las líneas exteriores.
13. Hacer clic en el borde izquierdo y arrastrar el lápiz hacia la derecha para crear la primera fila.
14. Crear dos filas más.

15. Seleccionar las filas y hacer clic en el botón **Distribuir filas uniformemente**, de la barra de herramientas Tablas y bordes.
16. Hacer clic en el botón **Dibujar tabla**.
17. Hacer clic en el borde superior y arrastrar el lápiz hacia abajo para trazar tres columnas, como muestra la figura 8.3.

18. Para igualar las dos columnas de la derecha, seleccionarlas y hacer clic en el botón **Distribuir columnas uniformemente**, de la barra de herramientas Tablas y bordes.

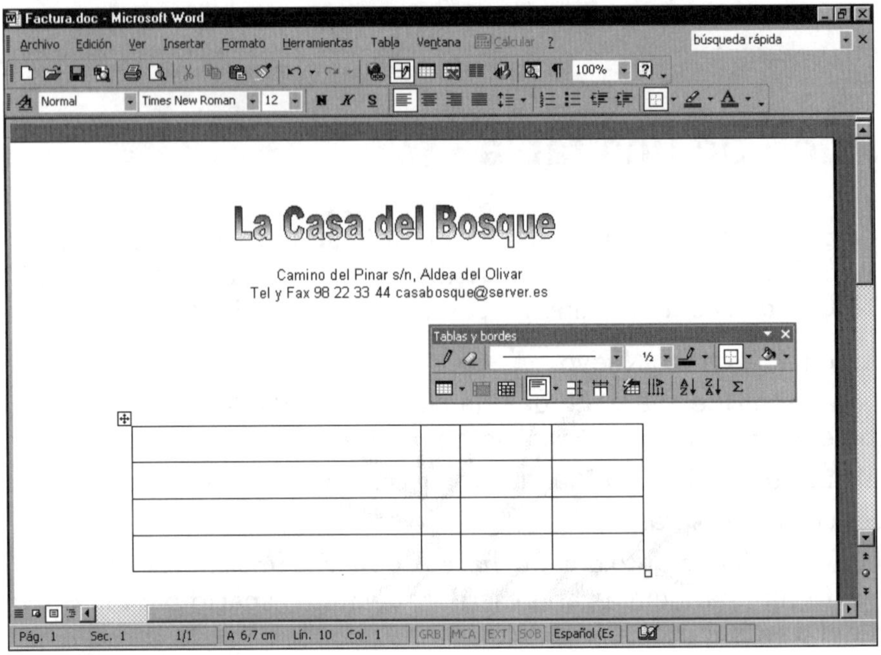

Figura 8.3. La tabla

Truco:

Cuando se crea una tabla al principio de un documento, a veces queda pegada al margen superior y no es posible escribir nada encima de ella. Esto sucede especialmente si se crea con el comando Insertar tabla. *Para insertar líneas en blanco delante, hay que colocar el cursor al principio de la primera celda y pulsar* ***Intro***.

El formato de la tabla

La tabla se puede formatear línea a línea, pero lo más práctico es aplicar uno de los nuevos Estilos de tabla de Word 2002. El cuadro de diálogo Autoformato de tablas ofrece la posibilidad de crear un estilo a partir de los estilos predefinidos. Para ello, hay que hacer lo siguiente:

1. Colocar el cursor en cualquier lugar de la tabla.

2. Hacer clic en el botón **Autoformato de tablas** de la barra de herramientas Tablas y bordes.
3. Pulsar el botón Nuevo del cuadro de diálogo Autoformato de tablas.

4. En el cuadro de diálogo Nuevo, escribir Factura en el cuadro de texto Nombre.
5. En la lista desplegable Estilo basado en, seleccionar Tabla con cuadrícula 5.
6. La lista desplegable Aplicar formato a debe indicar Toda la tabla.
7. En la lista desplegable Fuente, seleccionar Goudy Old Style.
8. En Tamaño, seleccionar 12 puntos.
9. En la lista desplegable Borde, seleccionar la doble línea.
10. Hacer clic en Alineación y seleccionar Abajo a la izquierda.
11. Hacer clic en Aceptar y luego en Aplicar.

Propiedades de la tabla

La opción Tabla>Propiedades de tabla da acceso al cuadro de diálogo Propiedades de tabla, compuesto por cuatro fichas:

- Tabla. Contiene opciones para determinar el tamaño, alineación, bordes, sombreados y opciones de la tabla en general.
- Fila. Contiene opciones para determinar el alto de la fila seleccionada y continuar formateando la fila anterior y/o la siguiente.
- Columna. Contiene opciones para determinar el ancho de la columna seleccionada y continuar formateando la columna anterior y/o la siguiente.
- Celda. Contiene opciones para determinar el ancho, alineación y opciones de la celda o celdas seleccionadas.

Las fichas Tabla y Celda tienen sendos botones Opciones con casillas de verificación para especificar los márgenes, ajustar el tamaño a la tabla, ajustar el texto en las celdas y la opción Reducir texto hasta ajustarlo, similar al que vimos en el capítulo anterior para un documento en la ventana Vista preliminar.

El formato de las celdas

Cada celda de una tabla de Word se puede considerar como si fuese un documento. Como tal, se puede insertar texto, imágenes u objetos, formatear, seleccionar, modificar, borrar, cortar, copiar, pegar, etc. También es posible anidar tablas, insertando una tabla completa dentro de una celda de otra tabla. Simplemente hay que situar el cursor en la celda y utilizar el comando Tabla>Insertar.

La fila de títulos

En primer lugar, vamos a crear la fila de títulos:

1. Seleccionar la primera fila, arrastrando el cursor por ella.

2. Hacer clic en el botón **Color de sombreado** de la barra de herramientas Tablas y bordes, para desplegar la paleta y seleccionar el tercer color, Gris 10%.

3. Hacer clic en el botón **Negrita** de la barra de herramientas Formato.
4. Situar el cursor en la primera celda de la tabla.
5. Escribir: Descripción del servicio.
6. Pulsar **Tab** para pasar a la segunda celda y escribir Cant.
7. En la tercera celda escribir Precio unitario y en la cuarta, Precio total.
8. Si las celdas son insuficientes para alojar todo el texto, aproximar el cursor al borde derecho y, cuando se convierta en una herramienta para estirar, estirar hacia el margen derecho. Para equilibrar el tamaño de las dos columnas, seleccionarlas y hacer clic en el botón **Distribuir columnas uniformemente**.

Truco:

Cuando una tabla ocupa más de una página, conviene que la fila de títulos aparezca en todas las páginas. Para ello hay que seleccionar la fila completa de títulos y hacer clic en Tabla>Repetición de filas de título.

El texto fijo

Además de la fila de títulos, la factura debe llevar un texto fijo en la parte inferior. Para ello, hay que insertar filas y disponer las tres últimas para el texto:

1. Colocar el cursor en la última celda de la tabla y pulsar **Tab**, para insertar una nueva fila.

2. Repetir la operación hasta insertar cuatro filas más. También se puede hacer clic en el botón **Insertar tabla** de la barra de herramientas Tablas

y bordes, desplegar el menú y seleccionar Insertar filas en la parte inferior. En total, la tabla de ejemplo tiene nueve filas.

3. Seleccionar las dos primeras celdas de las tres últimas filas y después hacer clic en el botón **Combinar celdas** de la barra de herramientas Tablas y bordes.
4. Hacer clic en el botón **Alinear** de la barra de herramientas Tablas y bordes y seleccionar Alinear arriba a la izquierda, para que el texto fijo empiece en la parte superior.
5. Escribir Tarjetas: VISA, Mastercard, 4B. Seleccionarlo y hacer clic en el botón **Negrita**.
6. Hacer clic en la antepenúltima celda de la tercera columna y escribir Importe. Seleccionarlo y hacer clic en el botón **Negrita**.
7. Repetir la operación en la celda de más abajo, escribiendo IVA.
8. Repetir la operación en la celda de más abajo, escribiendo TOTAL.

Las celdas numéricas

Las celdas que han de contener números deben alinearse a la derecha. Hay que hacer lo siguiente:

1. Seleccionar las celdas de las columnas tituladas Cantidad, Precio unitario y Precio total, incluyendo las de Importe, IVA y Total. Para ello hay que pulsar **Mayús** y arrastrar el ratón por las celdas adyacentes y, al llegar a la celda Importe, Pulsar **Control** y seguir arrastrando hasta abajo.
2. Hacer clic en el botón **Alinear** de la barra de herramientas Tablas y bordes y seleccionar Alinear abajo a la derecha.
3. Las celdas que van a contener texto, las de la columna Descripción del servicio, deberán estar alineadas abajo a la izquierda.

El símbolo de Euro

Hemos visto el cuadro de diálogo Símbolo en el capítulo 4. Tenemos que insertar el símbolo del Euro a continuación de las expresiones Precio unitario, Precio total, Importe y TOTAL. Para insertar el símbolo del Euro en la factura, hay que hacer lo siguiente:

1. Seleccionar Insertar>Símbolo.
2. En la ficha Símbolo del cuadro de diálogo Símbolo, seleccionar Times New Roman en la lista desplegable Fuente. No todas las fuentes

soportan símbolos de moneda y, entre ellas, no todas soportan aún el del Euro.

3. En la lista desplegable Subconjunto, seleccionar ahora Símbolos de moneda.
4. Seleccionar el símbolo del Euro y hacer clic en Insertar.

Truco:

Hay una forma mucho más rápida para insertar el símbolo del Euro, que consiste en pulsar ***Control-Alt-E****.*

El Lienzo de dibujo

Ahora vamos a insertar un texto especialmente colocado en la última línea. El texto dice simplemente: Gracias por su visita y lo vamos a formatear con el cuadro de diálogo Fuente, con la fuente Vivaldi de 14 puntos, con los atributos NegritaCursiva.

Pero va a resultar complicado manejar esta frase en la tabla, así que lo mejor será colocarla dentro de un cuadro de texto, para poder desplazarla sin problemas.

Otra de las novedades de Word 2002 es el Lienzo de dibujo, una zona especial reservada para el dibujo, que facilita la organización del tamaño y la posición de los objetos dibujados. Aparece de manera automática al seleccionar una opción de inserción de dibujo, autoforma, cuadro de texto, etc.

El Lienzo de dibujo es muy útil para dibujar, pero ahora, todo lo que queremos hacer es trazar un cuadro de texto o un marco en el que insertar la frase especial.

La figura 8.4 muestra el aspecto de la factura después de colocar un cuadro de texto en la tabla. Después de insertar y formatear el texto, es preciso recortar el cuadro de texto y el lienzo, para que la última línea de la factura vuelva a su tamaño anterior.

Por lo tanto, lo primero que haremos será desactivar esta nueva opción de Word:

1. Seleccionar Herramientas>Opciones y elegir la ficha General.
2. Desactivar la casilla de verificación Crear automáticamente un lienzo de dibujo al insertar autoformas.

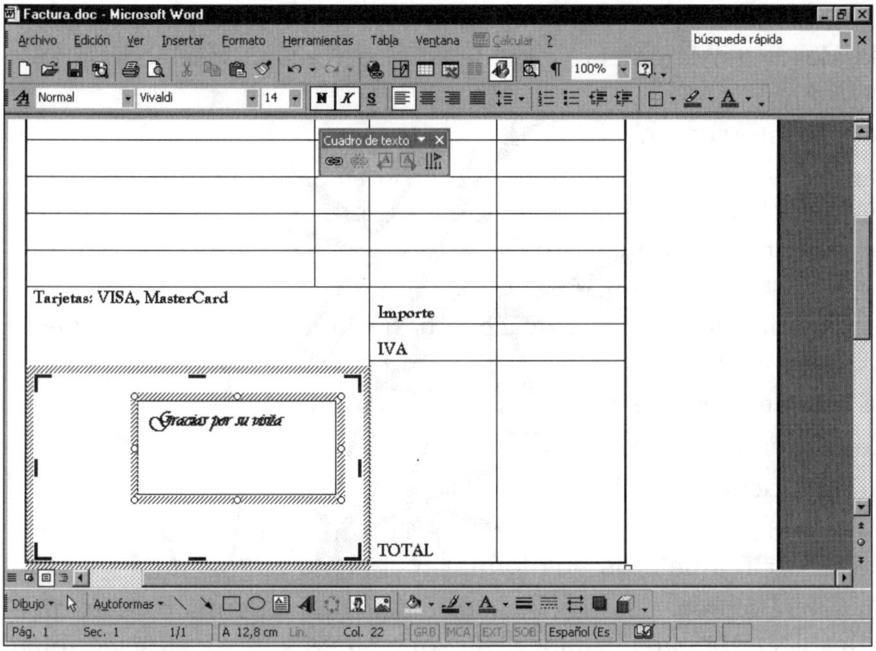

Figura 8.4. El Lienzo de dibujo

Las Autoformas

Una vez desactivado el lienzo, podemos crear el cuadro de texto, de la forma siguiente:

1. Seleccionar Insertar>Cuadro de texto.
2. Con el cursor en forma de cruz, hacer clic y trazar un rectángulo.

Pero al desactivar el Lienzo de dibujo, pueden presentarse dificultades para insertar el cuadro de texto en una zona formateada de la factura. Por tanto, recurriremos a insertar una autoforma y a convertirla en cuadro de texto:

1. Seleccionar Insertar>Imagen>Autoformas.
2. En la barra de herramientas Dibujo, seleccionar entonces la herramienta **Rectángulo**.
3. Con el cursor en forma de cruz, hacer clic, y trazar un rectángulo (figura 8.5).
4. Hacer clic con el botón derecho del ratón en el rectángulo y seleccionar Formato de autoforma en el menú emergente.

5. En la ficha Colores y líneas del cuadro de diálogo Formato de autoforma, desplegar la paleta Color de la zona Relleno y seleccionar Sin relleno.
6. Hacer clic en Aceptar.
7. Hacer clic de nuevo con el botón derecho en el rectángulo y seleccionar Agregar texto en el menú emergente. Con este comando, la autoforma se convierte en un cuadro de texto y aparece entonces la barra de herramientas Cuadro de texto.
8. En la lista desplegable Fuente de la barra de herramientas Formato, seleccionar Vivaldi.
9. En la lista desplegable Tamaño, seleccionar 14 puntos.
10. Hacer clic en los botones **Negrita** y **Cursiva**.
11. Escribir Gracias por su visita.
12. Hacer clic de nuevo con el botón derecho en la autoforma y seleccionar otra vez Formato de autoforma en el menú emergente.
13. En la ficha Colores y líneas del cuadro de diálogo Formato de autoforma, desplegar la paleta Color de la zona Línea y después seleccionar Sin línea.

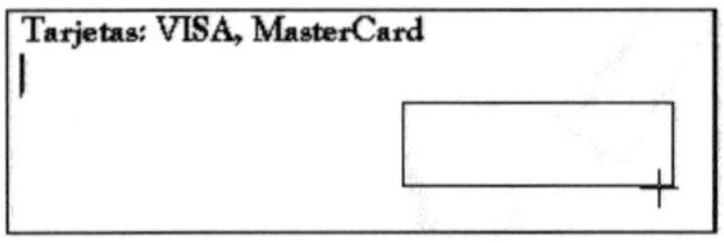

Figura 8.5. El rectángulo

La figura 8.6 muestra la Autoforma seleccionada. Aunque no tenga línea exterior, cuando se hace clic en ella aparecen los controladores de tamaño, para aumentar o disminuir su tamaño, los controladores de posición, para arrastrarla a otro lugar del documento, y el controlador de giro, para girar la figura en cualquier sentido.

La figura 8.7. muestra, de arriba abajo:

- El cursor sobre un controlador de tamaño, con el aspecto de una flecha de dos puntas para estirar.
- El cursor sobre un controlador de posición, con el aspecto de una flecha de cuatro puntas para arrastrar.
- El cursor sobre un controlador de giro, con el aspecto de una flecha curva con la que hacer girar la figura.

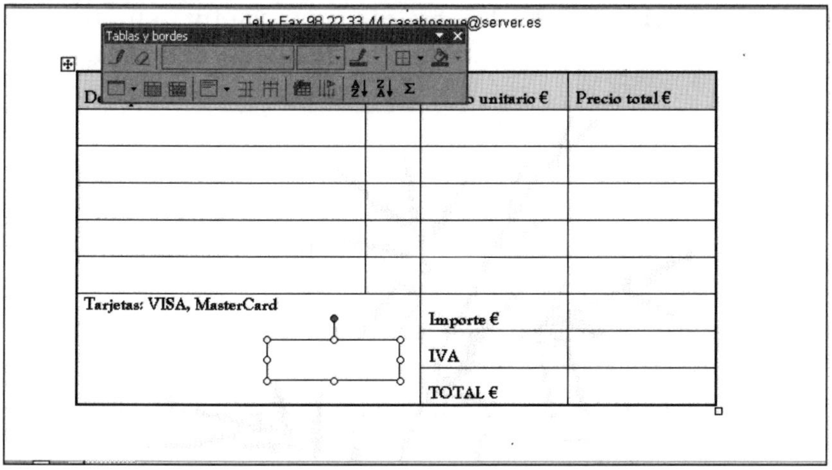

Figura 8.6. La Autoforma seleccionada en la factura

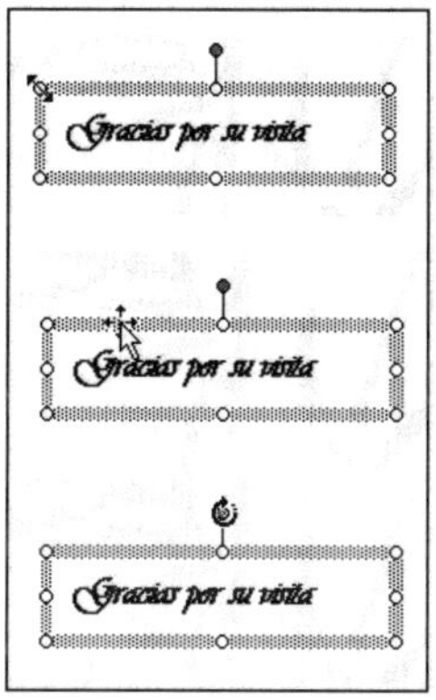

Figura 8.7. Controladores de tamaño, de posición y de giro

Los códigos de las celdas

A continuación, insertaremos fórmulas en la columna de los totales, para que Word multiplique el precio unitario por la cantidad. Pondremos un sumatorio en las celdas de subtotales y total y un calculo para el IVA.

Para insertar fórmulas en una tabla de Word, conviene primero conocer la forma en que el programa se refiere a las celdas. Word localiza las celdas por medio de un código que les aplica internamente, por lo que la única forma de operar con distintas celdas es hacer referencia a ese código.

Las columnas de la tabla del ejemplo se denominan A, B, C, D. Las filas van numeradas del 1 al 9. Por lo tanto, las celdas llevan el nombre de la intersección que las forma, A1, A2, B1, B2, etc., como si fuera un tablero de ajedrez.

Las fórmulas

1. Situar el punto de inserción en la celda D2, bajo el título Precio total €.
2. Seleccionar Tabla>Fórmula.
3. En el cuadro de diálogo Fórmula, hacer ahora clic en el cuadro de texto Fórmula, después del signo =.
4. Desplegar la lista Pegar función y seleccionar PRODUCT o PRODUCTO, según la versión.
5. A continuación del signo =, aparece la palabra PRODUCT(). El cursor parpadea dentro del paréntesis.
6. Escribir B2;C2 (las referencias deben separarse con un punto y coma).
7. Desplegar la lista Formato de número y seleccionar 0,00.

De esta manera, al escribir una cifra en la celda B2 (cantidad) y otra en la C2 (precio unitario), el resultado aparecerá en la celda D2. El formato 0,00 hará que Word incluya siempre dos decimales en las cifras. Esto es necesario puesto que vamos a operar con euros y, además, para alinear las cantidades adecuadamente.

A continuación, hay que repetir la operación para las celdas D3 a D6. Se puede copiar y pegar o bien copiar la fórmula como una entrada de Autotexto y luego insertarla en las celdas sucesivas. Pero Word no reconoce las referencias relativas, sino solamente las referencias absolutas, por lo que será preciso retocar el contenido de los paréntesis para indicar B3;C3; B4;C4 y así sucesivamente, separando siempre las referencias de las celdas por un punto y coma. Para modificar las fórmulas pegadas, hacer esto:

1. Seleccionar el sombreado y hacer clic con el botón derecho del ratón.
2. Seleccionar Editar campo en el menú emergente.
3. En el cuadro de diálogo Campo, hacer clic en el botón Fórmula.
4. Una vez abierto el cuadro de diálogo Fórmula, seleccionar el texto a modificar y escribir encima.

Para insertar el sumatorio, hay que hacer lo siguiente:

1. Situar el punto de inserción en la celda C7. La celda del Importe es C7 y no D7 porque hemos eliminado una columna en esta zona de la tabla al combinar las celdas.

2. Hacer clic en el botón **Autosuma** de la barra de herramientas Tablas y bordes.
3. Word insertará la fórmula =SUM(ABOVE) o =SUMAR(ENCIMA) según la versión del programa. También hay que darle el formato 0,00.

Con esta fórmula, Word sumará todas las celdas que haya encima de la que contiene el sumatorio. Para insertar la fórmula del IVA, hay que hacer lo siguiente:

1. Colocar el punto de inserción en la celda C8, correspondiente a IVA.
2. Seleccionar Tabla>Fórmula.
3. En el cuadro de diálogo Fórmula, detrás del signo =, escribir lo siguiente: C7*7/100.

Con esta fórmula, Word multiplica la cifra de la celda C7, la del Importe, por siete, que es el IVA de hostelería y lo divide por cien.

Para obtener el total, hay que hacer lo siguiente:

1. Colocar el punto de inserción en la celda C9, correspondiente al total general.
2. Abrir el cuadro de diálogo Fórmula y después escribir detrás del signo igual: C7+C8.
3. Hacer clic en Aceptar.

Con esta fórmula, Word sumará el Importe más el IVA.

Recálculo de las fórmulas

Las fórmulas arrojan cero, en primer lugar, puesto que todavía no hemos insertado cifras en la factura. En segundo lugar porque, aunque las insertemos, Word no recalcula automáticamente, sino que hay que darle la orden.

Para recalcular una fórmula, hay que seleccionarla, hacer clic en ella con el botón derecho del ratón y después elegir Actualizar campo en el menú emergente.

La calculadora de Word

En el capítulo 1 insertamos el menú Calcular en la barra de menú y aprendimos a manejar la calculadora de Word.

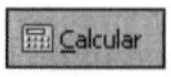

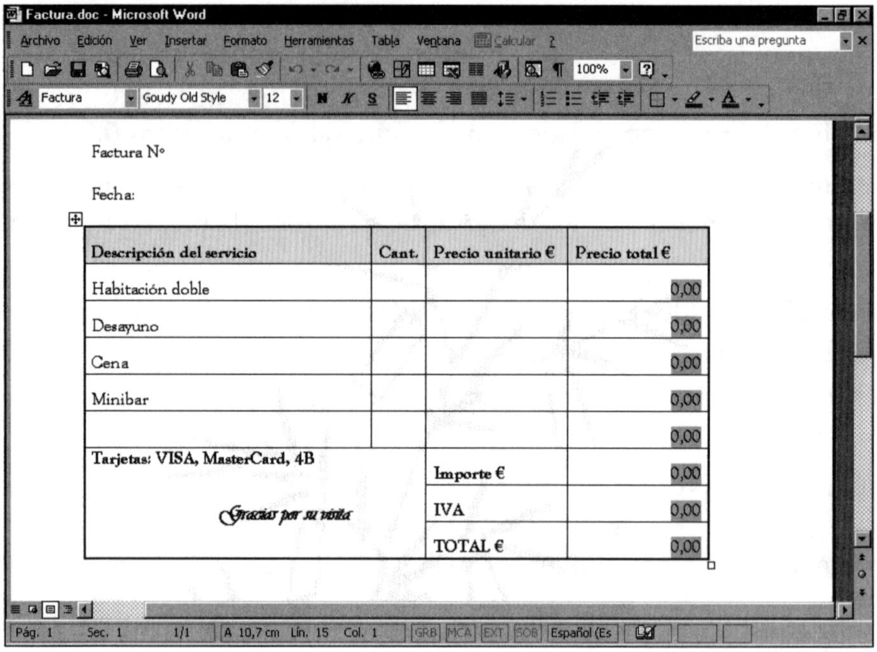

Figura 8.8. La factura

A la hora de calcular los precios de la casa rural, también puede resultar de utilidad, al menos hasta que nos familiaricemos totalmente con la nueva moneda.

Sólo hay escribir en un documento nuevo la paridad del Euro: 166,386 y colocar delante el signo de dividir /:

/166,386

De esta forma, para insertar en la factura los precios de los servicios, solamente tendremos que hacer lo siguiente:

1. Escribir el precio del servicio en pesetas delante del signo de división. Por ejemplo, la habitación doble puede costar 9.000 pesetas por noche. Es indiferente escribir o no el punto de millares:

   9000/166,386

2. Seleccionar entonces toda la operación y, a continuación, hacer clic en Calcular.
3. La barra de estado muestra el resultado: 54,091.

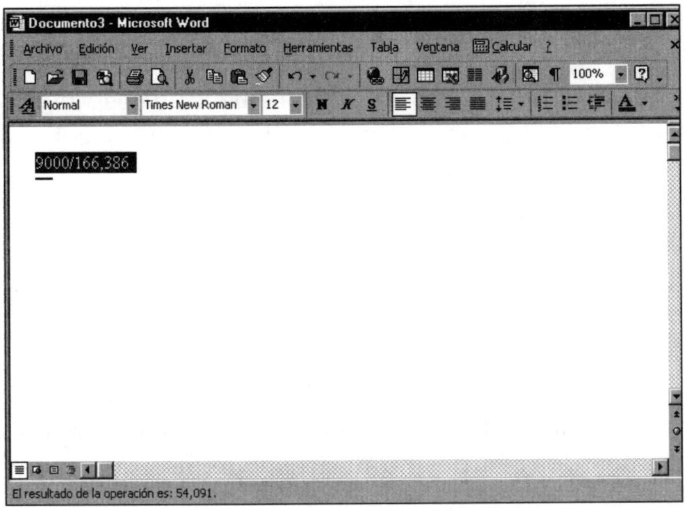

Figura 8.9. La calculadora de Word 2002

Inserción de una hoja de cálculo en Word

Otra forma de calcular con Word es incrustar una hoja de cálculo de Excel en el documento. Al hacerlo, Word se comporta como Excel, adquiere su barra de menú y sus barras de herramientas. Los cálculos con Excel son mucho más sencillos que los cálculos con Word y a veces puede merecer la pena incrustar una hoja y emplear su funcionalidad.

El documento de este ejemplo se encuentra en la carpeta Ejemplos\Cap08 del CD-ROM de acompañamiento, con el nombre de HojaCalculo.doc.

1. Seleccionar Insertar>Objeto.
2. En el cuadro de diálogo Objeto, seleccionar la ficha Crear nuevo.
3. Seleccionar Hoja de cálculo de Microsoft Excel en la lista Tipo de objeto.
4. Hacer clic en Aceptar. La hoja de cálculo queda incrustada en el documento.

Resumen

En este capítulo hemos aprendido a trabajar con tablas complejas, dibujadas o insertadas con los comandos y herramientas de Word 2002.

Hemos aprendido las funciones de la barra de herramientas **Tablas y bordes** al igual que las fichas del cuadro de diálogo **Propiedades de tabla.**

Hemos aprendido asimismo a formatear la tabla utilizando los nuevos estilos prediseñados de Word 2002 para crear un estilo nuevo, así como a formatear las celdas en función de su contenido.

También hemos visto la forma de insertar caracteres especiales, texto fijo, autoformas y cuadros de texto en la tabla, activando y desactivando el nuevo **Lienzo de dibujo** de Word 2002. Las autoformas pueden convertirse en cuadros de texto y manipularse como tales, utilizando las opciones del menú emergente.

Hemos insertado fórmulas en la tabla, empleando la denominación que Word aplica a las celdas en función de su posición absoluta. Hemos aprendido la manera de formatear los campos numéricos y de insertar funciones aritméticas en ellos.

Para familiarizarnos con los valores del Euro, hemos utilizado la calculadora de Word, que insertamos en la barra de menú en el capítulo 1.

Por último, después de crear la factura con la tabla de Word, hemos aprendido la manera de incrustar una hoja de cálculo de Excel y utilizar sus funciones en un documento de Word.

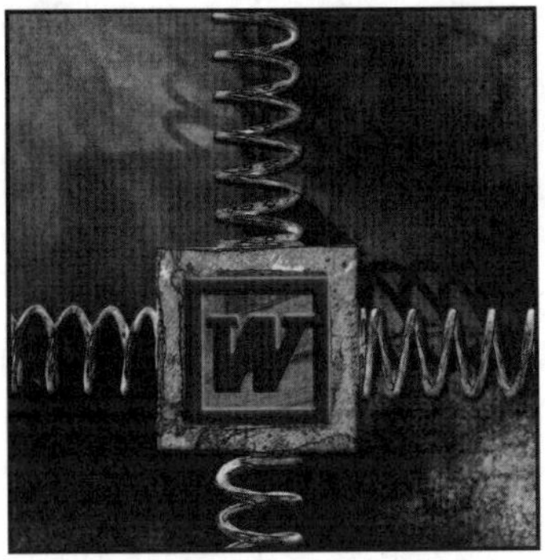

Capítulo 9

Funciones avanzadas de Word

En este capítulo aprenderá a:

- Trabajar con los códigos de campo de Word 2002.
- Insertar códigos de campo en un documento de Word.
- Contar palabras.
- Formatear resultados de campos.
- Emplear modificadores.
- Anidar campos.
- Insertar marcadores.
- Incluir marcadores en los campos de fórmula.

Los códigos de campo

Los campos son códigos ocultos con valor variable que se pueden insertar en los documentos de Word. Un campo típico de valor desconocido puede ser la fecha de un documento, que se modificará en función de la fecha del ordenador. Otro campo típico puede ser el número de página que varía según el formato y el tamaño del papel.

Los campos se componen de tres elementos:

- Los caracteres del campo. Son las llaves en que va encerrado el código.
- El nombre del campo. Indica su función.
- Las instrucciones. Los elementos que siguen al tipo de campo y definen su cometido y el formato de los resultados.

Los campos se pueden anidar, incluyendo uno dentro de las instrucciones de otro, hasta formar una instrucción compleja que logre el resultado deseado.

Tipos de campos

Hay varios tipos de campos en Word 2002:

- Campos de automatización. Se emplean en macros y plantillas para automatizar tareas.
- Campos de combinación de correspondencia. Se emplean en la creación de cartas personalizadas o cartas modelo.
- Campos de fórmulas. Se emplean para realizar cálculos.
- Campos de fecha y hora. Se emplean para incluir fechas y horas actualizadas.
- Campos de índices y tablas. Se emplean para crear índices alfabéticos y tablas de contenido.
- Campos de información sobre el documento. Se emplean para almacenar datos sobre el documento que los contiene.
- Campos de información del usuario. Se emplean para almacenar datos sobre el autor del documento.
- Campos de numeración. Se emplean para numerar páginas, títulos, ilustraciones, etc.
- Campos de vínculos. Se emplean para vincular datos en documentos.

Inserción de códigos de campo en un documento de Word

Hay dos formas de insertar un campo:

- Pulsar **Control-F9** para que Word inserte el par de llaves que encierran el campo. Las llaves insertadas desde el teclado { } no son válidas. Después hay que escribir el código de campo entre las llaves. Es preciso dejar al menos un espacio entre cada instrucción, excepto para los modificadores de campo, identificados por el carácter de barra invertida. Las instrucciones que contengan espacios han de encerrarse entre comillas, pero las demás no precisan las comillas.
- Seleccionar Insertar>Campo para abrir el cuadro de diálogo Campo.

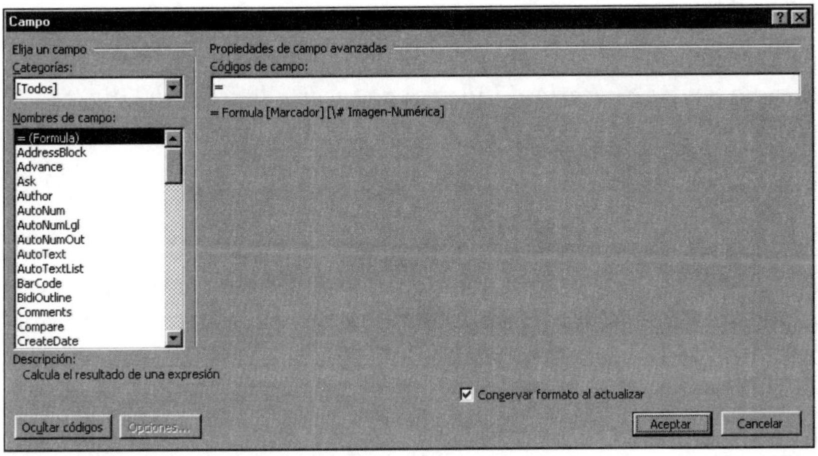

Figura 9.1. El cuadro de diálogo Campo

A continuación, insertaremos un campo de fecha en la carta y otro en la factura, de manera que las fecha se actualicen automáticamente al editar los documentos:

1. Abrir la carta.
2. Hacer clic en la parte superior, para colocar el cursor dos líneas más abajo del texto fijo.
3. Seleccionar Insertar>Campo.
4. En el cuadro de diálogo Campo, desplegar la lista Categoría y elegir Fecha y hora.

5. En Nombre de campo, seleccionar DATE.
6. En Formatos de fecha, seleccionar 3-jun-01 (o su equivalente, según la fecha del día).
7. Hacer clic en Aceptar.
8. Seleccionar el campo en la carta y pulsar el botón **Alinear a la derecha**, de la barra de herramientas Formato.

Nota:

Word 2002 trae los campos en inglés, al menos en su primera versión. Word 2000 los traía traducidos al español. La tabla 9.1 recoge las equivalencias.

Advertencia:

Es fácil confundir el campo DATE con el campo CreateDate, pero no hay que hacerlo. El último no inserta la fecha del día, sino la fecha y hora en que se guardó por primera vez el documento con el nombre que tiene. Eso es útil como información sobre el documento, pero inútil para la carta o la factura del ejemplo.

El botón Códigos de campo del cuadro de diálogo Campo muestra el código del campo a insertar. El botón Opciones abre el cuadro de diálogo Opciones de campos. Lo veremos más adelante.

Advertencia:

*Cuando se crea un campo escribiéndolo entre las llaves insertadas con **Control-F9**, puede ocurrir que la sintaxis no sea correcta, en cuyo caso, al intentar desactivar el código de campo para ver el resultado (pulsando **Mayús-F9**) el resultado aparece en blanco. Para volver a ver el código y modificarlo, hay que volver a pulsar **Mayús-F9**.*

Truco:

Para incluir texto en un campo, hay que escribirlo entre comillas simples.

Después de insertar el campo de fecha en la carta, hay que hacer lo mismo con la factura:

1. Seleccionar el campo de fecha creado en la carta.
2. Hacer clic en el botón **Copiar** de la barra de herramientas Estándar o pulsar **Control-C**.
3. Abrir la factura.
4. Hacer clic a continuación del texto Fecha: y pulsar **Control-V** o hacer clic en el botón **Pegar** de la barra de herramientas Estándar.
5. Pulsar **Esc** para eliminar el botón **Opciones de pegado**.

Campos de número de página

Además de insertar el número de página en el folleto del ejemplo mediante el comando Insertar>Número de página, podemos insertar un campo de número de página de la manera siguiente:

1. Hacer clic en la parte inferior derecha de la página. El pie de página se hará visible.
2. Seleccionar Insertar>Campo.
3. En el cuadro de diálogo Campo, elegir Numeración en Categoría y PAGE en Nombres de campo.
4. Hacer clic en Aceptar.

Los campos siguientes se relacionan con los números de página:

- El campo PAGE inserta el número de página. Se actualiza al seleccionar el campo y pulsar **F9** o al combinar en la impresora. En un encabezado o pie, se actualiza seleccionando Archivo>Imprimir. Equivale al botón **Insertar número de página** de la barra de herramientas Encabezado y pie de página.
- El campo PageRef inserta el número de la página en que se encuentra el marcador. Genera un número de página de referencia cruzada que se actualiza al seleccionar el campo y después pulsar **F9** o al seleccionar Archivo>Imprimir.
- El campo Section inserta el número de sección activa. Se actualiza al seleccionar el campo y pulsar después **F9** o bien al combinar en la impresora. En un encabezado o pie, se actualiza seleccionando Archivo> Imprimir.

- El campo SectionPages inserta el número de páginas de una sección. Hay que reiniciar la numeración de las páginas desde la primera, en cada sección.
- El campo NumPages inserta el número de páginas total del documento. Equivale al botón **Insertar número de páginas** de la barra de herramientas Encabezado y pie de página.

Por ejemplo, el campo siguiente calcula el número total de páginas de un documento y presenta luego el resultado como "Página 15 de 120": Página { PAGE } de { NUMPAGES }. Se inserta de la forma siguiente:

1. Escribir la palabra Página. Pulsar la **Barra espaciadora**.
2. Pulsar **Control-F9**. Word insertará el par de llaves y el cursor aparecerá en el medio.
3. Escribir PAGE. Hacer clic después de la llave y pulsar la **Barra espaciadora**.
4. Escribir la palabra de. Pulsar la **Barra espaciadora**.
5. Pulsar **Control-F9**. Word insertará el par de llaves y el cursor aparecerá en el medio.
6. Escribir NUMPAGES.
7. Seleccionar todo y pulsar **Mayús-F9** para ver el resultado.

Nota:

Los documentos modificados en este capítulo se encuentran en la carpeta \Ejemplos\Cap09 del CD-ROM de acompañamiento.

Campos para contar palabras, caracteres, párrafos y líneas

Otra de las novedades de Word 2002 es la barra de herramientas Contar palabras, que permite realizar un recuento rápido de palabras, caracteres, páginas y líneas. Supongamos que queremos hacer traducir el folleto del ejemplo a varios idiomas, para divulgarlo entre posibles clientes extranjeros. Normalmente, las traducciones se pagan por palabra original o traducida. Para calcular el importe de la traducción, lo primero que hay que hacer es contar las palabras del folleto y luego multiplicarlas por el precio unitario.

1. Seleccionar **Herramientas>Contar palabras**.
2. En el cuadro de diálogo **Contar palabras**, seleccionar la casilla de verificación **Incluir notas al pie y notas al final**. El folleto no tiene notas, pero no conviene olvidar esta opción.
3. Para visualizar la barra de herramientas **Contar palabras**, hace clic en el botón **Mostrar barra**.

La figura 9.2 muestra el folleto con la barra de herramientas **Contar palabras**. La lista desplegable presenta el recuento de elementos del documento. El botón **Volver a contar** realiza un nuevo recuento.

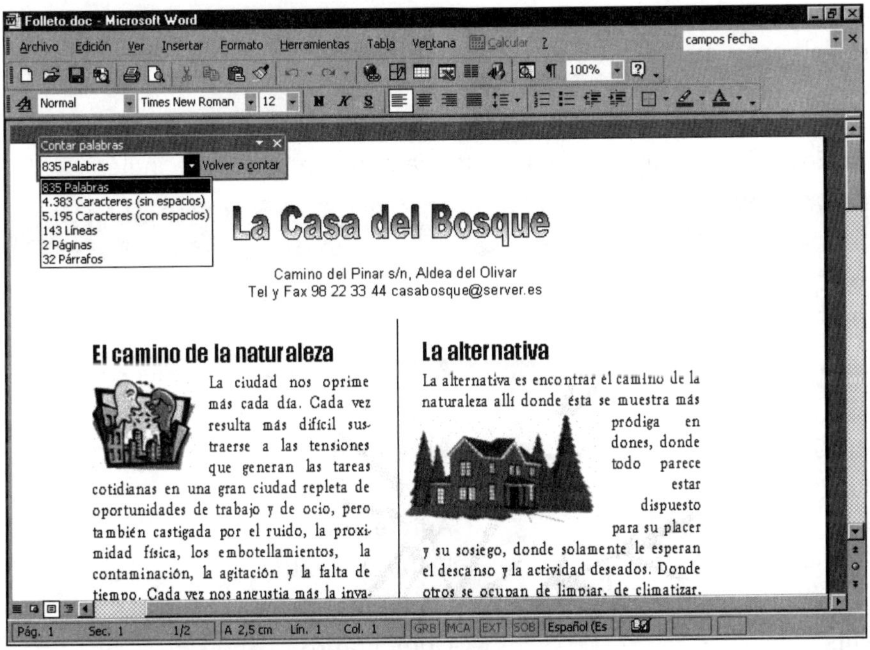

Figura 9.2. La barra de herramientas Contar palabras

Otra forma de llevar a cabo el recuento es insertar uno de los campos siguientes, situados en la categoría **Info. Documento**, del cuadro de diálogo **Campo**:

- El campo **NumChars** inserta el número de caracteres del documento que aparece en la ficha **Resumen** (menú **Archivo>Propiedades**). Se actualiza al seleccionar el campo y pulsar luego **F9** o bien al combinar correspondencia. Se actualiza una vez en los encabezados y pies seleccionando **Archivo>Imprimir**.

- El campo NumWords inserta el número de palabras que aparece en la ficha Resumen. Se actualiza al seleccionar el campo y pulsar **F9** o al combinar en la impresora. En un encabezado o pie, se actualiza seleccionando Archivo>Imprimir.

Equivalencia de los nombres de campos en español e inglés

Para facilitar la comprensión y localización de los campos del cuadro de diálogo Campos, la tabla 9.1 recoge las equivalencias entre sus nombres en inglés y en español. Están ordenados alfabéticamente en el idioma inglés, que es como aparecen en la lista Categoría del cuadro de diálogo Campos.

Tabla 9.1. Equivalencia de los nombres de campos en español e inglés

Nombre del campo en inglés	Equivalente en español
Advance	Avanzar
Ask	Preguntar
Author	Autor
AutoNum	AutoNúm
AutoNumLgl	AutoNúmLeg
AutoNumOut	AutoNúmEsq
AutoText	Autotexto
AutoTextList	ListaAutotexto
BarCode	CódigoBarras
Comments	Comentarios
Compare	Comparar
CreateDate	FechaCreación
Database	BaseDeDatos
Date	Fecha
DocProperty	PropiedadDoc
DocVariable	VariableDoc
EditTime	TiempoEdición
Eq	Ec
FileName	NombreArchivo

Nombre del campo en inglés	Equivalente en español
FileSize	TamañoArchivo
Fill-in	Rellenar
Formula	Fórmula
GoToButton	BotónIrA
Hyperlink	Hipervínculo
If	Si
IncludePicture	IncluirImagen
IncludeText	IncluirTexto
Index	Índice
Info	Resumen
Keywords	PalabrasClave
LastSavedBy	GuardadoPor
Link	Vínculo
ListNum	NúmeroLista
MacroButton	BotónMacro
MergeField	CampoCombinación
MergeRec	RegCombinación
MergeSeq	SecCombinación
Next	Próximo
NextIf	PróximoSi
NoteRef	RefNota
NumChars	NúmCaracs
NumPages	NúmPáginas
NumWords	NúmPalabras
Page	Página
PageRef	RefPág
Print	Imprimir
PrintDate	FechaImpresión
Private	Privado
Quote	Cita
RD	RD
Ref	Ref
RevNum	NúmRev
SaveDate	FechaGuardar

Nombre del campo en inglés	Equivalente en español
Section	Sección
SectionPages	PáginasSección
Seq	Sec
Set	Asignar
SkipIf	SaltarSi
StyleRef	RefEstilo
Subject	Asunto
Symbol	Símbolo
TA	TA
TC	TC
Template	Plantilla
Time	Hora
Title	Título
TOA	TDA
TOC	TDC
UserAddress	DirecUsuario
UserInitials	InicialUsuario
UserName	NombreUsuario
XE	EÍ

Gestión de los códigos de campo

Hay dos formas de gestionar los códigos de campo:

- El menú emergente.
- Las teclas de función **F9** y **F11**.

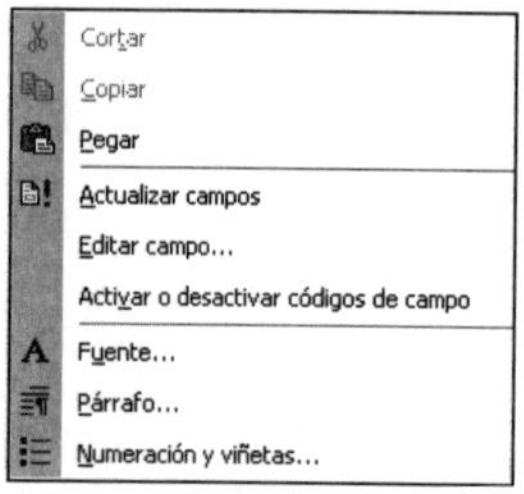

Figura 9.3. El menú emergente de los códigos de campo

El menú emergente de los códigos de campo tiene opciones para:

- **Actualizar campos**. Actualiza el resultado, como vimos en los campos de fórmulas.
- **Editar campo**. Edita el campo en el cuadro de diálogo **Campo**, donde es posible modificarlo.
- **Activar o desactivar códigos de campo**. Activar los códigos de campo significa mostrarlos, en lugar de mostrar los resultados. Desactivarlos significa mostrar los resultados.

Advertencia:

Antes de imprimir un documento con campos, es importante actualizarlos. Hay una forma de hacerlo automáticamente y es activar la casilla de verificación **Actualizar campos** *del cuadro de diálogo* **Opciones de impresión**, *al que se accede haciendo clic en el botón* **Opciones** *del cuadro de diálogo* **Imprimir**.

La figura 9.4 muestra la factura con los campos de fecha y fórmulas exhibiendo los códigos de campo insertados. Obsérvese el contenido de las fórmulas.

La tabla 9.2 recoge las combinaciones de teclas que se pueden utilizar para gestionar los códigos de campo.

Tabla 9.2. Gestión de los campos con las teclas de función

Tecla	Lo que hace
F9	Actualiza los campos seleccionados.
Mayús-F9	Alterna entre un código de campo y su resultado.
Control-F9	Inserta caracteres de campo { }.
Control-Mayús-F9	Desvincula el campo y lo reemplaza por el último resultado.
Alt-Mayús-F9	Equivale a hacer doble clic en el campo.
F11	Va al campo siguiente.
Mayús-F11	Va al campo anterior.
Control-F11	Bloquea el campo para evitar que se actualice.
Control-Mayús-F11	Desbloquea el campo.

Factura Nº

Fecha: { DATE \@ "d-MMM-yy" * MERGEFORMAT }

Descripción del servicio	Cant.	Precio unitario €	Precio total €
			{ =PRODUCT(B2; C2) \# "0,00" }
			{ =PRODUCT(B3; C3) \# "0,00" }
			{ =PRODUCT(B4; C4) \# "0,00" }
			{ =PRODUCT(B5; C5) \# "0,00" }
			{ =PRODUCT(B6; C6) \# "0,00" }
Tarjetas: VISA, MasterCard, 4B		Importe €	{ =SUM(ABOVE) \# "0,00" }
Gracias por su visita		IVA	{ =C7*7/100 \# "0,00" }
		TOTAL €	{ =C7+C8 \# "0,00" }

Figura 9.4. Los códigos de campo de la factura

Formato de los resultados de un campo

Los resultados de los campos admiten los mismos formatos que el texto normal de Word. Solamente hay que seleccionarlos y aplicarles cualquier comando de formato de párrafo o de carácter. Pero también es posible utilizar los modificadores de campo de Word y aplicar los formatos de forma codificada al insertar el campo.

Advertencia:

Los formatos aplicados a los resultados de los campos se pierden al actualizarse si no está activada la casilla de verificación **Conservar formato al actualizar**, *del cuadro de diálogo* **Campo**. *Está activada de forma predeterminada.*

Modificadores de campo

Los modificadores de campo son información adicional con la que se indica al campo la forma en que debe comportarse o presentarse. Hemos visto los modificadores de inicio de Word 2002 en el capítulo 1. Los modificadores se reconocen porque empiezan por una **Barra inclinada**. Para agregar un modificador a un campo, hay que hacer lo siguiente:

1. Elegir la opción Editar campo en el menú emergente, para abrir el cuadro de diálogo Campo. Si el campo aún no está insertado, hay que agregar el modificador en el momento de crearlo.
2. Con el campo seleccionado en el cuadro de lista Nombres de campos, hacer clic en el botón Códigos de campo.
3. Hacer clic en el botón Opciones para acceder al cuadro de diálogo Opciones de campo.
4. Seleccionar el modificador en una de las fichas.
5. Hacer clic en el botón Agregar.
6. Al cerrar el cuadro de diálogo Campo, si el modificador es incorrecto, Word mostrará un mensaje de error. En tal caso, hay que volver a editar el campo y cambiar o eliminar el modificador aplicado.

Por ejemplo, para modificar el aspecto del resultado de un campo de fecha, se puede agregar un modificador. El mismo código de campo DATE presenta la fecha de manera diferente según el modificador que le siga. La tabla 9.3 ofrece algunos ejemplos.

Tabla 9.3. Formato de la fecha y hora según el modificador aplicado

Campo y modificador	Resultado
DATE \@ "dd/MM/yy H:mm:ss" * MERGEFORMAT	03/06/01 18:52:03
DATE \@ "dd/MM/yyyy" * MERGEFORMAT	03/06/2001
DATE \@ "h:mm am/pm" * MERGEFORMAT	6:56 p.m.
DATE \@ "MMM-yy" * MERGEFORMAT	Jun-01
DATE \@ "dddd, dd' de 'MMMM' de 'yyyy" * MERGEFORMAT	lunes, 04 de junio de 2001

Truco:

*Word agrega automáticamente el modificador de formato *MERGEFORMAT a los códigos de campo, para actualizar el formato junto con el campo. Al insertar campos manualmente, conviene incluir este modificador, ya que, de lo contrario, el formato puede perderse al actualizar el campo.*

Modificadores generales y específicos

Los modificadores generales se encuentran en la ficha del mismo nombre del cuadro de diálogo **Opciones de campos** y se pueden aplicar a la mayoría de los campos. Son los siguientes:

- * Formato, formatea el resultado del texto. Incluye conversión de mayúsculas, de números o formato de caracteres.
- \# Imagen numérica, formatea el resultado numérico y lo adapta al diseño de un formato numérico.
- \@ Imagen fecha hora, formatea el resultado de fecha y hora y lo adapta al diseño de un formato de fecha y hora.
- \! Bloquear resultado, bloquea el resultado del campo.

Los campos siguientes no admiten estos modificadores generales: AutoNum, AutoNumLgl, AutoNumOut. Embed, FormText, TA, TC, XE, EQ, GoToButton, MacroButton, RD, FormCheckBox, FormDropLine y ListNum.

Los modificadores específicos se encuentran en la ficha del mismo nombre del cuadro de diálogo **Opciones de campos** y se pueden aplicar únicamente a los campos para los que esa ficha está disponible. Por ejemplo, el campo AutoNum (numeración automática) admite el modificador específico \ls que define el carácter de separación.

El modificador Imagen numérica

Imagen numérica es un modificador que formatea los resultados numéricos ajustándolos a una "imagen" que muestra el diseño de un formato numérico. La imagen numérica es un patrón compuesto de símbolos que definen marcadores de posición, comas y signos. Para generar imágenes numéricas, se pueden emplear los siguientes caracteres:

- 0 (cero). Indica el lugar en que ha de aparecer un número en el resultado. Si no existe el número, aparece un cero.
- # (almohadilla, signo de número). Indica el lugar en que ha de aparecer un número en el resultado. Si no existe el número, aparece en blanco.
- x (equis). Los números que se encuentren a su izquierda no se ven en el resultado. Si se coloca en los decimales, redondea el resultado a la posición en que se encuentre.
- . (punto de millares). Formatea las cifras con el punto de millar.

- , (coma decimal). Indica la posición de la coma decimal.
- \- (signo menos). Agrega el signo menos si el resultado es negativo. Si es positivo, añade un espacio. Si es cero, añade un cero.
- \+ (signo más). Agrega el signo más si el resultado es positivo. Si es negativo, añade un signo menos. Si es cero, añade un cero.
- "positivo; negativo; cero" Indicando los formatos separados por punto y coma, permite especificar formatos diferentes para los resultados positivos, negativos y cero.
- 'Texto' Se puede agregar texto al resultado, encerrándolo entre comillas simples.

La figura 9.5 muestra la factura creada en el capítulo anterior para la casa rural, con las mismas cifras y resultados de la hoja de cálculo de Excel creada asimismo en el capítulo anterior.

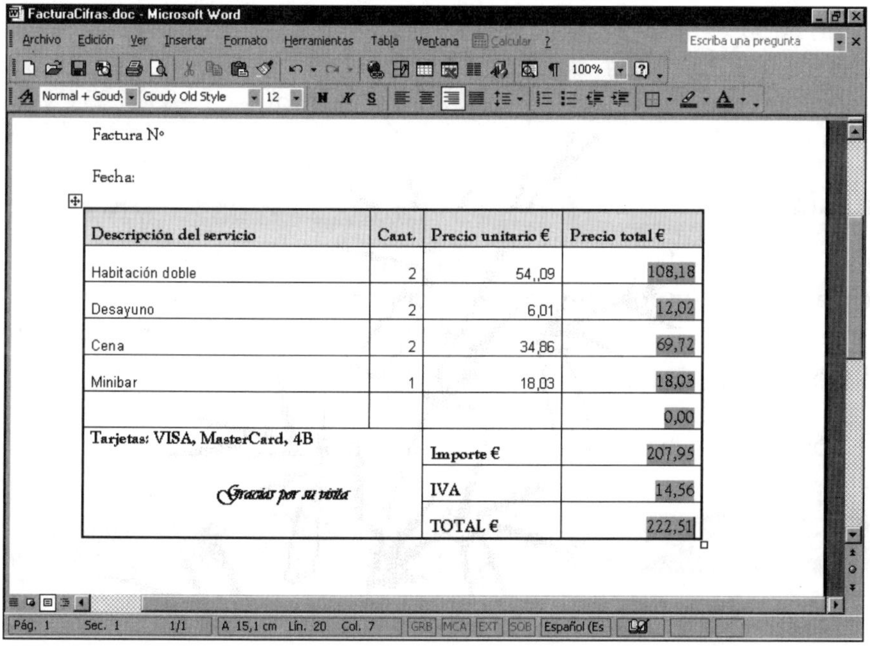

Figura 9.5. La factura con cifras y resultados

Por ejemplo, si aplicásemos el modificador \0,00% de { = SUM(ABOVE) \0,00% } al resultado de la celda Importe de la factura, el resultado aparecería como 207,95%. Si el resultado de un campo no es numérico, este modificador no tiene efecto.

El modificador Imagen numérica se inicia con \# (**Barra inclinada** y almohadilla), seguidas de las instrucciones correspondientes. La tabla 9.4 presenta algunas.

Tabla 9.4. El modificador Imagen numérica

Instrucción	Resultado
\#'	Añade el punto de separación de millares.
\#0	Redondea el valor al siguiente entero.
\#0,00	Redondea el número de posiciones decimales especificadas (dos en este caso).
\#% o Pts	Añade el símbolo de la peseta. Aún no hay modificador para el Euro, que debe agregarse a mano, pulsando **Control-Alt-E**.

Por ejemplo, si el campo FILL-IN (rellenar) lleva el modificador de imagen numérica { FILL-IN \# #.##0.00; (#.##0.00);0}, indicará 8.325,33 cuando el resultado sea 8325,334; (8.325,33) cuando sea –8325,334 y 0 cuando sea 0.

Las fórmulas

Los campos de fórmulas se componen de cifras, marcadores que hagan referencia a cifras, campos que arrojen resultados numéricos, operadores y funciones. La tabla 9.5 recoge los operadores que pueden utilizarse en estos campos.

Tabla 9.5. Operadores matemáticos y relacionales para los campos de fórmulas

Operador	Valor
+	Suma
-	Resta
*	Multiplicación
/	División
%	Porcentaje
^	Potencias y raíces
=	Igual a

Operador	Valor
<	Menor que
< =	Menor o igual que
>	Mayor que
> =	Mayor o igual que
< >	Distinto de

La tabla 9.6 recoge las funciones que pueden insertarse en un campo de fórmula de Word 2002:

Tabla 9.6. Funciones para los campos de fórmula

Función	Cometido
ABS(x)	Valor absoluto. Devuelve el valor positivo de un número o una fórmula, independientemente de su valor positivo o negativo real.
AND(x,y)	Y lógico. Devuelve el valor 1 si las expresiones lógicas *x* e *y* son ambas verdaderas, o el valor 0 (cero) si ambas expresiones son falsas.
AVERAGE( )	Media aritmética. Devuelve el promedio de una lista de valores.
COUNT( )	Devuelve el número de elementos de una lista.
DEFINED(x)	Comprueba errores. Devuelve el valor 1 (verdadero) si la expresión *x* es válida, o el valor 0 (falso) si no se puede calcular la expresión.
FALSE	Falso. Devuelve 0 (cero).
INT(x)	Arroja un número entero. Devuelve los números situados a la izquierda de la posición decimal del valor o de la fórmula *x*.
MIN( )	Arroja el argumento menor. Devuelve los números situados a la izquierda de la posición decimal del valor o de la fórmula *x*.
MAX( )	Arroja el argumento mayor. Devuelve el mayor valor de una lista.
MOD(x,y)	Devuelve el resultado de dividir el valor *x* por el valor *y* un número entero de veces.
NOT(x)	Invierte el valor lógico. Devuelve el valor 0 (cero) (falso) si la expresión lógica *x* es verdadera, o el valor 1 (verdadero) si la expresión es falsa.

Función	Cometido
OR(x,y)	O lógico. Devuelve el valor 1 (verdadero) si alguna de las expresiones lógicas *x* e *y* o ambas son verdaderas, o el valor 0 (cero) (falso) si ambas expresiones son falsas.
PRODUCT( )	Devuelve el resultado de multiplicar una lista de valores. Por ejemplo, la función { = PRODUCT(1,3,7,9) } devuelve el valor 189.
ROUND(x,y)	Redondear. Devuelve el valor de *x* redondeado con el número especificado de posiciones decimales *y*; *x* puede ser un número o el resultado de una fórmula.
SIGN(x)	Comprueba el signo de los argumentos. Devuelve el valor 1 si *x* es un valor positivo, o el valor -1 si x es un valor negativo.
SUM( )	Suma. Devuelve la suma de una lista de valores o fórmulas.
TRUE	Verdadero. Devuelve el valor 1.

Métodos para actualizar los campos

Hay varios métodos para actualizar los campos de Word 2002:

- Abrir el documento. Es el único momento en que Word actualiza los campos de forma automática.
- Seleccionar el campo y pulsar la tecla **F9**.
- Hacer clic en el campo con el botón derecho y seleccionar Actualizar campo en el menú emergente.
- La ficha Imprimir del cuadro de diálogo Opciones tiene una casilla de verificación, Actualizar campos, que actualiza los campos al imprimir el documento.
- Para actualizar todos los campos del documento, hay que seleccionar el documento completo, seleccionando la opción de menú Edición>Seleccionar todo (o pulsando **Control-E**) y luego pulsar **F9**.

El sombreado de los campos

De forma predeterminada, los campos insertados aparecen sombreados, como hemos visto en las fórmulas de la factura. Esto permite distinguirlos a simple vista del texto normal y evitar borrarlos o cambiarlos accidentalmente.

Para sombrear los datos de los códigos de campo, hay que seguir los pasos siguientes:

1. Seleccionar **Herramientas>Opciones**.
2. En la ficha **Ver**, hacer clic en la lista desplegable **Sombreado de campo** para elegir una de las siguientes opciones:
   - **Nunca**. El campo nunca aparece sombreado. Se corre el riesgo de borrarlo accidentalmente.
   - **Siempre**. El campo siempre aparece sombreado.
   - **Al seleccionarlo**. El campo no aparece sombreado, a menos que el punto de inserción se encuentre en él. La figura 9.6 muestra la factura con esta opción aplicada. Obsérvese que sólo aparece sombreado el campo IVA, ya que está seleccionado.

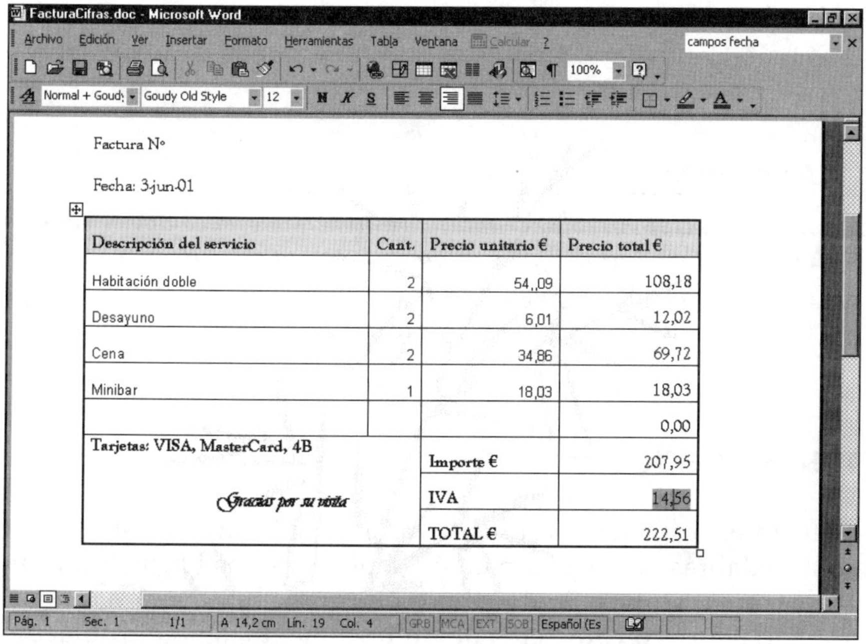

Figura 9.6. La factura con un solo campo sombreado

Eliminación de campos

Para eliminar un código de campo y su resultado, hay que seleccionarlo y pulsar la tecla **Supr**. Es más fácil seleccionar y eliminar códigos de campo si están visibles, que sus resultados.

Bloquear y desvincular campos

En ocasiones, es conveniente desvincular los campos y visualizar únicamente el último resultado. Por ejemplo, al emitir una factura, es conveniente no sólo desvincular los campos antes de imprimirla, sino bloquearlos y convertirlos en texto normal, porque, una vez impresa la factura, no deben producirse modificaciones y Word actualiza la fecha cada vez que se abre el documento. Hay que hacer lo siguiente:

1. Seleccionar el campo. Es suficiente con situar el punto de inserción en su interior.
2. Pulsar **Control-11**. Con esto, el campo queda bloqueado y ya no es posible actualizarlo. Para desbloquearlo y permitir la actualización, hay que llevar el punto de inserción a cualquier lugar del campo y pulsar **Mayús-Control-F11**.
3. Pulsar **Mayús-Control-F9**. Con esto, el campo queda desvinculado y se convierte en texto normal.

Advertencia:

La opción Desvincular campo *no es reversible, el campo se convierte en texto normal y no se puede volver a actualizar. La única posibilidad que queda es utilizar inmediatamente el comando* Deshacer *y dar marcha atrás a todas las acciones ejecutadas a partir de la conversión.*

Campos anidados

Hemos visto anteriormente la forma de insertar un campo para calcular el número de palabras de un documento. También es posible incluir campos dentro de otros campos. Supongamos que queremos averiguar no ya el número de palabras o caracteres de un documento, sino el promedio de caracteres que tienen las palabras del documento, por ejemplo, para hacer un cálculo de extensión. Hay que hacer lo siguiente:

1. Pulsar **Control-F9**. Word insertará las llaves y el cursor aparecerá parpadeando en el medio.
2. Escribir el signo igual a (=) para iniciar la fórmula y pulsar la **Barra espaciadora**.

3. Volver a pulsar **Control-F9** para que Word inserte un nuevo par de llaves. El cursor quedará en el centro.
4. Escribir NumChars, el código de campo de recuento de caracteres.
5. Hacer clic a continuación de las llaves del código insertado y pulsar la **Barra espaciadora**.
6. Pulsar la **Barra inclinada**. Es el operador de división. Pulsar la **Barra espaciadora**.
7. Volver a pulsar **Control-F9** para que Word inserte un nuevo par de llaves. El cursor quedará en el centro.
8. Escribir NumWords, el código de campo de recuento de palabras.
9. Seleccionar todo el código de campo y pulsar **Mayús-F9**.

Estas instrucciones anidan dos campos dentro del campo Fórmula; por tanto, se pueden editar y actualizar por separado. El resultado de insertar estos campos anidados en el folleto es 5,25. Por ejemplo, al pulsar **Mayús-F9**, el resultado es { = 4385 / 835}, es decir, aparecen el dividendo y el divisor. Al hacer clic en el dividendo y pulsar **Mayús-F9**, el resultado es { = {NumChars} / 835}, es decir, solamente se activa el código de campo del primer campo; el segundo sigue mostrando el resultado. Para activar ambos, hay que seleccionar toda la fórmula antes de pulsar **Mayús-F9**.

{ = { NumChars } / { NumWords } }

Figura 9.7. Los campos anidados

Los marcadores

Los marcadores son elementos con un nombre y una posición específicos, que identifican texto o imágenes para desplazarse, copiar o crear referencias cruzadas. Al crear un marcador, Word 2002 asigna un nombre exclusivo a la posición o elemento del documento. Los campos de fórmulas admiten marcadores

Creación de marcadores

Podemos crear marcadores para señalar las celdas que contienen los precios unitarios de la factura del ejemplo y facilitar así la redacción de las fórmulas. En este caso no tiene mucho sentido, porque la factura es pequeña y se tarda más en crear los marcadores que en utilizarlos en las fórmulas, pero servirá para aprender a insertarlos y a incluirlos en los campos de fórmula de Word.

El documento con las cifras y los marcadores se encuentra en la carpeta \Ejemplos\Cap 9, con el nombre de FacturaCifras.doc.

Para crear un marcador, hay que hacer lo siguiente:

1. Colocar el punto de inserción en la celda C2, la primera que ha de contener un precio unitario.
2. Seleccionar Insertar>Marcador o pulsar **Mayús-Control-F5**.
3. En el cuadro de diálogo Marcador, seleccionar el botón de opción Posición (normalmente estará seleccionado) y escribir Precio1 en el cuadro de texto Nombre del marcador.
4. Hacer clic en Agregar.
5. Repetir la operación para las restantes celdas de precios unitarios, dando a los marcadores los nombres Precio2 a Precio5.

Los nombres de los marcadores

Los nombres de los marcadores deben comenzar por una letra y pueden incluir números. No se puede incluir espacios en el nombre de un marcador, pero sí utilizar el guión de subrayado para separar palabras, por ejemplo, Primer_título.

Eliminación de marcadores

El botón Eliminar del cuadro de diálogo Marcador borra los marcadores seleccionados. Antes de eliminarlos, hay que tener en cuenta las referencias que existan en el texto, pues si queda alguna referencia que apunte a un marcador borrado, Word mostrará un mensaje de error.

Visualización de los marcadores

Para visualizar los marcadores, hay que hacer lo siguiente:

1. Seleccionar Herramientas>Opciones.
2. En la ficha Ver, activar la casilla de verificación Marcadores.

La figura 9.8 muestra la factura con marcadores en las celdas de precios unitarios. Los corchetes señalan la posición de los marcadores que incluyen texto y un puntero en forma de I señala la situación del marcador de posición.

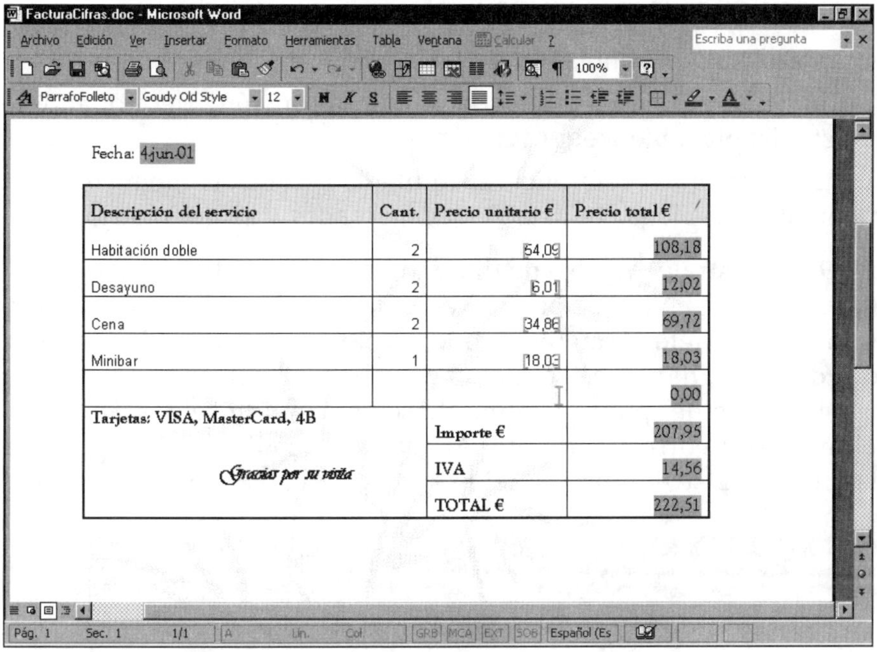

Figura 9.8. La factura con cifras y marcadores

Los marcadores como herramientas de búsqueda

Los marcadores son también útiles para seleccionar texto o imágenes que haya que copiar, trasladar o bien cambiar de formato con frecuencia. Desde cualquier lugar del documento, se pueden seleccionar con el cuadro de diálogo Marcador o Ir a.

Para desplazarse a un marcador hay que hacer lo siguiente:

1. En cualquier lugar del documento, pulsar **F5**.
2. En el cuadro de diálogo Ir a, seleccionar Marcador en la ventana Ir a.
3. Seleccionar el nombre del marcador en la lista desplegable.
4. Hacer clic en el botón Ir a.

Inclusión de marcadores en los campos de fórmula

Una vez insertados los marcadores en las celdas de la factura, se podrían crear las fórmulas de la manera siguiente:

1. Seleccionar Tabla>Fórmula.
2. A continuación del signo igual a (=) añadir la función seleccionándola en la lista desplegable Pegar función.
3. En lugar de escribir la referencia absoluta de la celda, como hicimos en su momento, desplegar la lista Pegar marcador y seleccionarlo.

La figura 9.9 muestra el cuadro de diálogo Fórmula con la lista desplegable Pegar marcador, en la que pueden verse los nombres de los cinco marcadores insertados anteriormente. Como la celda de las unidades no tiene marcador definido, hay que escribir su referencia absoluta en la fórmula (B2, etc.). Después del punto y coma de separación de celdas, se puede pegar el marcador correspondiente. Al activar el código de campo de la fórmula, puede verse el nombre del marcador, como en la figura 9.10.

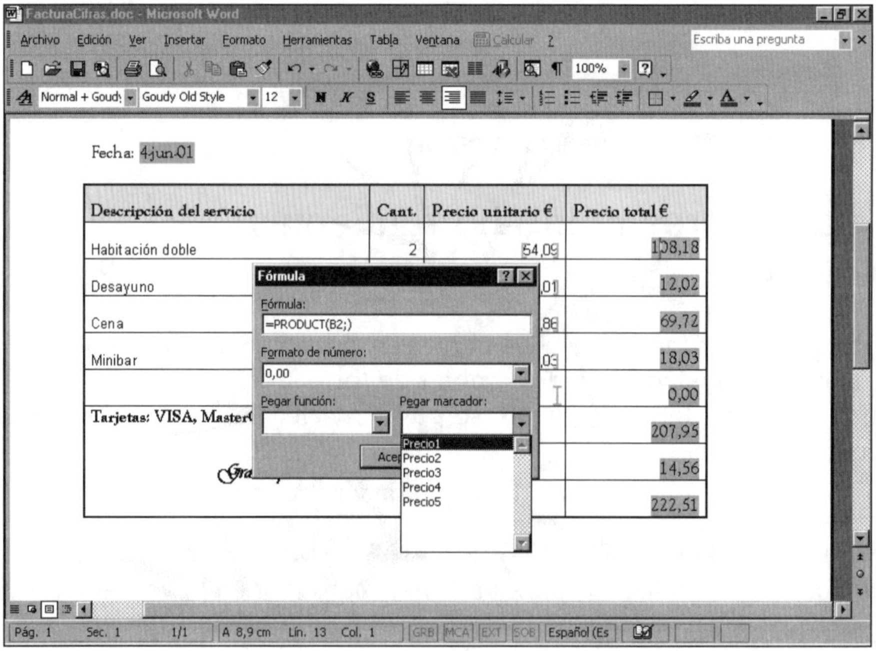

Figura 9.9. Los marcadores

Fecha: 4-jun-01

Descripción del servicio	Cant.	Precio unitario €	Precio total €
Habitación doble	2	54,09	{ =PRODUCT(B2; Precio1) \# "0,00" }
Desayuno	2	6,01	12,02
Cena	2	34,86	69,72
Minibar	1	18,03	18,03
			0,00
Tarjetas: VISA, MasterCard, 4B		Importe €	207,95
Gracias por su visita		IVA	14,56
		TOTAL €	222,51

Figura 9.10. El código de campo con el nombre del marcador incluido en la fórmula

Copiar, cortar y pegar elementos señalados con marcadores

El texto, imagen y otros elementos señalados con un marcador se pueden copiar, cortar y pegar con las técnicas habituales. Hay que tener en cuenta lo siguiente:

- Si se copia todo o parte de un elemento marcado a otra posición del mismo documento, el marcador permanecerá con el elemento original; la copia no estará marcada.
- Si se copia un elemento marcado a otro documento, ambos documentos contendrán elementos y marcadores idénticos.
- Si se corta un elemento marcado y se pega en el mismo documento o en otro distinto, el elemento y el marcador pasarán a la nueva posición.
- Si se elimina parte de un elemento marcado, el marcador permanecerá con el texto restante.
- Si se agrega texto entre dos caracteres marcados con un marcador, el texto agregado quedará incluido en el marcador.
- Si se hace clic justamente después del corchete de apertura de un marcador y se agrega al elemento, por ejemplo, un texto, el texto agregado quedará incluido en el marcador.

- Si se hace clic justamente después del corchete de cierre de un marcador y se agrega información al elemento, la información agregada no quedará incluida en el marcador.
- Si se hace clic al final de un marcador en una tabla y, a continuación, se añade una fila nueva, la fila añadida quedará incluida en el marcador.

Resumen

En este capítulo hemos aprendido a trabajar con campos de Word, insertando campos de fecha y de número de página en los documentos del ejemplo.

Hemos aprendido asimismo a insertar campos de recuento de caracteres y páginas de un documento.

Después de insertarlos, hemos visto la manera de actualizarlos, de borrarlos, de activarlos para ver el código oculto y de desactivarlos para ver el resultado. También hemos aprendido la forma de bloquear los campos y de convertirlos en texto normal, así como la posibilidad de que aparezcan o no sombreados en el documento.

Hemos aprendido a aplicar modificadores para cambiar el aspecto y el formato de los resultados, viendo algunos ejemplos para los campos de fecha y hora, así como el modificador **Imagen numérica** para formatear los campos de números.

Hemos visto en la práctica la forma de anidar campos, incluyendo dos campos en un campo de fórmula.

En cuanto a los campos de fórmulas, hemos visto los elementos que las componen, los operadores y funciones que se pueden incluir.

Uno de los elementos a incluir en un campo de fórmula son los marcadores, que hemos aprendido a insertar en la factura del ejemplo. También hemos aprendido la forma de eliminar, visualizar y copiar marcadores.

Capítulo 10

Combinar correspondencia

En este capítulo aprenderá a:

- Trabajar con campos de combinación.
- Utilizar el Panel de tareas y el Asistente para combinar correspondencia.
- Trabajar con archivos de origen de datos.
- Emplear datos de Microsoft Access para enviar una carta de Word.
- Utilizar el Asistente para conexión de datos.
- Emplear Microsoft Query para opciones de consulta.
- Crear sobres y etiquetas para la distribución masiva de correo.

Las herramientas de combinación de correspondencia

Word 2002 ofrece numerosas herramientas para llevar a cabo la tarea de combinar correspondencia con el mínimo esfuerzo posible. En este capítulo veremos en la práctica el envío masivo de correspondencia, combinando la carta de envío del folleto con las direcciones almacenadas en documentos propios y ajenos a Word.

Todos los documentos creados en este capítulo para seguir el ejemplo están en la carpeta \Ejemplos\Cap10 del CD-ROM de acompañamiento.

Las herramientas disponibles para esta tarea con Word 2002 son las siguientes:

- El Panel de tareas Combinar correspondencia.
- El Asistente para combinar correspondencia.
- El Asistente para cartas.
- La barra de herramientas Combinar correspondencia.
- Los campos de combinación y los campos de Word.
- Las plantillas para combinar correspondencia.
- La barra de herramientas Base de datos.
- Microsoft Query.
- El Asistente para la conexión de datos.

El Panel de tareas Combinar correspondencia

El Panel de tareas Combinar correspondencia se acopla a la parte derecha de la pantalla al seleccionar Herramientas>Cartas y correspondencia.

Los Asistentes

El Asistente para combinar correspondencia inicia su actividad en el momento de abrirse el Panel de tareas Combinar correspondencia. En la figura 10.1 puede verse que el mismo panel permite dar el primer paso en este proceso. Hay que elegir el tipo de documento y hacer clic en Siguiente para continuar.

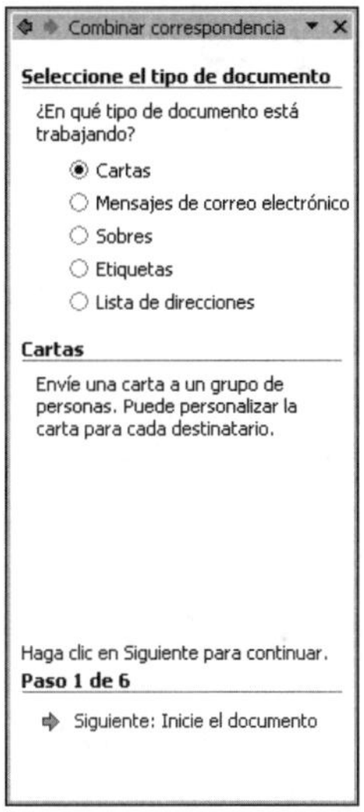

Figura 10.1. El Panel de tareas Combinar correspondencia

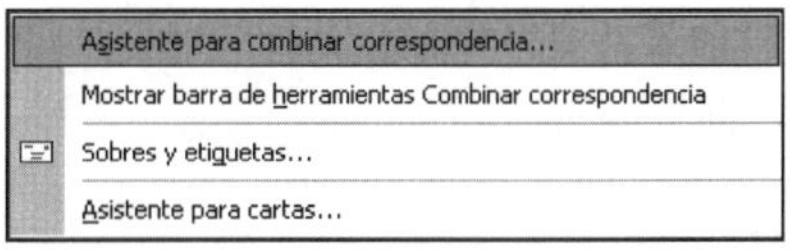

Figura 10.2. El submenú Cartas y correspondencia

El Asistente para cartas se inicia al seleccionar Herramientas>Cartas y correspondencia>Asistente para cartas. Conduce al usuario en la confección de una carta. Puesto que ya hemos creado la carta para este ejemplo, no vamos a utilizarlo. Contiene fichas para seleccionar el formato de la carta y para incluir la información sobre el remitente y destinatario, enlazando optativamente con la Libreta de direcciones de Outlook.

La barra de herramientas Combinar correspondencia

La barra de herramientas Combinar correspondencia se activa seleccionándola en el menú emergente de cualquier barra de herramientas o bien seleccionando Mostrar barra de herramientas Combinar correspondencia en el submenú Cartas y correspondencia. Contiene todas las herramientas y opciones necesarias para llevar a cabo la tarea de un envío masivo de correspondencia.

Los campos de combinación y los campos de Word

Los campos de combinación y de Word se insertan en el documento principal, la carta en este caso, para personalizarlo. No solamente es posible personalizar el nombre y la dirección del destinatario de cada carta, sino ciertos aspectos del contenido, por ejemplo, el tratamiento, algún dato relacionado con la ciudad en que vive el destinatario, la forma de pago, el producto que se ofrece, etc.

Las plantillas para combinar correspondencia

El cuadro de diálogo Plantillas contiene una ficha especial llamada Combinar correspondencia que ofrece numerosas plantillas predefinidas para crear listas de direcciones, cartas combinadas y faxes combinados, con campos incrustados que incluyan en el texto los datos personalizados de los destinatarios.

El archivo de origen de datos

El origen de datos es la base de datos que almacena las direcciones y otros datos de los destinatarios y puede estar desarrollada en cualquier programa de base de datos. Word admite los siguientes orígenes de datos:

- La Lista de contactos de Microsoft Outlook. Información almacenada en la Libreta de direcciones.
- Una lista de direcciones de Microsoft Office. Se crean fácilmente con el Asistente para combinar correspondencia.
- Una hoja de cálculo de Microsoft Excel. Excel cuenta con una función de administración de listas que se puede emplear para confeccionar la lista de destinatarios.
- Una base de datos de Microsoft Access. Puede ser cualquier tabla o consulta definida en la base de datos.
- Archivos de otras bases de datos. Es posible conectarse a una base de datos externa, utilizando el Asistente para conexión de datos.
- Archivos de programas de base de datos, basados en archivos con una sola fila, para los que haya instalado un proveedor de OLE DB o un

controlador ODBC (conectividad de base de datos abierta). Office XP incluye varios controladores de este tipo. Hay que utilizar el **Asistente para conexión de datos.**

Nota:

*El icono **ODBC Data Sources** del Panel de control contiene la lista de controladores instalados para acceder a orígenes de datos externos.*

Nota:

*ODBC es un método normalizado para compartir datos entre bases de datos y otras aplicaciones. Los controladores ODBC son archivos DLL (Biblioteca de vínculos dinámicos) que emplean el lenguaje SQL para obtener acceso a información que provenga de Word. Word incluye un **Administrador de controladores** y un juego de controladores ODBC para los formatos de base de datos más utilizados.*

Nota:

*Para iniciar el **Asistente para conexión de datos**, hay que seleccionar **Nuevo origen** en el cuadro de diálogo **Seleccionar archivos de origen de datos**, en el tercer paso del **Asistente para combinar correspondencia**.*

- Un archivo HTML. Se puede utilizar un archivo HTML que incluya una sola tabla cuya primera fila contenga nombres de columna y las demás filas contengan datos.
- Se pueden emplear los siguientes tipos de libretas de direcciones electrónicas:
    - Libreta de direcciones de Microsoft Outlook.
    - Lista de contactos de Microsoft Schedule+ 7.0.
    - La Libreta personal de direcciones creada para utilizarla con Microsoft Exchange Server.
    - Cualquier lista similar creada con un sistema de correo compatible con MAPI como, por ejemplo, Microsoft Outlook.

- Un origen de datos de Microsoft Word. Es posible utilizar un documento de Word como origen de datos, en forma de tabla y cuyas columnas sean los campos y las filas sean los registros. La primera fila debe contener los nombres de los campos que etiqueten los contenidos de las columnas.
- Archivos de texto. También puede emplearse un texto distribuido por delimitadores que separen los campos y marcas que separen también los registros.

Truco:

Los delimitadores de campo son caracteres que separan los campos de datos entre sí. Los delimitadores de registros separan igualmente cada registro del siguiente y del anterior. Word admite numerosos delimitadores para separar campos, como tabulaciones o comas, y delimitadores de registros, como marcas de párrafo. Para ver todos los delimitadores de campo y registro que admite Word, hay que abrir la barra de herramientas **Base de datos** *en un documento que no contenga base de datos alguna y hacer clic en el botón* ***Administrar campos****. Aparecerá el cuadro de diálogo* **Delimitadores de registro inicial** *con dos listas desplegables, en las que observar todos los delimitadores admitidos.*

Truco:

Si el archivo que almacena las direcciones es grande y se modifica con frecuencia, lo más recomendable es utilizar una tabla de Microsoft Access, que tiene toda la funcionalidad de las bases de datos relacionales o incluso Excel, que ofrece una función para gestionar listas de direcciones. Si el archivo de direcciones es corto y no hay que modificarlo, lo más cómodo es utilizar una tabla de Word.

Advertencia:

En caso de modificar posteriormente el nombre o la ubicación del archivo que contiene el origen de datos, es necesario volverlo a enlazar con el documento de combinación de correspondencia para poder utilizarlo.

El proceso de Combinar correspondencia

El archivo **Direcciones.mdb** almacenado en la carpeta **\Ejemplos\Cap10** contiene una lista de direcciones de destinatarios para utilizar en la combinación de correspondencia, enviándoles la carta personalizada que acompaña al folleto.

Este archivo se ha creado con Microsoft Access, por lo que tiene el formato de base de datos de Access con la extensión **.mdb**. También hemos exportado ese archivo con el nombre de **Direcciones.txt**. Tiene el formato de archivo de texto y la extensión **.txt**. La figura 10.3 muestra la tabla de Access y la 10.4 el archivo de texto con la opción **Ver>Texto oculto** activada. Obsérvese que los campos están delimitados por tabulaciones y los registros por marcas de párrafo.

Direcciones : Tabla

Id	Tratamiento	Nombre	Apellido1	Apellido2	Dirección	Código Postal	Población	Pro
1	Sr.	Antonio	Grijalbo	Díaz	Laguna, 33	20021	La Granjilla	Segovi
2	Sra.	Felisa	Gómez	Alba	Cerbatana, 12	21021	El Fresno	Cuenc
3	Sra.	Remedios	Sánchez	Gil	Los Carros, 2	23012	Monteros	Ciudad
4	Sr.	Luis	De Felipe	Robles	Alejadro Monte	20019	Tielmos	Segovi
5	Sr.	Alfonso	Quijorna	Gómez	Austria, 16	21012	Redonduela	Cuenc
6	Sra.	Georgina	Vallés	Romero	La Alberca, 8	22140	Guadalajara	Guadal
7	Sr.	Felipe	Nieres	Sanz	Montánchez, 3	20035	Servela de Ríos	Segovi
8	Sra.	Romana	Dueñas	Del Caz	Zacatín, 13	23001	Herreros	Ciudad
9	Sr.	Enrique	Ocaña	Montes	Hermosilla, 12	22003	Tamiz	Guadal
10	Sr.	Antonio	Olano	Señas	Serranos, 4	20190	Montejo	Segovi
nérico)						0		

Registro: 1 de 10

Figura 10.3. La tabla de Access

La base de datos

La barra de herramientas **Base de datos** resulta muy útil para organizar la base de datos que contiene los registros para la combinación de correspondencia. En este caso, el archivo de texto creado al exportar la tabla de Access y la misma tabla de Access.

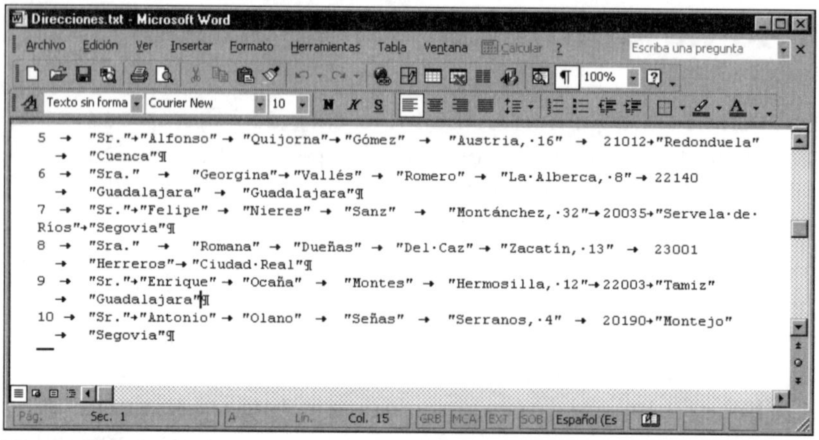

Figura 10.4. La tabla de Access exportada como texto delimitado por tabulaciones

Supongamos que no disponemos de Microsoft Access instalado en el ordenador y tenemos que usar el archivo de texto, para recopilar los datos de los destinatarios del envío de correo.

Para poder manipular esos datos, hay que convertir el texto en tabla, haciendo lo siguiente:

1. Pulsar **Control-E** para seleccionar todos los registros.
2. Seleccionar la opción Tabla>Convertir>Convertir texto en tabla.
3. En el cuadro de diálogo Convertir texto en tabla, seleccionar el botón de opción Tabulaciones, en la zona Separar texto en.
4. Hacer clic en Aceptar.

El texto queda convertido en una tabla de 9 columnas, pero los campos continúan encerrados entre comillas, que se pueden eliminar fácilmente con la opción Edición>Reemplazar, reemplazando las comillas por pulsaciones de la tecla **Supr**. Pero la barra de herramientas Base de datos facilita este trabajo y elimina las comillas de una sola vez:

1. Abrir un documento en blanco.
2. Seleccionar Base de datos en el menú emergente de la barra de herramientas Estándar.

3. Hacer clic en el botón **Insertar base de datos**.
4. En el cuadro de diálogo Base de datos, hacer clic en el botón Obtener datos.

5. En el cuadro de diálogo **Seleccionar archivos de origen de datos**, desplegar la lista **Buscar en**: y luego seleccionar la carpeta que contiene el archivo **Direcciones.txt**.
6. Seleccionar el archivo de texto y hacer clic en el botón **Abrir**.
7. Con esto, se activan los restantes botones del cuadro de diálogo **Base de datos**.
8. Hacer clic en el botón **Insertar datos**.
9. Seleccionar el botón de opción **Todos**.
10. Los registros aparecen en el documento de Word en una tabla de 9 columnas, como muestra la figura 10.5. Guardar el archivo. En la carpeta **\Ejemplos\Cap10** está almacenado como **Direcciones.doc**. Hay, por tanto, un mismo archivo con tres formatos distintos: **.mdb**, **.txt** y **.doc**.

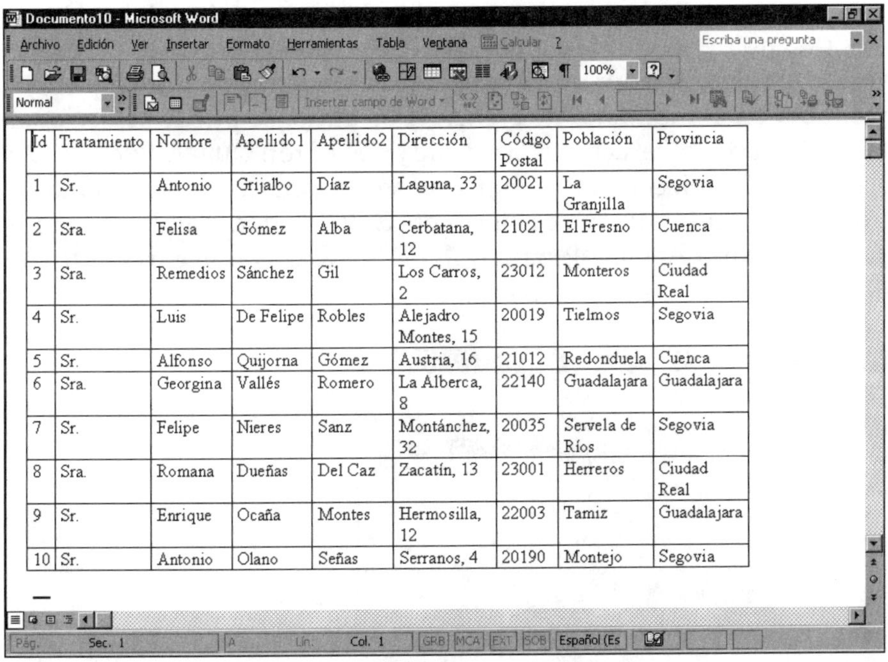

Id	Tratamiento	Nombre	Apellido1	Apellido2	Dirección	Código Postal	Población	Provincia
1	Sr.	Antonio	Grijalbo	Díaz	Laguna, 33	20021	La Granjilla	Segovia
2	Sra.	Felisa	Gómez	Alba	Cerbatana, 12	21021	El Fresno	Cuenca
3	Sra.	Remedios	Sánchez	Gil	Los Carros, 2	23012	Monteros	Ciudad Real
4	Sr.	Luis	De Felipe	Robles	Alejadro Montes, 15	20019	Tielmos	Segovia
5	Sr.	Alfonso	Quijorna	Gómez	Austria, 16	21012	Redonduela	Cuenca
6	Sra.	Georgina	Vallés	Romero	La Alberca, 8	22140	Guadalajara	Guadalajara
7	Sr.	Felipe	Nieres	Sanz	Montánchez, 32	20035	Servela de Ríos	Segovia
8	Sra.	Romana	Dueñas	Del Caz	Zacatín, 13	23001	Herreros	Ciudad Real
9	Sr.	Enrique	Ocaña	Montes	Hermosilla, 12	22003	Tamiz	Guadalajara
10	Sr.	Antonio	Olano	Señas	Serranos, 4	20190	Montejo	Segovia

Figura 10.5. Las direcciones en una tabla de Word

Opciones de consulta

El cuadro de diálogo **Base de datos** tiene otros dos botones, que describimos a continuación:

- **Autoformato de tablas**. Abre el cuadro de diálogo Autoformato de tablas que vimos en el capítulo 8.
- **Opciones de consulta**. Abre el cuadro de diálogo Opciones de consulta, con opciones para organizar los registros y los campos, antes de proceder a la combinación de correspondencia.

El cuadro de diálogo Opciones de consulta tiene las fichas siguientes:

- La ficha Ordenar registros permite seleccionar el criterio de clasificación principal y dos criterios secundarios. Por ejemplo, se puede ordenar la base de datos por ciudad y después por provincia.
- La ficha Seleccionar campos presenta dos ventanas. Campos de origen de datos, con todos los campos existentes en la base de datos. Campos seleccionados, con los campos que se van a usar en la combinación de correspondencia. Por ejemplo, el campo Id de la tabla Direcciones.doc no tiene utilidad en el envío de cartas, porque es el campo clave con un identificador numérico que Access agrega automáticamente a la tabla en el momento de crearla. Por tanto, se puede seleccionar en la ventana de la derecha y hacer clic en el botón Quitar. Para añadir un campo a los seleccionados, hay que seleccionarlo en la ventana de la izquierda y el botón se convierte en Seleccionar. También hemos quitado el campo Apellido2 para que no aparezca en la carta, aunque se podría dejar en los sobres o etiquetas.

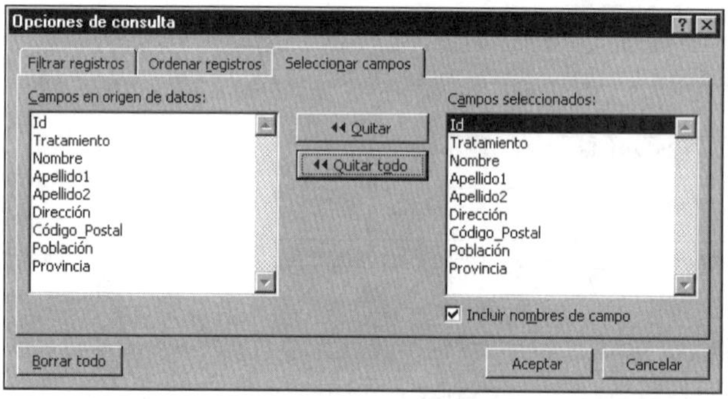

Figura 10.6. Eliminación del campo Id

- La ficha Filtrar registros sirve para restringir el envío de correo. Por ejemplo, para enviar la carta con el folleto únicamente a clientes de la provincia de Cuenca y Guadalajara, hay que seguir entonces los pasos siguientes:

1. Desplegar la lista Campo y seleccionar Provincia.
2. En la lista Comparación, seleccionar Igual a.
3. En el cuadro de texto Comparado con, escribir Cuenca.
4. Activar el botón de opción O.
5. Desplegar la lista Campo y seleccionar Provincia.
6. En la lista Comparación, seleccionar Igual a.
7. En el cuadro de texto Comparado con, escribir Guadalajara.

Nota:

Después de los cambios, es necesario guardar de nuevo el archivo. Para mantener la tabla intacta del archivo Direcciones, *se puede guardar como* DireccionesConsulta. *Con ese nombre está en la carpeta* \Ejemplos\Cap10.

Opciones de la barra de herramientas Base de datos

La barra de herramientas Base de datos tiene otros botones muy útiles que resume la tabla 10.1.

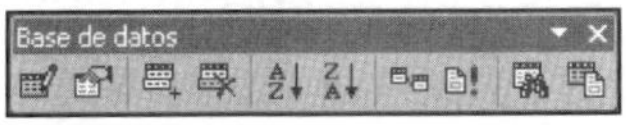

Figura 10.7. La barra de herramientas Base de datos

Tabla 10.1. Los botones de la barra de herramientas Base de datos

Botón	Función
Formulario de datos	Muestra la Ficha de datos, que presenta todos los registros de la base de datos y ofrece botones para añadir registros, borrarlos, restaurarlos o buscarlos.
Administrar campos	Permite añadir, eliminar o renombrar campos.
Agregar nuevo registro	Agrega un nuevo registro donde se halle el punto de inserción.
Eliminar registro	Borra el registro en que se halle el punto de inserción.

Botón	Función
Orden ascendente	Ordena la tabla o base de datos de forma ascendente por el campo activo.
Orden descendente	Ordena la tabla o base de datos de forma descendente por el campo activo.
Insertar base de datos	Inserta una base de datos.
Actualizar campos	Permite actualizar los campos y vincularlos en los documentos.
Buscar registro	Busca un registro por el campo que se le indique.
Documento principal	Abre el documento principal (la carta) adjunto al origen de datos.

Creación de una lista

En el caso de no disponer de una base de datos con las direcciones de los destinatarios del correo, se puede crear una lista de la forma siguiente:

1. Abrir un documento en blanco.
2. Seleccionar Herramientas>Cartas y correspondencia>Asistente para Combinar correspondencia.
3. Seleccionar el botón de opción Lista de direcciones en la zona Seleccione un tipo de documento.
4. Hacer clic en Siguiente.
5. Seleccionar Utilizar el documento actual. Eso significa que la lista se creará en el documento en blanco.
6. Hacer clic en Siguiente.
7. Seleccionar el botón de opción Escribir una lista nueva y luego pulsar Siguiente.
8. En el cuadro de diálogo Nueva lista de direcciones, escribir los datos de los destinatarios.

El cuadro de diálogo Nueva lista de direcciones tiene opciones para gestionar la base de datos de forma similar a las que vimos anteriormente en Opciones de consulta:

- El botón Nueva entrada guarda los datos del registro anteriormente insertado y presenta la ficha en blanco para escribir un nuevo registro.

- El botón Eliminar entrada borra el registro activo.
- El botón Buscar entrada permite buscar un registro por campos.
- El botón Filtrar y ordenar abre un cuadro de diálogo similar a Opciones de consulta, pero únicamente con dos fichas.
- El botón Personalizar permite cambiar los nombres de los campos. Por ejemplo, no existe un campo para el segundo apellido, que se puede crear haciendo clic en el botón Agregar. También se puede cambiar el orden de los campos, utilizando los botones Subir y Bajar.

El documento principal

El documento principal que vamos a usar en la combinación de correspondencia, asociándolo a la base de datos, es la carta que creamos capítulos atrás. Pero, antes de utilizarla, hay que insertarle campos de Word y campos de combinación.

1. Abrir la carta.
2. Borrar la línea "Estimado cliente". Es preferible personalizarla.
3. Seleccionar Herramientas>Cartas y correspondencia>Asistente para Combinar correspondencia.
4. Seleccionar el botón de opción Cartas.
5. Hacer clic en Siguiente.
6. Seleccionar el botón de opción Utilizar el documento actual. Hacer clic en Siguiente.
7. Seleccionar el botón de opción Utilizar una lista existente.
8. Hacer clic en el botón Examinar.
9. En el cuadro de diálogo Seleccionar archivos de origen de datos, desplegar la lista Buscar en: y seleccionar la carpeta que contiene la base de datos.
10. Hacer clic en Direcciones.mdb o bien en Direcciones.doc y pulsar el botón Abrir.

El cuadro de diálogo Destinatarios de combinar correspondencia presenta los registros de la base de datos seleccionada. Cada encabezado tiene una lista desplegable con el contenido de los campos, lo que permite seleccionarlos todos o restringirlos, así como ordenarlos. Los encabezados son botones que se pueden desplazar, por lo que, si están desordenados, conviene ordenar los campos situándolos en el orden siguiente: Tratamiento, Nombre, Apellido1, Apellido2, Dirección, Población, Código postal, Provincia.

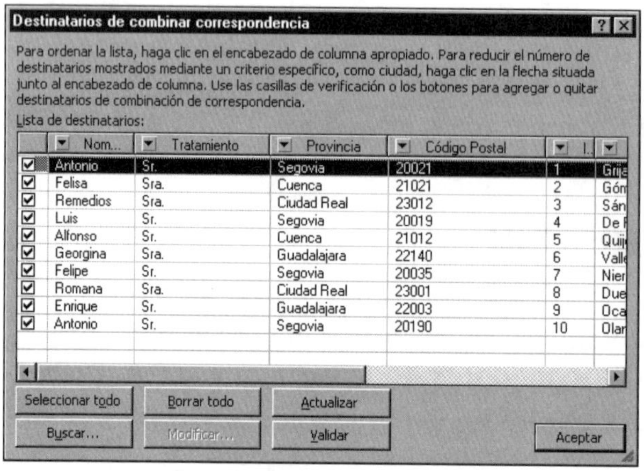

Figura 10.8. El cuadro de diálogo Destinatarios de combinar correspondencia

Después de hacer clic en Seleccionar todo y en Aceptar, el Panel de tareas Combinar correspondencia indicará "Actualmente, los destinatarios se han seleccionado de Direcciones.mdb". El siguiente cuadro del Asistente se llama Escriba la carta. Dado que la carta ya está escrita, procede insertar los campos para personalizarla.

Inserción de campos

1. Hacer clic en el margen izquierdo de la carta, donde hay que insertar el nombre y la dirección.
2. En el Panel de tareas Combinar correspondencia, seleccionar Bloque de direcciones. Esta opción insertará el nombre y la dirección con formato.
3. En el cuadro de diálogo Insertar bloque de direcciones, seleccionar la casilla de verificación Insertar el nombre de los elementos en este formato.
4. Seleccionar también la casilla de verificación Insertar la dirección postal. Dejar seleccionado el botón de opción No incluir nunca el país ni la región en la dirección.

5. Hacer clic en el botón **Asignar campos**.
6. En el cuadro de diálogo **Asignar campos**, desplegar las listas que indiquen (**no disponible**) para seleccionar el campo adecuado. Por ejemplo, el campo **Apellidos** tiene esa indicación, porque el campo creado en la base de datos se llama **Apellido1**.
7. Hacer clic en **Aceptar**.

Advertencia:

Si algún campo queda señalado como **(no disponible)**, *es posible que Word no encuentre el campo a la hora de combinar la correspondencia y presente el cuadro de diálogo* **Asignar campos**. *En tal caso, hay que desplegar las listas para seleccionar el campo adecuado.*

La figura 10.9 muestra el bloque insertado en la carta. Obsérvese que el estilo de párrafo del bloque es **ParrafoCarta**. Es importante aplicar el estilo para evitar que la dirección aparezca desplazada.

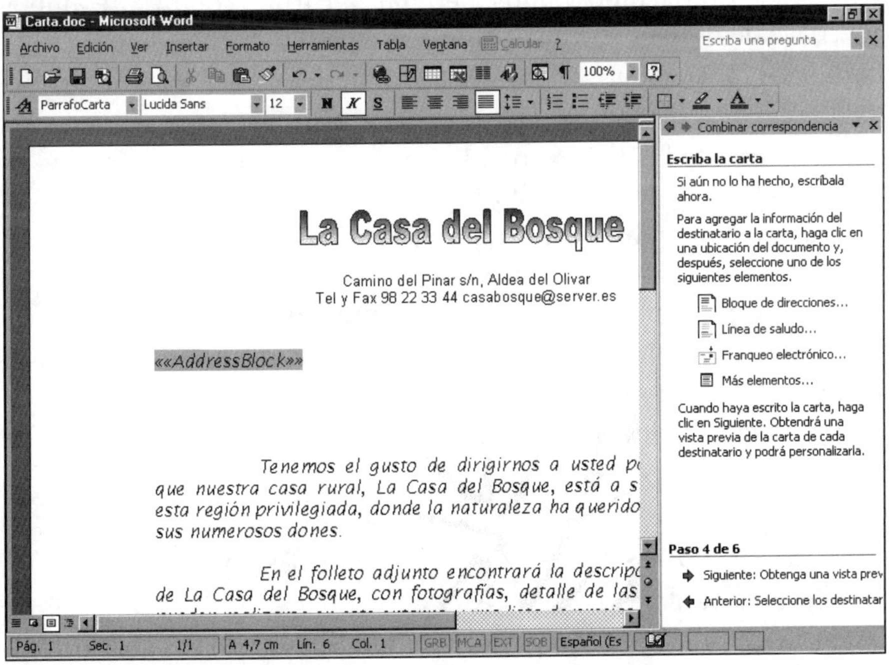

Figura 10.9. El campo bloque de direcciones insertado en la carta

El siguiente paso del Asistente es obtener una vista previa. Este cuadro muestra una vista preliminar de las cartas combinadas. Contiene dos botones con los que es posible visualizar registros anteriores o posteriores y comprobar el resultado. El enlace Editar lista de destinatarios da acceso de nuevo al cuadro de diálogo Destinatarios de combinar correspondencia. Si hay que eliminar algún destinatario, cuando aparezca la vista previa correspondiente, hay que hacer clic en el botón Excluir al destinatario.

A continuación, vamos a insertar un campo de Word seguido de un campo de combinación, que permitirán personalizar la línea de saludo.

Campos de Word

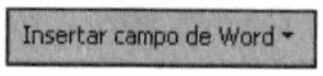

Los campos de Word se insertan fácilmente utilizando la barra de herramientas Combinar correspondencia. Para hacerla visible, hay que seleccionarla en el menú emergente de cualquier barra de herramientas o seleccionando Mostrar barra de herramientas Combinar correspondencia, en el submenú Cartas y correspondencia.

Los campos de Word son instrucciones complejas, algunas veces condicionales. Por ejemplo, como vamos a enviar la carta a clientes de ambos sexos y la base de datos tiene un campo Tratamiento que indica si se trata de un señor o de una señora, podemos personalizar el saludo de la forma que sigue:

1. Situar el punto de inserción en el lugar en que vaya el saludo, dos líneas más debajo de la dirección.
2. Hacer clic en el botón **Insertar campo de Word** de la barra de herramientas Combinar correspondencia.
3. En la lista desplegable, seleccionar Si...Entonces...Sino.
4. En el cuadro de diálogo Insertar campo de Word, desplegar la lista Nombre de campo y seleccionar Tratamiento.
5. En Comparación, seleccionar Igual a.
6. En Comparado con, seleccionar Sr.
7. En Insertar texto, escribir: Estimado señor.
8. En el cuadro Si no, insertar este otro, escribir: Estimada señora.
9. Hacer clic en Aceptar.
10. Comprobar que el estilo de párrafo de la línea de saludo es ParrafoCarta.

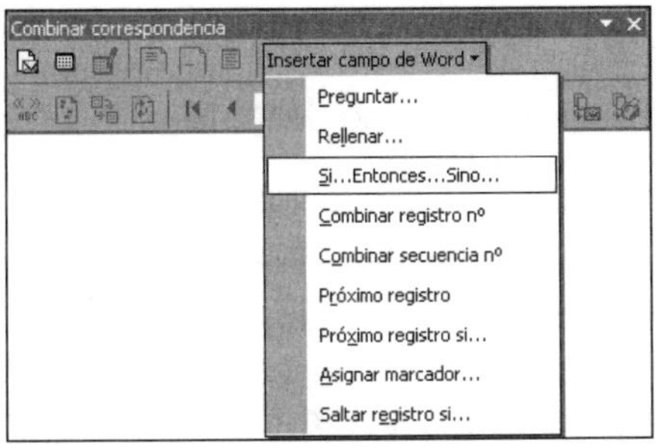

Figura 10.10. La barra de herramientas Combinar correspondencia con los campos de Word

Los restantes campos de Word que ofrece la barra de herramientas **Combinar correspondencia** tienen las siguientes funciones:

- **Rellenar**. Presenta un mensaje al usuario solicitándole una información, por ejemplo, el número de cliente. Cuando el usuario escribe la respuesta en el cuadro de texto, su respuesta reemplaza al campo insertado.
- **Preguntar**. Es similar al anterior, porque permite solicitar una información al usuario, pero la información que éste escribe se asigna a un marcador, con el fin de poderla usar después. Por ejemplo, el número de cliente que inserta, se emplea para recuperar información sobre su cuenta, pedidos, etc.
- **Si...entonces...sino**. Imprime la información sólo si se cumple una condición especificada. Lo hemos visto en el ejemplo anterior.
- **Combinar registro nº**. Imprime el número del registro que corresponde al destinatario, tras ordenar los registros por un criterio. Por ejemplo, el número de cliente.
- **Combinar secuencia nº**. Cuenta el número de registros combinados.
- **Próximo registro**. Combina el registro siguiente en el mismo documento que el actual y no en un documento nuevo.
- **Próximo registro si**. Igual que el anterior, pero si se cumple una condición.
- **Asignar marcador**. Permite asignar texto u otra información a un marcador.
- **Saltar registro si**. Si se cumple (o no se cumple) determinada condición, Word no enviará la carta a este destinatario.

Campos de combinación

Los campos de combinación son los definidos en la base de datos. En este caso, el tratamiento, nombre, apellidos, dirección, etc.

1. A continuación, hay que pulsar la **Barra espaciadora** para dejar un espacio en blanco entre la palabra "Estimado señor" o "Estimada señora" y el nombre del cliente.

2. Hacer clic en el botón Insertar campo de combinación de la barra de herramientas Combinar correspondencia.
3. En el cuadro de diálogo Insertar campo de combinación, seleccionar el campo Apellido1, que es el que ha de aparecer.
4. Hacer clic en el botón Insertar y luego en Cerrar.

La figura 10.11 muestra los campos insertados en la carta.

Combinar correspondencia

El último paso del Asistente para combinar correspondencia es llevar a cabo la combinación. El Panel de tareas Combinar correspondencia muestra dos opciones:

- Imprimir.
- Editar cartas individuales.

Pero la barra de herramientas Combinar correspondencia ofrece otras opciones adicionales:

- **Combinar en un documento nuevo**. Muestra en la pantalla las cartas personalizadas, reunidas en un documento que, de forma predeterminada, se denomina Letras1. Se puede guardar con otro nombre si resulta conveniente. El documento de combinación de correspondencia del ejemplo se encuentra en carpeta \Ejemplos\Cap10, con el nombre de Combinación.doc.
- **Combinar al imprimir**. Presenta en cuadro de diálogo Imprimir e imprime directamente las cartas personalizadas en la impresora predeterminada.
- **Combinar en correo electrónico**. Presenta el cuadro de diálogo Combinar en correo electrónico con las opciones Para:, Asunto, etc.

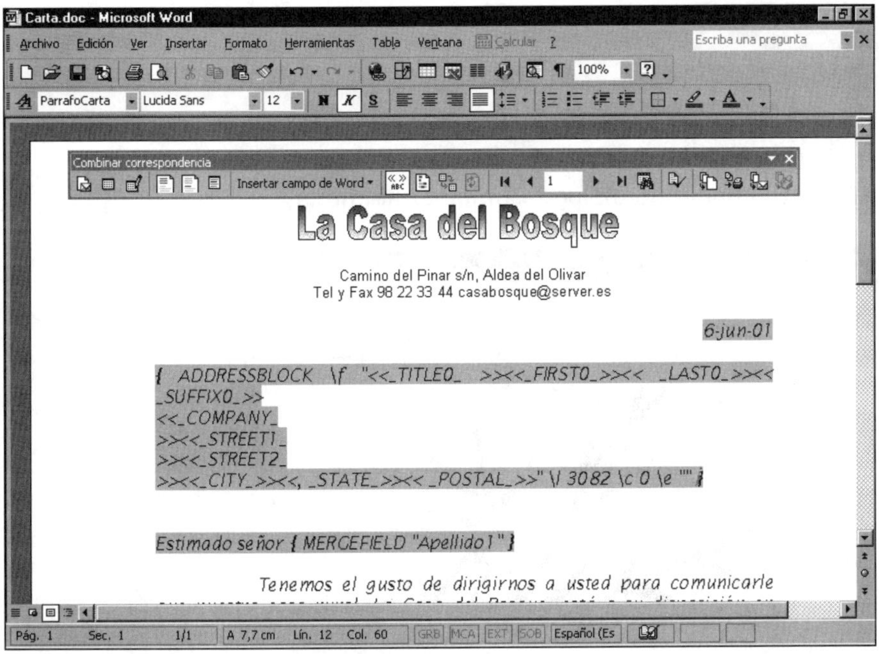

Figura 10.11. Los campos insertados

- **Combinar en fax**. Presenta el cuadro de diálogo **Combinar en fax** solicitando el campo que contiene el número de fax del destinatario.

Nota:

Todas estas opciones presentan en primer lugar un cuadro de diálogo en el que seleccionar si combinar todos los registros o excluir algunos.

Advertencia:

Antes de combinar en la impresora, en el correo electrónico o en el fax, es conveniente asegurarse de que el resultado es correcto. Para ello, se puede obtener una vista previa o utilizar el botón ***Revisar errores*** *de la barra de herramientas* **Combinar correspondencia**, *que da opción a simular la combinación en un documento y advertir de los errores, llevar a cabo la combinación deteniéndose para advertir los errores o combinar sin detenerse y advertir de los errores en un documento nuevo.*

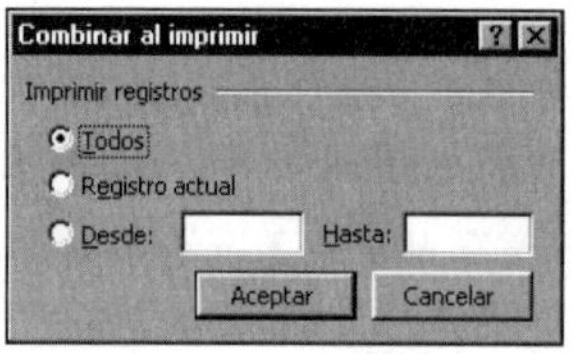

Figura 10.12. El cuadro de diálogo Combinar al imprimir

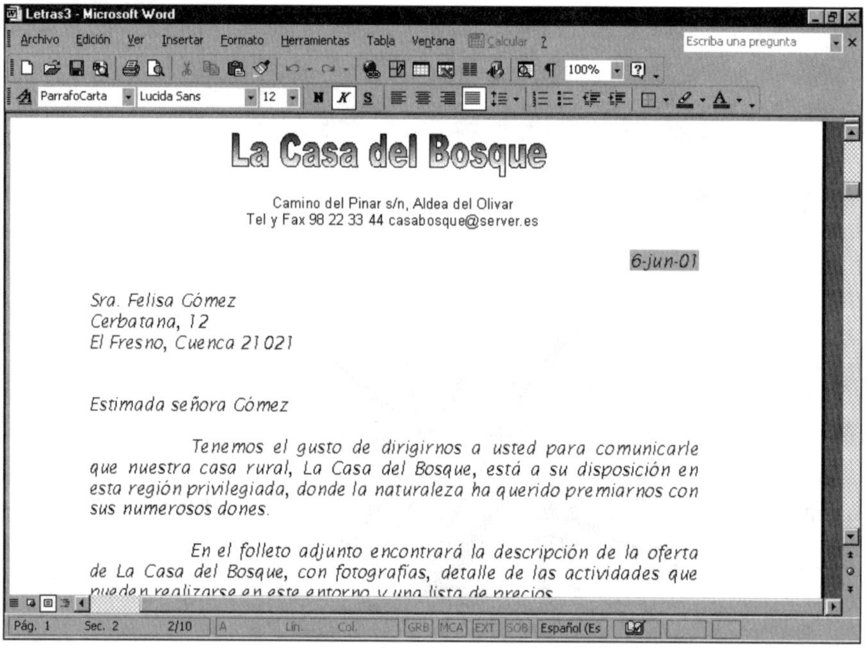

Figura 10.13. La carta combinada en un documento nuevo

Advertencia:

Si, al imprimir las cartas, se imprimen los campos en lugar de los datos, hay que desactivar la casilla de verificación **Códigos de campo** *en la ficha* **Imprimir** *del cuadro de diálogo* **Opciones** *(menú* **Herramientas***).*

Truco:

Cuando se combinan cartas en un documento, Word imprime cada una en una sección. Para imprimir una sola carta (o varias) de las destinadas a combinar correspondencia, hay que seleccionar **Archivo>Imprimir** *y, en el cuadro de diálogo* **Imprimir***, escribir* *los números de las secciones de las cartas a imprimir. Por ejemplo, para imprimir la primera, cuarta, sexta, séptima y octava cartas, hay que seleciconar el botón de opción* Páginas *y escribir* s1,s4, s6-s8 *en el cuadro de texto* Páginas.

El Asistente para la conexión de datos

El Asistente para la conexión de datos se activa al pulsar el botón Nuevo origen del cuadro de diálogo Seleccionar archivos de origen de datos. Este Asistente conduce por todo el proceso de conexión a un archivo de origen de datos remoto, que puede ser una base de datos o un servidor de red.

Al seleccionar las opciones Microsoft SQL Server u Oracle, el Asistente solicita el nombre y datos del servidor con el que establecer la conexión.

- La opción DSN (nombre de origen de datos) de ODBC ofrece la posibilidad de conexión a archivos de bases de datos de dBase, Excel, Fox Pro, Access, etc.
- La opción Otro o avanzado da acceso al cuadro de diálogo Propiedades de vínculos de datos (en inglés, Data Link Properties) que ofrece una lista de proveedores OLE DB.

Nota:

OLE DB es una arquitectura de base de datos que instala un acceso a redes (por ejemplo, a Internet) que permite acceder a numerosos archivos de origen de datos.

Consultas con Microsoft Query

Microsoft Query es un componente de Office que se instala como otras funciones de Word. Normalmente se instala de manera que la instalación se ejecuta al utilizarlo por primera vez, lo que se lleva a cabo automáticamente tan sólo con insertar el disco de Word o de Office XP.

Este componente permite realizar consultas, filtrar y ordenar los registros como hemos visto anteriormente con las funciones de la barra de herramientas Base de datos.

Para activar Microsoft Query, hay que hacer lo siguiente:

1. Acceder al cuadro de diálogo Seleccionar archivos de origen de datos, ya sea desde la barra de herramientas Base de datos o desde el Asistente para combinar correspondencia.
2. Hacer clic en el botón **Herramientas** de la barra de herramientas del cuadro de diálogo. Cuando se despliegue el menú, seleccionar Consulta de MS.

Una vez activado, Microsoft Query se emplea de la misma forma que el cuadro de diálogo Opciones de consulta, que hemos visto anteriormente. El cuadro de diálogo tiene dos fichas para acceder a bases de datos o bien a consultas anteriormente realizadas y guardadas con un nombre.

El Asistente para consultas ayuda a realizar una consulta, seleccionando las columnas de la base de datos a consultar. Después es posible filtrar los datos y ordenarlos por criterios.

Al finalizar la consulta, el Asistente propone devolver los datos a Word, guardarlos o bien almacenar la consulta para otra ocasión.

Al final se vuelve al cuadro de diálogo Base de datos, que vimos en el epígrafe *Opciones de consulta.*

Creación de sobres y etiquetas

Los sobres y las etiquetas para el correo masivo se crean seleccionando Herramientas>Cartas y correspondencia>Sobres y etiquetas.

El cuadro de diálogo Sobres y etiquetas tiene dos fichas:

- Sobres.
- Etiquetas.

Cada una de ellas contiene un botón Opciones para personalizar el tamaño, fuente y tipo de alimentación de la impresora. El cuadro de diálogo Opciones de etiqueta ofrece el botón Nueva para crear etiquetas personalizadas con un nombre y unas medidas específicas. La Vista previa muestra el resultado.

Para crear sobres y etiquetas y utilizarlos en el proceso de combinación de correspondencia, hay que recorrer los mismos pasos que hemos recorrido para la carta, pero con algunas diferencias:

1. Seleccionar **Herramientas>Cartas y correspondencia>Asistente para Combinar correspondencia**.
2. Seleccionar el botón de opción **Sobres** o bien **Etiquetas**.
3. Hacer clic en **Siguiente** para iniciar el sobre o la etiqueta.
4. Seleccionar el botón de opción **Utilizar una lista existente**.
5. En el cuadro de diálogo **Seleccionar archivos de origen de datos**, seleccionar la carpeta que contiene la base de datos y luego pulsar el botón **Abrir**.
6. El siguiente paso es diseñar el sobre o la etiqueta. Entonces es posible acceder al cuadro de diálogo **Opciones de sobre** u **Opciones de etiqueta**, para personalizarlos.
7. Luego hay que completar la combinación en un documento nuevo o en la impresora.

Advertencia:

Si los sobres tienen membrete, conviene activar la casilla de verificación **Omitir**, *en la zona* **Remite** *de la ficha* **Sobre**.

Resumen

En este capítulo hemos aprendido a preparar la carta del ejemplo que venimos siguiendo desde el capítulo 3, para enviarla, acompañando al folleto, a una lista de destinatarios contenida en tres archivos de diferentes formatos.

Hemos aprendido a insertar campos de Word y campos de combinación, para personalizar la dirección y la línea de saludo de la carta.

También hemos aprendido a insertar bases de datos en Word procedentes de Access o bien exportadas desde Access con el formato de archivos de texto delimitados por tabulaciones.

Hemos trabajado con tres herramientas de consulta para acceder a una base de datos, seleccionar registros, filtrarlos, ordenarlos e insertarlos en una tabla a emplear en el envío de correspondencia. Una de ellas procede de la función de bases de datos propia de Word. La otra es el cuadro de diálogo **Nueva lista de direcciones**. La tercera es Microsoft Query.

También hemos aprendido a trabajar con las barras de herramientas Base de datos y Combinar correspondencia. Cada una de ellas ofrece opciones y herramientas para este tipo de tareas.

Hemos visto también la forma de combinar correspondencia en un documento, en la impresora, en el correo electrónico o en un fax.

Hemos tratado de las funciones del Asistente para conexión de datos, para acceder a diferentes archivos de origen de datos externos o remotos.

Por último, hemos visto la forma de crear sobres y etiquetas para el envío de correo masivo.

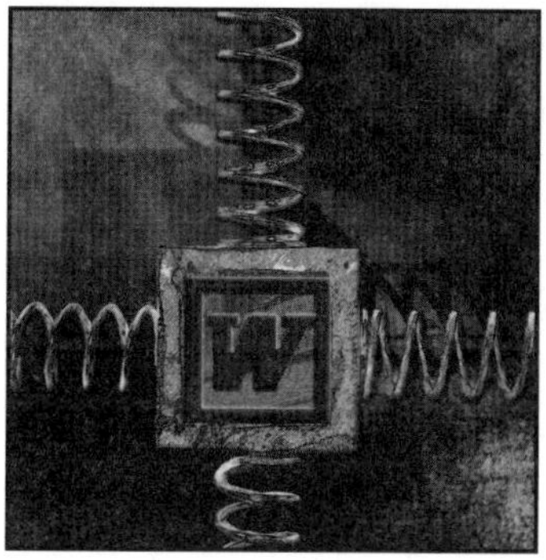

Capítulo 11

El trabajo con documentos grandes o numerosos

En este capítulo aprenderá a:

- Trabajar con los esquemas de Word.
- Trabajar con ventanas múltiples.
- Insertar archivos.
- Crear documentos maestros.
- Trabajar con subdocumentos.
- Enlazar documentos.
- Insertar hipervínculos.

La vista Esquema

Un esquema es una vista del documento que muestra títulos con formato y texto dependiente. Para ver un documento en modo Esquema, hay que seleccionar Ver>Esquema o hacer clic en el botón **Vista Esquema** de la barra de desplazamiento horizontal.

Los esquemas ofrecen la posibilidad de observar de un solo golpe de vista los títulos de un documento, cada uno de los cuales lleva subordinado uno o varios subtítulos o textos.

La barra de herramientas Esquema

Al pasar al modo Esquema, aparece la barra de herramientas Esquema. También se puede activar seleccionándola en el menú emergente de cualquier barra de herramientas, pero si el documento no está en Vista Esquema, la barra de herramientas aparece muy reducida.

Esta barra de herramientas comprende también los botones para gestionar tablas de contenido así como documentos maestros y subdocumentos, por lo que la utilizaremos en este capítulo y en el siguiente.

Figura 11.1. La barra de herramientas Esquema

La tabla 11.1 resume las funciones de los botones de la barra de herramientas Esquema. Están descritos de izquierda a derecha y de arriba abajo.

Tabla 11.1. La barra de herramientas Esquema

Botón	Función
Aumentar de nivel a Título1	Formatea el párrafo seleccionado a nivel Título 1.
Aumentar nivel	Aumenta el nivel del título en uno. Si es texto independiente, lo aumenta al nivel del título precedente.
Nivel de esquema	Despliega una lista en la que seleccionar el nivel a aplicar al párrafo seleccionado.

Botón	Función
Disminuir nivel	Disminuye el nivel del título en uno. Si se trata de texto independiente, lo disminuye al nivel del título precedente.
Disminuir a texto	Disminuye el título a nivel de texto independiente.
Subir	Traslada el párrafo seleccionado delante del primer párrafo visible que preceda al seleccionado.
Bajar	Traslada el párrafo seleccionado detrás del primer párrafo visible que preceda al seleccionado.
Expandir	Expande el primer nivel bajo el título seleccionado; haciendo clic varias veces, se expanden los niveles adicionales hasta el texto independiente.
Contraer	Contrae el texto independiente en títulos. Después contrae los niveles de títulos inferiores a niveles superiores.
Mostrar nivel	Muestra todos los títulos y texto hasta el nivel más bajo seleccionado.
Mostrar sólo primera línea	Alterna entre todo el texto independiente o solamente la primera línea de cada párrafo.
Mostrar formato	Alterna entre mostrar el esquema con o sin formato completo de caracteres.
Actualizar la TDC	Actualiza los campos de la tabla de contenido.
Ir a la TDC	Lleva el punto de inserción a la tabla de contenido.
Vista Documento maestro	Alterna entre el modo Esquema y el modo Documento maestro.
Contraer subdocumentos	Muestra solamente los títulos de los subdocumentos.
Crear subdocumento	Crea subdocumentos a partir de los elementos seleccionados del esquema.
Quitar subdocumento	Elimina subdocumentos, dejando el texto en el documento maestro.
Insertar subdocumento	Inserta en el documento maestro el archivo seleccionado en el cuadro de diálogo Insertar subdocumento.
Combinar subdocumento	Combina los subdocumentos seleccionados en un solo subdocumento.
Dividir subdocumento	Divide la parte seleccionada de un documento en otro subdocumento.
Bloquear documento	Bloquea y desbloquea el subdocumento seleccionado.

Creación de un esquema

La forma más sencilla de crear un esquema es escribir primero todo el texto y aplicarle después los niveles de esquema correspondientes. Hay que aplicar a los párrafos el formato adecuado para después esquematizarlos. La otra forma es ver el documento en modo Esquema y aplicar los niveles a medida que se escribe el texto.

Esta segunda forma es probablemente la más correcta, puesto que permite tener en cuenta la estructura del documento y el formato de los párrafos para esquematizarlos. Si un documento está formateado solamente con el estilo de párrafo Normal y un nivel de títulos, será más complicado de esquematizar que si ya se crea con varios niveles de títulos y el texto dependiendo de unos o de otros.

Veremos un ejemplo de creación de un esquema sencillo con este segundo método. La carpeta \Ejemplos\Cap11 contiene el archivo completo de este esquema, Ingenieria.doc, pero solamente practicaremos con una pequeña parte:

1. Abrir un documento en blanco.
2. Hacer clic en el botón **Vista Esquema** de la barra de desplazamiento horizontal.
3. La primera línea debe tener aplicado el estilo Título 1, de lo contrario, hay que hacer clic en el botón **Aumentar de nivel a Título 1**. Escribir el título Proyecto sobre la Historia de la Ingeniería.
4. Pulsar **Intro**. Escribir el segundo nivel I - Historia de la Ingeniería y hacer clic en el botón **Disminuir nivel**.
5. Pulsar **Intro**. Escribir el tercer nivel La Protoingeniería y hacer clic en el botón **Disminuir nivel**.
6. Pulsar **Intro**. Escribir el texto independiente Tecnología para controlar la complejidad - La ingeniería de la Edad de Piedra - La palanca y el arado en el nacimiento de la Agricultura - El nacimiento de la metalurgia y hacer clic en el botón **Disminuir a texto**.
7. Pulsar **Intro**. Escribir el siguiente epígrafe de tercer nivel La Ingeniería en las culturas antiguas y a continuación hacer clic en el botón **Aumentar nivel**.
8. Pulsar **Intro**. Escribir el siguiente nivel, que ha de ser el cuarto La tecnología en Mesopotamia y en Egipto y hacer clic en el botón **Disminuir nivel**.

9. Pulsar **Intro**. Escribir el texto independiente La rueda y la vela - La Ingeniería Naval: la galera - La Ingeniería Militar - La Ingeniería Agrícola y de Montes - El ábaco sumerio de barro y hacer clic en el botón **Disminuir a texto**.
10. Pulsar **Intro**. Escribir el siguiente epígrafe de cuarto nivel: La tecnología en Oriente y pulsar **Intro**.
11. Escribir el texto independiente La Ingeniería de Canales en las culturas del valle del Indo - Los avances de la tecnología china en la Ingeniería Agrícola y Militar - La brújula y el imán - El ábaco y el sorobán y hacer clic en el botón **Disminuir a texto**.
12. Pulsar **Intro**. Escribir el siguiente epígrafe de segundo nivel II - Historia de la Ingeniería en España, desplegar la lista Nivel de esquema y seleccionar Nivel 2.
13. Pulsar **Intro**. Escribir el primer epígrafe de tercer nivel La Ingeniería Aeronáutica y hacer clic en el botón **Disminuir nivel**.
14. Pulsar **Intro**. Escribir después el siguiente texto El biplano de Antonio Fernández - Juan de la Cierva: del Cangrejo al autogiro - Desarrollo de la industria aeronáutica española - El Ministerio del Aire y hacer clic en el botón **Disminuir a texto**.
15. Pulsar **Intro**. Escribir el siguiente segundo nivel III - Los genios de la ingeniería, desplegar la lista Nivel de esquema y seleccionar Nivel 2.
16. Escribir el siguiente texto Listado alfabético y temático de personajes destacados de la historia de las distintas ramas de las ingenierías. y hacer clic en el botón **Disminuir a texto**.

Nota:

En lugar de hacer clic en los botones ***Disminuir nivel, Aumentar nivel*** *o* ***Disminuir a texto****, resulta más fiable desplegar la lista* Nivel de esquema *y seleccionar el nivel correspondiente. La figura 11.2 muestra la lista desplegable.*

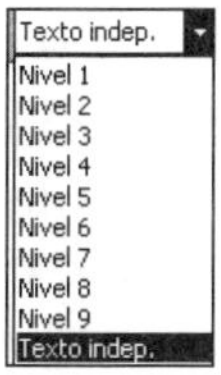

Figura 11.2. La lista desplegable Nivel de esquema

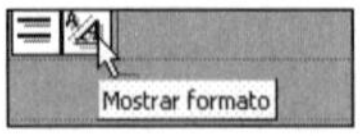

Después de crear el esquema, hay que hacer clic sobre el botón **Mostrar formato** de la barra de herramientas Esquema, para visualizarlo con los formatos de títulos y texto independiente. Este botón es de alternar, por lo que basta con volver a pulsarlo para dejar de ver los formatos del esquema. La figura 11.3 muestra el esquema con el formato. Obsérvese que la lista desplegable Mostrar nivel de la barra de herramientas presenta la opción Mostrar todos los niveles.

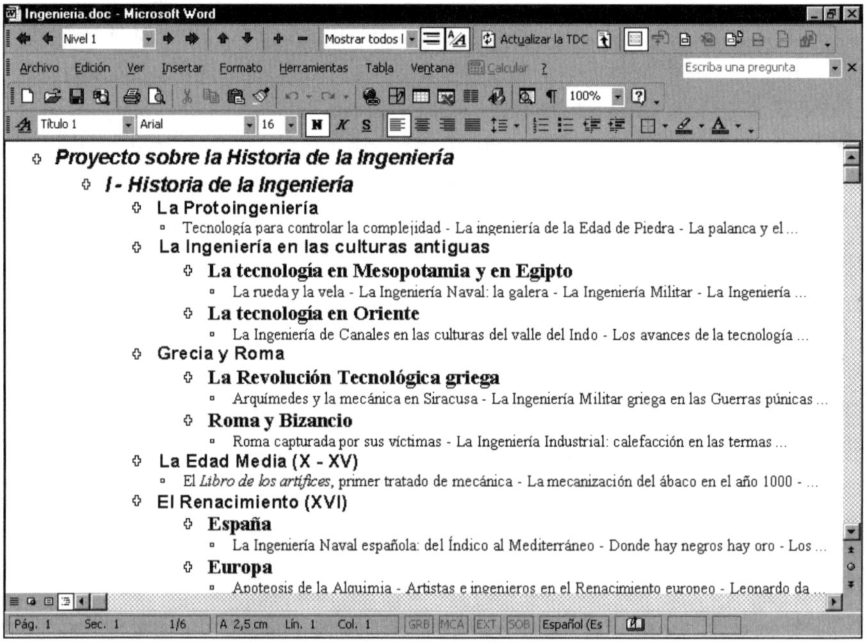

Figura 11.3. El esquema con el formato visible

El trabajo con esquemas

Un documento esquematizado es mucho más fácil de manipular. Seleccionar uno o más párrafos y trasladarlos, borrarlos o cambiarlos de nivel no requiere más que un clic y un arrastre del ratón. Cuando un documento está esquematizado, presenta una serie de marcas de nivel situadas a la izquierda de cada párrafo, que indican si el párrafo contiene o no texto o niveles subordinados. Si la marca es un signo más (+), el párrafo contiene subpárrafos y si es un signo menos (-) se trata de texto independiente o de un título sin párrafos subordinados. En la figura 11.3 puede verse que todos los títulos tienen párrafos subordinados.

Los niveles

La lista desplegable Mostrar nivel permite seleccionar los párrafos y/o subpárrafos que pueden estar visibles. Puede verse en la figura 11.4. Para ver todos los niveles incluido el texto, habrá que seleccionar la opción Mostrar todos los niveles. Para ver solamente el título del esquema Ingeniería.doc, hay que seleccionar Mostrar Nivel 1.

Figura 11.4. La lista desplegable Mostrar nivel de la barra de herramientas Esquema

Si el esquema presenta solamente los títulos, para ver el texto dependiente de uno de ellos, hay que situar el punto de inserción en el párrafo y hacer clic en el botón **Expandir**. Para ocultarlo, hay que hacer clic en el botón **Contraer**.

Hay tres métodos para cambiar de nivel un párrafo:

- Seleccionarlo situando el punto de inserción en él y pulsar el botón de aumento o disminución de nivel.
- Seleccionarlo, desplegar la lista Nivel de esquema y luego seleccionar el nuevo nivel.
- Con el esquema contraído al nivel del párrafo a cambiar, seleccionarlo y arrastrarlo hacia la izquierda para aumentarlo de nivel o hacia la derecha para disminuirlo. Al acercar el cursor a la marca de nivel, se convierte en una flecha de cuatro puntas con la que se puede arrastrar a otro nivel. Durante el arrastre, aparece una flecha horizontal de dos puntas, como puede verse en la figura 11.5.

Cambio de posición y eliminación de párrafos

También es posible cambiar de posición un párrafo. Al acercar el cursor a la marca de nivel, se convierte en una flecha de cuatro puntas con la que se puede arrastrar el párrafo a otro lugar del documento.

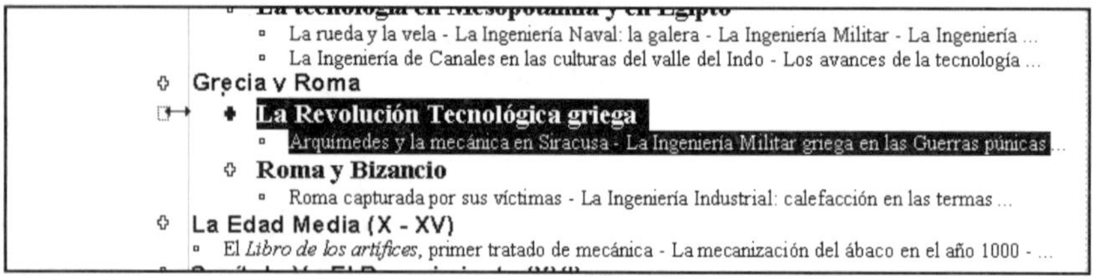

Figura 11.5. Cambio de nivel de un párrafo, arrastrándolo

Para cambiar un párrafo de posición y colocarlo, por ejemplo, debajo del párrafo siguiente, se puede pulsar el botón **Bajar**. El botón **Subir** lo eleva una posición. Pero para trasladarlo a otro lugar, es más práctico seleccionarlo y arrastrarlo. Al arrastrar, aparece una flecha vertical de dos puntas que indica el traslado del párrafo, como muestra la figura 11.6.

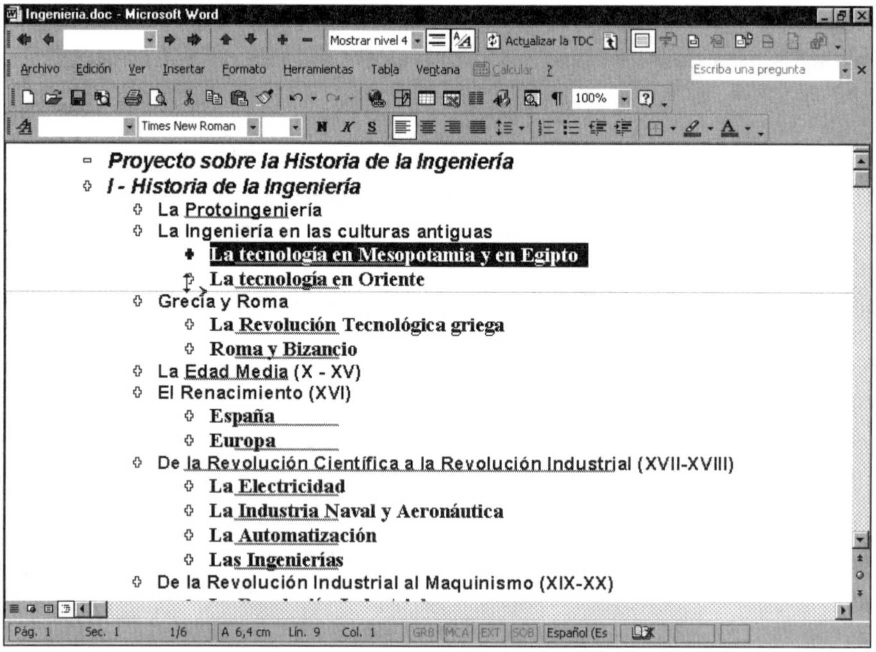

Figura 11.6. Traslado de un párrafo del esquema

Por ejemplo, bajo el título de nivel 3 La Ingeniería en las culturas antiguas, hay dos párrafos de nivel 4, cada uno con texto subordinado. El primero es La tecnología en Mesopotamia y Egipto y el segundo La tecnología en Oriente. Podemos trasladar fácilmente el segundo al lugar del primero, haciendo lo que sigue:

1. Seleccionar Mostrar nivel 4 en la lista desplegable Mostrar nivel, de la barra de herramientas Esquema.
2. Hacer clic en la marca de nivel del párrafo La tecnología en Mesopotamia y Egipto y arrastrarlo hacia abajo, hasta que la flecha horizontal se sitúe debajo del párrafo La tecnología en Oriente (figura 11.6)
3. Soltar el ratón. El primer párrafo quedará situado debajo del segundo.
4. Seleccionar Mostrar todos los niveles en la lista desplegable Mostrar nivel, para comprobar que el texto correspondiente a cada párrafo se ha trasladado con él.
5. Guardar el documento.

Para eliminar un párrafo del esquema, basta con seleccionarlo y pulsar la tecla **Supr**.

Advertencia:

Al trasladar, cambiar de nivel o eliminar un párrafo en el esquema, hay que tener en cuenta que todos los párrafos subordinados y el texto que dependan de él se trasladarán, se cambiarán asimismo de nivel o se eliminarán.

También es posible copiar, cortar o pegar párrafos del esquema, seleccionándolos y utilizando los botones correspondientes de la barra de herramientas Estándar.

Formato del esquema

Word 2002 aplica los estilos predefinidos Título 1 a Título 9 a los distintos niveles del esquema y el estilo Normal al texto independiente, pero se puede aplicar cualquier tipo de formato personalizado, aunque las operaciones automáticas de Word solamente se pueden llevar a cabo con los formatos predefinidos.

Truco:

Al crear un esquema en modo de ver Normal, la lista desplegable Estilo de la barra de herramientas Formato sólo muestra estilos de Título 1 a Título 3. Si hay que formatear un párrafo con un estilo de título inferior, por ejemplo, Título 5, hay desplegar totalmente la lista Estilo y hacer clic en la opción Más que aparece al final. Esto abre el Panel de tareas ***Estilos y formato****. Desplegando la lista* ***Formato del texto seleccionado****, se puede acceder a los niveles inferiores de títulos de Word, haciendo clic sucesivas veces en la opción* ***Disminuir nivel****, hasta llegar a* ***Título 9****.*

El trabajo con varias ventanas

Tanto Word como Windows permiten trabajar con diversas ventanas a un mismo tiempo. Esto es de gran utilidad cuando se trabaja con varios documentos a la vez, ya sean todos de Word o de diferentes programas, porque es posible mantener y visualizar varios documentos para comparar, arrastrar y colocar objetos, copiar, etc.

En Word

Word 2002 abre cada documento en una nueva ventana. Cada uno de los documentos abiertos aparece como un botón en la Barra de tareas de Windows y se puede abrir uno de ellos simplemente pulsando el botón correspondiente o bien utilizando el menú Ventana.

Por ejemplo, supongamos que hay que trasladar un texto de un documento de Word a otro. Hay que hacer lo siguiente:

1. Abrir los dos documentos.
2. Seleccionar Ventana>Organizar todo.
3. Las dos ventanas conteniendo los dos documentos quedarán situadas una encima de otra.
4. En el documento de origen, seleccionar el texto o imagen.
5. Arrastrarlo con el ratón hasta la ventana del documento de destino. La barra de estado mostrará la pregunta ¿Mover adónde?
6. Soltar el ratón en el documento de destino.

Las otras opciones del menú Ventana son las siguientes:

- La opción Nueva ventana del menú Ventana realiza una copia del documento en una ventana diferente, lo que supone disponer de varias copias del mismo documento en ventanas diferentes. Si se modifica el texto en una, se modifica automáticamente en las demás, porque el documento es el mismo.

- La opción **Dividir** divide la ventana horizontalmente en dos zonas. La barra de división se puede arrastrar arriba o abajo para ampliar o disminuir una u otra de las zonas en que queda dividida la ventana del documento. Esta opción resulta muy útil cuando hay que trabajar con un documento largo y es preciso acceder a dos zonas diferentes del mismo, dado que cada ventana dispone de su propia barra de desplazamiento con la que desplazarse en el documento. El comando **Quitar división** cierra la barra de división.

La figura 11.7 muestra un documento con la barra de división separando ambas ventanas. Obsérvese el puntero arrastrando la barra hacia abajo y los numerosos botones de otros documentos abiertos que aparecen en la Barra de tareas.

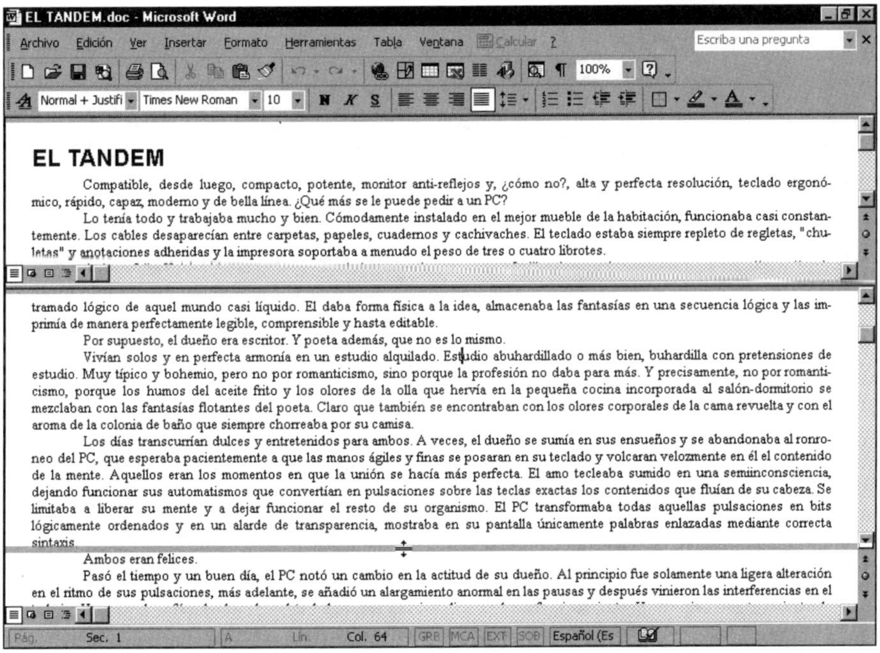

Figura 11.7. La barra de división

Con Windows

Windows ofrece también la posibilidad de organizar las ventanas, sólo que, además de las ventanas de Word, tiene en cuenta en la organización las ventanas de otros programas que se encuentren abiertos.

El menú emergente de la Barra de tareas de Windows se despliega al hacer clic en ella con el botón derecho en una zona vacía y ofrece las opciones siguientes para organizar las ventanas:

- **Cascada**. Coloca las ventanas solapadas una tras otra.
- **Mosaico vertical**. Coloca las ventanas una junto a otra verticalmente.
- **Mosaico horizontal**. Coloca las ventanas una sobre otra, horizontalmente.
- **Minimizar todas las ventanas**. Convierte todas las ventanas en botones en la Barra de tareas.

Todas estas opciones son reversibles, seleccionando el comando **Deshacer cascada** o **Deshacer mosaico**, que aparece en la Barra de tareas al organizar las ventanas de alguna forma.

Las ventanas organizadas en forma de mosaico permiten, al igual que hemos visto con las ventanas de Word, copiar, cortar, pegar o mover texto, imágenes, tablas, gráficos o cualquier objeto fácilmente no solamente entre documentos de Word, sino también entre documentos creados con diferentes aplicaciones.

Por ejemplo, se puede arrastrar una tabla de Access a un documento de Word, una tabla de Word a una presentación de PowerPoint, un gráfico de Excel a Word, etc.

Nota:

Cuando se trabaja con varias aplicaciones, Windows mantiene en la memoria RAM los programas que están realizando alguna tarea, pero los programas que aparecen minimizados en la Barra de tareas se mantienen en el archivo de intercambio dinámico que crea en el disco duro. Por eso, uno de los requisitos de la instalación de Windows es la disponibilidad de 20 o más MB en el disco duro, para el almacenamiento temporal de los archivos de intercambio.

Inserción de archivos

Además de insertar imágenes, gráficos, hojas de cálculo y otros objetos, el menú **Insertar** de Word 2002 contiene una opción para insertar archivos, que se puede utilizar para reunir una serie de documentos en uno solo. Como ejemplo, veremos la confección de un libro de relatos a partir de varios relatos guardados como archivos de Word independientes.

Nota:

Los relatos que contiene la carpeta \Ejemplos\Cap11 del CD-ROM de acompañamiento llevan los títulos siguientes: Cuando se mecanizó el Olimpo.doc, El Cambio.doc, El Tándem.doc, Jubilación.doc, La Conversación.doc, Menage a Trois.doc y Noche Madrileña.doc. Todos ellos han sido publicados en la revista Personal Computing *durante el año 1989.*

Una forma de componer un libro de relatos con varios relatos independientes puede ser insertar los archivos uno a continuación del otro. Esto resulta útil cuando los relatos son cortos o pocos y el total de páginas no sobrepasa las cincuenta. Lo veremos con los relatos de ejemplo almacenados en el CD-ROM:

1. Abrir un documento en blanco.
2. Seleccionar Insertar>Archivo.
3. En el cuadro de diálogo Insertar archivo, desplegar la lista Buscar en: para localizar el primer archivo del CD-ROM: Cuando se mecanizo el Olimpo.doc.
4. Hacer clic en Insertar.
5. Pulsar **Control-Mayús-Intro** para insertar un salto de página al final del relato.
6. Repetir la operación para los restantes relatos.

Una vez insertados todos los documentos, hay que insertar los números de página:

1. Seleccionar Insertar>Números de página.
2. Aceptar las características predeterminadas de Word.

Insertar como vínculo

También es posible enlazar documentos entre sí, creando campos que representen a cada uno de ellos en un documento principal. Esto permite modificar los documentos por separado y actualizar posteriormente el conjunto con la opción de menú Actualizar campos, que hemos visto en los capítulos anteriores.

Para vincular los relatos en un documento, hay que hacer lo siguiente:

1. Abrir un documento en blanco.
2. Seleccionar Insertar>Archivo.
3. En el cuadro de diálogo Insertar archivo, desplegar la lista Buscar en: para localizar el primer archivo del CD-ROM: Cuando se mecanizo el Olimpo.doc.

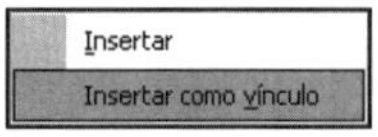

Figura 11.8. La opción Insertar como vínculo

4. Hacer clic en la flecha abajo del botón Insertar para desplegarla.
5. En el menú desplegable, seleccionar Insertar como vínculo.
6. Hacer clic con el botón derecho en el relato insertado y seleccionar Activar o desactivar códigos de campo en el menú emergente.
7. Pulsar **Intro**.
8. Repetir la operación para los siguientes relatos.
9. Guardar el archivo.

La opción Editar campo del menú emergente abre el cuadro de diálogo Campo, con el que se puede abrir el archivo de texto para modificarlo. Los documentos vinculados se pueden modificar por separado, pero es preciso guardarlos en la misma carpeta en que aparecen en el documento que los vincula, puesto que los campos apuntan a una ruta de acceso específica, como muestra la figura 11.9.

Por ejemplo, hemos vinculado los siete relatos a un documento llamado RelatosVinculados.doc, almacenado en la carpeta \Ejemplos\Cap11 del CD-ROM de acompañamiento. Si se modifica el nombre de uno de los relatos, al abrir RelatosVinculados.doc, aparecerá un mensaje de error en el lugar en que debería aparecer el código de campo del relato o el relato en sí (según estén o no activados los códigos de campo). Para solucionarlo, hay que hacer lo siguiente:

1. Hacer clic con el botón derecho en el documento modificado y seleccionar Editar campo en el menú emergente.

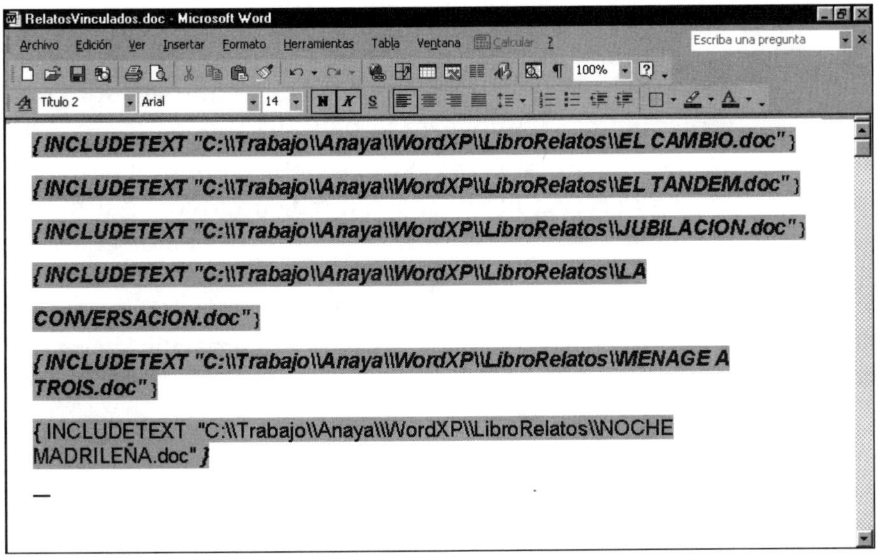

Figura 11.9. Los códigos de campo de los relatos vinculados

2. En el cuadro de diálogo Campo, hacer clic en el cuadro de texto Nombre de archivo y modificar el nombre o bien la ruta de acceso, si es que se ha cambiado de lugar.
3. Después de pulsar Aceptar, volver a hacer clic con el botón derecho en el documento modificado y seleccionar Actualizar campo en el menú emergente.

Ejemplo:

El ejemplo se ha creado para un CD-ROM denominado unidad E:, es decir, con la ruta de acceso E:\Ejemplos\Cap11\RelatosVinculados.doc. *Si la unidad de CD-ROM en que se ha de leer este documento es otra, por ejemplo, D:, puede haber dificultades para abrir los documentos vinculados. En tal caso, es preciso modificar la ruta como hemos visto anteriormente.*

Los documentos maestros

Trabajar con un documento muy largo resulta bastante engorroso, puesto que el desplazamiento es muy lento, la repaginación también precisa mucho tiempo y, si tiene formatos complejos, imágenes, columnas o elementos que consuman muchos recursos, Word invierte también un largo lapso de tiempo para redibujarlo en la ventana cada vez que se aplica una modificación o simplemente, se mueve en la pantalla.

En el ejemplo anterior, el resultado es un documento que no llega a las treinta páginas, por lo que el método de inserción de archivos es suficiente para reunirlos. Pero, si en lugar de siete relatos, tuviésemos cuarenta o, en lugar de cada relato tener cinco páginas tuviera cincuenta, el resultado de la inserción de archivos sería un documento muy largo, lento y difícil de manipular. En tal caso, es mejor recurrir a la creación de un documento maestro.

Los documentos maestros son un modo muy práctico de gestionar y de controlar conjuntos de documentos que tengan algo en común. Los documentos que pasan a depender de un documento maestro se llaman subdocumentos. El modo Documento maestro es similar a modo Esquema, lo que facilita el desplazamiento y la organización de su contenido.

Creación de un documento maestro

Los documentos maestros se pueden crear de dos maneras:

- Desde cero, creando un esquema para el documento maestro y generando luego los subdocumentos a partir de los títulos. Para ello, hay que utilizar el botón **Crear subdocumento** de la barra de herramientas Esquema.
- A partir de un documento existente, combinando varios documentos en un documento maestro.

La plantilla

Veamos la forma de crear un documento maestro, utilizando como subdocumentos los relatos del ejemplo anterior. Ante todo, es conveniente crear una plantilla para todos, con el fin de igualar los formatos. También es necesario guardar el documento maestro en la misma carpeta que los subdocumentos, ya que, de lo contrario, el documento maestro no podrá encontrarlos.

1. En el Explorador de Windows o en Mi PC, seleccionar una carpeta principal o una unidad de disco y luego hacer clic en la opción de menú Archivo>Nuevo>Carpeta.

2. Cuando aparezca la nueva carpeta, escribir el nombre Relatos encima del nombre predeterminado de Word.

Una vez creada la carpeta para guardar el libro de relatos, hay que hacer lo siguiente:

1. Seleccionar Archivo>Nuevo>Plantillas generales y elegir el botón de opción Plantilla en el cuadro de diálogo Plantillas.
2. Seleccionar Documento en blanco y hacer clic en Aceptar.

A continuación, crearemos un único estilo para los párrafos. También sería posible crear estilos para los títulos de los relatos, pero eso dificultará el trabajo automático de Word cuando sea necesario utilizarlo. Crearemos el estilo de la forma siguiente:

1. Hacer clic en el botón **Nuevo** del Panel de tareas Estilos y formato.
2. Dar el nombre de ParrafoRelato al estilo. Estará basado en el estilo Normal y el estilo del párrafo siguiente ha de ser ParrafoRelato.
3. Seleccionar Formato>Fuente y elegir la fuente Trebuchet MS Regular de 11 puntos.
4. Seleccionar Formato>Párrafo y luego elegir alineación Justificada. Sin sangrías.
5. Guardar la plantilla como Relatos.dot.

El documento maestro

Una vez creada la carpeta y la plantilla, podemos proceder a crear el documento.

1. Seleccionar Archivo>Nuevo. En el cuadro de diálogo Plantillas, seleccionar la plantilla Relatos.dot. Conviene asegurarse de que está activado el botón de opción Documento y no Plantilla.
2. Con el nuevo documento abierto, hacer clic en el botón Vista Esquema de la barra de desplazamiento horizontal.

3. Hacer clic en el botón **Vista documento maestro** de la barra de herramientas Esquema.
4. Seleccionar Título 1 en la lista desplegable Estilo, para el título del documento. Es uno de los estilos predefinidos de Word, lo que nos evitará muchos conflictos a la hora de aplicar tareas automáticas, como crear índices, tablas de contenido, etc.
5. Escribir el título del documento: Relatos informáticos.

6. Pulsar **Intro**. Seleccionar Título 2 en la lista desplegable Estilo para el primer subdocumento. La lista desplegable Nivel de esquema de la barra de herramientas Esquema mostrará automáticamente Nivel 2. Si, en lugar de seleccionar Título 2 en la lista Estilo seleccionamos Nivel 2 en la lista Nivel de esquema, la lista Estilo mostrará automáticamente Título 2.

7. Hacer clic en el botón **Insertar subdocumento**, de la barra de herramientas Esquema.
8. En el cuadro de diálogo Insertar subdocumento, seleccionar el primer relato, Cuando se mecanizó el Olimpo.
9. Hacer clic en Abrir.
10. Dado que los relatos están guardados como documentos de Word, se han creado con una plantilla diferente a la del documento maestro. Aparecerá el cuadro de aviso que muestra la figura 11.10, para señalar que se va a emplear la plantilla del documento maestro. Eso unificará los estilos de los subdocumentos. Hacer clic en Aceptar.
11. Normalmente, el punto de inserción quedará situado al final del relato insertado y la lista desplegable Estilo debe indicar Título 2, para insertar el nuevo documento. De lo contrario, seleccionarlo en la lista Estilo o bien Nivel 2 en la barra de herramientas Esquema.
12. Repetir la operación para cada relato hasta insertarlos todos.
13. Guardar el documento en la misma carpeta que los subdocumentos, Relatos, con el nombre de Relatos informáticos.doc.

La figura 11.11 muestra el documento maestro. Obsérvese que el punto de inserción selecciona el texto de uno de los relatos y la lista Nivel de esquema indica Texto independiente. Obsérvese asimismo que el estilo de los párrafos es Normal y no el estilo creado para la plantilla. El texto de cada relato no aparece entero, sino parcialmente.

Advertencia:

Word inserta un salto de sección continua detrás de cada subdocumento. Si se inserta además un salto de página, como hemos visto en el ejemplo, conviene comprobar que no haya dos saltos seguidos. Por ejemplo, en el libro de relatos, hay un salto de sección de página siguiente tras el título, lo que significa que éste va a quedar solo en una página, como portada.

Figura 11.10. El cuadro de aviso

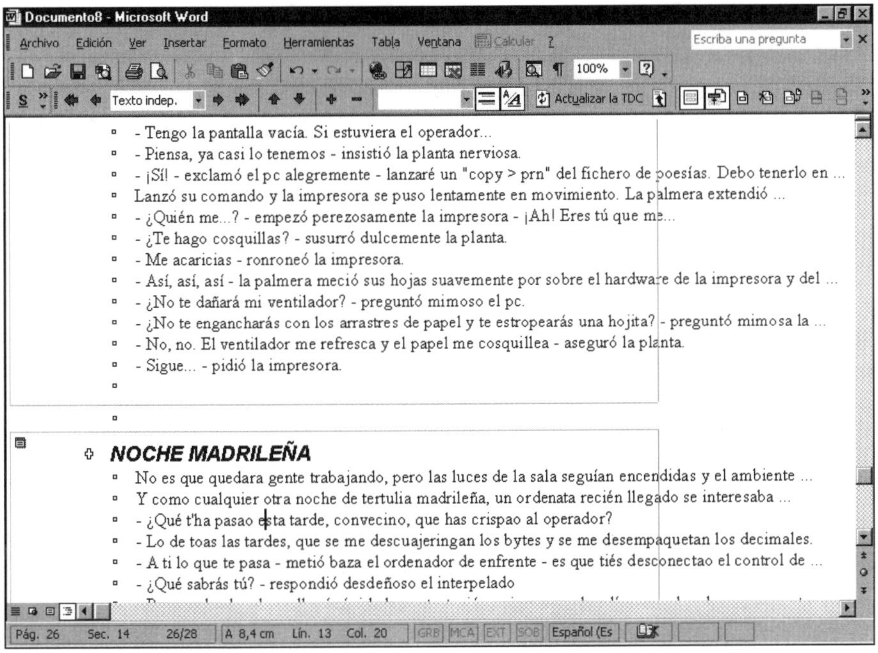

Figura 11.11. El documento maestro

Creación de subdocumentos a partir de cero

Para crear los subdocumentos a partir de cero, hay que utilizar el botón **Crear subdocumento** en lugar de **Insertar subdocumento**. Es preciso escribir los títulos y texto independiente de cada subdocumento, aplicando el estilo Título 2 y Texto independiente en cada caso:

1. Seguir las instrucciones anteriores hasta la número 6.
2. Hacer clic en el botón **Crear subdocumento** de la barra de herramientas Esquema.
3. Escribir el título del subdocumento y el texto dentro del recuadro que Word ha generado para él.
4. Repetir la operación para todos los subdocumentos.

La figura 11.12 muestra cinco subdocumentos creados desde cero. Observe que cada uno está rodeado por su recuadro correspondiente. Entre uno y otro, hay una zona intermedia que corresponde al documento maestro.

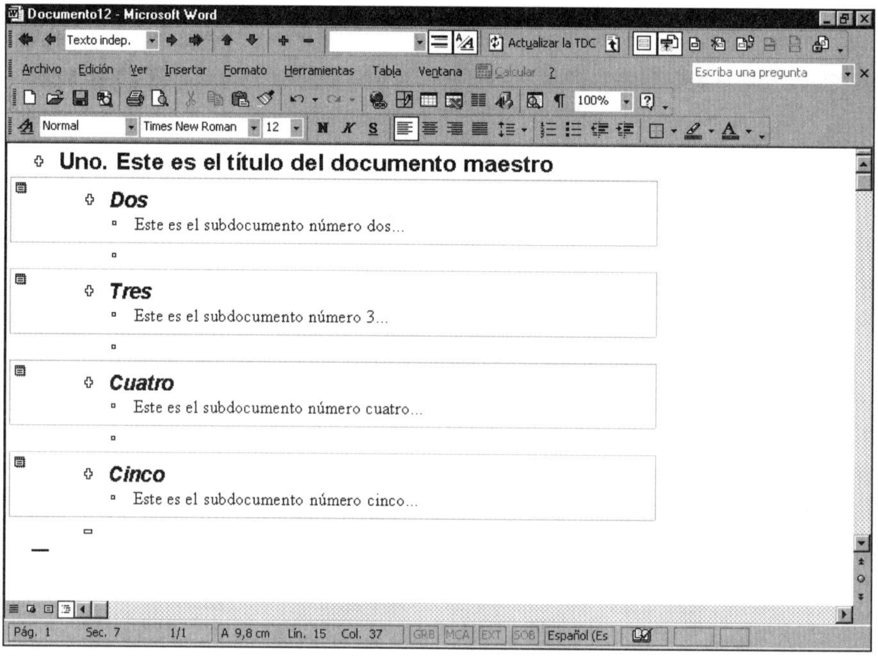

Figura 11.12. Un documento maestro creado desde cero

Gestión de los documentos maestros y subdocumentos

En Vista Normal, el documento maestro se comporta como un documento cualquiera, al que es posible aplicar formatos, números de página, ilustraciones, índices y tablas de contenido y cualquiera de los elementos de autoedición de Word 2002.

El estilo

Lo primero que haremos será unificar el estilo de los subdocumentos, aplicando el estilo de párrafo creado con la plantilla.

1. En Vista Normal, seleccionar Edición>Reemplazar.
2. Hacer clic en el cuadro de texto Buscar y dejarlo en blanco.

3. Pulsar el botón Más.
4. Hacer clic en el botón Formato para desplegar la lista y luego seleccionar Estilo.
5. En el cuadro de diálogo Buscar estilo, escribir N para acceder a Normal y seleccionarlo.
6. Hacer clic en el cuadro de texto Reemplazar con y dejarlo en blanco.
7. Abrir de nuevo el cuadro de diálogo Buscar estilo, escribir P para acceder a ParrafoRelato y seleccionarlo.
8. Hacer clic en el botón Reemplazar todos.

El número de página

También se pueden numerar las páginas del libro de relatos, haciendo lo siguiente:

1. En Vista Normal, seleccionar Insertar>Números de página.
2. Desactivar la casilla de verificación Número en la primera página para no numerar la portada.
3. Aceptar.

Seleccionar, mover, borrar, copiar, convertir, combinar y dividir subdocumentos

Para cada subdocumento hay un icono rectangular a la izquierda. Para cada título hay un icono con el signo más. Para cada párrafo del texto independiente hay un icono cuadrado. Por tanto:

- Al hacer clic en el icono rectangular, queda seleccionado el subdocumento completo. Al hacer clic en el icono de un título, queda seleccionado el título y todo el texto que lo acompaña. Al hacer clic en el icono cuadrado de un párrafo, queda seleccionado el párrafo.
- Para desplazar un subdocumento a otro lugar, hay que hacer clic en el icono del título y arrastrarlo al lugar de destino. Para desplazar un párrafo, hay que hacer clic en el icono cuadrado y arrastrarlo.
- Para borrar un subdocumento, hay que seleccionar el icono del título y pulsar **Supr**. Para borrar un párrafo, hay que seleccionar el icono cuadrado y pulsar **Supr**.

- Para copiar, cortar o pegar un subdocumento, hay que seleccionar el icono del título o el del párrafo, hacer clic en el botón correspondiente de la barra de herramientas **Estándar**. Para pegarlo, hay que situar el punto de inserción en el documento o en otro documento cualquiera y hacer clic en el botón **Pegar**.

- También es posible convertir un subdocumento en texto del documento maestro. Para ello hay que seleccionarlo y arrastrarlo entre dos subdocumentos. La figura 11.13 muestra el subdocumento número 5 de la figura 11.12, que ha sido arrastrado a la zona intermedia entre el subdocumento 3 y 4. Obsérvese que no aparece rodeado del recuadro.

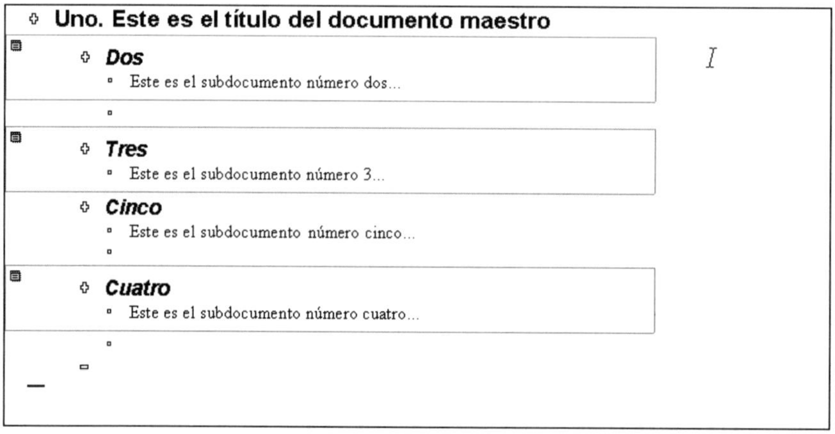

Figura 11.13. Un subdocumento convertido en parte del documento maestro

Nota:

*El botón **Quitar subdocumento** de la barra de herramientas **Esquema** hace el mismo efecto, ya que convierte el subdocumento en parte del documento maestro, pero no lo traslada.*

- Para combinar dos o más subdocumentos entre sí y convertirlos en uno solo, hay que seleccionarlos y arrastrar los iconos al documento de destino. También se puede hacer clic en el botón **Combinar subdocumento**.

Nota:

Al guardar el documento maestro después de combinar dos o más subdocumentos, Word guarda los textos combinados en el archivo del primer subdocumento combinado. Los archivos de los demás subdocumentos implicados en la combinación no se borran automáticamente, por lo que es conveniente eliminarlos manualmente si ya no se van a utilizar. Al insertar el contenido de un subdocumento en el documento maestro, el archivo del subdocumento ya no se utiliza y también se puede borrar.

Advertencia:

En modo Documento maestro no se pueden seleccionar textos no contiguos utilizando la tecla ***Control****. Solamente pueden seleccionarse documentos contiguos. Por tanto, para seleccionar dos documentos no contiguos y combinarlos, por ejemplo, el 3 y el 5, hay que arrastrar uno junto a otro y después, seleccionarlos con el ratón y combinarlos.*

- Para dividir un subdocumento en dos partes, hay que seleccionar la parte que ha de separarse y luego hacer clic en el botón **Dividir subdocumento** de la barra de herramientas Esquema. Si el subdocumento tiene varios párrafos, se separarán todos los párrafos que se encuentren a continuación del seleccionado para división. La parte que se divide, constituirá un nuevo subdocumento.

- Para evitar que un subdocumento se modifique, hay que seleccionarlo y hacer clic en el botón **Bloquear documento**. Se desbloquea de la misma forma, seleccionándolo y pulsando el botón. Cuando un subdocumento está bloqueado, aparece un icono en forma de candado junto al icono cuadrado de la izquierda.

Truco:

Al contraer los subdocumentos, pueden quedar bloqueados y no es posible manipularlos. Otra forma de contraerlos sin utilizar ese botón es hacer doble clic en el icono en forma de cruz que hay a la izquierda del título del subdocumento. Ese tipo de contracción no los bloquea.

- El botón **Contraer subdocumentos** de la barra de herramientas Esquema, hace invisibles los subdocumentos y deja visibles únicamente los nombres de los archivos con la ruta de acceso completa. Antes de contraerlos, es preciso guardar el documento maestro, si se han aplicado modificaciones. El botón pasa a llamarse **Expandir subdocumentos** y permite hacer visibles de nuevo los subdocumentos.

Apertura y cierre de subdocumentos

Al guardar un documento maestro y volver a abrirlo, aparece en modo contraído, por lo que es preciso hacer clic en el botón **Expandir subdocumentos** para hacerlo visible.

Para abrir uno de los subdocumentos, hay que contraerlo pulsando el botón **Contraer subdocumentos** y después hacer doble clic en el icono rectangular que aparece a la izquierda de cada subdocumento.

Otra forma de abrir un subdocumento es seguir el hipervínculo. Al abrir el documento maestro después de guardarlo con los subdocumentos insertados, aparece entonces una página con el título del documento maestro y una serie de hipervínculos con la ruta de acceso a los subdocumentos. Al aproximar el ratón a uno de ellos, la información indica que se puede seguir el hipervínculo pulsando **Control-clic**. De esa forma se accede al subdocumento para modificarlo, leerlo o cambiarlo de nombre.

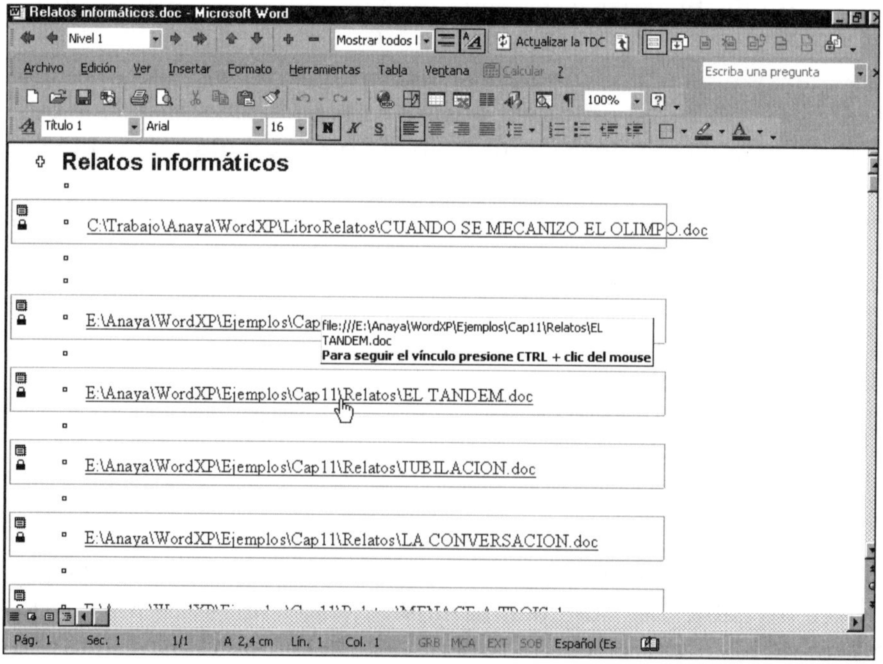

Figura 11.14. Los hipervínculos

Modificación de los subdocumentos

Los subdocumentos se comportan como documentos normales, por lo que es posible modificarlos y guardarlos posteriormente. La única condición para que sigan siendo subdocumentos del documento maestro es guardarlos en la misma carpeta para que el maestro pueda localizarlos.

Para cambiar un subdocumento de carpeta y que éste pueda localizarlo, es necesario hacerlo desde el documento maestro:

1. Seleccionar el subdocumento dentro del documento maestro.
2. Seguir el hipervínculo o bien hacer doble clic en el icono del título para abrirlo.
3. Seleccionar Archivo>Guardar como.
4. Indicar la nueva ubicación en el cuadro de diálogo Guardar como.

De esta forma, el documento maestro conservará la traza del subdocumento. En todo caso, la copia de la carpeta anterior continuará existiendo, por lo que conviene borrarla. No hay que olvidar que el cuadro de diálogo Guardar como realiza un copia de los documentos que guarda, por lo que el original permanece.

Advertencia:

Si se modifica el nombre o la ruta de un subdocumento fuera del documento maestro, es decir, usando el Explorador de Windows o Mi PC o abriendo el subdocumento directamente desde Word sin abrirlo desde el documento maestro, éste lo dejará bloqueado y no será posible modificar la ruta o el nombre para que pueda volver a localizarlo. Ni siquiera se podrá modificar el hipervínculo. Por tanto, es importante cambiar siempre los nombres o rutas de la forma anteriormente indicada, desde el documento maestro.

Nota importante: *El ejemplo se ha creado para un CD-ROM denominado unidad E:, es decir, con la ruta de acceso E:\Ejemplos\Cap11\Relatos informáticos.doc. Si la unidad de CD-ROM en que se ha de leer este documento es otra, por ejemplo, D:, puede haber dificultades para abrir los subdocumentos. Puesto que todos ellos se encuentran en la carpeta de ejemplo, es fácil volver a crear el documento maestro siguiendo las anteriores instrucciones y guardarlos todos en la misma carpeta para evitar conflictos posteriores.*

Impresión de documentos maestros y subdocumentos

Los documentos maestros se imprimen igual que los documentos normales. Solamente es necesario expandir los subdocumentos antes de seleccionar el comando Archivo>Imprimir. Después, se puede seleccionar el intervalo de páginas como en un documento cualquiera.

Para imprimir un subdocumento, simplemente hay que abrirlo y luego imprimirlo.

Enlazar documentos con hipervínculos

Otra de las formas de gestionar un documento grande con Word 2002 es el empleo de hipervínculos. Los hipervínculos son zonas interactivas de un documento que conducen desde una posición a otra situada en el mismo documento, en otro documento o en otro ordenador. Los sistemas de Ayuda en línea de los programas informáticos suelen servirse de hipervínculos para conectar unas páginas con otras y ampliar información o enlazar con información relacionada con la anterior.

Mediante la inserción de hipervínculos es posible crear una web que enlace varios documentos de Word, hojas de cálculo de Excel y diapositivas de PowerPoint.

Enlazar dos documentos de Word con hipervínculos es una tarea muy sencilla. Supongamos que queremos vincular la palabra Olimpo del primer relato con un documento que trate del monte Olimpo. Hay que hacer lo siguiente:

1. Seleccionar la palabra Olimpo y hacer clic en Insertar>Hipervínculo (o seleccionarlo en el menú emergente).
2. En el cuadro de diálogo Insertar hipervínculo, seleccionar el destino en la barra de botones de la izquierda, Archivo o página Web existente.
3. El botón Sugerencia permite escribir un texto que emergerá al apuntar con el ratón al hipervínculo, por ejemplo, "El Monte Olimpo".
4. Puesto que se trata de un archivo existente, hay que hacer clic en Buscar en para localizar la ruta completa de acceso.
5. Seleccionar el documento que contiene el texto sobre el monte Olimpo y hacer clic en Aceptar.

6. En el documento vinculado, conviene añadir un hipervínculo para regresar al original, que puede ser simplemente una línea de texto "Volver a Cuando se mecanizó el Olimpo".

De esta forma, el hipervínculo enlaza con el inicio del documento que trata del monte Olimpo. Para enlazarlo con una parte específica de ese documento, hay que insertar en él un marcador y hacer clic en el botón **Marcador** del cuadro de diálogo **Insertar hipervínculo**. Hemos visto los marcadores en el capítulo 9.

Resumen

En este capítulo hemos aprendido a manejar esquemas de Word 2002, creándolos a partir de cero o modificando el modo de ver de un documento normal a Vista Esquema.

Los esquemas permiten ver inmediatamente los títulos de un documento, así como manipular su contenido, copiando, moviendo, borrando o cambiando de nivel párrafos completos, utilizando simplemente los iconos y marcas de nivel que acompañan a cada uno.

Hemos visto la forma de manejar documentos grandes y complejos, así como documentos numerosos que tienen una característica común, en este caso, relatos informáticos que han pasado a formar parte de un libro de relatos, aplicando las herramientas de Word para crear documentos maestros y subdocumentos.

Hay otras formas de conjuntar documentos en un documento principal, como son la inserción de archivos como tales o bien la inserción de archivos como vínculos.

Finalmente, hemos visto la forma de establecer hipervínculos entre documentos de Word.

Capítulo 12

Organización del trabajo

En este capítulo aprenderá a:

- Crear índices alfabéticos de varios niveles.
- Crear tablas de contenido.
- Crear tablas de ilustraciones y referencias cruzadas.
- Numerar títulos.
- Actualizar y convertir los índices y tablas.

Índices alfabéticos de varios niveles

Los índices alfabéticos resultan de gran interés en los documentos y libros técnicos y científicos, porque permiten localizar fácilmente información exacta. Word 2002 ofrece una herramienta excelente para crearlos manual o automáticamente. Los índices alfabéticos se puede crear durante la redacción del documento, simplemente seleccionando las palabras que han de constituirlo e indicando a Word que las incorpore al índice.

La creación de un índice alfabético tiene dos etapas:

- Marcar las palabras o expresiones a incorporar.
- Generar el índice.

Creación de un índice alfabético

Para crear un índice, hay que hacer lo siguiente:

1. Seleccionar la palabra haciendo doble clic en ella. También se pueden incorporar al índice frases o expresiones completas, seleccionándolas en esta etapa.
2. Hacer clic en Insertar>Referencia>Índice y tablas.
3. En el cuadro de diálogo Índice y tablas, seleccionar la ficha Índice.
4. Seleccionar un formato en la lista desplegable Formatos. El resultado se puede comprobar en la ventana Vista preliminar.
5. Elegir una opción de la lista Carácter de relleno, para enlazar la palabra seleccionada con el número de página en que se encuentra: líneas de puntos, rayas o ninguno.
6. Hacer clic en el botón Marcar entrada.
7. El campo Entrada del cuadro de diálogo Marcar entrada de índice debe mostrar la entrada correcta. De lo contrario, hay que modificarla.
8. Seleccionar una de las opciones y, opcionalmente, un formato para el número de página.

Figura 12.1. El submenú con las opciones para índices y tablas de contenido

Al insertar entradas de índice, el texto pasa automáticamente a un modo de ver que hace visibles los caracteres ocultos. Los campos de índice parecen contenidos entre llaves, como muestra la figura 12.2. El código XE señala una entrada de índice. Para pasar al modo Normal, hay que hacer clic en el botón **Mostrar u ocultar** de la barra de herramientas Estándar.

Advertencia:

En el capítulo 2 mencionamos la opción predeterminada de Word para seleccionar la palabra completa, una vez que se selecciona un carácter. En tal ocasión, recomendamos desactivarla, para controlar la selección de caracteres manualmente. Pero, para crear el índice, es indispensable seleccionar palabras completas, por lo que conviene activar esa opción en la ficha Edición del cuadro de diálogo Opciones (menú Herramientas). En todo caso, se puede volver a desactivar después de crear el índice.

Nota:

El cuadro de diálogo Marcar entrada de índice permanece abierto hasta finalizar la selección de entradas. Si estorba, se puede apartar a un lado, arrastrando la barra de título. Para marcar la entrada siguiente, basta con hacer clic en el texto y continuar seleccionando entradas de la misma forma. Después de seleccionar una entrada se puede hacer clic en los botones Marcar o Marcar todas, aunque aparezcan desactivados.

Truco:

El cuadro de diálogo Marcar entrada de índice permite también escribir directamente la entrada de índice, en lugar de seleccionarla en el texto. Por ejemplo, si en el texto dice "reflejaría" y se trata que en el índice aparezca "reflejar", lo más adecuado es escribir reflejar en el cuadro Entrada. El cuadro de diálogo Marcar entrada de índice también se despliega pulsando ***Alt-Mayús-E****.*

Opciones para las entradas de índice

Para marcar una entrada de índice, hay las opciones que se describen a continuación:

- **Referencia cruzada** genera una entrada de índice de referencia cruzada, que se inicia con el texto predeterminado *Véase*.
- **Página actual** marca la palabra que se encuentre en la página activa.
- **Intervalo de páginas** permite elegir el intervalo específico de páginas en que marcar la palabra seleccionada, por ejemplo, en un capítulo determinado, en lugar de marcar la palabra en todo el documento.
- **Marcador** permite seleccionar un marcador como intervalo en el que seleccionar la palabra o expresión.
- **Marcar todas** hace que Word marque todas las palabras que encuentre en el documento que sean iguales a la seleccionada.

Nota:

Si el texto contiene dos puntos, Word coloca delante una barra invertida (:\), porque los dos puntos son una subentrada de índice. Así distingue que se trata de una entrada y no de una subentrada. En Word 2000 era necesario escribir la barra invertida a mano.

Nota:

También se pueden crear entradas de índice con símbolos insertados con el comando **Insertar>Símbolo**, *por ejemplo, el símbolo del Euro o de la marca registrada. Simplemente hay que seleccionarlos y hacer clic en el botón* **Marcar** *del cuadro de diálogo* **Marcar entrada de índice**. *En Word 2000, era preciso volver a escribir el símbolo en el cuadro de diálogo* **Marcar entrada de índice** *pulsando el método abreviado del teclado.*

Selección de un marcador

A veces conviene que el índice haga referencia solamente a determinadas páginas del libro y no a todo el libro. Para ello, hay que seleccionar el campo **Marcador** en el cuadro de diálogo **Marcar entrada de índice**. Lógicamente, el marcador debe crearse con anterioridad, como hemos visto en capítulos anteriores.

Entradas y subentradas

Las entradas de índice son las palabras o expresiones que han de aparecer en el primer nivel del índice alfabético. Las subentradas aparecen en el segundo nivel (o inferior) y dependen de una entrada. Por ejemplo, la entrada Ingeniería puede llevar las subentradas Genética, Industrial, Aeronáutica, etc.

Para crear subentradas de índice, hay que escribir la entrada principal en el cuadro de texto Entrada y luego escribir la entrada de segundo nivel en el cuadro de texto Subentrada. Para crear subentradas de más de dos niveles, hay que separar los niveles con dos puntos (:).

Creación de un índice de ejemplo

Como ejemplo, crearemos un índice alfabético de dos niveles. Para ello, hemos agregado texto independiente y más niveles de títulos al documento Ingeniería.doc con el que trabajamos en el capítulo anterior. El documento con el nuevo texto incorporado se halla en la carpeta \Ejemplos\Cap12 del CD-ROM de acompañamiento.

1. Abrir el documento.

2. Hacer clic en el botón **Vista Normal** de la barra de desplazamiento horizontal.
3. Seleccionar la expresión Joël de Rosnay que se encuentra al principio del segundo epígrafe.
4. Pulsar **Alt-Mayús-E**.
5. En el campo Entrada, aparece la expresión seleccionada. Hacer clic en Marcar. En el campo Subentrada, escribir teoría de la complejidad.
6. Hacer clic en Marcar.
7. Apartar el cuadro arrastrándolo a un lado.
8. Seleccionar Thomas Kuhn y hacer clic en Marcar. En el campo Subentrada, escribir: progreso indefinido: detención (con un blanco separando los dos puntos).
9. Hacer clic en el botón Marcar, aunque aparezca desactivado.
10. Seleccionar *homo habilis* y hacer clic en el botón Marcar todas.
11. Seleccionar *homo faber* y hacer clic en el botón Marcar todas.
12. Seleccionar *homo erectus* y hacer clic en el botón Marcar todas.
13. Seleccionar *homo sapiens* y hacer clic en el botón Marcar todas.
14. Seleccionar *homo sapien sapiens* y hacer clic en el botón Marcar todas.
15. Seleccionar *homo antecessor* y hacer clic en el botón Marcar todas.

16. Seleccionar *Atapuerca* y hacer clic en el botón Marcar todas.
17. Seleccionar hombre de Pekín y hacer clic en Marcar.
18. En el campo Subentrada, escribir métodos de fabricación: percusión con yunque. Hacer clic en Marcar.
19. En el campo Subentrada, seleccionar con yunque y escribir encima directa. Hacer clic en Marcar.
20. En el campo Subentrada, seleccionar directa y escribir encima bipolar. Hacer clic en Marcar.
21. Hacer clic en Cerrar.

La figura 12.2 muestra la entrada seleccionada en el cuadro de diálogo Marcar entrada de índice. Obsérvese que tras escribir teoría de la complejidad en el campo Subentrada, ese texto aparece en el documento entre llaves y con el código de campo XE.

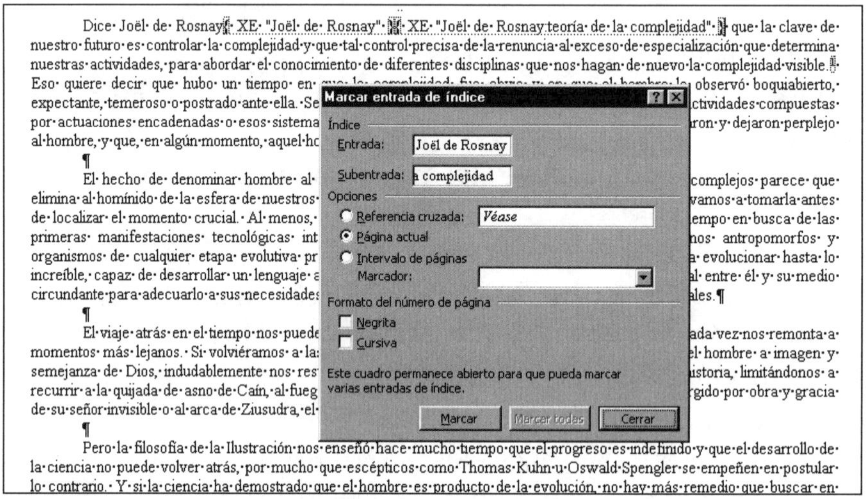

Figura 12.2. Las entradas y seleccionadas y los campos de índice

Eliminación de una entrada de índice

Para borrar una entrada de índice, hay que hacer lo siguiente:

1. Pulsar el botón **Mostrar u ocultar** de la barra de herramientas Estándar, para visualizar los códigos de campo.
2. Seleccionar el código completo incluyendo la llave inicial y la final.
3. Pulsar **Supr**.

Creación del índice

Para crear el índice, después de señalar las entradas, hay que hacer lo siguiente:

1. Hacer clic en el lugar en que haya de aparecer el índice.
2. Seleccionar la ficha Índice del cuadro de diálogo Índice y tablas.
3. Hacer clic en Aceptar. Word inserta un salto de sección continua al inicio y otro al final del índice.

La figura 12.3 muestra el índice del ejemplo anterior.

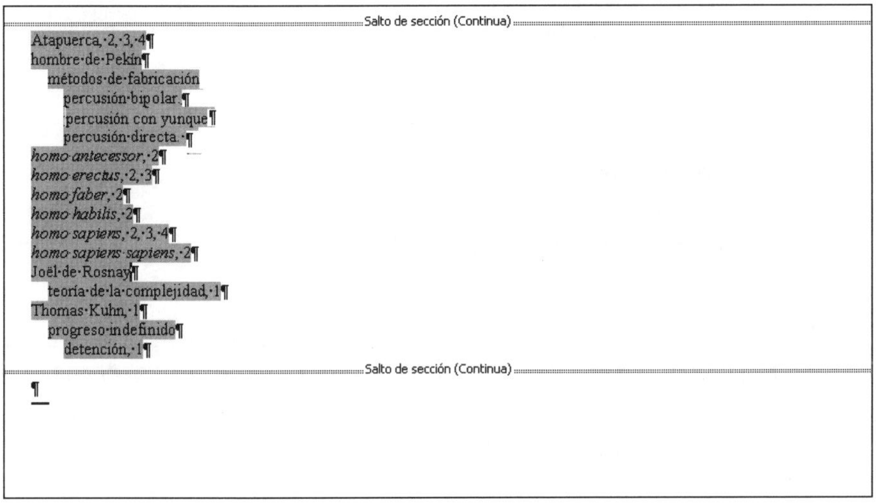

Salto de sección (Continua)
Atapuerca,·2,·3,·4¶
hombre·de·Pekín¶
métodos·de·fabricación
percusión·bipolar.¶
percusión con yunque¶
percusión·directa.·¶
homo·antecessor,·2¶
homo·erectus,·2,·3¶
homo·faber,·2¶
homo·habilis,·2¶
homo·sapiens,·2,·3,·4¶
homo·sapiens·sapiens,·2¶
Joël·de·Rosnay¶
teoría·de·la·complejidad,·1¶
Thomas·Kuhn,·1¶
progreso·indefinido¶
detención,·1¶
Salto de sección (Continua)
¶

Figura 12.3. El índice del ejemplo anterior

Opciones de índice

La ficha Índice tiene diversas opciones que se pueden aplicar a la creación del índice:

- La opción Estilo personal de la lista Formatos, ofrece un botón, Modificar, que se activa para ajustar el estilo del texto del índice. Aparece el cuadro de diálogo Estilo, limitado a los estilos Indice 1 a Indice 9. Este cuadro de diálogo tiene también un botón Modificar para poder acceder al cuadro Modificar el estilo, que vimos en el capítulo 4.
- El botón de opción Con sangría sangra las subentradas debajo de las entradas, como muestra la figura 12.3. Es la opción predeterminada.

- El botón de opción Continuo coloca las entradas en la misma línea, ajustando las palabras a la línea siguiente si es necesario.
- La casilla de verificación **Alinear números de páginas a la derecha** alinea los números de las páginas a la derecha. Se activa el cuadro de lista **Carácter de relleno** para seleccionar un carácter de relleno (ninguno, puntos, guiones o una línea sólida).

Ejemplo:

Con sangría:
Joël de Rosnay
teoría de la complejidad, 1

Continuo:
Joël de Rosnay: teoría de la complejidad, 1

Alinear números de página a la derecha:
Joël de Rosnay
teoría de la complejidad.. 1

Nota:

Después del crear el índice con unas opciones, es fácil aplicarle opciones diferentes. Solamente hay que volverlo a generar, seleccionando las nuevas opciones. Word 2002 mostrará un cuadro que pregunta si se desea modificar el índice creado. Al aceptar, se genera el nuevo índice con las nuevas opciones, que sobrescribe el primero.

Aplicación de formatos al índice

El texto del resultado del índice también se puede formatear. Word le aplica un formato predeterminado, pero también es posible aplicar formatos de carácter directamente en el código de campo XE. Al compilar el índice, Word 2002 aplicará a la entrada el formato de carácter que tenga el texto del campo de entrada de índice. Estos formatos aplicados directamente al texto del campo no se modifican al actualizar o reemplazar el índice.

Por ejemplo, hay dos métodos para que el texto de la entrada Joël de Rosnay aparezca en negrita en el índice. Uno es el siguiente:

1. Seleccionar la entrada Joël de Rosnay.
2. Pulsar **Alt-Mayús-E**.
3. En el cuadro de texto Entrada, seleccionar la expresión Joël de Rosnay y pulsar **Control-N**.

El segundo método consiste en seleccionar la palabra o palabras en el texto del índice generado y aplicarle el formato correspondiente, como si se tratara de texto normal en el documento.

Otro método para dar formato al texto del índice es el siguiente:

1. Pulsar el botón **Mostrar u ocultar** de la barra de herramientas Estándar, para visualizar los códigos de campo.
2. Seleccionar el texto que hay que formatear dentro del campo XE (véase figura 12.2).
3. Utilizar los botones de la barra de herramientas Formato o bien las listas Fuente, Tamaño de fuente o Color de fuente.

Archivos de concordancia

La ficha Índice del cuadro de diálogo Índice y tablas tiene una opción que hasta ahora no hemos mencionado. Se trata del botón Automarcar. Este botón funciona cuando se ha creado previamente un archivo de concordancia que contenga la lista de palabras y/o expresiones que han de incorporarse al índice. Al hacer clic en el botón Automarcar, Word buscará en el archivo de concordancia las palabras o expresiones que concuerden con las que aparecen en el documento y marcará para índice todas las que encuentre.

La creación de un archivo de concordancia es un trabajo extra, pero merece la pena si el documento es muy largo, si ya se ha trabajado con documentos de contenidos similares y se conocen los contenidos que interesa incorporar al índice.

Creación de un archivo de concordancia

Como ejemplo, crearemos un corto archivo de concordancia con las entradas de índice que puedan resultar interesantes a marcar en el documento Ingeniería.doc. Hay que hacer lo siguiente:

1. Crear un nuevo documento en blanco.
2. Crear una tabla de dos columnas en el documento (véase capítulo 8).

3. En la primera columna de la tabla, escribir la palabra o palabras contenidas en el documento, a indexar (primera columna de la tabla 12.1).
4. En la segunda columna, escribir el texto en la forma en que ha de aparecer en el índice para cada entrada (segunda columna de la tabla 12.1).
5. Para crear una subentrada, separar cada nivel de subentrada con dos puntos, como hicimos anteriormente.
6. Guardar y cerrar el archivo de concordancia.

Tabla 12.1. Tabla para el archivo de concordancia de ejemplo

Palabra o expresión contenida en el documento	Forma en que ha de aparecer en el índice
Gallega	nao Gallega
Marigalante	nao Marigalante
cárabo	*cárabo* o *caravela*
galeras	galeras de remos
aparejo redondo	aparejo redondo
vela cuadrada	vela cuadrada
monzones	vientos monzones
vela triangular	vela triangular
monzónico	régimen de vientos monzónico
atarazanas	*ribat*
ribat	derrota de Tablada
Tablada	Abderramán II: atarazanas
Abderramán II	hombres azules
hombres azules	*karfi*
karfi	Eratóstenes: error en la medida de la circunferencia terrestre
Eratóstenes	Paolo del Pozzo: error en la medida de la circunferencia terrestre

Téngase en cuenta lo siguiente:

- En un archivo de concordancia no se pueden generar referencias cruzadas.
- Para indexar una palabra bajo más de un título, hay que crear una entrada en el archivo de concordancia para cada título.

- El archivo de concordancia tiene en cuenta las mayúsculas y las minúsculas, por lo que hay que incluir ambas entradas para que el índice las comprenda.
- Puede resultar útil clasificar la tabla en el orden en que hay que indexar las palabras, para determinar fácilmente si se ha añadido ya una palabra al archivo de concordancia.

La carpeta \Ejemplos\Cap12 contiene un archivo llamado Concordancia.doc con la tabla para crear un índice en el documento Ingeniería.doc utilizando este método.

Después de crear el archivo de concordancia, hay que generar el índice de la forma siguiente:

1. Abrir la ficha Índice.
2. Hacer clic en el botón Automarcar.
3. En el cuadro de diálogo Abrir archivo de Automarcar índice, seleccionar la carpeta y elegir el archivo Concordancia.doc.
4. Hacer clic en Abrir. Word buscará en el documento e insertará una entrada de índice en cada posición en que una palabra o frase coincida con la primera columna de la tabla del archivo de concordancia. Las entradas tendrán la forma señalada en la segunda columna de la tabla.

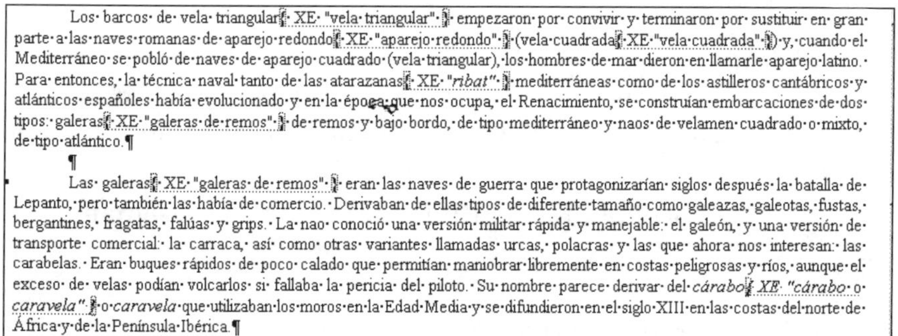

Los barcos de vela triangular{ XE "vela triangular" } empezaron por convivir y terminaron por sustituir en gran parte a las naves romanas de aparejo redondo{ XE "aparejo redondo" } (vela cuadrada{ XE "vela cuadrada" }) y, cuando el Mediterráneo se pobló de naves de aparejo cuadrado (vela triangular), los hombres de mar dieron en llamarle aparejo latino. Para entonces, la técnica naval tanto de las atarazanas{ XE "*ribat*" } mediterráneas como de los astilleros cantábricos y atlánticos españoles había evolucionado y en la época que nos ocupa, el Renacimiento, se construían embarcaciones de dos tipos: galeras{ XE "galeras de remos" } de remos y bajo bordo, de tipo mediterráneo y naos de velamen cuadrado o mixto, de tipo atlántico.¶

¶

Las galeras{ XE "galeras de remos" } eran las naves de guerra que protagonizarían siglos después la batalla de Lepanto, pero también las había de comercio. Derivaban de ellas tipos de diferente tamaño como galeazas, galeotas, fustas, bergantines, fragatas, falúas y grips. La nao conoció una versión militar rápida y manejable: el galeón, y una versión de transporte comercial: la carraca, así como otras variantes llamadas urcas, polacras y las que ahora nos interesan: las carabelas. Eran buques rápidos de poco calado que permitían maniobrar libremente en costas peligrosas y ríos, aunque el exceso de velas podían volcarlos si fallaba la pericia del piloto. Su nombre parece derivar del *cárabo*{ *XE "cárabo o caravela"* } o *caravela* que utilizaban los moros en la Edad Media y se difundieron en el siglo XIII en las costas del norte de África y de la Península Ibérica.¶

Figura 12.4. El texto marcado automáticamente

Después del marcado automático, hay que generar el índice de la forma habitual.

La figura 12.5 muestra el índice con las nuevas entradas. Este índice no ha sobrescrito el anterior, porque las entradas son diferentes, ya que corresponden a otro capítulo del documento.

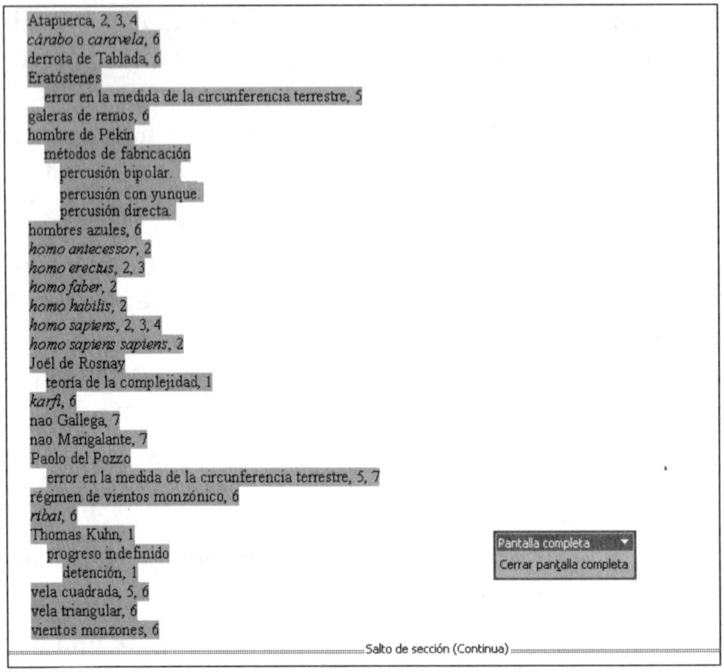

Figura 12.5. El nuevo índice

Modificadores para los campos de índice

Las entradas de índice son campos XE con el formato de texto oculto. Por tanto, no pueden verse si no es pulsando el botón **Mostrar u ocultar** o bien seleccionando Códigos de campo en la ficha Ver del cuadro de diálogo Opciones.

Los campos de índice aceptan los modificadores que se presentan en la tabla 12.2.

Tabla 12.2. Modificadores para los campos XE

Modificador	Acción
\b	Pone en negrita el número de página de la entrada. Si el estilo del índice es en negrita, el modificador la anula.
\f	Define un tipo de entrada de índice.
\i	Pone en cursiva el número de página de la entrada. Si el estilo del índice es en cursiva, el modificador la anula.

Modificador	Acción
\r Marcador	Inserta el intervalo de páginas que indique ese marcador como número de página.
\t "Texto"	Inserta el texto en vez de un número de página. Debe ir entre comillas.

Inserción de referencias cruzadas

Las referencias cruzadas llevan dos tipos de texto, uno es el que indica Véase y el otro es la propia referencia. Al igual que hemos visto con los índices, la creación de referencias cruzadas se compone de dos etapas. En la primera hay que marcarlas y en la segunda generarlas. El cuadro de diálogo Referencia cruzada queda abierto durante la etapa de marcado, lo mismo que hemos visto con el cuadro de diálogo Marcar entrada de índice.

La categoría de la referencia puede ser un título, si está contenida en un titular o epígrafe que se base en un estilo de título de Word (Título 1 a Título 9). La palabra o la expresión que compone la referencia pueden ser el texto del título, el número de la página, etc.

Para insertar referencias cruzadas, hay que hacer lo siguiente:

1. Hacer clic en el punto en que haya de aparecer la referencia y escribir el texto que precede a la referencia cruzada. Dejar el punto de inserción en el lugar en que haya de aparecer la referencia cruzada, es decir, dentro del paréntesis. Para seguir nuestro ejemplo, hacer clic después del nombre Joël de Rosnay, pulsar la **Barra espaciadora** y escribir (véase).
2. Seleccionar Insertar>Referencia>Referencia cruzada.
3. En la lista Tipo, seleccionar el tipo de elemento al que hacer referencia. Por ejemplo, seleccionar Nota al pie para hacer referencia a una nota al pie que remita a un texto de Joël de Rosnay.
4. En la lista Referencia a, seleccionar la información relativa al elemento al que hacer referencia. La lista varía según el tipo elegido. Como hemos seleccionado Nota al pie en Tipo, aparecen todas las notas al pie. La primera hace mención a un escrito de Joël de Rosnay. Hacer clic en Insertar.

La figura 12.6. muestra el cuadro de diálogo **Referencia cruzada** con la lista de notas al pie que contiene el documento. La figura 12.7 muestra la referencia cruzada insertada en el texto. Véase que al aproximar el cursor, aparece la información indicando la forma de seguir el vínculo. La figura 12.8 muestra la nota al pie a la que remite la referencia cruzada insertada.

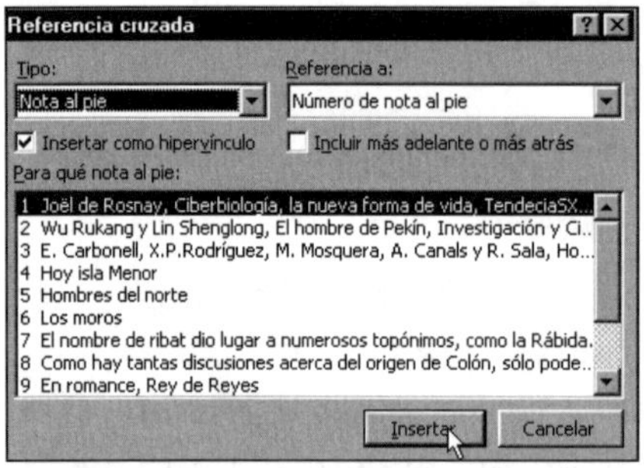

Figura 12.6. El cuadro de diálogo Referencia cruzada con las notas al pie

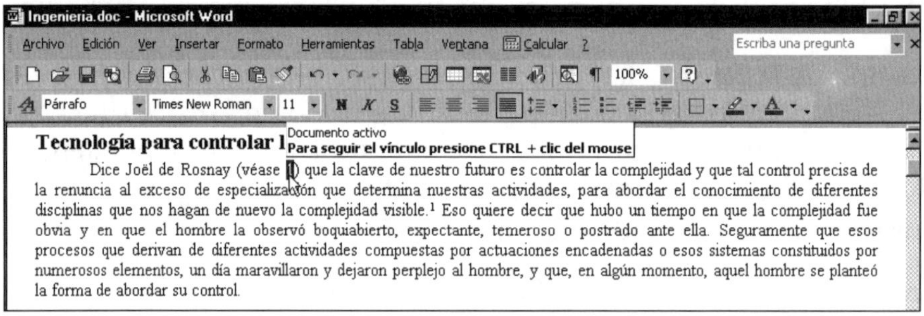

Figura 12.7. La referencia cruzada aparece como un 1 dentro del paréntesis tras la palabra véase

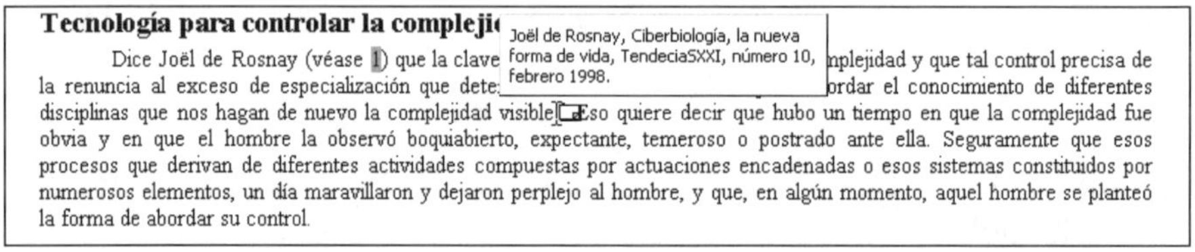

Figura 12.8. La nota al pie a la que remite la referencia anterior

- La opción **Insertar como hipervínculo** permite añadir un hipervínculo con la referencia al elemento de la referencia cruzada en el documento. Si el elemento al que se hace referencia está situado en otro documento, ambos han de formar parte del mismo documento maestro.

- La opción Incluir más adelante o más atrás es válida para hacer referencia a un elemento numerado al que Word ha de agregar las palabras "más adelante" o "más atrás" en la referencia.

Para crear una entrada de índice de referencias cruzadas, hay que hacer lo siguiente:

1. Abrir el documento Ingeniería.doc.
2. Seleccionar la expresión Percusión bipolar.
3. Pulsar **Alt-Mayús-E**.
4. Hacer clic en el botón Marcar entrada.
5. Seleccionar Referencia cruzada y a continuación escribir Nota sobre los métodos de fabricación en el cuadro de texto, después de la palabra *Véase*. También se puede formatear el texto de la referencia cruzada pulsando **Control-N** o **Control-K** para que aparezca con negrita o cursiva.
6. Hacer clic en Marcar para marcar esta palabra en el documento. El botón Marcar todas está desactivado.
7. Repetir la operación para las entradas Percusión con yunque y Percusión directa.

En cada entrada. Word 2002 inserta un código de campo XE con un modificador especial, \t, para crear la entrada de referencia cruzada. El texto que precede al modificador es la entrada del índice y el que le sigue es el texto de la referencia cruzada. La figura 12.9 muestra el resultado.

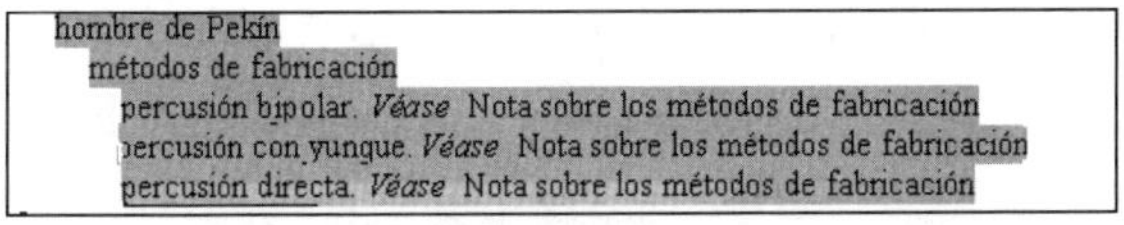
hombre de Pekín
métodos de fabricación
percusión bipolar. *Véase* Nota sobre los métodos de fabricación
percusión con yunque. *Véase* Nota sobre los métodos de fabricación
percusión directa. *Véase* Nota sobre los métodos de fabricación

Figura 12.9. Las referencias cruzadas en el índice

Los Títulos de Word 2002

Word 2002 puede insertar títulos automáticamente, por ejemplo, cada vez que se inserte una ilustración, una tabla u otro tipo de objeto. También es posible seleccionar un objeto y crear el título manualmente. Word actualiza los títulos al insertar otros nuevos en el documento. Si el primero es Ilustración 1 y el segundo Ilustración 2, al insertar una figura entre ellas, el nuevo título aparece como Ilustración 2 y el anterior Ilustración 2 pasa a llamarse Ilustración 3.

Para insertar títulos en un documento, hay que hacer lo siguiente:

1. Seleccionar el objeto que ha de llevar el título, por ejemplo, la primera figura.
2. Seleccionar Insertar>Referencia>Título, para abrir el cuadro de diálogo Insertar título.
3. Situar el punto de inserción detrás del rótulo y el número que aparecen en el cuadro de texto Título y escribir el pie de la ilustración.
4. El cuadro de lista Posición permite seleccionar una posición distinta para el título, encima o debajo del elemento seleccionado.
5. Hacer clic en Aceptar. Al volver al documento, el punto de inserción se encontrará al final del título formateado con el estilo predefinido de Word. Al pulsar **Intro**, se inicia un nuevo párrafo formateado con el estilo Normal.
   - El botón Nuevo rótulo abre un cuadro de diálogo en el que se puede escribir el nombre de un rótulo distinto, como Figura, Ejemplo, etc.
   - El botón Numeración permite formatear los números de los títulos.
   - El botón Eliminar rótulo borra el rótulo seleccionado.

También es posible insertar títulos automáticamente utilizando la opción Autotítulo, que da acceso al cuadro de diálogo del mismo nombre. Hay que hacer lo siguiente:

1. Seleccionar el tipo de elemento en el cuadro Agregar título al insertar.
2. La opción Usar el rótulo permite seleccionar el tipo de elemento elegido, así como el tipo de rótulo para el objeto.
3. La opción Posición permite elegir Debajo del elemento o Encima del elemento.
4. Los botones Nuevo rótulo y Numeración funcionan como hemos visto anteriormente.
5. Hacer clic en Aceptar.

Estas instrucciones son válidas para añadir títulos automáticos a otros tipos de elementos. Primero hay que seleccionar el elemento y luego las opciones, para crear un rótulo distinto y un esquema de numeración diferente para cada tipo de elemento que lleve título.

Truco:

*La inserción de títulos en un documento permite localizar los títulos, las tablas o los gráficos usando el botón **Seleccionar objeto de búsqueda** de la barra de desplazamiento vertical y seleccionando* Examinar por Títulos, Examinar por Gráficos, *etc. en la paleta desplegable.*

Números de página con número de capítulo

Si el documento lleva los números de los capítulos formateados con los estilos predefinidos de Word, de Título 1 a Título 9, es posible incluir el número del capítulo en la numeración de las páginas, de manera que el número de página indique, por ejemplo, 12-4 (página 12 del capítulo 4). Para ello, hay que hacer lo siguiente:

1. Seleccionar Insertar>Números de página.
2. En el cuadro de diálogo Números de página, seleccionar ahora el botón Formato.
3. En el cuadro de diálogo Formato de los números de página, seleccionar la casilla de verificación Incluir número de capítulo. Esta acción activa las opciones siguientes.
4. En la lista desplegable Empezar con el estilo, elegirlo. De forma predeterminada, Word indica Título 1, pero muchas veces ése es el título del documento principal y los títulos de los capítulos llevan el formato Nivel 2.
5. En la lista desplegable Usar separador, elegirlo. De forma predeterminada, Word indica un guión, pero también se pueden seleccionar punto, dos puntos o guión largo o guión corto.
6. Hacer clic en Aceptar.

Las tablas de contenido

Las tablas de contenido son sumamente fáciles de generar, pero es indispensable que los títulos y subtítulos del documento estén formateados con los estilos predefinidos de Word, Título 1 a Título 9. Como ejemplo, crearemos una tabla de contenido para el documento Ingeniería.doc, que es complejo, y otra para el libro de relatos, Relatos informáticos.doc, que es sencillo.

1. Abrir Ingeniería.doc.
2. Delante del salto de sección continua que comprende el índice alfabético, escribir Índice alfabético y aplicarle el estilo Título 2. Con esto, quedará incluido en la tabla de contenido.
3. Pulsar **Control-Inicio** para ir al principio del documento.
4. Escribir Tabla de contenido, seleccionarlo y desplegar la lista Fuente, para elegir Verdana. En Tamaño de fuente, seleccionar 14 puntos. Hacer clic en el botón **Negrita**.
5. Seleccionar Insertar>Referencia>Índice y tablas.
6. En el cuadro de diálogo Índice y tablas, seleccionar la ficha Tabla de contenido.
7. En Formatos, seleccionar Estilo personal.
8. Activar (si no lo están) las casillas de verificación Mostrar números de página y Alinear números de página a la derecha.
9. En la lista desplegable Carácter de relleno, seleccionar entonces la línea de puntos.
10. En la lista Mostrar niveles, seleccionar 4.
11. Hacer clic en Aceptar.

Word creará la tabla de contenido al principio del documento, como puede verse en la figura 12.10.

Creación de una tabla de contenido para un documento maestro

Ahora, crearemos la tabla de contenido del documento maestro generado en el capítulo anterior para reunir los relatos informáticos. Hacer esto:

1. Abrir Relatos informáticos.doc.
2. Pulsar **Control-Fin** para ir al final del documento.
3. Pulsar **Mayús-Control-Intro** para insertar un salto de página.
4. Escribir Tabla de contenido con la fuente Times New Roman, Negrita, de 14 puntos.
5. Seleccionar Insertar>Referencia>Índice y tablas.
6. El programa propondrá abrir los subdocumentos. Aceptar. Después de crear la tabla, se pueden contraer de nuevo.

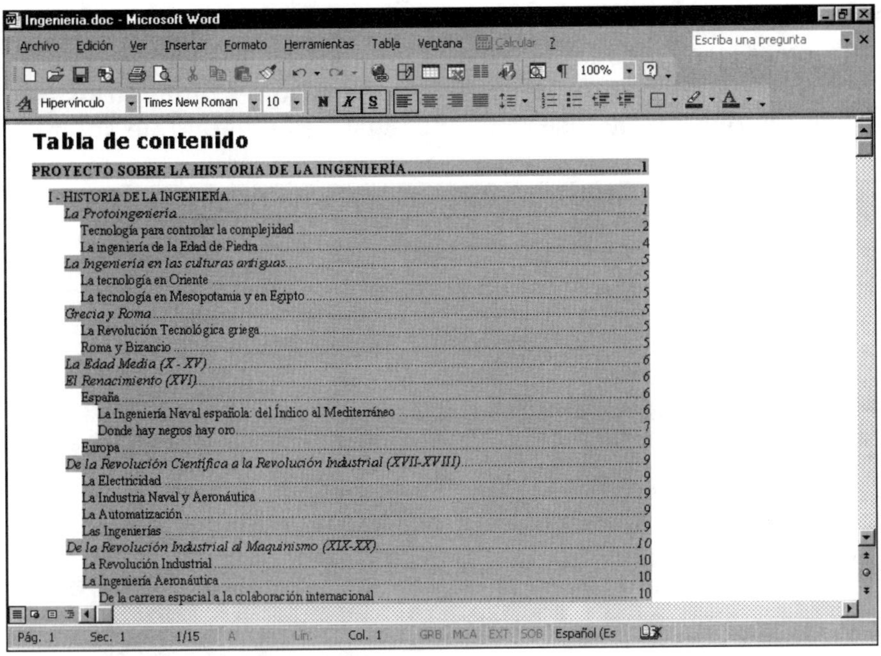

Figura 12.10. La tabla de contenido

7. En la ficha Tabla de contenido, seleccionar Estilo personal, línea de puntos y Alinear números de página a la derecha, como en la tabla anterior.
8. Hacer clic en el botón Modificar.
9. En el cuadro de diálogo Estilo, hacer clic en el botón Modificar.
10. Hacer clic en Formato>Fuente y seleccionar la casilla de verificación Versales.
11. Hacer clic en Aceptar para cerrar todos los cuadros.

Word creará una tabla de contenido similar a la que se muestra en la figura 12.11.

Creación de tablas de ilustraciones y autoridades

Las tablas de ilustraciones se crean de la misma forma que las de contenido. El cuadro de diálogo Índice y tablas contiene una ficha llamada Tabla de ilustraciones, que permite relacionar todas las figuras, ecuaciones, ejemplos u otros elementos contenidos en un documento, siempre y cuando Word los pueda identificar, para lo cual, lo mejor es numerarlos previamente con la opción **Títulos** que hemos visto en un epígrafe anterior.

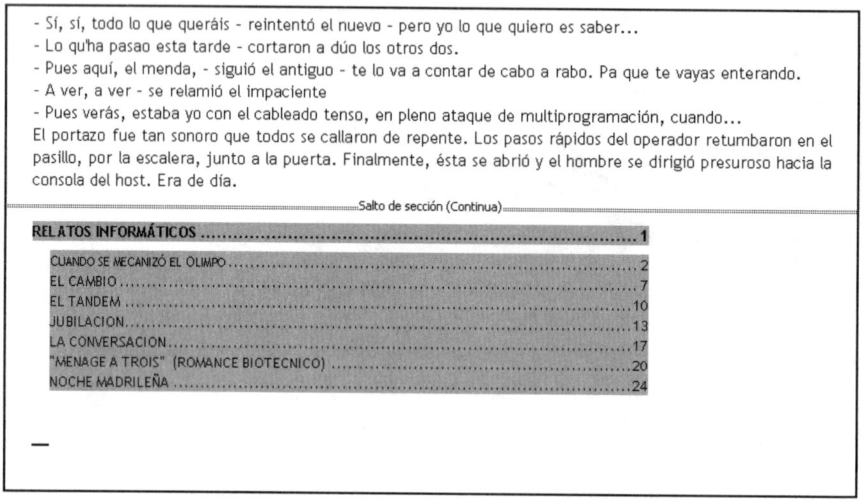

- Sí, sí, todo lo que queráis - reintentó el nuevo - pero yo lo que quiero es saber...
- Lo qu'ha pasao esta tarde - cortaron a dúo los otros dos.
- Pues aquí, el menda, - siguió el antiguo - te lo va a contar de cabo a rabo. Pa que te vayas enterando.
- A ver, a ver - se relamió el impaciente
- Pues verás, estaba yo con el cableado tenso, en pleno ataque de multiprogramación, cuando...

El portazo fue tan sonoro que todos se callaron de repente. Los pasos rápidos del operador retumbaron en el pasillo, por la escalera, junto a la puerta. Finalmente, ésta se abrió y el hombre se dirigió presuroso hacia la consola del host. Era de día.

Salto de sección (Continua)

RELATOS INFORMÁTICOS 1
CUANDO SE MECANIZÓ EL OLIMPO 2
EL CAMBIO 7
EL TANDEM 10
JUBILACION 13
LA CONVERSACION 17
"MENAGE A TROIS" (ROMANCE BIOTECNICO) 20
NOCHE MADRILEÑA 24

Figura 12.11. La tabla de contenido en el documento maestro

Las tablas de autoridades funcionan de la misma forma, pero sirven para listar las referencias legales, citas y otros elementos habituales de los documentos legales. Para crear una tabla de autoridades, hay que recorrer dos etapas:

- Marcar las citas. Funciona de forma similar al marcado de entradas de índice.
- Generar la tabla. Funciona de forma similar a la generación de índices y tablas de contenido.

Para marcar las citas, hay que hacer lo siguiente:

1. Hacer clic en el botón **Marcar cita** de la ficha **Tabla de autoridades**.
2. Seleccionar la primera cita del documento.
3. Elegir una categoría para la cita. El texto deberá aparecer en la tabla, por lo que es posible modificarlo.
4. En el cuadro **Cita corta**, escribir ahora el texto que contiene el documento y que hace referencia a la cita que aparece en la casilla **Texto seleccionado**.

5. Hacer clic en Marcar o en Marcar todas.
6. Hacer clic en Cita siguiente para continuar.

Una vez creadas las entradas, hay que generar la tabla igual que hemos visto anteriormente.

Gestión de índices y tablas

Los índices y las tablas no son más que resultados de campos y, como tal, se pueden actualizar y gestionar. Si se modifica el número de páginas de un documento, se cambian, añaden o eliminan textos, títulos, ilustraciones o cualquier elemento que forme parte de un índice o de una tabla, es preciso actualizarlos.

Actualización

Para actualizar un índice o una tabla, hay que hacer lo siguiente:

1. Hacer clic en el índice o la tabla con el botón derecho del ratón.
2. En el menú contextual, elegir Actualizar campos. Word ofrece la opción de actualizar sólo los números de página o toda la tabla. También se puede pulsar **F9** o hacer clic en el botón **Actualizar la TDC** de la barra de herramientas Esquema.

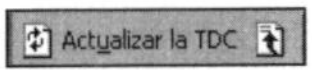

También es posible visualizar los códigos de campo que subyacen al índice o a la tabla, eligiendo en el menú contextual Activar o desactivar códigos de campo o pulsando **Mayús-F9**.

Para alternar todo el documento entre ver códigos de campo y resultados, hay que pulsar **Alt-F9**.

La figura 12.12 muestra el código de campo de la tabla de contenido creada anteriormente para el documento Ingeniería.doc.

Figura 12.12. El código de campo de una tabla de contenido

Modificación

Para modificar un índice o una tabla, solamente hay que crear un nuevo índice o tabla con el mismo u otro estilo. Word preguntará si debe reemplazar el índice o la tabla existentes.

Eliminación

Para borrar un índice o una tabla, solamente hay que seleccionarlo y pulsar la tecla **Supr**. Pero es preciso seleccionarlo completo, no basta con situar en él el punto de inserción.

Bloqueo

A veces es conveniente bloquear los campos de índice o de tabla, por ejemplo, si hay que imprimir el documento y no conviene que se modifique el archivo electrónico para que no varíe respecto al de papel.

Para bloquear los campos e impedir que se actualicen, hay que hacer lo siguiente:

1. Situar el punto de inserción en cualquier lugar del índice o de la tabla.
2. Pulsar **Control-F11**. La opción Actualizar campo quedará inhabilitada en el menú emergente.
3. Para desbloquearlo de nuevo y poderlo actualizar, habrá que pulsar **Mayús-Control-F11**.

Conversión de un índice o una tabla en texto normal

También es posible convertir un índice o una tabla de contenido, ilustraciones o autoridades en texto normal. Esto puede resultar útil, por ejemplo, para copiarlo a otro documento y utilizarlo como texto fijo. Hay que hacer lo siguiente:

1. Situar el punto de inserción en cualquier lugar del índice o de la tabla.
2. Pulsar **Control-F11** para bloquear los campos.
3. Pulsar **Control-Mayús-F9**.

La figura 12.13 muestra la tabla de contenido creada para el documento Ingeniería.doc convertida en texto normal.

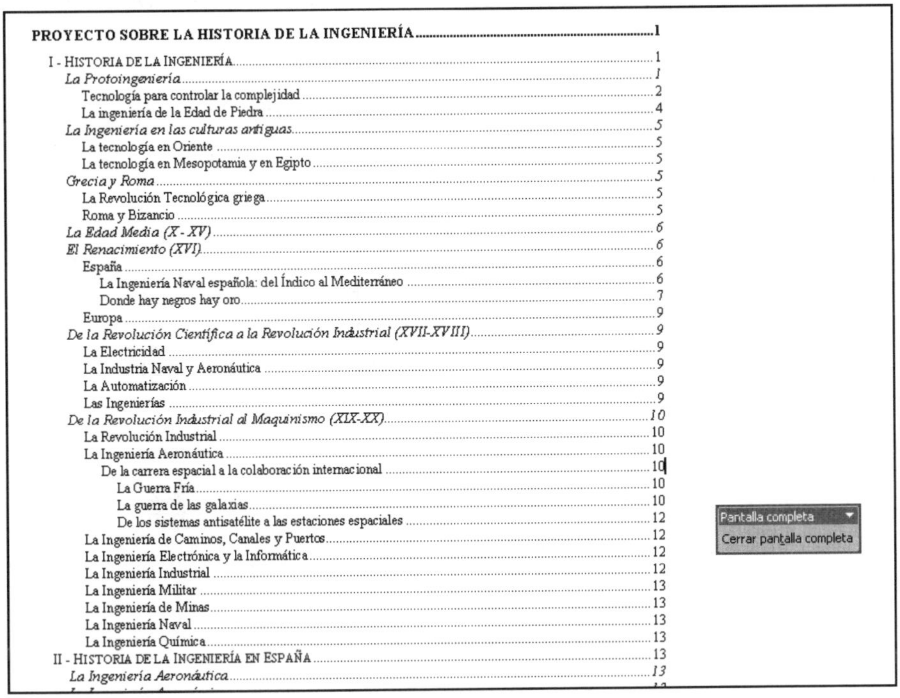
PROYECTO SOBRE LA HISTORIA DE LA INGENIERÍA....1
I - HISTORIA DE LA INGENIERÍA....1
La Protoingeniería....*1*
Tecnología para controlar la complejidad....2
La ingeniería de la Edad de Piedra....4
La Ingeniería en las culturas antiguas....*5*
La tecnología en Oriente....5
La tecnología en Mesopotamia y en Egipto....5
Grecia y Roma....*5*
La Revolución Tecnológica griega....5
Roma y Bizancio....5
La Edad Media (X - XV)....*6*
El Renacimiento (XVI)....*6*
España....6
La Ingeniería Naval española: del Índico al Mediterráneo....6
Donde hay negros hay oro....7
Europa....9
De la Revolución Científica a la Revolución Industrial (XVII-XVIII)....*9*
La Electricidad....9
La Industria Naval y Aeronáutica....9
La Automatización....9
Las Ingenierías....9
De la Revolución Industrial al Maquinismo (XIX-XX)....*10*
La Revolución Industrial....10
La Ingeniería Aeronáutica....10
De la carrera espacial a la colaboración internacional....10
La Guerra Fría....10
La guerra de las galaxias....10
De los sistemas antisatélite a las estaciones espaciales....12
La Ingeniería de Caminos, Canales y Puertos....12
La Ingeniería Electrónica y la Informática....12
La Ingeniería Industrial....12
La Ingeniería Militar....13
La Ingeniería de Minas....13
La Ingeniería Naval....13
La Ingeniería Química....13
II - HISTORIA DE LA INGENIERÍA EN ESPAÑA....13
La Ingeniería Aeronáutica....*13*

Figura 12.13. La tabla convertida en texto normal

Resumen

En este capítulo hemos aprendido a crear índices alfabéticos de varios niveles. El cuadro de diálogo Índice y tablas ofrece opciones para personalizarlos. Creamos un índice de ejemplo para el documento Ingeniería.doc creado en el capítulo anterior. En este proceso, hemos recorrido las dos etapas que conlleva la generación de un índice, el marcado de las palabras que han de componerlo y el proceso de creación del índice en sí.

Hemos visto también la forma de gestionar los índices creados, el empleo de marcadores y las opciones aplicables al índice, así como la posibilidad de aplicarle diferentes formatos.

Asimismo hemos visto también la posibilidad de crear archivos de concordancia como base para el marcado automático de los índices alfabéticos.

Como ejemplo, hemos creado uno de estos archivos para el documento anterior.

Hemos aprendido a insertar referencias cruzadas en los documentos, aplicándolo al mismo documento anterior, insertando referencias entre el texto y las notas al pie correspondientes.

También hemos visto la forma de aplicar y numerar títulos de Word en distintos elementos como tablas, figuras, cuadros o ejemplos, y que también tiene la utilidad de poder insertar los números de capítulo junto a los números de página.

Por último, hemos aprendido a crear tablas de contenido, de ilustraciones y de autoridades, creando una con distinto estilo para los dos ejemplos del capítulo anterior. Puesto que tanto los índices como las tablas son resultados de campos de Word, hemos aprendido asimismo a gestionarlos como tales.

Capítulo 13

El trabajo con OLE y multimedia

En este capítulo aprenderá a:

- Incrustar y vincular objetos OLE y multimedia, comprendiendo la diferencia.
- Trabajar con los comandos de Word Pegado especial y Pegar como hipervínculo.
- Actualizar los vínculos manual y automáticamente.
- Insertar hipervínculos en objetos distintos de texto.

Incrustación frente a vinculación

OLE (Incrustación y Vinculación de Objetos) es una tecnología que permite vincular e incrustar textos, imágenes o datos de un documento a otro. Por ejemplo, se pueden incrustar o vincular imágenes de PhotoPaint o gráficos de Excel en un documento de Word.

Existen diferencias entre las técnicas de incrustación y las de vinculación y merece la pena tenerlas en cuenta a la hora de elegir entre incrustar un objeto en un documento o bien vincularlo, porque ambas tienen ventajas e inconvenientes:

Los objetos vinculados

- Los objetos vinculados solamente almacenan los resultados y, si necesitan información, recurren a la aplicación con la que fueron creados. Por ejemplo, una hoja de cálculo de Excel vinculada a un documento de Word solamente guarda los resultados en el documento de Word. Por tanto, si necesita actualizar los datos, tendrá que recurrir a Excel.
- Los objetos vinculados ocupan menos espacio en el documento de destino que los incrustados, porque no necesitan tener toda la información consigo, sino solamente los resultados.
- Los objetos vinculados se cargan más rápidamente en el documento de destino, porque se actualizan cuando el usuario lo indique. No tienen que actualizarse en el momento de cargarse.
- Una de sus desventajas consiste en que, al vincular por ejemplo una hoja de cálculo de Excel a Word, no se puede actualizar sin tener Excel instalado.
- Por lo tanto, otra desventaja es que son precisos los datos originales para editar o actualizar el resultado.
- Otra desventaja es que, al hacer doble clic en un objeto vinculado, aparece la aplicación con la que se creó. Al hacer doble clic en la hoja de cálculo, aparece Excel y, si no está instalado, no hay forma de editarlo.

Los objetos incrustados

- Los objetos incrustados se almacenan en el documento que los recibe. Por tanto, ocupan más espacio que los vinculados, porque tienen que guardar consigo toda la información. Sin embargo, se puede abrir una hoja de cálculo de Excel incrustada en Word sin necesidad de tener Excel.

- Los objetos incrustados no precisan disponer de los datos originales.
- Al hacer doble clic en un objeto incrustado, aparece la barra de menú de la aplicación con la que se creó, pero no la aplicación en sí. Al hacer doble clic en una hoja de cálculo de Excel incrustada en un documento de Word, no aparece la interfaz de Word, sino la de Excel, como vimos en el capítulo 8.

Incrustación de objetos en un documento de Word

En el capítulo 8 hemos visto la forma de incrustar un objeto en un documento de Word, una hoja de cálculo de Excel. En el capítulo 5 vimos asimismo la forma de insertar imágenes prediseñadas en un documento de Word, el folleto para la promoción de la casa rural.

La incrustación de objetos en un documento de Word se lleva a cabo a través del menú Insertar.

- La opción Objeto.
- El submenú Imagen.

Nota:

La casilla de verificación Mostrar como icono *está disponible en ambas fichas. Al seleccionarla, el objeto queda insertado como un icono que se abre haciendo doble clic en él. Es útil porque, de esa forma, el objeto no ocupa espacio en el documento y se activa a voluntad.*

El cuadro de diálogo Objeto

El cuadro de diálogo Objeto (menú Insertar) tiene dos fichas:

- Crear nuevo.
- Crear desde un archivo.

La ficha Crear nuevo

La ficha Crear nuevo. Ofrece una lista de objetos que se pueden insertar en el documento. Esta lista se refiere a objetos nuevos, no existentes. Por ejemplo, la película de vídeo que indica la figura 13.1, no incrusta una película, sino el reproductor de vídeo de Windows.

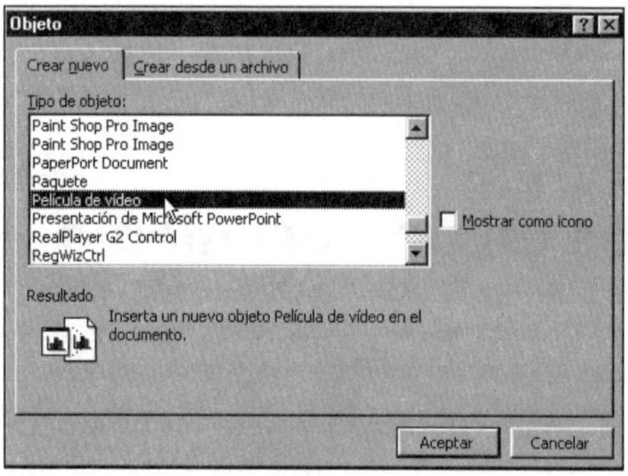

Figura 13.1. La ficha Crear nuevo del cuadro de diálogo Objeto

Hay que hacer lo siguiente:

1. Seleccionar Insertar>Objeto.
2. En la ficha Crear nuevo, seleccionar el objeto en la lista, en este caso, Película de vídeo.
3. Hacer clic en Aceptar.
4. Seleccionar la opción de menú Insertar clip.
5. Elegir una película.
6. Hacer clic en el botón Reproducir. La ventana de Word adquiere la interfaz del reproductor de vídeo.

La figura 13.2 muestra el reproductor de vídeo insertado en un documento de Word. Después de seleccionar una película y hacer clic en Reproducir, el clip de vídeo se ha puesto en marcha. Obsérvese que la interfaz no es la de Word, sino la del reproductor, con su barra de menú y sus herramientas para reproducir, rebobinar o detener la película.

La ficha Crear desde un archivo

La ficha Crear desde un archivo presenta un cuadro de texto donde escribir la ruta de acceso de un archivo, pero tiene que existir previamente.

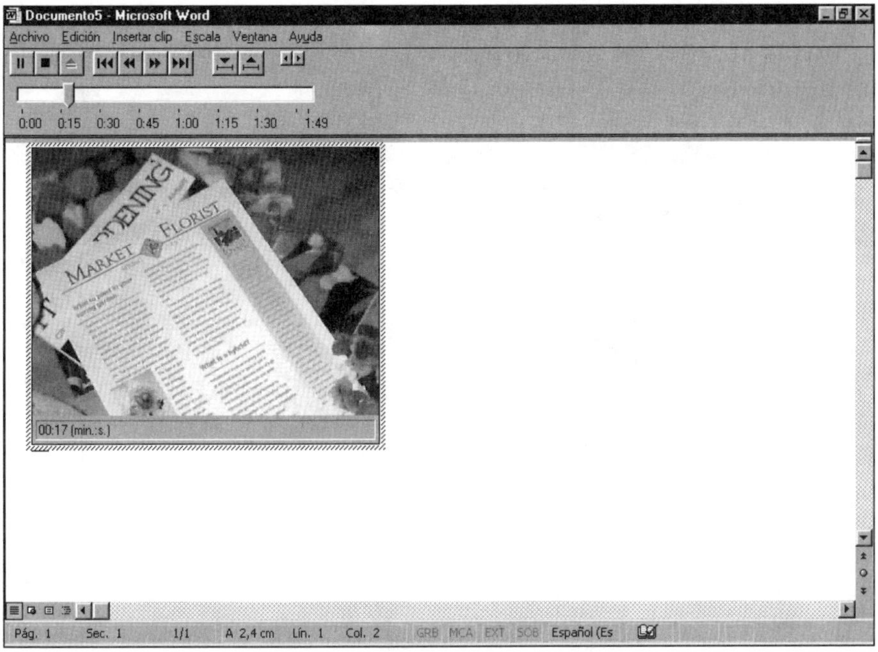

Figura 13.2. Un vídeo insertado en la interfaz del reproductor de vídeo de Windows, incrustado en un documento de Word

Hay que hacer lo siguiente:

1. Para buscar el objeto, hacer clic en el botón Examinar para acceder al cuadro de diálogo Examinar.
2. Una vez que ha sido localizado el objeto, hacer entonces clic en el botón Insertar.
3. Para activar el objeto incrustado, hacer doble clic en él.

La figura 13.3 muestra el mismo vídeo que la 13.2, pero esta vez incrustado directamente en el documento de Word. Obsérvese que la barra de menú no es la del reproductor de la figura 13.2, sino una barra de Word muy reducida. Los menús Archivo y Ventana son los habituales de Word, sin modificación alguna.

El submenú Imagen

El submenú Imagen del menú Insertar contiene opciones para insertar en el documento de Word imágenes, organigramas, gráficos, texto artístico de WordArt y otros objetos que iremos viendo en los capítulos sucesivos. Hemos visto WordArt, las autoformas y las imágenes desde archivo en capítulos anteriores.

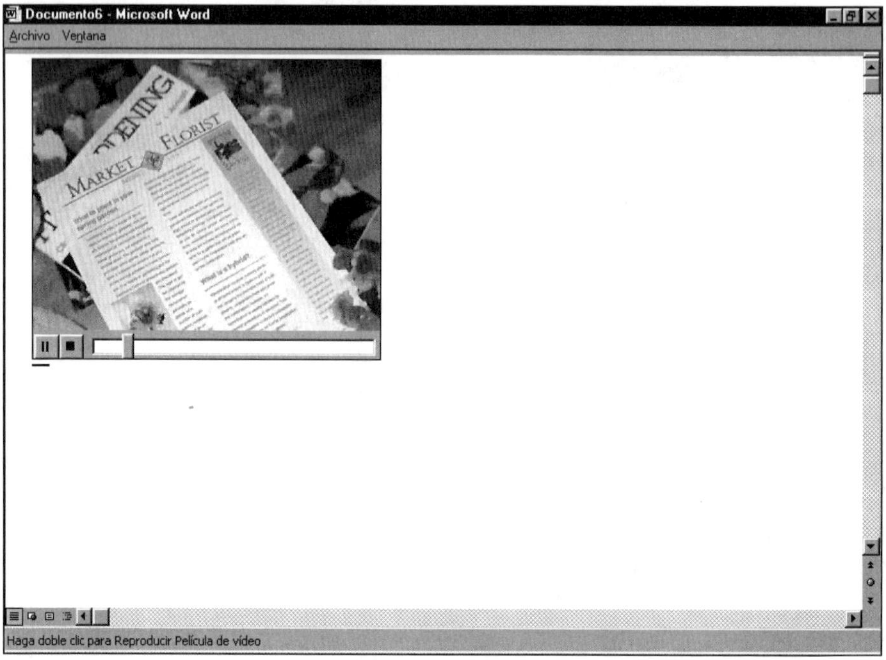

Figura 13.3. El mismo vídeo de la figura 13.2, incrustado directamente en el documento de Word

Vinculación de objetos a un documento de Word

Hay varios métodos con los que se pueden vincular objetos a un documento de Word:

- La casilla de verificación Vincular al archivo.
- La opción Insertar como vínculo.
- El comando Pegado especial.
- El comando Pegar como hipervínculo.
- Los hipervínculos.

La casilla de verificación Vincular al archivo

En el cuadro de diálogo **Objeto**, hay que activar la casilla de verificación **Vincular al archivo** de la ficha **Crear desde un archivo**. Esta acción establece un vínculo entre el documento de destino y el objeto seleccionado. Se diferencia del proceso anterior de incrustación en que, al modificar el archivo de origen, el vínculo se actualiza. El archivo vinculado ofrece en su menú emergente las opciones para mostrar, modificar y abrir el vínculo, así como convertirlo en documento de origen.

Para utilizar este método, hay que hacer lo siguiente:

1. Seleccionar **Insertar>Objeto**.
2. Hacer clic en la ficha **Crear desde un archivo**.
3. Activar la casilla de verificación **Vincular al archivo**.
4. Una vez localizado el objeto, hacer clic en el botón **Insertar**.
5. Para activar el objeto incrustado, hacer doble clic en él.

La figura 13.4 muestra el mismo vídeo de las figuras anteriores, vinculado a un documento de Word. Obsérvese que la interfaz de Word es la habitual. El vínculo del objeto aparece a la izquierda de la figura. Al hacer doble clic, el vídeo se ha puesto en marcha en una ventana que aparece a la derecha y que tiene botones para reproducir o detener la película.

Este archivo vinculado ocupa bastante menos espacio en el disco que el archivo incrustado de la figura 13.3, porque no necesita guardar consigo la barra de menú y las herramientas del reproductor de vídeo, sino simplemente un vínculo. El inconveniente es que hay que tener el programa disponible para poderlo activar en el documento de Word. Si la película, por ejemplo, no se encuentra en el disco en el que se hallaba cuando se insertó el vínculo, al hacer doble clic en él, Word mostrará un aviso indicando que el objeto está dañado o no está disponible.

La opción Insertar como vínculo

Hemos visto funcionar la opción **Insertar como vínculo** del cuadro de diálogo **Insertar**, en el capítulo 11, al crear un documento con los relatos vinculados. Esta opción es útil para vincular archivos de texto, no solamente creados con Word, sino creados con programas para los que Word 2002 tenga el filtro de conversión preciso instalado.

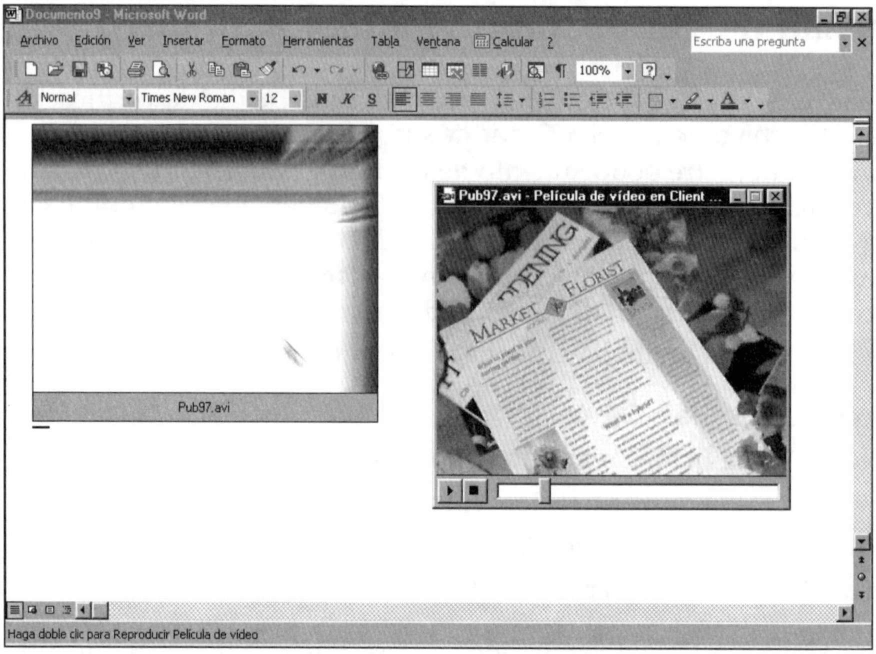

Figura 13.4. La película vinculada al documento

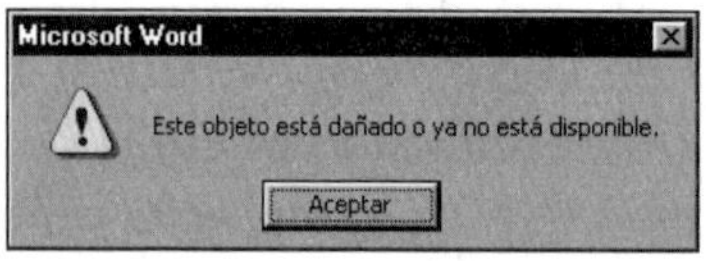

Figura 13.5. El aviso de Word

Si se intenta vincular un objeto diferente, por ejemplo, una imagen, utilizando esta opción, Word presenta un cuadro de conversión de archivos, tratando de convertir un archivo de texto cuyo origen desconoce.

El comando Pegado especial

Para Word 2002, un objeto es un componente básico de un documento. Puede tratarse de una imagen insertada, de un cuadro de texto, de una autoforma, de una hoja de cálculo de Excel, de un sonido incrustado, etc. Word convierte los objetos al formato de metaarchivos de Windows con la extensión .WMF. Si un objeto incrustado o vinculado no cabe en la página del documento, tiene que recortarlo, porque los metaarchivos de Windows tienen limitaciones de tamaño. Esto se soluciona insertando los objetos con el comando Pegado especial, pero no incrustándolos, sino vinculándolos a la aplicación de origen. El comando Pegado especial se encuentra en el menú Edición.

Hay que hacer lo siguiente:

1. Seleccionar el objeto o documento a pegar.
2. Hacer clic en el botón **Copiar** de la barra de herramientas Estándar.
3. Abrir el documento de destino.
4. Seleccionar Edición>Pegado especial.
5. En el cuadro de diálogo Pegado especial, seleccionar el formato.
6. Activar la casilla de verificación Pegar vínculo.

- Si se trata de una imagen o fotografía, el cuadro de diálogo Pegado especial propone solamente pegarla como mapa de bits, pero sin establecer vínculos. Este formato ocupa un espacio considerable en el documento.
- Si se trata solamente de los registros de una tabla de base de datos, se pueden pegar como texto sin formato, con formato RTF, HTML o bien Unicode, pero no es posible establecer vínculos, porque la opción Pegar vínculo del cuadro de diálogo Pegado especial aparece desactivada.
- Si se trata de una hoja de cálculo de Excel, se puede pegar entonces con vínculo con el formato Objeto Hoja de cálculo vinculado. Los gráficos de Excel también se pueden vincular con el formato Objeto Gráfico de Microsoft Excel vinculado.
- Si se trata de una tabla completa de una base de datos de Access, por ejemplo, se puede vincular al documento de Word, porque la opción Pegar vínculo se activa. Se puede pegar con los mismos formatos que en el caso anterior de los registros, pero el más conveniente es RTF (texto enriquecido) que pega la tabla como texto con formato de fuentes y tablas. Después de pegarla, se puede manipular con las opciones del menú Tabla de Word. Si se modifican los datos de la tabla de Access, se modificarán los de la tabla vinculada en Word.
- Si se trata de un clip de vídeo, se puede vincular como Película de vídeo Objeto. Los archivos de sonido también se pueden vincular como Paquete objeto. En ambos casos, la película o el sonido se reproducen al hacer doble clic.

Un ejemplo con una hoja de cálculo de Excel

Después de pegar una hoja de cálculo o un gráfico de Excel en un documento de Word, el menú emergente ofrece opciones para abrir o modificar el vínculo, acceder al cuadro de diálogo Vínculo o bien para convertir el objeto en un icono. Al hacer clic en la opción Convertir, se abre el cuadro de diálogo Convertir que ofrece la casilla de verificación Mostrar como icono.

La carpeta \Ejemplos\Cap13 contiene una hoja de Excel, Tapas.xls, vinculada a un documento de Word, HojaVinculada.doc, donde aparece como un icono. Al hacer doble clic en el icono, se abre la hoja de cálculo en Excel, para poder modificarla.

Para visualizar la hoja completa en el documento de Word, hay que hacer lo siguiente:

1. Hacer clic con el botón derecho del ratón en el icono.
2. Seleccionar Convertir en el menú emergente.
3. En el cuadro de diálogo Convertir, desactivar la casilla de verificación Mostrar como icono.
4. Hacer clic en Aceptar.

Advertencia:

La ficha General del cuadro de diálogo Opciones (menú Herramientas) de Excel tiene una casilla de verificación llamada Omitir otras aplicaciones. Si está activada, no se puede abrir la hoja de Excel en Word, porque Excel desoye las demandas de datos que otros programas ejecutan en modo DDE (Intercambio dinámico de datos). Al desactivarla, se podrá abrir de nuevo la hoja de cálculo en Word.

El cuadro de diálogo Convertir

El cuadro de diálogo Convertir convierte los objetos incrustados de manera que se puedan modificar aunque la aplicación de origen no esté instalada en el ordenador. Puede suceder que, al intentar modificar o activar un objeto, Word presente un mensaje indicando que no es posible abrir el archivo o el programa de origen.

Si se trata de un objeto incrustado, se puede convertir de esta forma:

1. Seleccionar Edición>Objeto. Puede ser Objeto paquete, Objeto hoja de cálculo, etc.
2. Hacer clic en Convertir.
3. Seleccionar el nuevo tipo de archivo en el cuadro Tipo de objeto.
   - Para convertir el objeto incrustado, seleccionar Convertir en.
   - Para abrir el objeto incrustado sin cambiar el tipo de objeto, seleccionar Activar como.

Si se trata de un objeto vinculado, hay que hacer lo siguiente:

1. Verificar que el archivo a modificar tiene el mismo nombre que el que tenía cuando se creó el vínculo.
2. Seleccionar el objeto y hacer clic en Edición>Vínculos.
3. Hacer clic en el botón Cambiar origen.

Advertencia:

Al activar un objeto incrustado, es importante comprobar que el programa de origen no tenga abiertos cuadros de diálogo en el caso de que se esté ejecutando. Si se trata de un objeto vinculado, conviene asegurarse de que el origen no se está utilizando.

Un ejemplo con una tabla de Access

Por ejemplo, en el capítulo 10 hemos utilizado una tabla de Access para recoger las direcciones de una serie de destinatarios de correo. Para pegar esa tabla en un documento nuevo de Word estableciendo un vínculo, hay que hacer lo siguiente:

1. Abrir el archivo Direcciones.mdb en Access.
2. En la ventana de Access, seleccionar la tabla Direcciones y hacer clic en Edición>Copiar.
3. Abrir un documento en blanco de Word haciendo clic en el botón **Nuevo documento en blanco** de la barra de herramientas Estándar.
4. Seleccionar Edición>Pegado especial.
5. En el cuadro de diálogo Pegado especial, seleccionar ahora la opción Formato RTF.
6. Activar el botón de opción Pegar con vínculo.
7. Hacer clic en Aceptar.

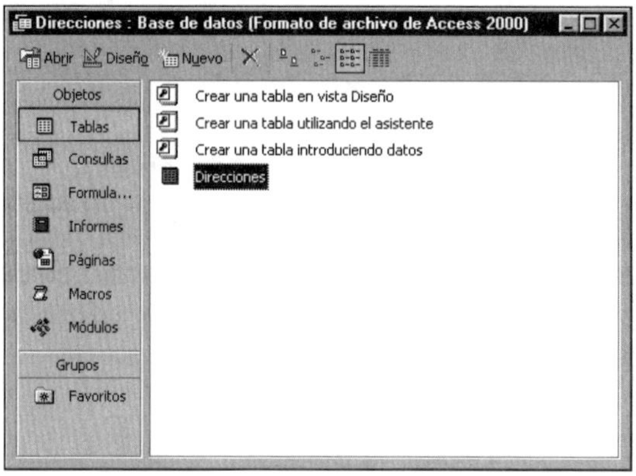

Figura 13.6. La tabla seleccionada en la ventana de Access

Una vez vinculada la tabla en el documento de Word, hay que guardarla. El ejemplo se llama TablaVinculada.doc y está en la carpeta \Ejemplos\Cap13 del CD-ROM de acompañamiento. Ahora probaremos el funcionamiento del vínculo:

1. Retocar la tabla en la ventana de Word. Si no cabe completa, se puede seleccionar 75% en la lista desplegable Zoom de la barra de herramientas Estándar. Las columnas quedan algo estrechas y se pueden ampliar acercando el cursor a la línea intermedia entre Apellido1 y Apellido2 y, cuando se convierta en una flecha de dos puntas, estirar hasta que el texto se acomode en una sola fila.
2. Guardar y cerrar el archivo TablaVinculada.doc.
3. Abrir la tabla Direcciones.mdb en Access y agregar una dirección al final.
4. Guardar el archivo y cerrar Access.
5. Abrir el documento TablaVinculada.doc. Word reclamará la presencia de Access para poder actualizar la tabla. Eso significa que siempre la actualizará automáticamente al abrirse el documento.
6. Como hemos retocado ligeramente la tabla vinculada, al actualizarse con la nueva dirección, la última fila aparece descolocada. Se puede volver a retocar manualmente.

Actualización manual de los vínculos

También se pueden actualizar los vínculos manualmente. Por ejemplo, si modificamos la tabla de Access sin haber cerrado el archivo de Word, éste no reflejará los cambios hasta que se cierre y se vuelva a abrir. Para actualizarlo en cualquier momento, hay que hacer lo siguiente:

1. Seleccionar Edición>Vínculos.
2. En el cuadro de diálogo Vínculos, seleccionar entonces el botón Actualizar ahora.
3. Hacer clic en Aceptar.

El cuadro de diálogo Vínculos ofrece las opciones siguientes:

- Actualizar ahora. Actualiza los vínculos en el momento, como hemos visto en el ejemplo anterior.
- Abrir origen. Abre la aplicación con que está creado el objeto vinculado, en este caso, Microsoft Access.
- Cambiar origen. Abre el cuadro de diálogo Cambiar origen, que permite seleccionar otro archivo de origen. La ruta del archivo de origen, en este caso \Ejemplos\Cap10\Direcciones.mdb, aparece en la zona Información de origen para el vínculo seleccionado. De esta manera, si el archivo de origen se cambia de carpeta, Word podrá recuperarlo.

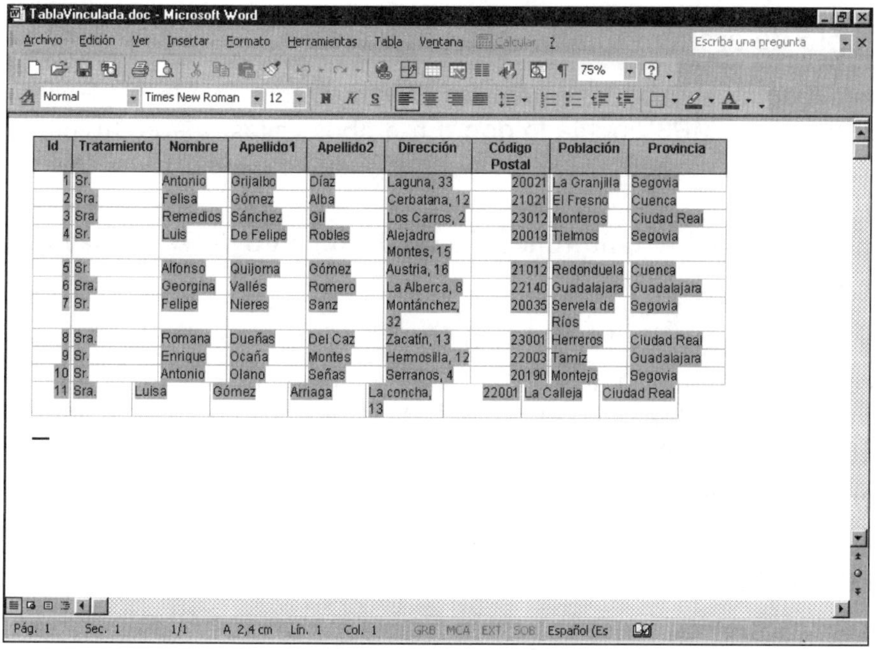

Id	Tratamiento	Nombre	Apellido1	Apellido2	Dirección	Código Postal	Población	Provincia
1	Sr.	Antonio	Grijalbo	Díaz	Laguna, 33	20021	La Granjilla	Segovia
2	Sra.	Felisa	Gómez	Alba	Cerbatana, 12	21021	El Fresno	Cuenca
3	Sra.	Remedios	Sánchez	Gil	Los Carros, 2	23012	Monteros	Ciudad Real
4	Sr.	Luis	De Felipe	Robles	Alejadro Montes, 15	20019	Tielmos	Segovia
5	Sr.	Alfonso	Quijorna	Gómez	Austria, 16	21012	Redonduela	Cuenca
6	Sra.	Georgina	Vallés	Romero	La Alberca, 8	22140	Guadalajara	Guadalajara
7	Sr.	Felipe	Nieres	Sanz	Montánchez, 32	20035	Servela de Ríos	Segovia
8	Sra.	Romana	Dueñas	Del Caz	Zacatín, 13	23001	Herreros	Ciudad Real
9	Sr.	Enrique	Ocaña	Montes	Hermosilla, 12	22003	Tamiz	Guadalajara
10	Sr.	Antonio	Olano	Señas	Serranos, 4	20190	Montejo	Segovia
11	Sra.	Luisa	Gómez	Arriaga	La concha, 13	22001	La Calleja	Ciudad Real

Figura 13.7. Al haberla retocado en Word, la tabla queda descolocada al actualizarse

- Romper vínculo. Desactiva el vínculo. Esta opción es importante cuando el archivo ya no ha de depender del origen. Por ejemplo, si la tabla de direcciones ya no se ha de actualizar, es conveniente romper el vínculo para evitar que Word intente actualizarla cada vez que se abra. Si se rompe el vínculo, hay que volver a crearlo.
- Actualizar ofrece los botones de opción Automáticamente o Manualmente.
- La casilla de verificación Bloqueado hace que Word no actualice el vínculo. Si se activa, el botón Actualizar ahora queda deshabilitado. Esta opción es útil si, durante algún tiempo, no hay que actualizar el vínculo, porque no lo rompe ni intenta ponerlo al día.

Truco:

Los vínculos también se pueden actualizar automáticamente antes de imprimir el documento. Basta con activar la casilla de verificación Actualizar vínculos *de la ficha* Imprimir, *del cuadro de diálogo* Opciones *(menú* Herramientas*).*

Un ejemplo de archivo multimedia vinculado

La carpeta Ejemplos\Cap13 contiene dos documentos vinculados, PeliculaVinculada.doc y MP3Vinculado.doc. En ambos casos, los archivos de origen están en la carpeta \Complementos\Multimedia del CD-ROM de acompañamiento.

Para vincular un archivo multimedia a un documento de Word hay que hacer lo siguiente:

1. Abrir el Explorador de Windows o Mi PC.
2. Seleccionar el archivo. La película se halla en la ruta \Complementos\Multimedia\Naturaleza.avi. El archivo de sonido se halla en \Complementos\Multimedia\Vals_Nº4.MP3.
3. Hacer clic en Edición>Copiar.
4. Abrir un documento de Word en blanco.
5. Seleccionar Edición>Pegado especial.
6. Para el vídeo, seleccionar la opción Película de vídeo Objeto. Para el archivo de sonido, Paquete Objeto.
7. Activar la opción Pegar con vínculo.

En ambos casos, los objetos se activan haciendo doble clic. El clip de vídeo se reproduce con el Reproductor de Windows Media. El archivo MP3 se reproduce con el programa WINAMP.

Ambos se encuentran en el CD-ROM de acompañamiento, en la carpeta Complementos.

También en este tipo de archivos funciona el menú emergente con las opciones para modificar el vínculo o mostrar como icono.

Nota:

Al abrir un archivo vinculado o incrustado, Word muestra un mensaje indicando que dicho archivo puede contener un virus y recomienda asegurarse antes de abrirlo. Es imprescindible contar con un antivirus actualizado antes de descargar archivos de Internet.

Control de la asignación de programas y aplicaciones a tipos de archivo

Windows asigna un programa o aplicación a cada tipo de archivo registrado, de manera que, cuando se hace doble clic en él en el Explorador de Windows o en Mi PC, ese programa o aplicación se pone en marcha automáticamente y ejecuta el archivo seleccionado. Por ejemplo, al hacer doble clic en un archivo que tenga la extensión .Doc, Word se pone en marcha automáticamente y ejecuta el archivo.

Todo esto es controlable a través del cuadro de diálogo Opciones de carpeta, con lo que se puede asignar un programa diferente a un tipo de archivo determinado. Así, el programa asignado a los archivos de sólo texto es el Bloc de notas pero se puede hacer que sea Word quien se ocupe de leerlos.

Por ejemplo, supongamos que queremos ejecutar siempre los archivos de sonido MIDI con WINAMP en lugar de hacerlo con el Reproductor de Windows Media, que es el reproductor predeterminado. Hay que hacer lo siguiente:

1. Abrir el Explorador de Windows o Mi PC.
2. Seleccionar Ver>Opciones de carpeta.
3. En el cuadro de diálogo Opciones de carpeta, seleccionar la ficha Tipos de archivo.

4. En la lista Tipos de archivo registrado, seleccionar el tipo de archivo, en este caso, Secuencia de MIDI. La zona Detalles del tipo de archivo mostrará los datos siguientes:
   - Extensión: RMI MIDI.
   - Tipo de contenido: audio/mid.
   - Se abre con: Mplayer2.
5. Hacer clic en el botón Edición.
6. Hacer clic en la lista desplegable Extensión predeterminada del tipo de contenido y seleccionar MIDI o la extensión que corresponda.
7. En Acciones, seleccionar Reproducir (también puede ser Abrir, Play u Open).
8. Hacer clic en el botón Edición, situado en la parte inferior del cuadro de diálogo.
9. En el cuadro de diálogo Acción de edición para este tipo, cambiar el nombre y la ruta del programa que aparece en Aplicación utilizada para realizar esta acción. El botón Examinar permite acceder a la carpeta en que se aloja el reproductor Winamp.
10. Hacer clic en Aceptar y después en Cerrar.

Otras opciones del comando Pegado especial

El cuadro de diálogo Pegado especial ofrece también la posibilidad de pegar los objetos sin vincularlos. Por ejemplo, podemos incrustar archivos de sonido Mid en un documento de Word, ya que su tamaño es mucho más pequeño y no es necesario establecer vínculos.

La carpeta \Ejemplos\Cap13 contiene un documento con dos archivos de sonido Mid incrustados, MidIncrustados.doc. Los archivos de sonido son GeorgiaInMyMind.mid y CarrosFuego.mid y se encuentran en la carpeta \Complementos\Multimedia del CD-ROM de acompañamiento. En todo caso, como están incrustados y no vinculados, no es necesario disponer de los archivos de sonido originales.

Para incrustar un archivo de sonido en un documento de Word, hay que hacer lo siguiente:

1. Seleccionar el archivo en el Explorador de Windows o en Mi PC.
2. Hacer clic en Edición>Copiar.
3. Abrir un documento de Word en blanco.
4. Seleccionar Edición>Pegado especial.

5. Seleccionar la opción **Files**. La opción **Paquete Objeto** sirve para modificar el original y en este caso no es necesario.
6. Activar el botón de opción **Pegar**, que estará activado de forma predeterminada.
7. Hacer clic en **Aceptar**.

El menú emergente de estos objetos de sonido incrustados ofrece las siguientes opciones en el submenú **Objeto Paquete**:

- **Activar contenido**. Reproduce el archivo de sonido.
- **Editar paquete**. Da acceso al Empaquetador de objetos de Windows (véase figura 13.8).
- **Convertir**. Abre el cuadro de diálogo **Convertir**.

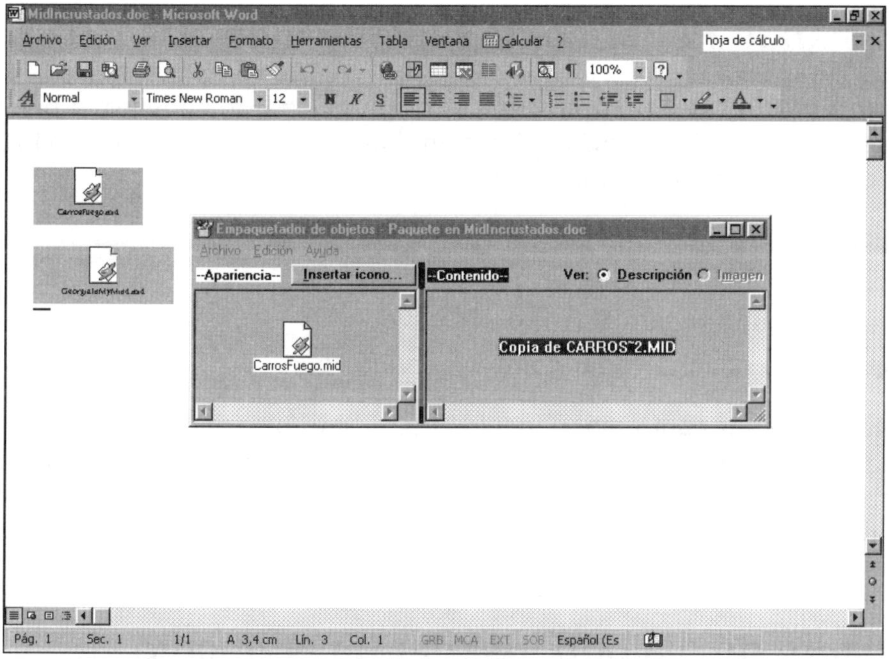

Figura 13.8. El Empaquetador de objetos de Windows

El Empaquetador de objetos de Windows

El Empaquetador de objetos de Windows es una herramienta para crear paquetes de datos que pueden insertarse en aplicaciones de Windows. Existen los siguientes requisitos:

- Para empaquetar sólo una parte de un archivo, hay que crearlo con un programa que admita las funciones de arrastrar y colocar de OLE, como son los programas de la suite Office.
- Es posible empaquetar un archivo completo con el Empaquetador de objetos o con el Explorador de Windows. El contenido del paquete se puede crear con cualquier programa.

La barra de menú del Empaquetador de Windows tiene opciones para importar, copiar o actualizar los archivos empaquetados.

En cuanto al cuadro de diálogo Convertir, el botón de opción Convertir en convierte el paquete seleccionado en un objeto paquete de forma permanente, lo que permite manipularlo en Word o en cualquier otro programa de Windows.

El comando Pegar como hipervínculo

Los hipervínculos permiten acceder a otro lugar de documento, a otro documento de Word o de otra aplicación. Para pegar un objeto como hipervínculo, hay que hacer lo siguiente:

1. Seleccionar el objeto a pegar.
2. Hacer clic en el botón **Copiar**.
3. Abrir el documento de destino.
4. Seleccionar Edición>Pegar como hipervínculo.

El comando Pegar como hipervínculo enlaza la información de origen y destino. Al acercar el puntero al hipervínculo, se convierte en una mano para pulsar y la información emergente indica el archivo de origen. Junto con el documento o parte del texto vinculado, aparece la barra de herramientas Web.

El cuadro de diálogo Insertar hipervínculo

En el capítulo 11 hemos insertado hipervínculos entre diferentes documentos de Word. Los hipervínculos insertados en Word presentan las diferencias siguientes respecto al texto normal:

- Aparecen con un color especial, azul o verde. También pueden estar subrayados o ambas cosas.

- Al aproximar el cursor a un hipervínculo, puede verse la información de pantalla. El cursor se convierte en una mano con un dedo que apunta al pulsar **Control-clic**.
- Al hacer clic en un hipervínculo, se abre una ventana de Word mostrando la página Web a la que apunta el vínculo. Para ello es imprescindible disponer de conexión con Internet o que la página se encuentre almacenada en la carpeta \Windows\ Archivos temporales de Internet.
- Al hacer clic en un hipervínculo de correo electrónico, se inicia automáticamente el programa de mensajería y aparece un mensaje en blanco con la dirección del vínculo.

El cuadro de diálogo Insertar hipervínculo, que presenta la figura 13.9, ofrece diversas opciones.

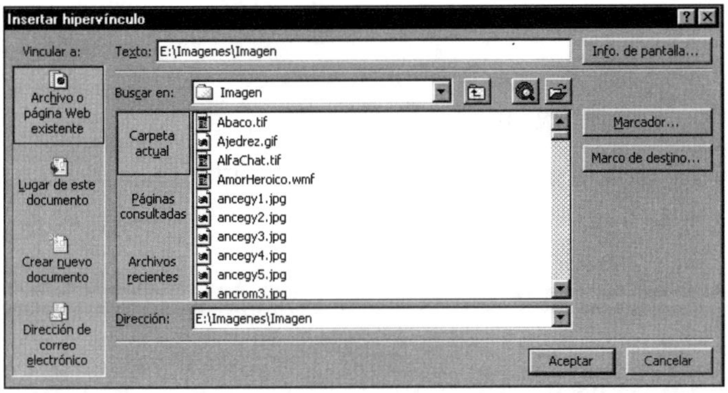

Figura 13.9. El cuadro de diálogo Insertar hipervínculos

La barra de botones de la izquierda tiene cuatro botones:

- Archivo o página Web existente lo hemos utilizado en el capítulo 11.
- Este mismo documento permite crear el hipervínculo para el mismo documento, distinguiendo el lugar de la inserción, que puede ser un título, el encabezado o un marcador. Lógicamente, el marcador debe crearse de antemano.
- Crear nuevo documento permite establecer un hipervínculo con un documento nuevo, creándolo directamente en este mismo cuadro de diálogo. Hay que hacer lo siguiente:
  1. Seleccionar o escribir la ruta de acceso.
  2. Escribir el texto de la información a mostrar haciendo clic en el botón Info. de pantalla.

3. Hacer clic en uno de los botones de opción de la parte inferior, para modificarlo inmediatamente o más tarde.

- Dirección de correo electrónico permite establecer el vínculo con una dirección de correo electrónico.

Al seleccionar el botón Archivo o página Web existente, la ventana Seleccione un lugar de este documento cambia para presentar una lista desplegable y tres botones. La lista desplegable Buscar en: es similar a la del cuadro de diálogo Abrir. Los botones son los siguientes:

- Carpeta actual sirve para examinar la carpeta activa.
- Páginas consultadas sirve para buscar páginas Web visitadas recientemente.
- Archivos recientes sirve para seleccionar los últimos documentos que han sido abiertos en Word.

Después de vincular los documentos entre sí, los hipervínculos presentan un menú emergente con las siguientes opciones:

- Modificar hipervínculo. Abre el cuadro de diálogo Modificar hipervínculo, similar al de insertarlo. Lo hemos visto en el capítulo 11.
- Abrir hipervínculo. Va al documento vinculado.
- Seleccionar hipervínculo. Lo selecciona para posterior tratamiento, por ejemplo, para cambiar el texto por otro más amplio y legible.
- Copiar hipervínculo. Lo copia al Portapapeles para poderlo pegar en otro lugar o documento.
- Quitar hipervínculo. Lo elimina, como vimos en el capítulo 11.

El cuadro de diálogo Insertar hipervínculo ofrece también la posibilidad de utilizar un marcador. El botón Marcador abre un cuadro en el que seleccionar la parte del documento. Esto resulta útil cuando hay que trabajar con numerosos documentos relacionados entre sí, porque permite saltar directamente a pasajes de texto concretos. Hay que hacer esto:

1. Abrir el documento de destino.
2. Seleccionar el primer lugar de destino en el texto.
3. Seleccionar Insertar>Marcador y darle un nombre.
4. Seleccionar el siguiente pasaje e insertar luego otro marcador con otro nombre.
5. Abrir el documento que ha de contener los vínculos.

6. Seleccionar el elemento que ha de saltar al primer pasaje, hacer clic en él con el botón derecho y elegir Hipervínculo.
7. En el cuadro de diálogo Insertar hipervínculo, hacer clic en el botón Examinar y aceptar la ruta de acceso al documento de destino.
8. Hacer clic en el botón Marcador y, en el cuadro de diálogo siguiente, seleccionar el marcador número uno.
9. Establecer los vínculos siguientes de la misma forma.

Resumen

En este capítulo hemos aprendido la diferencia entre vinculación e incrustación de objetos, con las características, ventajas e inconvenientes de cada uno de esos métodos.

Hemos visto las maneras posibles que hay para incrustar objetos en Word, utilizando las opciones del cuadro de diálogo Objeto. Hemos visto asimismo diversas formas de vincular objetos, empleando la opción Vincular al archivo del mismo cuadro de diálogo Objeto, así como las muchas prestaciones de la opción Pegado especial. Para ello, hemos creado algunos ejemplos con tablas de Access, hojas de cálculo de Excel y algunos objetos multimedia como clips de vídeo y archivos de sonido.

En el tratamiento de los objetos, hemos aprendido a controlar la asignación automática que Windows hace de las distintas aplicaciones y programas instalados para ejecutar los diferentes tipos de archivo registrados.

También hemos analizado el cuadro de diálogo Insertar hipervínculo, con todas sus opciones, junto con la opción de menú Pegar como hipervínculo.

Capítulo 14

El menú Insertar y la Galería Multimedia

En este capítulo aprenderá a:

- Vincular cuadros de texto en un documento.
- Trabajar con el Panel de tareas Insertar imagen prediseñada.
- Gestionar la Galería Multimedia.
- Trabajar con el Lienzo de dibujo.
- Manipular figuras automáticas.

Los cuadros de texto

Hemos visto el funcionamiento de los cuadros de texto en el capítulo 8 como contenedores capaces de alojar texto o imágenes gráficas. Pero los cuadros de texto son contenedores dinámicos, porque se pueden vincular entre sí para hacer fluir el texto de uno a otro como una corriente de agua, para dar a los documentos un aspecto periodístico, artístico y profesional.

El texto contenido en un cuadro de texto puede tener un formato idéntico o totalmente diferente al del resto del documento. También se puede desplazar dentro del cuadro, como una unidad de información autónoma.

Para escribir en un cuadro de texto hay que hacer clic dentro de él para situar el punto de inserción. La escritura es idéntica a la de la ventana de Word. Para formatear el texto de un cuadro, hay que seleccionarlo como cualquier otro texto, haciendo clic y arrastrando el ratón. Después hay que hacer clic en Formato>Párrafo o bien Formato>Fuente, Formato>Numeración y viñetas, etc.

También es posible colocar un texto dentro de un cuadro de texto, sin copiarlo. Para ello, hay que seleccionarlo y luego hacer clic en el botón **Cuadro de texto** de la barra de herramientas Dibujo o bien seleccionar la opción de menú Insertar>Cuadro de texto. Con ello, el texto se traslada automáticamente al cuadro.

Los cuadros de texto se comportan como los restantes objetos insertados en Word. Para seleccionar un cuadro de texto hay que hacer clic en él. Al estar seleccionado, aparecen los controladores de tamaño y de posición que permiten hacerlo más grande o más pequeño, así como desplazarlo a otro lugar del documento. Al acercar el cursor a un controlador de tamaño, adquiere la forma de una flecha de dos puntas para estirar hacia dentro o hacia fuera. Al acercarlo a un controlador de posición, adquiere la forma de una flecha de cuatro puntas con la que arrastrarlo.

Truco:

Para formatear un cuadro de texto sin aplicar el formato al texto que contiene, hay que hacer doble clic en el borde externo del cuadro. Por el contrario, para formatear el texto, hay que hacer clic en el texto con el botón derecho y elegir Modificar texto, *en el menú emergente.*

El cuadro de diálogo Formato del cuadro de texto

El cuadro de diálogo Formato del cuadro de texto tiene varias fichas con numerosas opciones. Veamos algunas de ellas:

- Colores y líneas. Contiene opciones para formatear el relleno, el color, tipo y grosor de las líneas. Para hacer el cuadro de texto invisible, hay que seleccionar Sin línea y Sin relleno, aunque el texto que contiene seguirá manteniendo el mismo formato y características anteriores. Eso significa que se puede seleccionar, arrastrar, cambiar de tamaño, vincular, etc.
- Cuadro de texto. Contiene opciones para fijar los márgenes internos. El botón Formato de llamada solamente está activo cuando el cuadro es una llamada y permite dirigirla hacia otro lado. La opción Convertir en marco, transforma el cuadro de texto en un marco.

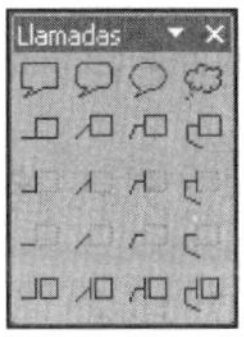

Figura 14.1. La paleta Llamadas

Nota:

*Las llamadas son autoformas que se insertan seleccionando Insertar>Imagen>Autoformas. En la barra de herramientas Autoformas, hay que hacer clic en el botón **Llamadas**, para desplegar la paleta, la cual se puede arrastrar aparte de la barra de herramientas.*

- Tamaño. Contiene la casilla de verificación Bloquear relación de aspecto, para que el cuadro no pierda la proporción al hacerse más grande o más pequeño y no se deforme el contenido, que puede ser una imagen. El botón Restablecer le devuelve los parámetros anteriores.
- Web. Esta ficha permite insertar el texto alternativo que presenta una página Web cuando el explorador no puede visualizar las imágenes gráficas.

- Diseño. Contiene opciones para alinear el cuadro de texto con el texto del documento. Se puede alinear incluso detrás, para que se transparente debajo del texto. La ficha Avanzado abre un nuevo cuadro de diálogo con dos fichas:
  - Posición de la imagen. Contiene opciones para colocar el cuadro de texto respecto al párrafo, la columna, el margen, la página, etc. La casilla de verificación Mover con el texto fija el cuadro al texto del documento, para que cambie de página con él.
  - Ajuste del texto. Permite ajustar el cuadro al texto de forma cuadrada, estrecha, superior, inferior, a ambos lados, al lado mayor, etc.

Truco:

Cuando el cuadro de texto está situado detrás del texto, se puede seleccionar haciendo clic en el botón ***Seleccionar objetos*** *de la barra de herramientas* Dibujo*, apuntando con él al cuadro de texto y, cuando el puntero se convierta en una flecha de cuatro puntas, desplazarlo. Para que el cursor recupere su forma normal, hay que volver a hacer clic en el mismo botón.*

Los cuadros de texto frente a los marcos

En el capítulo 3 vimos la forma de insertar marcos para trasladar las imágenes e incorporamos la opción Marco al menú Insertar. Los marcos y los cuadros de texto tienen prácticamente las mismas funcionalidades, pero se diferencian en las siguientes:

- Los marcos no se pueden vincular para hacer que fluya el texto, como veremos a continuación con los cuadros de texto.
- Los cuadros de texto no se pueden borrar sin que se borre el texto o los objetos que contienen, mientras que los marcos se pueden eliminar sin borrar el contenido.
- Los marcos pueden formar parte de un estilo de párrafo, mientras que los cuadros de texto no.

Conviene utilizar cuadros de texto en los casos siguientes:

- Para hacer fluir el texto entre varios cuadros vinculados.
- Si hay que formatear el texto con las opciones de la barra de Dibujo.

- Para cambiar la orientación del texto con la opción Formato>Dirección del texto.
- Para alinear o distribuir los cuadros de texto como un grupo con el menú Dibujo de la barra de herramientas Dibujo.

Conviene utilizar marcos en los casos siguientes:

- Para insertar comentarios.
- Para insertar notas al pie y notas al final.
- Para insertar algunos campos, tales como AUTONUM, AUTONUMLGL, AUTONUMOUT, con los que numerar listas y párrafos en documentos legales y esquemas.

Conversión de cuadros de texto en marcos

Hay una posibilidad de convertir los cuadros de texto en marcos. Eso permite eliminar un cuadro de texto y hacer que el texto que contiene vuelva al documento principal. Hay que hacer lo siguiente:

1. Seleccionar el cuadro de texto. Si está vinculado, como veremos más adelante, es preciso romper el vínculo.
2. Hacer doble clic en el borde para abrir el cuadro de diálogo Formato del cuadro de texto.
3. Seleccionar la ficha Cuadro de texto.
4. Hacer clic en el botón Convertir en marco. El texto se trasladará al documento, quedando delante del párrafo que contenía el ancla del cuadro de texto.
5. Hacer clic en el marco con el botón derecho y elegir Formato de marco en el menú emergente.
6. Hacer clic en el botón Quitar marco.

Vinculación de cuadros de texto

Al insertar un cuadro de texto, la barra de herramientas Cuadro de texto se hace visible, ofreciendo los botones necesarios para vincular cuadros de texto entre sí y gestionar el proceso. La vinculación de cuadros resulta muy sencilla, pero hay que tener en cuenta algunas consideraciones:

- Para que el texto fluya de un cuadro a otro, hay que crear un vínculo entre ellos.

- El segundo cuadro ha de estar vacío, para que pueda formar parte del vínculo.
- Para incorporar otros cuadros de texto a la cadena de vínculos, basta con repetir el proceso con un tercer cuadro, un cuarto y así sucesivamente.
- Para romper el vínculo de un cuadro de texto con el siguiente, hay que hacer clic en el botón **Romper vínculo hacia delante**. El texto de los restantes cuadros de la cadena pasará al cuadro activo y, como no tendrá espacio suficiente, no se podrá ver. Si se rompe un vínculo en mitad de la cadena no tiene efecto sobre los vínculos siguientes, pues al añadir texto al cuadro del otro lado del vínculo roto, el texto fluye al resto de los cuadros de la cadena.
- Para desplazarse entre los cuadros de una cadena, hay que emplear los botones **Cuadro de texto anterior** y **Cuadro de texto siguiente**, de la barra de herramientas Cuadro de texto.

Un ejemplo

La carpeta \Ejemplos\Cap14 contiene una copia del relato Cuando se mecanizó el Olimpo.doc, en el que hemos insertado varios cuadros de texto vinculados, haciéndolo fluir de uno a otro. El ejemplo que veremos a continuación incluye el manejo de las barras de herramientas Dibujo y Cuadro de texto. En el capítulo 8 vimos que las Autoformas se comportan también como cuadros de texto, por lo que pueden formar parte de la cadena.

1. Seleccionar Archivo>Abrir y elegir el documento Cuando se mecanizó el Olimpo.doc, almacenado en la carpeta \Ejemplos\Cap11\Relatos.
2. Hacer clic con el botón derecho en cualquier barra de herramientas y seleccionar Dibujo.
3. Seleccionar el párrafo: Lejos de olvidarte de él, recuerda divina Calíope los esfuerzos que el ingenioso Hefaistos realizó para instalar en su provecho un sistema de alarma gobernado por un P.C., que mediante sensores estratégicamente dispuestos, le alertase de los posibles devaneos de la hermosa Afrodita, su casquivana esposa, durante las noches en que él trabajaba en la fragua.
4. Aplicarle el tamaño de 12 puntos, haciendo clic en la lista desplegable Tamaño de fuente de la barra de herramientas Formato. El resto del texto tiene el tamaño de 10 puntos.

5. Con el texto seleccionado, hacer clic en el botón **Cuadro de texto** de la barra de herramientas Dibujo.
6. Hacer clic en el botón Autoformas y seleccionar Llamadas. Se puede arrastrar la paleta a un lado.
7. Elegir la Llamada rectangular (es la primera) y arrastrar el ratón hacia la izquierda y hacia abajo para dibujarla.
8. Seleccionar de nuevo el primer cuadro de texto y hacer clic en el botón **Crear vínculo con cuadro de texto**, de la barra de herramientas Cuadro de texto.
9. Hacer clic en la llamada para crear el vínculo. El cursor se convertirá en una jarra que vierte el texto de un cuadro a otro.
10. Seleccionar el botón **Elipse** de la barra de herramientas Dibujo y arrastrar el ratón para dibujarla.
11. Hacer clic en la elipse con el botón derecho del ratón y elegir Agregar texto, en el menú emergente.
12. Seleccionar la llamada y hacer clic en el botón **Crear vínculo con cuadro de texto**, de la barra de herramientas Cuadro de texto.
13. Hacer clic en la elipse para establecer el vínculo.

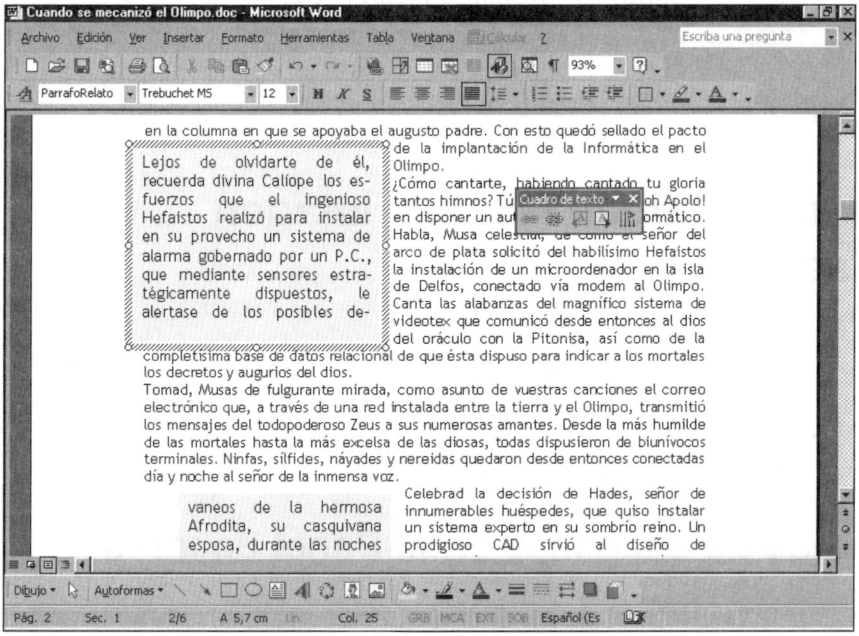

Figura 14.2. Los cuadros de texto y las barras de herramientas

14. Hacer doble clic en el borde de la elipse y, en el cuadro de diálogo Formato de autoforma, seleccionar ajuste Estrecho en la ficha Diseño. Los demás cuadros tendrán el ajuste Cuadrado de forma predeterminada.
15. Situar los cuadros de texto repartidos por el documento. Si algún texto no se ve bien, ampliar el cuadro estirando de una esquina.
16. Hacer doble clic en el borde del primer cuadro de texto y seleccionar la ficha Colores y líneas del cuadro de diálogo Formato del cuadro de texto.
17. En la lista desplegable Color de la zona Relleno, seleccionar el color Turquesa claro.
18. En la lista desplegable Color de la zona Línea, seleccionar Sin línea.

19. Hacer clic en el botón **Copiar formato** de la barra de herramientas Estándar.
20. Copiar el formato a los restantes cuadros de texto.

Nota:

Si se trata de columnas periodísticas, como en el folleto que creamos en el capítulo 5, podemos ajustar el cuadro de texto a la columna haciendo clic en el botón Avanzado de la ficha Diseño, seleccionando el botón de opción Alineación horizontal o Posición absoluta y situándolo respecto a la columna.

El Panel de tareas Insertar imagen prediseñada

El Panel de tareas Insertar imagen prediseñada se acopla a la ventana de Word al seleccionar Insertar>Imagen>Imágenes prediseñadas. Es la nueva herramienta de Office XP para acceder a la Galería multimedia, así como para gestionar las imágenes disponibles.

Búsqueda de imágenes en el Panel de tareas

El botón Buscar del Panel de tareas Imágenes prediseñadas abre una ventana desplegable que va presentando las imágenes disponibles en miniatura. Al aproximar el puntero a cualquiera de ellas, aparece la información de pantalla indicando las palabras clave, el tamaño en pixeles y el tipo de imagen. El botón **Modificar** cierra esta ventana. Los botones **Resultado < >** extienden o contraen la ventana que contiene los resultados de la búsqueda.

La ventana **Otras opciones de búsqueda** ofrece dos listas desplegables para afinar la búsqueda de las imágenes. La lista desplegable **Buscar en**: permite seleccionar la colección a la que pertenezca la imagen buscada. La lista desplegable **Los resultados deben ser** permite seleccionar el tipo de archivo que puede ser imágenes, fotografías, películas o sonidos.

La figura 14.3 muestra el Panel de tareas **Insertar imagen prediseñada** con la lista **Buscar en**: desplegada. Obsérvese que todas las colecciones aparecen marcadas, lo que significa que Word buscará la imagen en todas. La figura 14.4. muestra la lista **Los resultados deben ser**: desplegada. Obsérvese que también aparecen marcados para búsqueda todos los tipos de archivo.

La parte inferior del Panel de tareas **Insertar imagen prediseñada** ofrece tres enlaces:

- **Galería multimedia.** Abre la Galería multimedia de Office.
- **Galería multimedia en línea.** Accede a la Galería multimedia de Microsoft en Internet.

Figura 14.3. La lista Buscar en:

- Sugerencias para buscar clips. Ejecuta el sistema de Ayuda de Word, abriendo las páginas dedicadas a la búsqueda de imágenes.

Figura 14.4. La lista Los resultados deben ser:

Gestión de imágenes en el Panel de tareas

Para insertar una imagen desde Panel de tareas Imágenes prediseñadas, es suficiente con hacer clic en ella, en la ventana que se despliega al hacer clic en el botón Buscar. Las imágenes disponen de un menú emergente, que puede verse en la figura 14.5 y que ofrece las siguientes opciones:

- Insertar. Inserta la imagen en el documento activo.
- Copiar. Copia la imagen al Portapapeles.

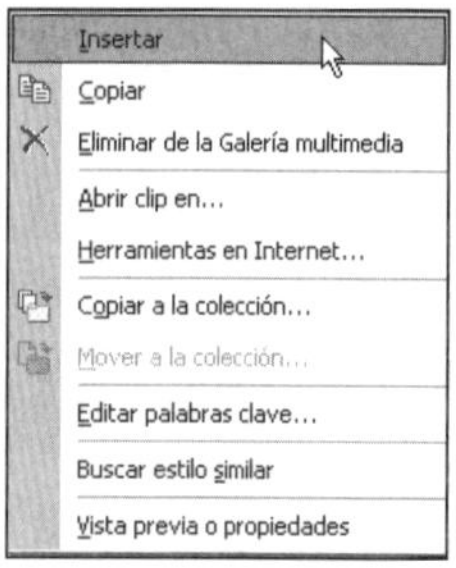

Figura 14.5. El menú emergente de las imágenes prediseñadas

- Eliminar de la Galería multimedia. Borra la imagen de la galería. En realidad no borra la imagen en sí, sino el vínculo que las enlaza.
- Abrir clip en. Abre la imagen en el programa predeterminado de tratamiento de imágenes, Paint, PhodoDraw, etc.
- Herramientas en Internet. Da acceso al cuadro de diálogo Recursos multimedia, que veremos posteriormente.
- Copiar a la colección. Abre el cuadro de diálogo Copiar en una colección, en el que se puede elegir la colección de imágenes a la que copiar el clip seleccionado.
- Mover a la colección. Igual que el anterior, pero en vez de copiar, traslada la imagen.
- Editar palabras clave. Abre el cuadro de diálogo Palabras clave, que veremos posteriormente.
- Buscar estilo similar. Busca una imagen que tenga palabras clave u otra característica común con la imagen seleccionada.
- Vista previa o propiedades. Abre el cuadro de diálogo del mismo nombre, que veremos posteriormente.

El cuadro de diálogo Recursos multimedia

Para acceder a este cuadro de diálogo es preciso conectarse a Internet y seleccionar la opción Herramientas en Internet en el menú emergente de cualquier imagen prediseñada. Ofrece tres enlaces:

Advertencia:

Puede suceder que, a pesar de haberse conectado a la Red, no sea posible seguir los enlaces del cuadro de diálogo Recursos multimedia. *En tal caso, hay que abrir previamente Internet Explorer o el navegador disponible.*

- Design Gallery Live. Da acceso a la página en la que aceptar los términos de la licencia, para ir a la página principal de Design Gallery Live, en español, que ofrece numerosos clips gratuitos para insertar en los documentos de Office. Hay una colección de clips especiales, que comprenden Tecnología, Imágenes y Sanidad. Sigue una serie de colecciones que se pueden descargar completas y, por último, una selección de estilos favoritos.

Figura 14.6. Vista previa y opciones de un clip en la Design Gallery Live

Esta página ofrece cuatro listas desplegables, en las que se puede buscar una imagen con los mismos criterios que hemos visto en el Panel de tareas Imágenes prediseñadas, además de la posibilidad de ordenar los clips por: Tamaño de archivo, Tipo de medio y Más reciente. Al pulsar un clip representativo de una colección, se accede a las imágenes que la componen. Al acercar el cursor a una de ellas, aparece entonces la información de pantalla que indica "Haga clic para obtener una vista previa".

- Herramientas en Internet da acceso a la página Herramientas en Internet que presenta enlaces con todas las páginas Web de Microsoft Office en el mundo. En la barra de vínculos de la izquierda hay enlaces con las páginas de actualizaciones y el Centro de descargas de Office. La página principal contiene enlaces con la Design Gallery Live, el Centro de asistencia, Servicios electrónicos y las páginas de complementos y ayuda para Office.
- Picture it! da acceso al centro fotográfico de MSN, que ofrece la posibilidad de crear álbumes de fotografías propios en sus páginas y hacerlos accesibles a otras personas para que puedan visitarlos. También se pueden publicar fotografías en Internet con este tipo de álbum en línea gratuito.

Un álbum de fotografías en línea de MSN ofrece las siguientes ventajas:

- Se puede acceder a él desde cualquier lugar.
- Tiene opciones de seguridad y privacidad que pueden aplicarse.
- Dispone de un panel de mensajes, una sala de chat, un calendario y un contenedor de archivos.
- Ofrece hasta 30 MB gratuitos de espacio para el almacenamiento de imágenes.

Palabras clave

Cada imagen de la Galería multimedia lleva asociada una o más palabras clave que permiten su localización inmediata. En la figura 14.7 se muestra el cuadro de diálogo **Palabras clave** en el que pueden verse las que lleva asociadas la imagen seleccionada: **Alimentos**, **Cumpleaños**, etc.

Para ver las palabras clave asociadas a una imagen prediseñada, hay que hacer lo siguiente:

1. Hacer clic en la flecha abajo que aparece junto a la imagen al aproximar el cursor, para abrir el menú emergente.
2. Seleccionar **Editar palabras clave**.

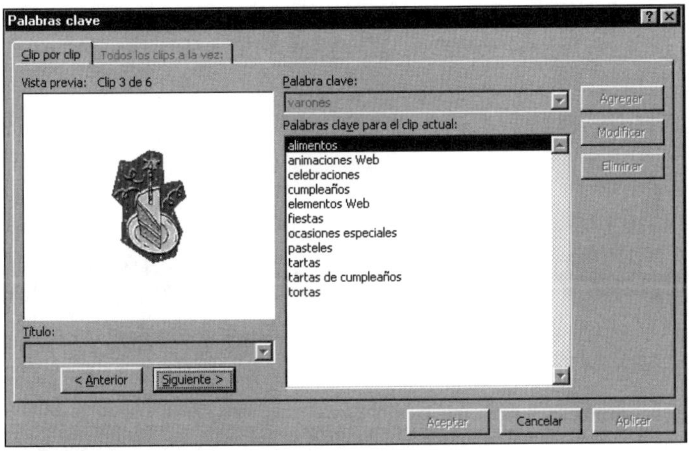

Figura 14.7. El cuadro de diálogo Palabras clave

Nota:

También se puede hacer clic en el botón **Editar palabras clave** *del cuadro de diálogo* ***Vista previa o propiedades*** *que veremos a continuación.*

- Los botones **Agregar**, **Modificar** y **Eliminar** de este cuadro de diálogo permiten añadir nuevas palabras clave a una imagen, cambiar o borrar la palabra clave seleccionada en la ventana central. Las palabras clave que incorpora Microsoft a las imágenes son muy útiles, pero muchas veces conviene agregar palabras propias que recuerden a cada usuario el significado de esa imagen.

- Los botones Anterior y Siguiente conducen a otras imágenes prediseñadas en el orden en que aparecen en la ventana Buscar.

Las propiedades de las imágenes

El cuadro de diálogo Vista previa o propiedades se abre pulsando esa opción en el menú emergente. También muestra la lista de palabras clave, que se puede modificar seleccionando el botón Editar palabras clave para acceder al cuadro de diálogo que hemos visto anteriormente. Lo interesante de este cuadro de diálogo es la información que proporciona acerca de la imagen, como es la resolución (las medidas en pixeles), el tipo, el nombre y la fecha de creación. Estos dos últimos son criterios que se pueden utilizar para buscar la imagen con las herramientas de búsqueda de Word o de Windows que vimos en el capítulo 7.

La Galería multimedia de Office

La Galería multimedia de Office no es una carpeta en la que se guardan las imágenes, sino un puntero que apunta al lugar al que Word debe dirigirse para buscarlas. Eso significa que si se cambia de posición un archivo de imagen, sonido o vídeo, por ejemplo, si se traslada del disco C al D, la galería no podrá encontrarlo y será preciso modificar la ruta, como veremos a continuación.

Nota:

También se puede acceder a la Galería multimedia sin necesidad de abrir Word, seleccionando en Windows Inicio>Programas> Herramientas de Microsoft Office>Galería multimedia.

Para acceder a la Galería multimedia, hay que hacer lo siguiente:

1. Seleccionar la opción Galería multimedia del Panel de tareas Imagen prediseñada.
2. En la Galería multimedia, hacer clic en el signo (+) de la colección deseada. Por ejemplo, Colecciones de Office abre una serie de colecciones. La colección Negocios, tiene un signo (+), lo cual significa que puede desplegar nuevas colecciones. En cambio, la colección Edificios

carece de ese signo, lo que indica que no contiene colecciones, sino imágenes prediseñadas.

3. Después de seleccionar una colección, al aproximar el cursor a una de las imágenes comprendidas, aparece la información sobre palabras clave, medidas, tipo de archivo, etc.
4. Para ver imágenes situadas en Internet, hay que hacer clic en el botón **Galería multimedia en línea**, de la barra de herramientas.

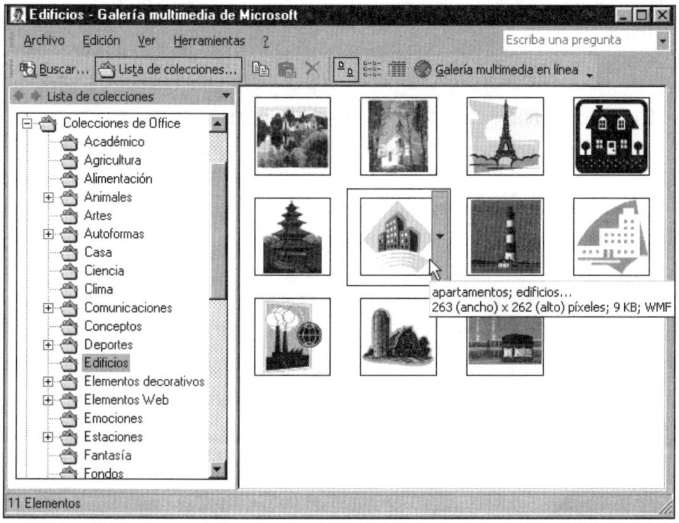

Figura 14.8. La Galería multimedia

Nota:

Para ver los nombres, tamaños, tipos, etc. de las imágenes de la galería, hay que hacer clic en el botón ***Detalles*** *de la barra de herramientas.*

Gestión de la Galería multimedia

El menú y la barra de herramientas de la Galería multimedia permiten agregar imágenes, incorporarlas a determinada colección, cambiar los nombres y los contenidos de las colecciones, crear colecciones nuevas, etc. Para aprender a manejar la galería, podemos incorporarle las imágenes que utilizamos para ilustrar el folleto del ejemplo de la Casa rural.

1. Hacer clic en el enlace Galería multimedia del Panel de tareas Imágenes prediseñadas.
2. En la ventana Lista de colecciones, seleccionar la carpeta Mis colecciones.
3. Hacer clic con el botón derecho y seleccionar Nueva colección en el menú emergente. También se puede hacer clic en Archivo>Nueva colección.
4. En el cuadro de diálogo Nueva colección, escribir CasaRural en el cuadro de texto Nombre.
5. La ventana Seleccione la ubicación de la colección permite elegir la carpeta principal en la que colocar la nueva colección. Como ya hemos seleccionado al inicio Mis colecciones, los datos de esta ventana son correctos.

Truco:

Si la colección se crea dentro de una carpeta no conveniente, por ejemplo, Windows, se puede arrastrar simplemente con el ratón hasta la ubicación correcta, por ejemplo, Mis colecciones, en la ventana Lista de colecciones.

Una vez creada la colección CasaRural, hay que agregar las imágenes del ejemplo:

Nota:

La opción Automáticamente del submenú Agregar clips a la galería cataloga los archivos de imagen, sonido o animación que se encuentren en el disco duro o en los discos móviles insertados en el ordenador en ese momento.

1. Con la colección CasaRural seleccionada, hacer clic en Archivo>Agregar clips a la galería>Por mi cuenta.
2. En el cuadro de diálogo CasaRural Agregar clips a la galería, hacer clic en la flecha Buscar en: para desplegar la lista y acceder a las imágenes. En el CD-ROM de acompañamiento, se encuentran en la carpeta \Ejemplos\Cap5.

3. Hacer clic en la primera imagen, pulsar **Mayús** y hacer clic en la última para seleccionarlas todas.
4. Hacer clic en Agregar.

Advertencia:

Para agregar imágenes sin haber indicado la colección previamente, conviene hacerlo con el botón Agregar a, *que permite elegir la colección. De lo contrario, la galería las almacena todas en la carpeta* Clips sin clasificar. *Los archivos de sonido y vídeo suele agregarlos a las colecciones* Favoritos *o* \Windows\Media.

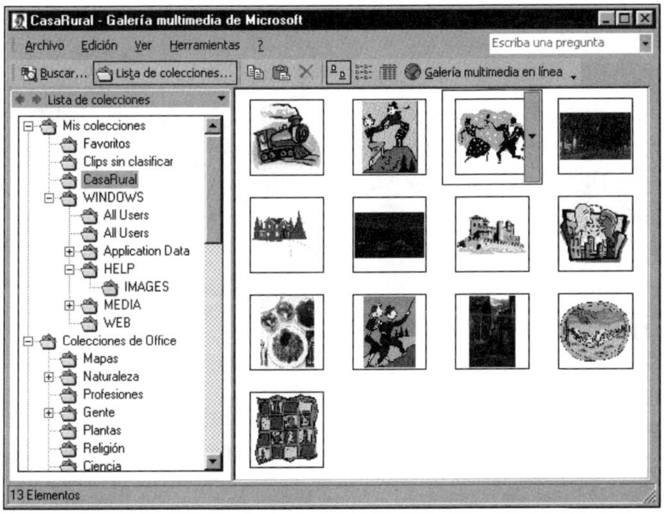

Figura 14.9. Las imágenes del ejemplo en la Galería multimedia

Si las imágenes han ido a parar a una colección inadecuada, hay que hacer doble clic en ella en la ventana de colecciones. Cuando las imágenes pasen en forma de miniatura a la ventana central, se puede hacer clic en cada una y elegir Mover a la colección en el menú emergente.

Una vez todas las imágenes en la colección CasaRural, hay que seleccionarlas una a una, desplegar el menú emergente y elegir Editar palabras clave, para añadir las palabras adecuadas. La galería habrá agregado palabras como Ejemplos, Word 2002, etc. que de nada sirven.

1. En el cuadro de diálogo Editar palabras clave, seleccionar una a una las palabras inadecuadas y pulsar el botón Eliminar.

2. Escribir las nuevas palabras y luego hacer clic en Agregar. Por ejemplo, para el tren, se puede escribir Tren romántico, Acceso a Casa rural, Transporte.
3. Seleccionar, a continuación, Vista previa o propiedades en el menú emergente.
4. En el cuadro de diálogo Vista previa o propiedades, hacer clic en el botón Actualizar.

Nota:

El menú Edición de la galería tiene una opción Cambiar de nombre la colección, para modificar el nombre si es preciso.

Truco:

Después de añadir muchas imágenes, sonidos o clips de vídeo a la galería, conviene seleccionar la opción Herramientas>Compactar para evitar que ocupe demasiado espacio.

El Lienzo de dibujo de Word

Hemos visto el Lienzo de dibujo por primera vez en el capítulo 8. Se trata de una novedad de Word 2002, que permite dibujar directamente en un documento, como si se tratase de un papel.

Para dibujar con el Lienzo, hay que hacer lo siguiente:

1. Seleccionar Insertar>Imagen>Nuevo dibujo.
2. El Lienzo de dibujo aparece en la pantalla junto con la barra de herramientas Dibujo y la barra de herramientas Lienzo de dibujo.
3. Hacer clic en la herramienta deseada de la barra Dibujo y arrastrar el cursor en el Lienzo para dibujar.

Truco:

*Para trazar formas perfectas como cuadrados, circunferencias o líneas rectas, hay que mantener pulsada la tecla **Mayús** al trazar la figura con el ratón.*

Una de las propiedades del Lienzo de dibujo es la de mantener unidas las figuras, lo que no es cosa fácil de conseguir en un documento normal de Word. En principio, los límites entre el dibujo y el documento, que son los límites del Lienzo de dibujo, no tienen marco, pero se le puede aplicar igual que a cualquier dibujo. Solamente hay que hacer clic en él con el botón derecho del ratón y seleccionar **Formato del Lienzo de dibujo** en el menú emergente. El cuadro de diálogo es similar al de las imágenes o los cuadros de texto, que hemos visto anteriormente.

Advertencia:

En el capítulo 8 desactivamos la casilla de verificación ***Crear automáticamente lienzo de dibujo al insertar autoformas****, con el fin de utilizar otros métodos. Esa opción se halla en la ficha* ***General*** *del cuadro de diálogo* ***Opciones*** *(menú* ***Herramientas****) y conviene activarla para trabajar con el Lienzo de dibujo.*

La barra de herramientas **Lienzo de dibujo** (figura 14.10) tiene las opciones siguientes:

- **Ajustar**. Ajusta el tamaño del lienzo al del dibujo, de manera que no quede espacio sobrante. Esta opción se activa cuando hay más de un dibujo en el lienzo.

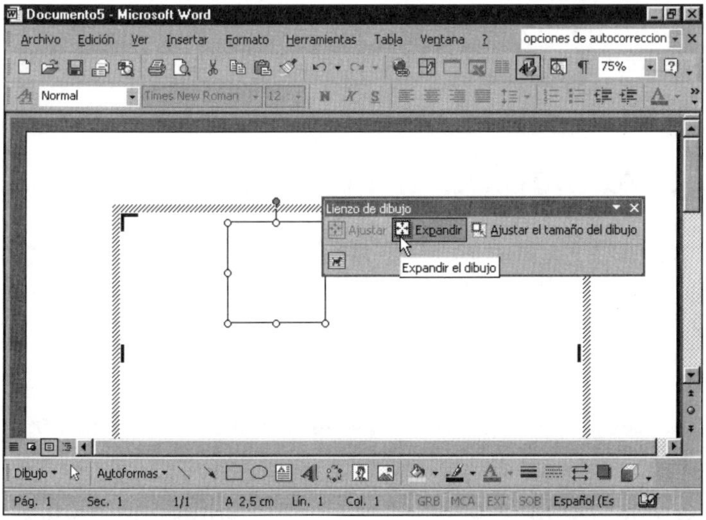

Figura 14.10. El Lienzo de dibujo y las barras de herramientas

- Expandir. Amplía los límites del lienzo, pero no modifica el tamaño de los objetos dibujados.
- Ajustar el tamaño del dibujo. Ajusta el lienzo en torno a las figuras de forma proporcional. Después de seleccionar esta opción, hay que arrastrar los bordes del lienzo. Por ejemplo, si se arrastra el borde desde una esquina hacia fuera, el tamaño del lienzo y el de los dibujos aumentan proporcionalmente.
- Ajuste del texto. Ofrece las opciones que hemos visto anteriormente para ajustar el texto en los marcos, las Autoformas y los cuadros de texto, es decir, Cuadrado, Estrecho, etc.

Advertencia:

Si la barra de herramientas Lienzo de dibujo no se hace visible, hay que seleccionar Mostrar barra de herramientas Lienzo de dibujo en el menú emergente del lienzo.

La opción Ocultar espacio en blanco

Otra de las novedades de Word 2002 es la posibilidad de ocultar el espacio en blanco entre dos páginas, así como el espacio ocupado por los encabezados y pies de página. Esto permite ampliar la visión del documento. Esta opción opera solamente en modo Diseño de impresión. Al acercar el cursor al extremo superior o inferior de la página, toma la forma de una flecha de dos puntas, con la que estirar el documento hasta ocultar el espacio en blanco.

Las opciones para manipular figuras

En el Lienzo de dibujo, las figuras disponen de un menú emergente con opciones para agruparlas y ordenarlas. Estas mismas opciones están en el menú Dibujo de la barra de herramientas Dibujo. Veamos un ejemplo:

1. Seleccionar Insertar>Imagen>Nuevo dibujo.
2. Seleccionar el botón **Rectángulo** en la barra de herramientas Dibujo.
3. Trazar un cuadrado manteniendo pulsada la tecla **Mayús**.
4. Seleccionar Autoformas>Formas básicas y elegir Pentágono regular, para trazarlo sobre el cuadrado.

5. Seleccionar el pentágono y luego desplazarlo para centrarlo sobre el cuadrado. Para asegurarse de que es el pentágono el que se mueve y no el cuadrado, observar la forma de línea discontinua que se desplaza al arrastrarlo.
6. Seleccionar Autoformas>Flechas de bloque>Flecha arriba y trazarla encima del cuadrado y del pentágono.

7. Seleccionar el cuadrado y desplegar la lista Color de relleno. Hacer clic en un color fuerte, por ejemplo, Verde mar.
8. Seleccionar el pentágono y pintarlo de un color claro, por ejemplo, Turquesa claro.

9. Seleccionar la flecha y elegir una línea de seis puntos en la lista Estilo de línea.

10. Con la flecha seleccionada, elegir un color para el borde que destaque, por ejemplo, Azul, en la lista Color de línea.

De esta forma, los tres dibujos se distinguen perfectamente para poder manipularlos.

1. Seleccionar el cuadrado que ha de estar debajo de los otros objetos.
2. Hacer clic con el botón derecho y seleccionar Ordenar>Traer al frente en el menú emergente. El cuadrado pasará a primera fila.
3. Con la tecla **Mayús** pulsada, seleccionar uno a uno los tres objetos.
4. Una vez seleccionados todos, se pueden mover, borrar, cambiar de tamaño o aplicárseles formatos a la vez. Para convertirlos en un solo objeto, hay que seleccionar Agrupar>Agrupar en el menú emergente.
5. Aproximar el cursor al controlador de giro situado en la parte superior de la figura. Tiene la forma de un círculo verde y, cuando se acerca el cursor, se convierte en una flecha de giro, con la que hacer clic en el dibujo y girarlo hacia uno u otro lado.

Organización de las figuras

- Para desagrupar los objetos, hay que seleccionar Agrupar>Desagrupar en el menú emergente. Cuando los objetos están agrupados, se mueven y cambian al mismo tiempo, aunque estén situados en diferentes lugares del Lienzo de dibujo. Para volver a agruparlos, hay que seleccionar Agrupar>Reagrupar. Si en vez de esa opción se elige Agrupar>Agrupar, no se logra la misma conjunción que anteriormente. Además, para reagrupar no hace falta seleccionarlo todo sino cualquier objeto, mientras que para volverlos a agrupar con esa opción, hay que seleccionarlos de nuevo de uno en uno.

- La opción Ordenar del menú emergente permite situar la figura seleccionada al fondo, delante de todo o, también, delante o detrás del texto lo que puede ser de utilidad para colocar autoformas, figuras o bien cuadros de texto en un documento.
- La opción Modificar puntos del menú emergente se activa solamente para las líneas y flechas. Esta opción muestra los nodos de las líneas, lo que permite cambiar la dirección en cualquier punto. Después de seleccionar esa opción, al acercar el cursor a la línea, se transforma en una herramienta con la que asir un nodo y arrastrarlo hacia cualquier lado.

Nota:

Los nodos son los puntos que forman el contorno de una figura, en el lugar en que la línea cambia de dirección. Al dibujar una figura o línea con la herramienta Forma libre *o* Mano alzada, *aparecen nodos en todos los puntos de cambio de dirección.*

- El menú Dibujo tiene una opción de la que carece el menú emergente, Alinear o distribuir, que permite situar los objetos perfectamente alineados. Por ejemplo, para alinear los tres dibujos, hay que hacer esto:
  1. Hacer clic en el grupo con el botón derecho y seleccionar Agrupar>Desagrupar en el menú emergente.
  2. Arrastrar los objetos para colocarlos horizontalmente en el Lienzo de dibujo.
  3. Seleccionar el primer objeto, pulsar **Mayús** y luego seleccionar los restantes.
  4. Seleccionar Dibujo>Alinear o distribuir>Alinear en la parte inferior. La opción Con relación a la página alineará los tres objetos en la parte inferior de la página.

Advertencia:

Las figuras se alinean siempre respecto a la primera seleccionada. Por tanto, si se selecciona primero la flecha y luego las demás, al elegir la alineación, todas tomarán como referencia la flecha.

Truco:

Para alinear y colocar las figuras más fácilmente conviene activar la cuadrícula de dibujo, como vimos en el capítulo 3. Hay que seleccionar Dibujo>Cuadrícula en la barra de herramientas Dibujo y activar la casilla de verificación Objetos a la cuadrícula. Para ver la cuadrícula, hay que activar también la casilla de verificación Mostrar líneas de cuadrícula en la pantalla.

Truco:

Para desplazar las figuras pixel a pixel, se pueden seleccionar y mover con las teclas ***Flecha arriba, Flecha abajo, Flecha dcha.*** *o* ***Flecha izda.*** *También se pueden mover de la misma forma seleccionando la opción Empujar del menú Dibujo.*

Estilos y sombras

- Los botones **Estilo de sombra** y **Estilo 3D** de la barra de herramientas Dibujo despliegan sendas paletas que ofrecen opciones para aplicar efectos muy interesantes a las figuras. Después de aplicar un estilo tridimensional, por ejemplo, al cuadrado, se puede probar a aplicar distintos estilos de sombra a las otras dos figuras.

- El botón **Línea** inserta líneas rectas y el botón **Flecha**, líneas rectas con punta de flecha. Para dibujar una línea, hay que hacer clic en el punto inicial, arrastrar el cursor y soltarlo en el punto final. Después de trazar una línea o una flecha, los botones **Tipo de línea** y **Estilo de flecha** se activan.

- El botón **Estilos de flecha** también tiene un papel importante a la hora de crear flechas que señalen o conecten diversas figuras. Después de crear la trayectoria de la flecha con el botón **Flecha**, se pueden aplicar distintos estilos para que las flechas vayan en uno u otro sentido y tengan distintas puntas. El botón **Estilo de línea** permite modificar el grosor de la flecha como vimos anteriormente.
- Para dibujar a mano alzada, hay que seleccionar Autoformas>Líneas y elegir el tipo de línea. Para trazarlas, hay que hacer clic en el punto inicial, arrastrar y hacer clic en cada punto en que la línea haya de cambiar de dirección. El menú emergente de las líneas curvas comprende la opción Cerrar ruta, para terminar de cerrar las curvas.

Resumen

En este capítulo hemos visto las diferencias esenciales entre el trabajo con marcos y con cuadros de texto, usando una de las características de estos últimos para vincularlos haciendo fluir el texto entre ellos, en uno de los documentos de ejemplo que utilizamos anteriormente para componer el libro de relatos.

En el trabajo realizado para vincular los cuadros de texto, hemos manejado la barra de herramientas Cuadro de texto, así como parte de la barra de herramientas Dibujo. También hemos analizado las opciones del cuadro de diálogo Formato del cuadro de texto

También hemos aprendido a manejar el Panel de tareas Imagen prediseñada y a gestionar las imágenes en la Galería multimedia, tanto local como en Internet.

Finalmente, hemos usado el Lienzo de dibujo y la barra de herramientas Dibujo para trazar figuras y manipularlas utilizando diversas herramientas de color, organización, distribución, etc. También hemos analizado las distintas opciones que ofrece esta barra de herramientas para los dibujos y formas automáticas.

Capítulo 15

Control del documento

En este capítulo aprenderá a:

- Controlar los documentos por medio de sus propiedades.
- Utilizar distintas versiones de un documento.
- Aplicar técnicas de revisión.
- Insertar comentarios escritos y verbales.
- Comparar y combinar documentos.

Propiedades de los documentos de Word

Hemos visto las propiedades de los documentos en el capítulo 2. En ellas, hay datos que inserta el usuario y otros que genera Word automáticamente. La información contenida en las propiedades de un documento puede resultar útil para localizarlo o averiguar ciertos datos cuando ha sido creado por otra persona. Para acceder al cuadro de diálogo Propiedades, hay que seleccionar Archivo>Propiedades.

- La ficha General contiene información automática insertada por Word, como son los datos del autor y las fechas de creación y modificación.
- La ficha Resumen contiene información insertada por el usuario. Puede incluir palabras clave y comentarios.
- La ficha Estadísticas contiene información automática insertada por Word, que puede ser muy útil para algunos documentos, como el número de palabras que contiene y la fecha y hora de creación.
- La ficha Contenido contiene información automática insertada por Word, con los datos más importantes del documento.
- La ficha Personalizar contiene información insertada por el usuario. La hemos visto en el capítulo 2.

Nota:

Uno de los métodos de protección de Word consiste en eliminar del cuadro de diálogo Propiedades los datos personales del autor en el momento de guardarlo. Hay que activar la casilla de verificación Quitar información personal de este archivo al guardar, en la ficha Seguridad del cuadro de diálogo Opciones (menú Herramientas).

Nota:

Los datos estadísticos como el número de palabras, caracteres, etc. se pueden ver en la barra de herramientas Contar palabras (menú Herramientas).

Otra forma de visualizar las propiedades de un documento consiste en hacer clic con el botón derecho en el nombre del archivo en el Explorador de Windows o Mi PC y seleccionar Propiedades en el menú emergente. También se pueden ver en el cuadro de diálogo Abrir, seleccionando Propiedades en el menú Vistas de la barra de herramientas del cuadro.

Versiones del documento

Otra forma de controlar un documento es guardar las distintas versiones que de él se vayan produciendo a medida que se genera o modifica. El menú Archivo ofrece el comando Versiones que permite guardar y gestionar las diferentes versiones. El cuadro de diálogo Versiones ofrece las siguientes posibilidades:

- Para guardar una versión, hay que hacer clic en Guardar ahora. Para añadir comentarios, hay que escribirlos en el cuadro de diálogo Guardar versión que se abre automáticamente.
- Para eliminar una versión, hay que seleccionarla y luego hacer clic en Eliminar.
- Para ver los comentarios insertados al guardar una versión determinada, hay que hacer clic en el botón Ver comentarios como muestra la figura 15.1.
- La opción Guardar automáticamente una versión al cerrar guarda una nueva versión cada vez que se cierra el documento. Esto es muy útil para no sobrescribir los cambios que otros usuarios apliquen al guardarlos en versiones diferentes. Al guardar una versión de un documento, Word la almacena con un nombre distinto que lleva la fecha de la versión.

Gestión de las versiones

Una vez guardadas varias versiones del documento, hay que abrirlas a través del cuadro de diálogo Versiones, seleccionando Archivo>Versiones, haciendo clic en la versión deseada y pulsando Abrir.

También es posible guardar una versión distinta del documento sin utilizar este cuadro de diálogo, simplemente utilizando el cuadro Guardar como y archivando la nueva versión con un nombre o un formato diferente, por ejemplo, como texto enriquecido RTF. En tal caso, la apertura es a través del cuadro de diálogo Abrir.

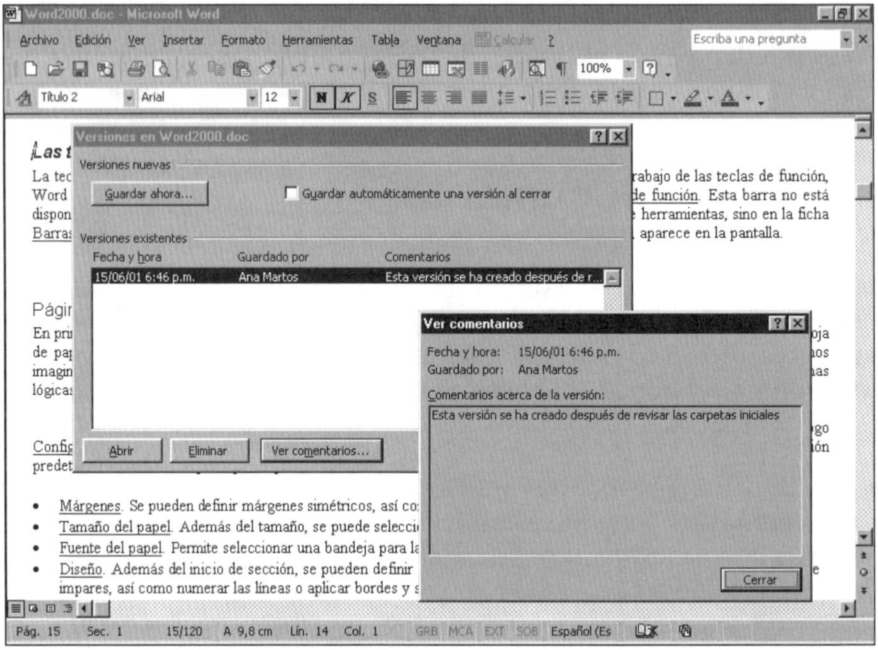

Figura 15.1. El cuadro de diálogo Versiones y los comentarios sobre un documento

Para eliminar una versión existente solamente hay que seleccionarla en el cuadro de diálogo Versiones y hacer clic en el botón Eliminar.

Para comparar dos versiones de un mismo documento, hay que abrir ambas. Una de ellas de forma normal, seleccionando Archivo>Abrir y la otra seleccionando Archivo>Versiones. Cada una se presentará en su propia ventana, situándose ambas en mosaico horizontal para poder visualizar ambas versiones a la vez y contrastarlas.

La revisión del documento

Word 2002 ofrece herramientas no solamente para revisar un documento y poder visualizar las modificaciones propuestas y/o aplicadas, sino para distinguir entre varios revisores distintos, suponiendo que el documento pase por distintas manos.

Las herramientas para esta tarea son las barra de herramientas Revisión y el menú Control de cambios.

Nota:

Muchas veces se pone en marcha la función ***Control de cambios*** *inadvertidamente. Por ejemplo, al guardar un documento en Word 2000 ó 2002 con formato de Word 95, muchas veces aparece lleno de líneas y tachaduras de diversos colores y formas. Si el usuario desconoce esta función, se encuentra con una sorpresa que no sabe manejar. En tales casos, la barra de tareas lo advierte mostrando la marca* ***MCA*** *y todo lo que hay que hacer es activar el control de cambios haciendo para ello clic con el botón derecho en esa marca. En la barra de herramientas* ***Revisiones****, hay que seleccionar* ***Final*** *en la lista desplegable* ***Marcas mostradas finales****.*

La marca **Control de cambios** de la barra de estado de Word también es un indicador de que el proceso está en funcionamiento, cuando está activada. La función **Control de cambios** señala todos los cambios aplicados a un documento por diferentes revisores, siempre y cuando esté activada antes de empezar a modificarlo.

Si, al abrir el documento, la indicación **MCA** se activa en la barra de estado, significa que dicho documento ha sido modificado utilizando la función **Control de cambios**.

Esta función es importante cuando el documento tiene que pasar diversas revisiones y es preciso distinguir el original de las modificaciones sugeridas y de las aplicadas. Por ejemplo, para publicar el libro de relatos que hemos compuesto como ejemplo en el capítulo 11, habría que someterlo a revisión para obtener sugerencias acerca del estilo u otro tipo de detalles. La función **Control de cambios** permite mantener intacto el original, ver los cambios propuestos y que sea el autor (por ejemplo) quien decida si admite todas las modificaciones, solamente algunas o bien las desecha.

La ficha Control de cambios

Cada revisor puede tener asignado un color diferente de manera que sus marcas de revisión se distingan claramente de las de los demás. Word asigna automáticamente colores diferentes a los revisores del documento. Las opciones de revisión se controlan en la ficha **Control de cambios** del cuadro de diálogo **Opciones** (menú **Herramientas**).

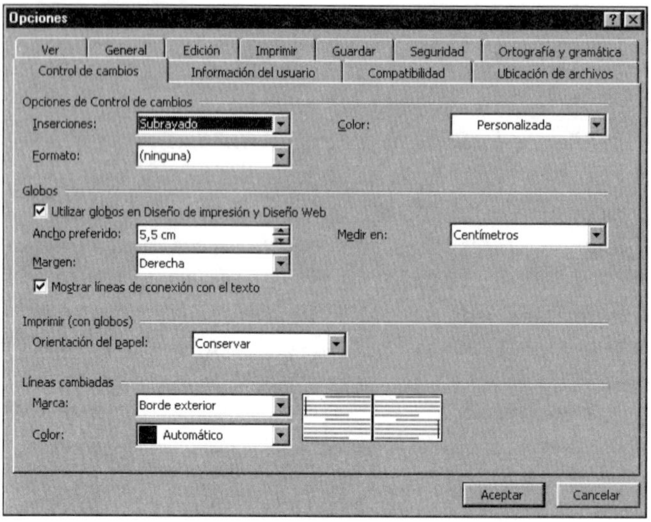

Figura 15.2. La ficha Control de cambios

Nota:

Para abrir rápidamente la ficha Opciones, *hay que hacer clic con el botón derecho en la marca* MCA *de la barra de estado (aunque esté desactivada) y luego seleccionar* Opciones *en el menú emergente.*

De forma predeterminada, cada vez que un revisor agrega texto al documento, el nuevo texto aparece subrayado. Si elimina texto, éste no desaparece, sino que aparece tachado. En el margen aparece una línea vertical para indicar la zona en que se han aplicado modificaciones.

La ficha Control de cambios permite modificar algunas de estas especificaciones. Por ejemplo, para que el texto agregado aparezca con un doble subrayado, hay que hacer clic en la lista desplegable Inserciones, en la zona Opciones de control de cambios y seleccionar Subrayado doble. En la lista desplegable Color, conviene elegir Por autor, si hay varios revisores. En la parte inferior de la ficha, la opción Líneas cambiadas permite colocar la línea vertical que advierte de las modificaciones en el borde exterior (opción predeterminada), en el izquierdo o en el derecho y también se puede elegir el color de la línea.

Asimismo, es posible elegir la marca de los cambios de formato. Si un revisor, por ejemplo, aplica negrita o cursiva a una palabra del documento, ese formato no se aplica automáticamente, sino que aparece la marca del revisor para que el autor la acepte o rechace. Para elegir un tipo de marca, hay que desplegar la lista Formato, situada en la zona Opciones de control de cambios.

Los globos pueden verse solamente en modo Diseño de impresión o en Diseño Web para contener cambios y comentarios y responder a los revisores.

También se puede imprimir el documento con las marcas de revisión o bien imprimir una lista con las modificaciones. Para ello, hay que seleccionar Archivo>Imprimir y después, en el cuadro de diálogo Imprimir, seleccionar Documento con marcas o Lista de marcas en la lista desplegable Imprimir, que se encuentra situada en la zona inferior izquierda del cuadro de diálogo.

Nota:

Word 2002 ha modificado el formato de la ficha Control de cambios. Ha retirado la opción Texto eliminado así como la vista previa de cada opción. Por tanto, solamente se puede personalizar el texto agregado, el color y los cambios de formato. A cambio, ha incluido los globos de revisión y comentarios, así como los comentarios de voz.

La figura 15.3. muestra un documento revisado en modo Diseño de impresión. Obsérvense los globos a la derecha con los comentarios y marcas de revisión. Al seleccionar un globo, aparece una línea continua que lo enlaza con la palabra o frase marcada.

La barra de herramientas Revisión

La barra de herramientas Revisión contiene diversos botones y listas desplegables que permiten controlar todo el proceso de la revisión, desde que se inicia hasta que los cambios se convierten en definitivos. Sustituye al cuadro de diálogo Control de cambios de las versiones anteriores de Word.

Se hace visible al hacer doble clic en la marca MCA de la barra de estado, al seleccionar Herramientas>Control de cambios o bien al seleccionar la opción Ver>Marcas.

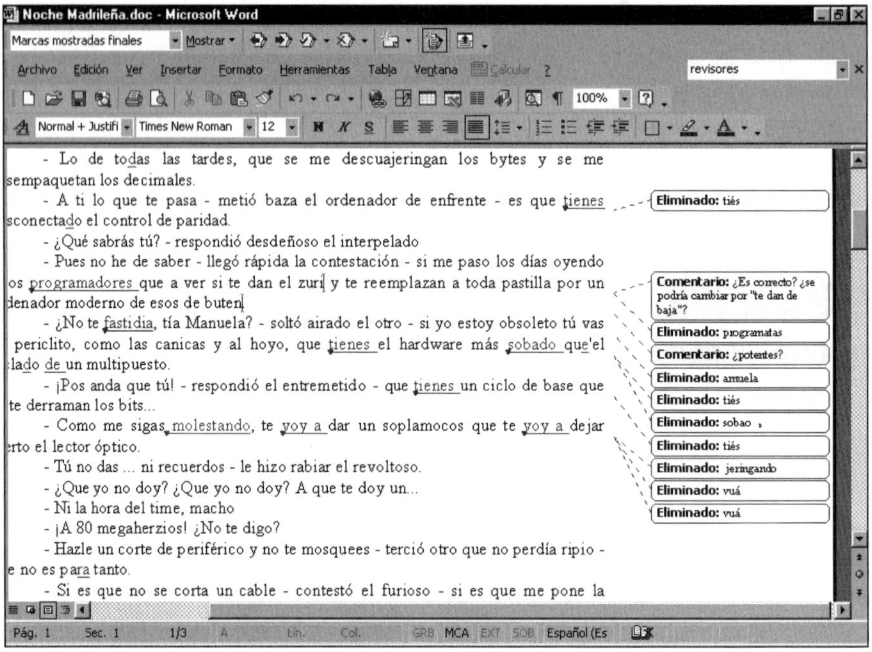

Figura 15.3. Un documento revisado

- La lista desplegable **Mostrar para revisión** ofrece las opciones:
  - **Marcas mostradas finales**. Muestra todas las marcas de revisión que tenga el documento.
  - **Final**. Muestra el resultado de aplicar todos los cambios sugeridos, que aún no son definitivos.
  - **Marcas mostradas originales**. Muestra las marcas de revisión, excepto las de formato.
  - **Original**. Muestra el documento sin marca ni cambio alguno.
- La lista desplegable **Mostrar** ofrece las opciones:
  - **Comentarios**. Muestra los comentarios insertados por los revisores.
  - **Inserciones y eliminaciones**. Muestra las inserciones y eliminaciones sugeridas por los revisores.
  - **Formato**. Muestra las marcas de revisión que atañen al formato, siempre y cuando se haya seleccionado previamente un código en la ficha **Control de revisión** del cuadro de diálogo **Opciones**.
  - **Revisores**. Presenta los nombres de todos los revisores que han participado en la revisión, y el color asignado a cada uno de ellos.

- Panel de revisiones. Muestra el panel de revisiones, igual que el botón del mismo nombre.
- Opciones. Abre la ficha Control de cambios del cuadro de diálogo Opciones.

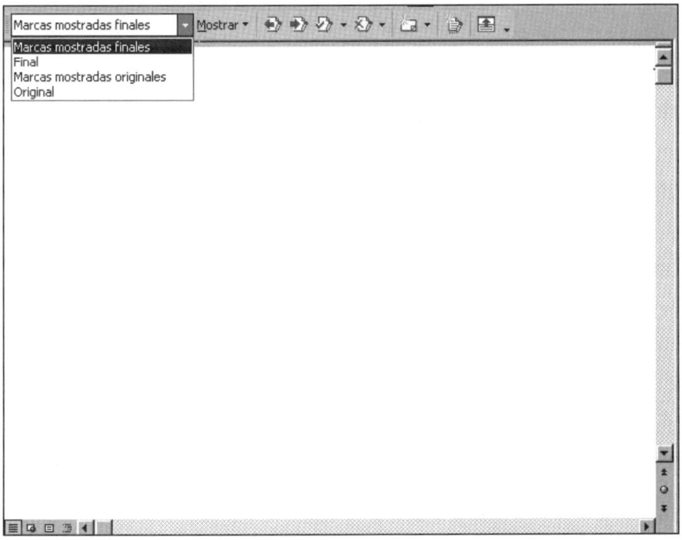

Figura 15.4. La barra de herramientas Revisión

- Los botones **Anterior** y **Siguiente** conducen a la marca de revisión anterior y siguiente.
- La lista desplegable Aceptar cambio ofrece las opciones:
  - Aceptar cambio. Valida el cambio seleccionado, que pasa a convertirse en definitivo.
  - Aceptar todos los cambios mostrados. Valida todos los cambios visibles.
  - Aceptar todos los cambios del documento. Valida todos los cambios, visibles o invisibles, aplicados al documento.
- La lista desplegable Rechazar cambiar o eliminar comentario ofrece las opciones:
  - Rechazar, cambiar o eliminar comentarios. Invalida la modificación o comentario seleccionado.
  - Rechazar todos los cambios mostrados. Invalida todos los cambios que estén visibles.

- Rechazar todos los cambios del documento. Invalida todos los cambios que tenga el documento, visibles o invisibles.
- Eliminar todos los comentarios mostrados. Borra los comentarios visibles.
- Eliminar todos los comentarios del documento. Borra todos los comentarios, visibles o invisibles.
- La lista desplegable Nuevo comentario ofrece las opciones:
  - Nuevo comentario. Abre el panel de revisiones para escribir un comentario en él.
  - Modificar comentario. Permite modificar el comentario que está seleccionado.
  - Eliminar comentario. Borra el comentario seleccionado.
  - Comentario de voz. Abre la Grabadora de sonidos en el documento, para grabar un comentario verbal. Es preciso tener un micrófono conectado. Los comentarios se insertan como un icono en forma de altavoz.
- El botón **Control de cambios** activa y desactiva la marca MCA de la barra de estado.
- El botón **Panel de revisiones** abre una ventana en la parte inferior del documento, similar a la de los encabezados y notas, con los cambios y comentarios aplicados al documento. La ventana se cierra haciendo clic de nuevo en el mismo botón. La barra de división es móvil y se puede ampliar o reducir arrastrándola arriba o abajo.

Los revisores

Los nombres de los revisores del documento son los que Word encuentre en la ficha Información del usuario del cuadro de diálogo Opciones (menú Herramientas).

Por tanto, si cada revisor tiene su ordenador, el programa los irá detectando uno a uno e irá asignándoles colores. Si todos o varios utilizan el mismo ordenador, es necesario que cada uno modifique el nombre en esa ficha.

Los nombres de los revisores aparecen en las modificaciones y comentarios insertados, aproximando el cursor a las marcas del texto. Junto al nombre puede verse el tipo de modificación de que se trata, inserción, eliminación o comentario, así como la fecha y la hora (figura 15.5).

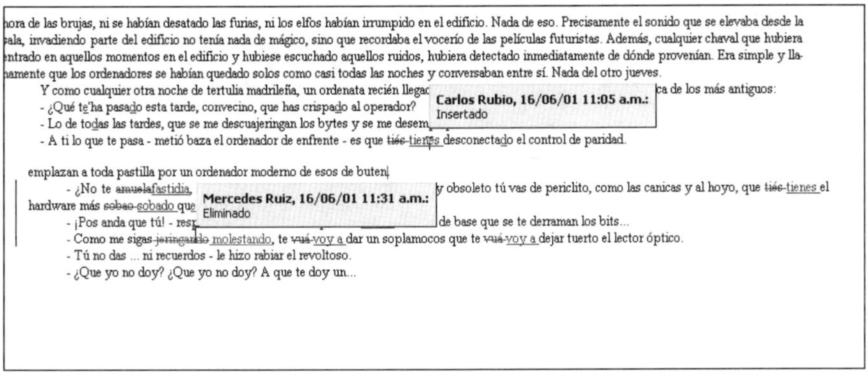

Figura 15.5. Los revisores

Los nombres de los revisores también aparecen junto a los colores asignados al seleccionar Mostrar>Revisores>Todos los revisores en la lista desplegable Mostrar de la barra de herramientas Revisión (figura 15.6).

Los comentarios

Los comentarios pueden acompañar la revisión con indicaciones, sugerencias y consultas, tanto de parte de los revisores como del usuario, que puede aclarar cuestiones o responder a consultas.

Para insertar un comentario, hay que seleccionar Nuevo comentario>Nuevo comentario en la barra de herramientas Revisión. Los comentarios se pueden modificar seleccionándolos en el Panel de revisión y haciendo clic en Nuevo comentario>Modificar comentario. Para eliminarlos, hay que hacer clic en Nuevo comentario>Eliminar comentario. También se pueden modificar o eliminar en el globo, en Vista Diseño de impresión.

Los comentarios aparecen en el texto como una línea vertical con el color correspondiente al revisor que los ha insertado. Al aproximar el cursor a un comentario insertado aparece el nombre del revisor y la fecha y hora de la inserción.

En vista Normal, los comentarios se pueden leer en el Panel de revisión. Al aproximar el cursor a la barra, aparece la información de pantalla Cambiar tamaño, lo que permite arrastrarla hacia arriba para visualizar una ventana más grande (figura 15.7). En vista Diseño de impresión, los comentarios aparecen en el margen derecho con el globo correspondiente, a menos que esa opción esté desactivada en la ficha Control de cambios del cuadro de diálogo Opciones.

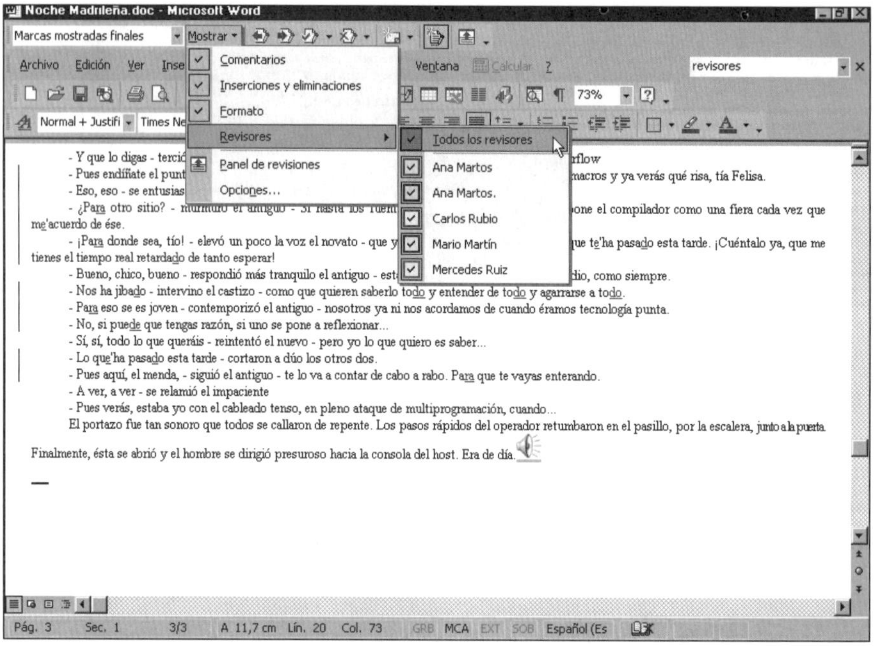

Figura 15.6. Todos los revisores

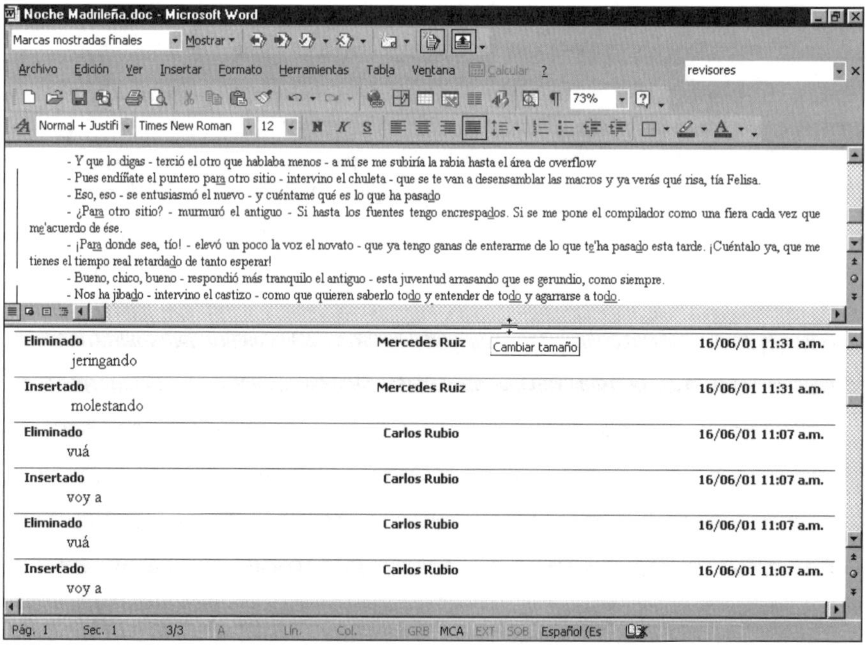

Figura 15.7. El Panel de revisión

Los comentarios de voz

Los comentarios de voz permiten insertar un comentario verbal en el documento en forma de archivo de sonido. Es preciso disponer de un micrófono conectado al ordenador, del tipo de los que se usan con las webcams para los foros de videoconferencia.

Para insertar un comentario de voz, hay que hacer lo siguiente:

1. Seleccionar Nuevo comentario>Comentario de voz en la barra de herramientas Revisión.
2. Cuando aparezca la Grabadora de sonidos (figura 15.8), hacer clic en el botón rojo (**Grabar**) y comenzar a hablar.
3. Al terminar, hacer clic en el botón **Detener**.
4. Para escucharlo, hacer clic en el botón **Reproducir**.

Para escuchar un comentario de voz, hay que seleccionarlo y hacer doble clic en el icono del altavoz. También se puede hacer clic en el icono con el botón derecho y seleccionar Objeto Archivo de sonido>Reproducir, en el menú emergente.

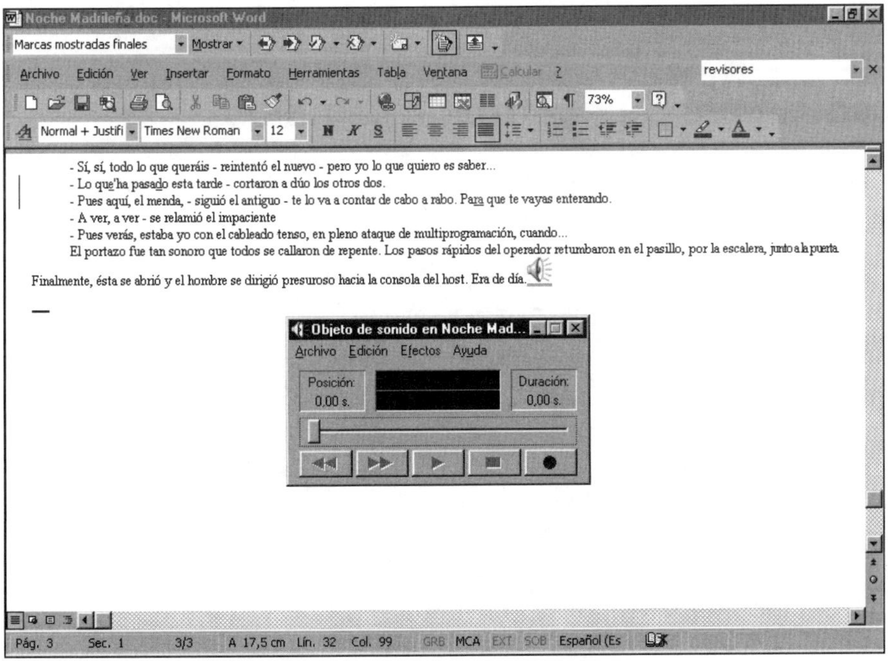

Figura 15.8. Inserción de un comentario de voz

Advertencia:

Es conveniente insertar archivos de sonido muy cortos, para evitar que el documento ocupe un espacio excesivo en el disco. Los archivos de sonido son bastante grandes.

La opción Insertar>Comentario

Word dispone también de una opción de menú Insertar>Comentario, que permite igualmente escribir comentarios tanto para las revisiones como para hacer indicaciones o advertencias a otros usuarios del documento, con independencia de que sean revisores o lectores. La función Control de cambios se activa automáticamente al insertar comentarios con este procedimiento.

Para insertar un comentario con este método, hay que hacer lo siguiente:

1. Hacer clic en el lugar en que haya de aparecer el comentario.
2. Seleccionar Insertar>Comentario.
3. Escribir el comentario en el globo del margen derecho (figura 15.9). Si el documento está en modo de ver Normal, en lugar del globo se abrirá el Panel de revisión.

Procedimiento de control de cambios

Para marcar los cambios en un documento, hay que tener en cuenta lo siguiente:

- El proceso se inicia al seleccionar Herramientas>Control de cambios. La barra de herramientas Revisión se hace visible inmediatamente, con la lista desplegable Mostrar para revisión presentando la opción Marcas mostradas finales. Esto hace que todas las marcas de revisión aparezcan en el documento.
- El menú desplegable Mostrar debe tener activadas las opciones Comentarios e Inserciones y eliminaciones. Esto hace que aparezcan todos los comentarios y todas las modificaciones que han sido sugeridas por los revisores.
- La opción Mostrar>Revisores, debe mostrar la lista de todos los revisores que participan en la revisión del documento. Cada uno de ellos tendrá asignado un color.

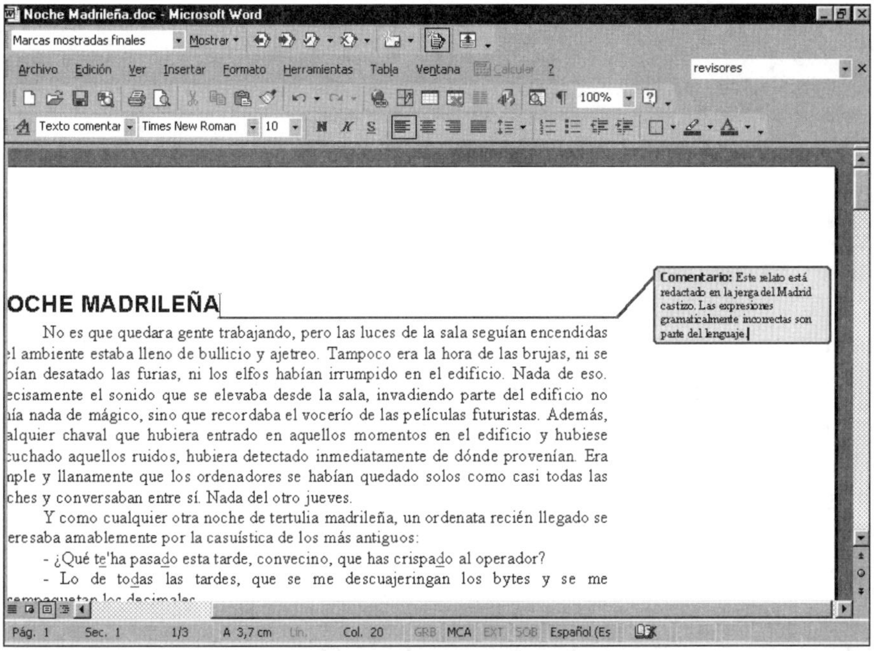

Figura 15.9. El globo para la inserción del comentario

La marca MCA debe está activada para indicar que el control de cambios está en funcionamiento. De lo contrario, no habrá marcas de seguimiento de las modificaciones.

- Cada modificación irá apareciendo en el documento con el color asignado al revisor y con el código acordado en la ficha Control de cambios del cuadro de diálogo Opciones.

Protección para el control de cambios

Si alguien desactiva advertida o inadvertidamente la función Control de cambios, no será posible localizar las modificaciones sugeridas o aplicadas por los revisores. El menú Herramientas tiene una opción llamada Proteger documento, que abre el cuadro de diálogo Proteger documento. Este cuadro ofrece protección para el documento, con las excepciones siguientes:

- Cambios realizados. Permite aplicar cambios, pero los marca todos y no es posible desactivar la función Control de cambios ni rechazar las modificaciones.

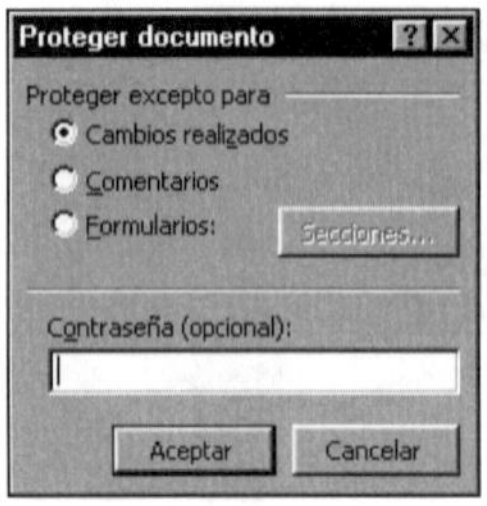

Figura 15.10. El cuadro de diálogo Proteger documento

- Comentarios. Permite agregar comentarios, pero no aplicar cambios.
- Formularios. Impide aplicar cambios, excepto en los campos de formulario. El botón Secciones se activa si hay más de una, para poder seleccionarlas.
- Contraseña. Permite a quien disponga de ella desproteger el documento, aplicar cambios, rechazarlos, cambiar campos de formulario y aplicar o borrar comentarios.

Aplicación del control de cambios

Como ejemplo, vamos a aplicar una revisión con control de cambios a uno de los relatos utilizados en el capítulo 11: Noche madrileña.doc. Como está redactado en la jerga de Madrid, será fácil encontrar expresiones gramaticalmente incorrectas y aplicarles modificaciones.

El documento original se encuentra en la carpeta \Ejemplos\Cap11\Relatos. El documento con las marcas de revisión se encuentra en la carpeta \Ejemplos\Cap15.

1. Abrir el documento.
2. Hacer doble clic en la marca MCA.
3. Seleccionar Herramientas>Opciones>Control de cambios.
4. En la ficha Control de cambios, seleccionar Subrayado en la lista desplegable Inserciones.
5. Seleccionar Subrayado doble en la lista desplegable Formato.
6. Seleccionar Por autor en la lista desplegable Color.
7. Hacer clic en la ficha Información del usuario.
8. Escribir el nombre del revisor.
9. Hacer clic en Aceptar.

La barra de herramientas Revisión tendrá seleccionada la opción Marcas mostradas finales en la lista desplegable Mostrar para revisión. De lo contrario, seleccionarla para que todas las marcas se hagan visibles.

1. Insertar un comentario de autor al principio indicando que el documento está redactado en la jerga castiza de Madrid y que las incorrecciones gramaticales forman parte del lenguaje.
2. Seleccionar la expresión "t´ha pasao" y cambiarla por "te ha pasado".
3. Sucesivamente, ir modificando todas las expresiones incorrectas: "toas" por "todas", "ties" por "tienes", "vua" y "vuá" por "voy a", "tos" por "todos", "p'atrás" por "para atrás".
4. Cambiar el nombre del revisor en la ficha Información del usuario.
5. Modificar otras expresiones o palabras incorrectas, como "agüelo" por "abuelo", "l'ha pasao" por "le ha pasado", "na" por "nada", etc.
6. Insertar comentarios cortos escritos en las expresiones castizas como "te dan el zuri" y "de buten".
7. Insertar un comentario verbal al final del documento invitando a los participantes en la revisión a reunirse con el usuario para discutir personalmente.
8. Guardar el documento.

Aceptar o rechazar cambios y comentarios

Después de aplicar la revisión, el usuario puede aceptar o rechazar determinados cambios y/o comentarios.

Hay que hacer lo siguiente:

1. Abrir el documento con las marcas de revisión activadas.
2.  Hacer clic en el botón **Vista Diseño de impresión**, de la barra de desplazamiento horizontal.
3. Pulsar **Control-Inicio** para ir al principio del documento.
4. Hacer clic en el botón **Siguiente** de la barra de herramientas Revisión.
5. Cuando el cursor seleccione el primer comentario o cambio, desplegar la lista Aceptar cambio para aceptarlo o Rechazar cambiar o eliminar comentario para rechazarlo.
6. Volver a hacer clic en **Siguiente** y continuar recorriendo el documento.
7. Guardar el documento.

En principio y como ejercicio, vamos a aceptar todas las modificaciones sugeridas por los revisores, rechazando únicamente los comentarios que se refieren a modificaciones del texto. Para ello, hay que hacer lo siguiente:

1. En lista desplegable Aceptar cambio, seleccionar la opción Aceptar todos los cambios del documento.
2. Hacer clic en el botón **Siguiente** para ir al primer comentario. Si se trata de un comentario que trate de modificar el texto, seleccionar Rechazar o eliminar comentario en la lista desplegable anterior.
3. Volver a pulsar **Siguiente** y hacer lo mismo. Cuando se trate de un comentario que no sugiera modificaciones, seguir haciendo clic en **Siguiente** sin borrarlo.
4. Desplegar el Panel de revisión para comprobar que solamente quedan los comentarios insertados que no sugieren modificaciones.
5. Seleccionar Archivo>Guardar como y guardar el documento con otro nombre, como TextoRevisado.doc.

Otros métodos de búsqueda de cambios y comentarios

Además de los botones **Siguiente** y **Anterior** de la barra de herramientas Revisión, se pueden recorrer los comentarios y/o las marcas de revisión de un documento, utilizando las herramientas siguientes:

- El botón **Seleccionar objeto de búsqueda** de la barra de desplazamiento vertical. La paleta que despliega este botón permite seleccionar Examinar por comentarios o Examinar por modificaciones. Pulsando los botones **Búsqueda siguiente** y **Búsqueda anterior** conducen por todas las modificaciones o todos los comentarios.
- La opción Edición>Ir a (o la tecla de función **F5**) da acceso al cuadro de diálogo Ir a. Al seleccionar Comentario, la lista desplegable de la derecha muestra Cualquier revisor. El botón Ir a conduce directamente al primer comentario insertado.

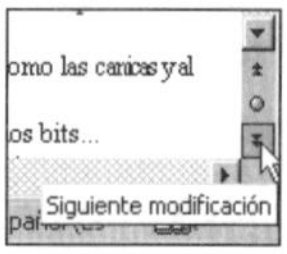

Figura 15.11. Modificación siguiente

Envío de documentos para revisión

Word ofrece también una herramienta para enviar documentos por correo electrónico para revisión. Hay que seleccionar Archivo>Enviar a>Destinatario de correo (para revisión). Esta opción genera automáticamente un formulario de solicitud de revisión con lo siguiente:

- Un vínculo que enlaza el archivo a revisar o bien un archivo de datos adjuntos para enviar el documento.
- Un mensaje para el revisor.
- Marcas de seguimiento.

Cuando el destinatario recibe el documento, éste se abre con la función Control de cambios activada. Cuando el revisor devuelve el documento al usuario, éste puede usar la barra de herramientas Revisión para aceptar o rechazar los cambios, aunque el documento trae activada la petición de aceptar todos los cambios.

La opción Comparar y combinar documentos

La opción Comparar y combinar documentos (menú Herramientas) permite combinar varios documentos en uno solo. Esta opción importa en un archivo todas las modificaciones señaladas en las demás copias, incluyendo cualquier comentario que contengan. Resulta útil cuando los revisores tienen que utilizar diferentes copias de un mismo documento.

Esta opción se puede aplicar para comparar dos versiones de un mismo documento guardadas con nombres distintos o para comparar un documento original con el resultado de aplicar las modificaciones sugeridas por los revisores. Para comparar y combinar el documento que hemos revisado con su original, hay que hacer lo siguiente:

1. Abrir Noche madrileña.doc.
2. Seleccionar Herramientas>Comparar y combinar documentos.
3. Seleccionar TextoRevisado.doc.
4. Desplegar la lista Combinar para elegir Combinar en el nuevo documento.

5. Word creará un nuevo documento con las modificaciones señaladas como muestra la figura 15.12.

La carpeta \Ejemplos\Cap15 contiene los archivos Noche madrileña.doc con las marcas de revisión, TextoRevisado.doc con los cambios aplicados definitivamente y ArchivosComparados.doc con las dos versiones combinadas.

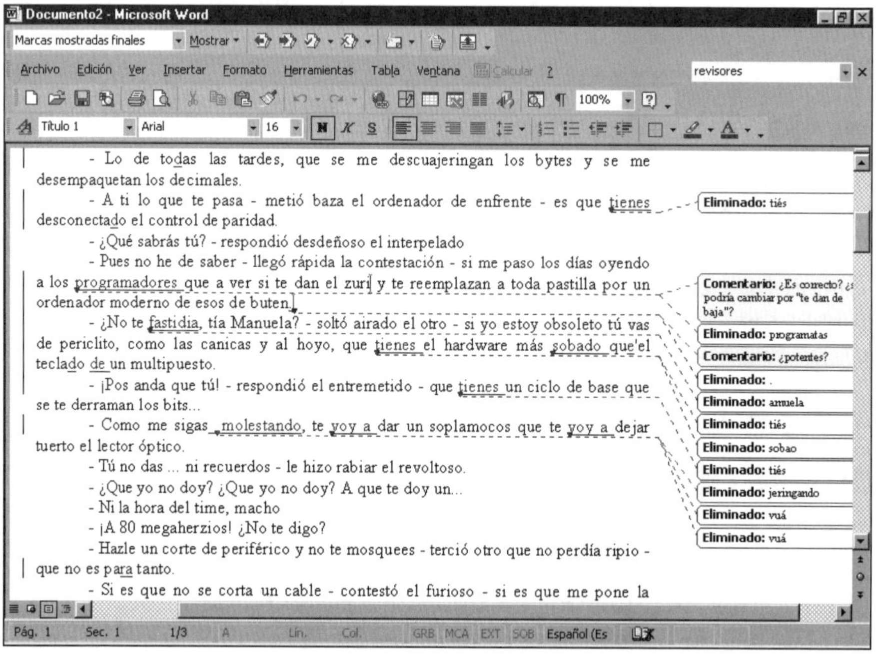

Figura 15.12. Las versiones combinadas y comparadas

Advertencia:

Las marcas de comparación de los documentos se ven en Vista Diseño de impresión.

Resumen

En este capítulo hemos aprendido técnicas para el control de los documentos. Hemos visto las distintas fichas del cuadro de diálogo Propiedades del documento. También hemos aprendido la forma de guardar las diferentes versiones de un mismo documento, de manera que todas queden almacenadas por separado y se puedan comparar entre sí.

Hemos aprendido a manejar las herramientas de revisión de Word 2002, analizando las diferentes opciones que ofrece la barra de herramientas Revisión y la ficha Control de cambios del cuadro de diálogo Opciones, para personalizar algunos aspectos de la revisión de documentos.

Hemos aprendido una a una las opciones de revisión, así como las de aceptación o rechazo de cambios y comentarios. Hemos visto también la forma de insertar comentarios escritos o verbales, utilizando la Grabadora de sonidos de Windows.

Para practicar, hemos revisado uno de los relatos utilizados en el capítulo 11, aplicándole cambios, comentarios y recorriendo posteriormente las sugerencias de revisión para aceptar unas y rechazar otras.

Hemos visto la manera de saltar de comentario en comentario o de modificación en modificación con las barra de herramientas Revisión, así como con otras herramientas de Word, como el botón **Seleccionar objeto de búsqueda** y el cuadro de diálogo Ir a. También hemos aprendido a enviar documentos para revisión por correo electrónico.

Finalmente, hemos aprendido a utilizar la opción Comparar y combinar archivos, combinando el archivo original con el revisado y viendo las diferencias en las marcas de Word.

Capítulo 16

Importación y exportación

En este capítulo aprenderá a:

- Importar y exportar archivos con Word 2002.
- Importar y exportar archivos de direcciones de correo electrónico.
- Importar y exportar ramas del Registro de configuraciones de Windows.
- Intercambiar archivos con otros programas de la suite Office XP.
- Utilizar las opciones del Portapapeles de Office.
- Arrastrar y colocar entre aplicaciones sin perder los datos de origen.

Las funciones de importación y exportación de Word 2002

Hemos visto anteriormente funciones de importación y exportación que utilizan los recursos de la tecnología OLE. Hay otras funciones de importación y exportación basadas en los cuadros de diálogo **Abrir** y **Guardar como**, específicamente en las listas desplegables **Tipo de archivo** y **Guardar como tipo**.

Si se trata de abrir un archivo que no ha sido creado con Word, aparece el cuadro de diálogo **Convertir archivo**, que ofrece convertir distintos tipos de archivo a un formato legible para Word, pero todo depende de los filtros instalados durante la instalación del programa. La figura 16.1 muestra los convertidores de texto que ofrece la instalación personalizada.

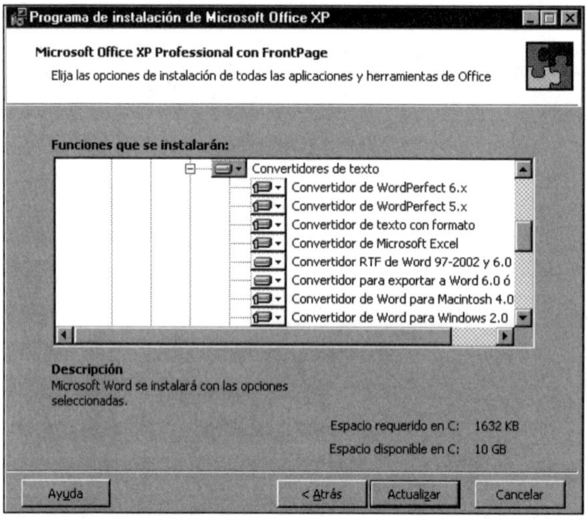

Figura 16.1. Los convertidores de texto

Los convertidores de texto instalados para importación aparecen en la lista desplegable **Guardar como tipo** del cuadro de diálogo **Guardar como** y permiten exportar un archivo de Word 2002, por ejemplo, a un formato compatible con Works, WordPerfect o bien texto sin formato. De igual modo, para importar archivos, los convertidores se encuentran en la lista desplegable **Tipo de archivo** del cuadro de diálogo **Abrir** y permiten convertir al formato utilizable por Word 2002 archivos creados con Write, WordPerfect, versiones anteriores de Word o texto RTF.

La opción Convertidores y filtros tiene dos partes: Convertidores de texto y Convertidores gráficos. La primera hace a Word 2002 compatible con otros programas de procesamiento de textos y la segunda permite insertar imágenes gráficas de diferente formato.

La forma más fácil de importar archivos es seleccionar Archivo>Abrir, elegir Todos los archivos en la lista desplegable Tipos de archivo y dejar que Word averigüe el formato del archivo y lo convierta.

Advertencia:

La casilla de verificación Confirmar conversiones al abrir, situada en la ficha General del cuadro de diálogo Opciones, permite saber el tipo de conversión que está realizando Word. Por ejemplo, al intercambiar documentos entre diferentes versiones, como Word 6.0, los documentos adquieren el formato RTF sin que el usuario lo sepa, a menos que esté activada dicha casilla de verificación.

Truco:

Si no es posible importar un archivo, a pesar de los intentos de Word por convertirlo y de tener instalados todos los filtros y convertidores, lo mejor es abrirlo en el programa de origen y tratar de exportarlo con el formato más generalizado posible. Por ejemplo, si es un texto, con el formato RTF o texto txt. Si es un gráfico, con el formato Tif o Gif.

Compartir archivos con Word para Macintosh

Si hay que exportar o importar texto con Word versión 5 para Macintosh, es necesario reemplazar la fuentes de que el equipo no disponga por otras similares que sí estén disponibles. Esto se puede llevar a cabo utilizando la ficha Compatibilidad del cuadro de diálogo Opciones del menú Herramientas. Hay que hacer lo siguiente:

1. Desplegar la lista Opciones recomendadas y seleccionar Word para Macintosh 5.x.

2. Aceptar o modificar las opciones que sugiere Word, activando o desactivando las casillas de verificación correspondientes. El botón Predeterminar hace que Word almacene los valores de la lista Opciones como valores predeterminados de compatibilidad.
3. Hacer clic en el botón Sustitución de fuentes.
4. El cuadro de diálogo siguiente muestra las fuentes que faltan, como por ejemplo, Courier y ofrece las fuentes sustitutas, indicando normalmente Predeterminada. Hacer clic en la lista desplegable Fuente sustituta y elegir una, por ejemplo, Courier New.
5. El botón Convertir permanentemente convierte las fuentes no disponibles, por ejemplo, Courier, en otras disponibles, por ejemplo, Courier New, de manera que Courier aparezca en la pantalla pero sea Courier New la que se imprima.

Los archivos de texto

Además de archivos de otras versiones de Word, de WordPerfect, Write o Works, Word 2002 permite importar diferentes tipos de archivos de texto. Dos formas de texto importado son las direcciones de correo electrónico y la información del Registro de configuraciones de Windows.

Importación de direcciones de la Libreta de Outlook

Cuando se maneja más de un programa de mensajería, resulta útil exportar los datos de la libreta de direcciones de uno a otro. También es conveniente mantener un archivo de texto con los datos de la libreta para prever un incidente que haga que se pierdan, por ejemplo, un virus que obligue a formatear el disco duro, un cambio de tensión eléctrica que produzca daños, etc. Hay que hacer lo siguiente:

1. Abrir Outlook y seleccionar Archivo>Exportar>Libreta de direcciones. Según la versión de Outlook, la opción se puede llamar Importar y exportar.
2. En el cuadro siguiente, seleccionar exportar la libreta de Outlook como archivo de texto con los valores separados por comas. Según la versión, hay que elegir esta opción en un solo cuadro o en dos.

3. En el cuadro siguiente, seleccionar la carpeta y la unidad de disco en la que guardar el archivo de texto. Hay que dar un nombre al archivo, por ejemplo, Libreta. El programa le dará la extensión .CSV.
4. En el cuadro siguiente, seleccionar los campos a exportar. Generalmente aparecen muchos más campos marcados de los necesarios.

Con este formato, el programa predeterminado para abrir los datos de la libreta es Excel, pero también se puede abrir con Word simplemente seleccionando Archivo>Abrir y accediendo a Libreta.Csv. El formato de este archivo en Excel es una hoja de cálculo con los campos situados en columnas y los registros en filas. En Word es el de campos separados por punto y coma, como puede verse en la figura 16.2.

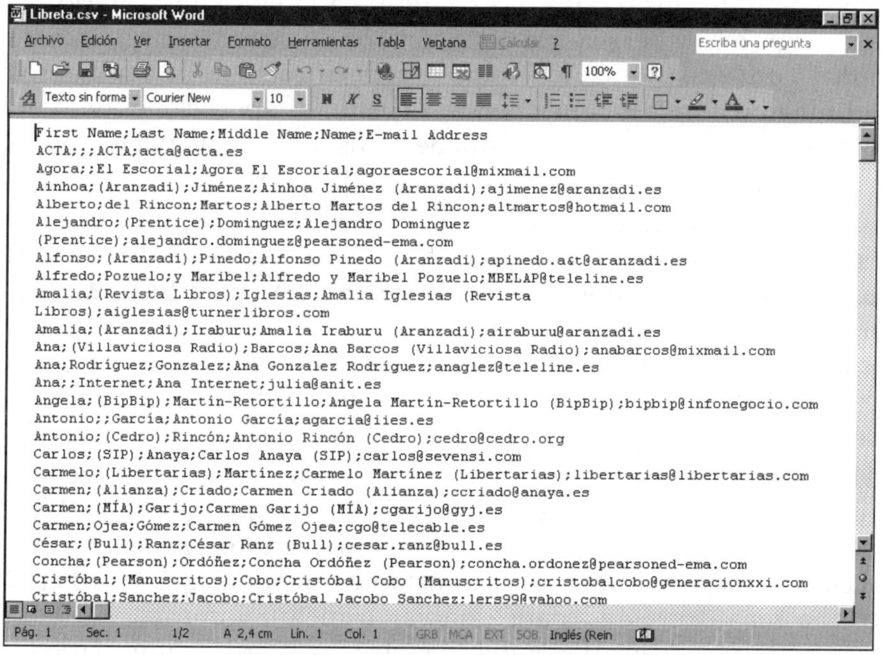

Figura 16.2. Los datos de la Libreta de Outlook en Word

Para exportar de nuevo la información a Outlook, hay que hacer el recorrido inverso, es decir, seleccionar Archivo>Importar>Libreta de direcciones. Outlook aceptará el formato procedente de Word e incorporará los datos a la libreta.

Según la versión, la opción puede llamarse Importar desde otro programa o archivo o Importar direcciones y correo de Internet.

Nota:

Netscape Communicator tiene las mismas opciones para exportar los datos de la libreta de direcciones como archivo delimitado por comas y volverlo a importar. Hay que seleccionar Communicator>Libro de direcciones *y, una vez en la libreta,* Archivo> Importar.

Importación de datos del Registro de configuraciones de Windows

El Registro de configuraciones de Windows es la base de datos de almacenamiento de todos los datos de la configuración tanto del usuario como de los programas y del sistema. Está construido de forma arborescente y sus ramas contienen todos los valores, especificaciones y parámetros que determinan la forma en que operan las distintas aplicaciones de Windows. El Registro se configura y mantiene al instalar, desinstalar o modificar aplicaciones que se registran en su base de datos.

El Registro tiene un editor que se ejecuta fácilmente y permite acceder a la información almacenada. Esta información se puede modificar manualmente utilizando las opciones del menú Edición para buscar, cambiar nombres, eliminar, etc. Por ejemplo, a veces, la última posibilidad que queda de eliminar totalmente un programa instalado es borrar toda la información del Registro, buscándola de rama en rama.

Pero también se pueden aprovechar las herramientas de búsqueda de Word 2002 para modificar datos del Registro, ya que son mucho más versátiles, completas y potentes que las suyas; por ejemplo, el Editor del Registro permite sólo escribir o modificar algunos valores en los campos para las claves, valores o nombres de constantes, mientras que Word 2002 tiene mucha más capacidad para cambiar o incluir información. Para ello, hay que importar los datos del Registro en Word, manipularlos y después exportarlos. El Editor del Registro exporta la información con formato ASCII y con la extensión .Reg.

Hay que hacer lo siguiente:

1. Para acceder al Editor del Registro, hay que seleccionar Inicio>Ejecutar, escribir Regedit en el campo Abrir y hacer clic en Aceptar.
2. En primer lugar y antes de aplicar cualquier modificación a los valores del Registro, es muy importante hacer una copia, con el fin de poderlo

restaurar si sucede algún problema. Para ello, hay que seleccionar Registro>Exportar archivo del Registro y luego activar el botón de opción Todo.

3. El Registro guarda la información en seis ramas, por lo que es necesario averiguar en cual de ellas se encuentran los datos a exportar y modificar. Las ramas se despliegan haciendo clic en el botón (+) y se pliegan haciendo clic en el botón (-). Para localizar los datos, hay que seleccionar el icono Mi PC y pulsar Edición>Buscar.
4. En el cuadro de diálogo Buscar, escribir la cadena de texto en el campo Buscar. Se puede seleccionar buscar Claves, Valores y/o Datos, marcando las opciones correspondientes. El botón Buscar siguiente inicia la búsqueda.
5. Anotar la clave que contiene los datos y pulsar **F3**, anotando las claves hasta localizar todas las que contengan los mismos datos, porque pueden estar repetidos en varias ramas. La barra de estado del Editor del Registro va indicando las claves y subclaves que contienen el archivo buscado.
6. En la ventana de la izquierda, seleccionar la primera rama a exportar y hacer clic en Registro> Exportar archivo del Registro.
7. En el cuadro de diálogo Exportar archivo del Registro de configuraciones, seleccionar la carpeta y la unidad en que guardar el archivo, indicando asimismo un nombre, por ejemplo, Registro1. El programa le añadirá la extensión .reg.
8. Repetir la operación para las restantes ramas o subramas anotadas durante la búsqueda.

Una vez guardado, hay que abrirlo en Word seleccionando simplemente Archivo>Abrir. El archivo se abrirá como un texto sin formato, que puede modificarse fácilmente. Después de guardarlo con el mismo formato y la extensión .reg, hay que volver a ejecutar el Editor del Registro y hacer la operación inversa, seleccionando Registro>Importar archivo del Registro.

Intercambio de información entre programas de la suite Office XP

Todos los programas que componen la suite Office XP son compatibles entre sí y es posible enviar, importar y exportar información entre unos y otros. Hemos visto la forma de intercambiar hojas de cálculo entre Excel y Word, así como tablas de datos entre Access y Word, utilizando técnicas de copiar, cortar, pegar, insertar, incrustar y vincular.

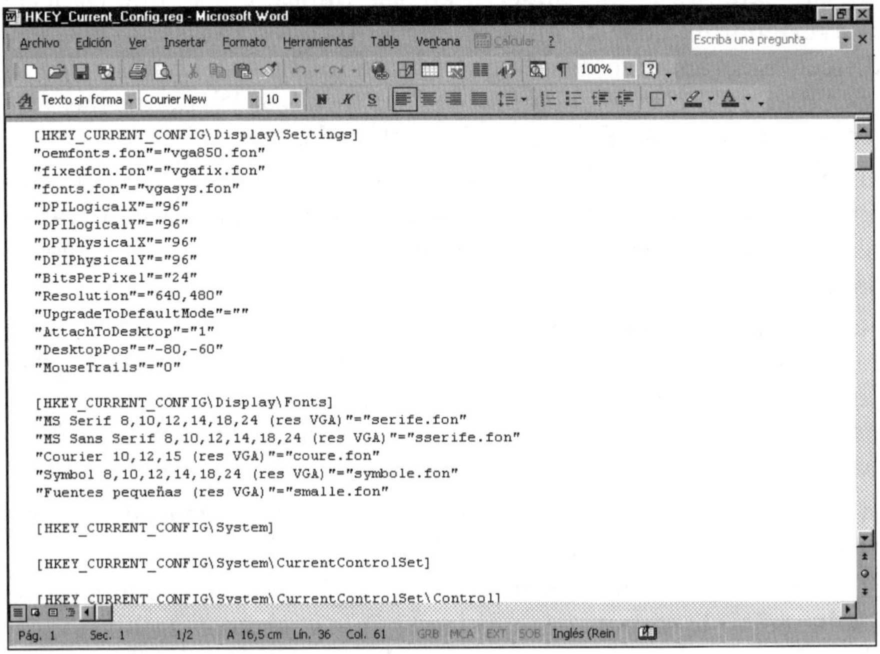

Figura 16.3. Los datos del Registro en Word

Enviar a PowerPoint

PowerPoint tiene un comando especial para trasladar una presentación a un documento de Word. Hay que hacer lo siguiente:

1. Abrir la presentación en PowerPoint.
2. Seleccionar Archivo>Enviar a>Microsoft Word.
3. En el cuadro de diálogo Enviar a Microsoft Word, seleccionar el botón de opción correspondiente para la forma de envío de las diapositivas.
4. La presentación se puede incrustar, seleccionando la opción Pegar, o bien vincular, seleccionando la opción Pegar vínculo.

De la misma manera, Word tiene una opción para enviar documentos a PowerPoint. Hay que seleccionar Archivo>Enviar a>Microsoft PowerPoint. En este caso, se abrirá automáticamente la interfaz de PowerPoint y el archivo enviado aparece repartido en las diapositivas de una presentación. Es importante que el archivo a enviar tenga un formato adecuado a las presentaciones de PowerPoint, por ejemplo, un esquema.

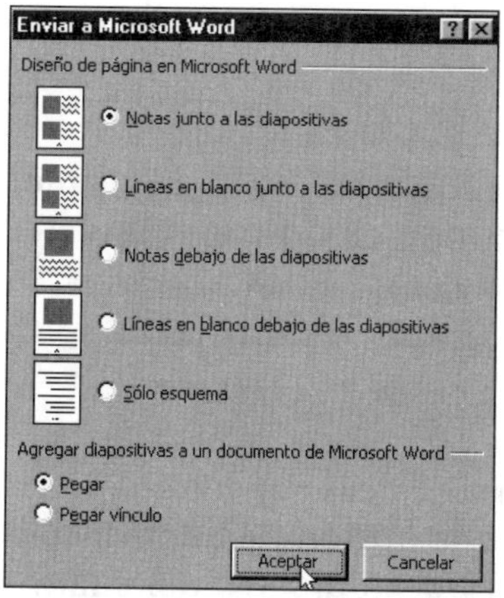

Figura 16.4. El cuadro de diálogo Enviar a Microsoft Word

Exportar a Access

En el capítulo 10, vimos la manera de importar una tabla de Access en Word usando la barra de herramientas **Base de datos**. El botón **Insertar base de datos** también puede facilitar la importación de una tabla de un programa ajeno a Microsoft, por ejemplo, Paradox o dBase. También se puede exportar una tabla de Word a Access. Hay que hacer lo siguiente:

1. Crear la tabla en Word. Es imprescindible que el archivo tenga el mismo tipo de datos en cada campo y los mismos campos en cada fila.
2. Seleccionarla y hacer clic en **Tabla>Convertir tabla en texto.**
3. Elegir los separadores, normalmente tabulaciones. Las filas se separan con marcas de párrafo.
4. Seleccionar **Archivo>Guardar como.** Dar un nombre al archivo. En la lista desplegable Guardar como tipo, seleccionar **Texto sin formato (*.txt).**
5. Hacer clic en **Guardar.**
6. Abrir o crear una base de datos en Access.
7. En la ventana **Base de datos**, hacer clic en la ficha **Tablas** de la barra **Objetos.**

8. En el menú Archivo, seleccionar Obtener datos externos.
9. Hacer clic en Importar.
10. En el cuadro Tipo de archivo, seleccionar Archivos de texto.
11. En el cuadro Nombre de archivo, escribir el nombre del archivo de texto de Word.
12. Hacer clic en Importar.
13. Seguir las indicaciones del Asistente para importar texto. El primer cuadro tiene un botón Avanzadas, que permite modificar el carácter separador de los campos y modificar algunas especificaciones.

Intercambio con Excel

Además de la posibilidad de insertar una hoja de cálculo de Excel que vimos en los capítulos 8 y 13, Word 2002 tiene una opción de importación directa. Se encuentra en la lista desplegable Tipo de archivo del cuadro de diálogo Abrir. Se trata de la opción Hoja de cálculo de Microsoft Excel (*.xls; *.xlw).

Esta opción está disponible para instalar la primera vez que se utilice, por lo que, al seleccionarla en el cuadro de diálogo Abrir, el programa reclama el CD-ROM de instalación. Después de instalarla conviene reiniciar el equipo, porque no suele funcionar sin reinicio.

Una vez en funcionamiento, solamente hay que seleccionar Archivo>Abrir, elegir la opción Hoja de cálculo de Microsoft Excel (*.xls; *.xlw) en la lista desplegable Tipo de archivo, seleccionar el archivo y hacer clic en abrir, como si se tratara de un archivo de texto.

El cuadro de diálogo Abrir hoja de cálculo permite seleccionar el libro completo, una hoja o un rango, si se ha seleccionado previamente.

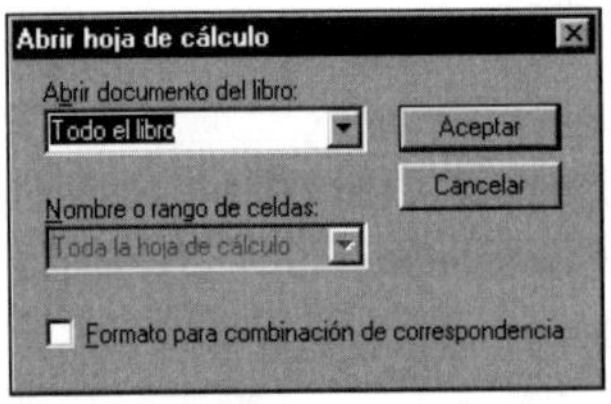

Figura 16.5. El cuadro de diálogo Abrir hoja de cálculo

La forma más sencilla y rápida de incrustar una hoja de cálculo de Excel en un documento de Word es hacer clic en el botón **Insertar hoja de Mi-**

crosoft Excel de la barra de herramientas Estándar y después elegir el número de filas y columnas en la paleta desplegable, similar a la de las tablas de Word.

El Asistente para importar texto

En cuanto a la exportación de datos de Word a Excel, es necesario formatearlos de manera que puedan adecuarse a las celdas de la hoja de cálculo. La mejor forma de exportar información de Word a Excel es hacerlo en forma de datos tabulares, con una tabulación entre las columnas. Los archivos de texto deben guardarse con el formato txt, ya que Excel admite archivos de texto con las extensiones txt, csv o prn.

Como ejemplo, vamos a exportar a Excel el archivo Direcciones.doc que utilizamos en el capítulo 10 para el envío de correo. Hay que hacer lo siguiente:

1. Abrir el archivo Direcciones.doc en Word.
2. Seleccionar la tabla y hacer clic en Tabla>Convertir tabla en texto.
3. Elegir Tabulaciones como separadores.
4. Seleccionar Archivo>Guardar como.
5. En la lista desplegable Guardar como tipo, seleccionar ahora Texto sin formato (*.txt).
6. Al hacer clic en Guardar, aparecerá el cuadro de diálogo Conversión de archivo, advirtiendo de la pérdida del formato. La codificación predeterminada (Windows) es la adecuada. También es correcta la opción predeterminada Terminar líneas con Retorno de carro. Eso significa que los registros quedarán separados por una marca de párrafo. Hacer clic en Aceptar.
7. Abrir Excel y seleccionar Archivo>Abrir.
8. En la lista desplegable Abrir como tipo, seleccionar Archivos de texto (*.csv, *.prn, *.txt).
9. Cuando se inicie el Asistente para importar texto, seleccionar la opción Delimitado y hacer clic en Siguiente.
10. En el segundo cuadro, seleccionar Tabulación y después hacer clic en Siguiente.
11. En el tercer cuadro, seleccionar General, porque es el formato capaz de convertir los caracteres numéricos en números y los caracteres alfabéticos en texto. El botón Avanzadas permite insertar separadores

decimales o de miles, pero en este caso no es necesario. Hacer clic en Finalizar.

12. Guardar el archivo con formato Libro de Microsoft Excel (*.xls).

Los archivos Direcciones.doc, Direcciones.txt y Direcciones.xls se hallan en la carpeta \Ejemplos\Cap16 del CD-ROM de acompañamiento.

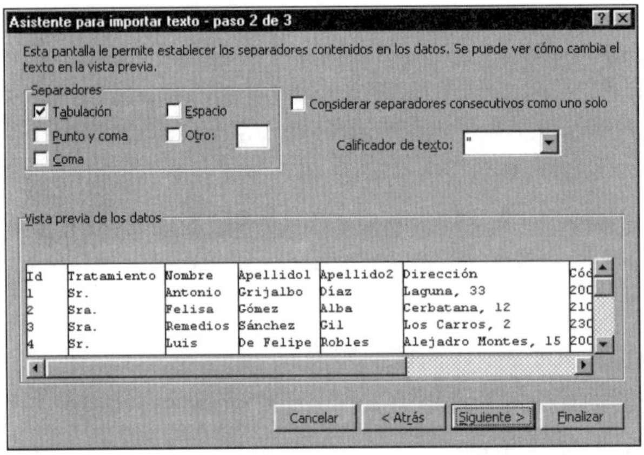

Figura 16.6. El Asistente para importar texto con el archivo de direcciones perfectamente estructurado

Importación de gráficos

Importar gráficos en Word es muy fácil. Simplemente hay que seleccionar Insertar>Imagen>Gráfico e inmediatamente aparece Microsoft Graph con un gráfico predefinido y una hoja de datos que contiene las cifras que soportan el gráfico.

Pero los gráficos de Microsoft Graph dejan mucho que desear en cuanto a prestaciones, por lo que resulta mucho más útil importar los gráficos de Excel que son más completos y versátiles.

Para importar un gráfico de Excel, hay que hacer lo siguiente:

1. Abrir un documento en blanco.
2. Seleccionar Insertar>Objeto. Elegir la ficha Crear nuevo.
3. Seleccionar Gráfico de Microsoft Excel.
4. La pantalla presentará entonces un gráfico predefinido con una hoja de cálculo con los datos de soporte. Los nombres de las hojas son Gráfico 1 y Hoja 1.

El gráfico predefinido de Excel no es más que un modelo a modificar. Veamos un ejemplo sencillo:

1. Hacer clic en Hoja 1 para acceder a las cifras.
2. Seleccionar la columna de la izquierda de enero a junio y arrastrar el ratón hasta seis filas más abajo. La función Autorrelleno llenará las celdas con los nombres de los meses de julio a diciembre.
3. Seleccionar las tres columnas de datos y, a continuación, arrastrar las tres a la vez hasta el límite de la columna anterior, para poder completar los datos hasta diciembre. La función Autorrelleno llenará entonces las celdas con cifras progresivas siguiendo la secuencia de las cifras anteriores.
4. El botón **Opciones de relleno** es similar al botón **Opciones de pegado** de Word. Permite elegir el relleno sin formato o bien la copia de las celdas. Es preciso seleccionar Rellenar sin formato, porque, de lo contrario, las celdas se rellenan con datos copiados de los anteriores y no con la secuencia progresiva.
5. Seleccionar las celdas rellenadas automáticamente para darles el mismo formato que las anteriores. Hacer clic en Formato>Celdas.
6. Seleccionar la ficha Número y elegir Número en la lista Categoría. La casilla Posiciones decimales debe indicar 0.
7. Hacer clic en la hoja Gráfico 1 para reflejar los nuevos datos en el gráfico.
8. Hacer clic en el gráfico con el botón derecho y seleccionar Datos de origen en el menú emergente.

9. En el cuadro de diálogo Datos de origen, hacer clic en el botón de la derecha del campo Rango de datos, para contraerlo.
10. En la hoja de datos, seleccionar todas las celdas que contengan información.
11. Hacer clic de nuevo en el botón de la derecha para expandir el cuadro de diálogo y acceder al gráfico.
12. Hacer clic en Aceptar.

La figura 16.7 muestra ahora el gráfico con los nuevos datos, incrustado en Word.

El documento está guardado con el formato de Word, con el nombre de Gráfico.doc, en la carpeta \Ejemplos\Cap16.

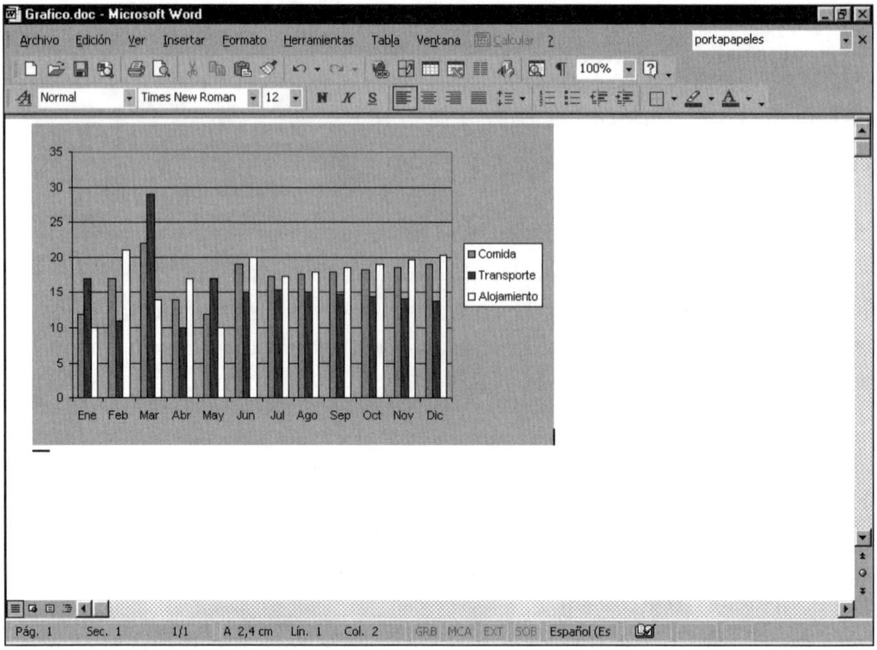

Figura 16.7. El gráfico incrustado en Word

El Portapapeles de Office XP

El nuevo Portapapeles de Office XP permite intercambiar datos entre todos los programas de la suite. Se accede a él seleccionando Edición>Portapapeles de Office y se acopla a la zona derecha de la pantalla.

El Portapapeles permite almacenar veinticuatro objetos copiados o cortados a partir de cualquier programa de la suite.

Los objetos almacenados, que pueden ser texto de Word, imágenes o gráficos de PowerPoint o Excel, rangos de hojas de cálculo de Excel, tablas de Access, etc., aparecen en el Panel de tareas Portapapeles que ofrece varias opciones:

- Para pegar uno de los objetos en el documento, hay que situar el punto de inserción en el destino y luego hacer clic en el objeto a pegar, seleccionando Pegar en la lista desplegable.
- Para pegar todos los objetos almacenados en el Portapapeles, hay que seleccionar Pegar todo.

- Para borrar uno de los objetos almacenados, hay que hacer clic en él y seleccionar Eliminar en la lista desplegable.
- Para borrar todos los objetos almacenados en el Portapapeles, hay que seleccionar Borrar todo.

Opciones del Portapapeles

El botón **Opciones** que aparece en la parte inferior del Portapapeles permite visualizar el Portapapeles durante la recopilación de datos, presentar un icono en la barra de tareas o indicar el estado durante la copia. La tabla 16.1 recoge las opciones del Portapapeles de Office.

Tabla 16.1. Opciones del Portapapeles de Office

Opción	Resultado
Mostrar automáticamente el Portapapeles de Office	Al copiar elementos, el Panel de tareas Portapapeles aparece automáticamente.
Recopilar sin mostrar en el Portapapeles de Office	Copia automáticamente elementos en el Portapapeles que aparezca el Panel de tareas.
 Mostrar el icono del Portapapeles de Office en la barra de tareas	Cuando el Portapapeles está activo, el icono se hace visible en la barra de tareas.
Mostrar estado cerca de la barra de tareas al copiar	Al copiar elementos al Portapapeles, aparece la información de pantalla.

El Portapapeles de Office se relaciona con el Portapapeles de Windows, aunque su capacidad de almacenamiento es superior, ya que el de Windows únicamente admite un elemento.

- Al copiar varios elementos al Portapapeles de Office, el último se copia siempre en el de Windows.
- Al borrar el Portapapeles de Office, también se borra el de Windows.
- Los elementos del Portapapeles de Office se pegan haciendo clic en los botones **Pegar** o **Pegar todo**. Si se utiliza la opción Edición>Pegar, el botón **Pegar** de la barra de herramientas Estándar o el método abreviado **Control-V**, se pega el contenido del Portapapeles de Windows y no el de Office.

Advertencia:

La capacidad del Portapapeles de Office es de 24 elementos, pero en realidad dispone de 4 MB, si la memoria RAM del ordenador es de 64 MB. Si la memoria es superior a 64 MB, el Portapapeles dispone de 8 MB. Por tanto, si se copian imágenes, es posible que no quepan los 24 elementos. Al copiar un elemento que exceda la capacidad del Portapapeles, se borra automáticamente el primer elemento almacenado.

Reemplazo de datos con el contenido del Portapapeles

Hay varios métodos para reemplazar los datos de un documento con el contenido del Portapapeles. Uno de ellos es el siguiente:

1. Copiar el o los elementos al Portapapeles.
2. Seleccionar los datos a reemplazar.
3. Hacer clic en el elemento del Portapapeles a pegar. Para pegar todos los contenidos, hacer clic en el botón **Pegar todo**.

Otro de los métodos es el siguiente:

1. Copiar el o los elementos al Portapapeles.
2. Seleccionar Edición>Reemplazar.
3. Hacer clic en el botón Más.
4. Escribir el texto a reemplazar en el campo Buscar.
5. Hacer clic en el campo Reemplazar con.
6. Hacer clic en el botón Especial y seleccionar la opción Contenido del Portapapeles.
7. Hacer clic en Reemplazar o en Reemplazar todos.

Copia de elementos de otros programas

Al copiar elementos de otros programas, la información se pega en un formato que el programa de destino pueda modificar. Por ejemplo, los datos de las hojas de cálculo de Excel y los registros de Access se pegan en Word como tablas de Word, con anchos de columna y formatos de fuente. El texto de Word separado por tabulaciones se pega en Excel en filas y columnas de celdas.

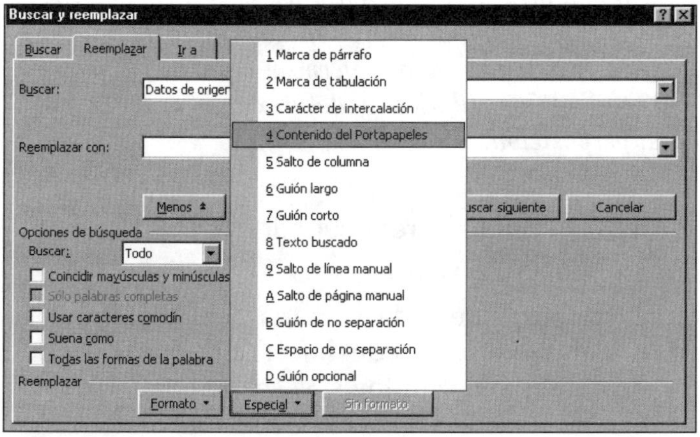

Figura 16.8. Contenido del Portapapeles

Pero si el programa de destino no puede modificar la información pegada, se inserta como un objeto incrustado, que se puede modificar usando el programa de origen, como hemos visto anteriormente. Si la información no se puede insertar, se pega como una imagen estática que no se puede modificar.

Importación con la técnica de arrastrar y colocar

La forma más fácil de importar y exportar datos compatibles entre programas es utilizar la técnica de arrastrar y colocar. Como ejemplo, vamos a importar en Word un dibujo de CorelDraw. Los archivos se encuentran en la carpeta \Ejemplos\Cap16. El dibujo se llama Greencar.cdr y el documento en que se ha importado, CorelCoche.doc.

Nota:

Word importa las imágenes en la capa de dibujo, de forma que floten sobre el texto. Para situarlas en la capa de texto, entre las líneas de escritura, hay que seleccionar el ajuste de texto (seleccionando Formato>Imagen>Diseño*). Una vez en esa capa, la imagen se convierte en un objeto y se manipula más fácilmente.*

Nota:

Las capas se superponen para ir formando una imagen, a manera de estratos o coberturas. Una capa puede contener un dibujo, otra un texto, otra, una imagen y así sucesivamente. A medida que se crea un dibujo, Word va colocando la nueva capa encima de las existentes, lo que permite mantener separados los elementos de los dibujos y del texto y ordenar su jerarquía de superposición.

1. Abrir CorelDraw y cargar el dibujo Greencar.cdr.

2. Abrir un documento en blanco de Word.
3. Hacer clic en el botón **Restaurar** de cada ventana para disminuir su ta-maño y acoplarlas. También se puede hacer clic con el botón derecho en la barra de tareas de Windows y seleccionar Mosaico horizontal.
4. En CorelDraw, seleccionar Edición>Seleccionar todo.
5. Hacer clic en la selección y arrastrar hasta la ventana de Word.
6. Soltar el ratón. La figura quedará colocada en el documento de Word.

Truco:

Al arrastrar y colocar, el objeto arrastrado se desplaza al destino, no se copia, así que el documento de origen lo pierde. Para arrastrar y colocar un objeto sin elimininar el origen, después de arrastrarlo al documento de destino, haga clic en el documento de origen y escoja Edición>Deshacer eliminar.

Resumen

En este capítulo hemos aprendido numerosas técnicas para importar y exportar texto y objetos entre Word y otros programas. Hemos visto la forma de sustituir las fuentes no disponibles al exportar textos a archivos de Word para Macintosh.Hemos aprendido a usar las opciones del Portapapeles de Office, utilizando el cuadro de diálogo Reemplazar en combinación con los datos del Portapapeles.

Capítulo 17

Envío de formularios por correo electrónico y fax

En este capítulo aprenderá a:

- Crear formularios con Word 2002.
- Trabajar con los Temas de Word.
- Enviar formularios con las herramientas de Word 2002 para correo electrónico y fax.

Los Temas de Word

Los Temas son diseños de Word que incluyen esquemas predefinidos para aplicar a los documentos un formato especial de color y diseño. La figura 17.1 muestra el cuadro de diálogo **Temas** con el tema **Balance** seleccionado. Para abrirlo hay que hacer clic en **Formato>Temas**.

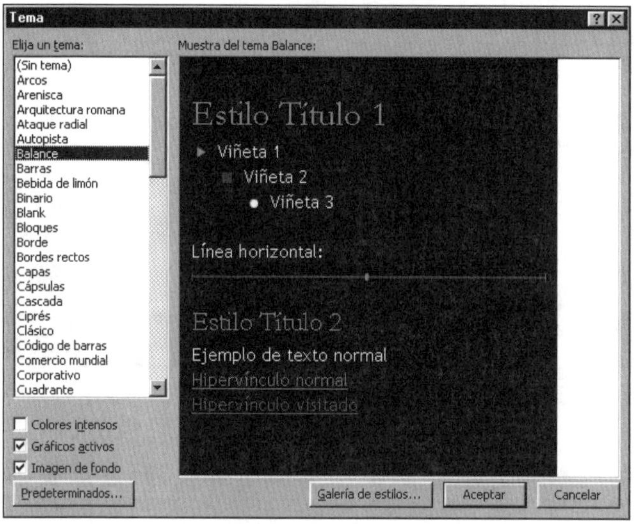

Figura 17.1. Los Temas de Word

Después de aplicar un tema a un documento, fax, formulario o página Web, hay que insertar el texto usando los estilos que ofrece la lista desplegable **Estilo**. El botón **Predeterminado** convierte en predeterminado el tema elegido para nuevos estilos. El botón **Galería de estilos** abre el cuadro de diálogo **Galería de estilos**, en el que aparecen listadas todas las plantillas existentes.

Los Temas de Word solamente se ven en modo Diseño Web.

Creación de formularios

Los formularios de Word 2002 son documentos que recogen información de diferentes usuarios, similares a los documentos de papel que se rellenan en la vida real. Su diseño incluye texto y gráficos fijos, como la plantilla que creamos en el capítulo 3 para la casa rural. También comprenden los campos a rellenar por los destinatarios como respuesta a preguntas, así como opciones que han de seleccionar en una lista o grupos de botones de opción. Los formularios pueden incluir también campos de formulario y controles ActiveX, así como imágenes y objetos vinculados o incrustados.

Word 2002 distingue entre tres tipos de formularios:

- Formularios impresos. Se imprimen sobre papel y se distribuyen por fax o correo postal.
- Formularios en pantalla. Se crean y distribuyen como plantillas que se guardan como un formulario en blanco. Los usuarios de los formularios crean documentos a partir de esa plantilla. El envío puede hacerse mediante correo electrónico o distribución en red.
- Formularios Web que se generan a partir de una página Web para utilizarlos en Internet o en intranets.

Formularios impresos

Para crear un formulario impreso, hay que hacer lo siguiente:

1. Crear el documento, diseñando primero un borrador. Se puede utilizar una plantilla como modelo, descargándola de la Galería de plantillas de Microsoft, que vimos en el capítulo 3.

Advertencia:

En el momento de escribir estas líneas, la Galería de plantillas de Microsoft no dispone de plantillas en español, pero es probable que en el momento de publicarse el libro haya ya algunas disponibles.

2. Insertar el texto fijo y las preguntas.
3. Para obtener respuestas amplias, hacer clic en el documento y después hacer clic en el botón **Campo con texto** de la barra de herramientas Formularios.
4. Para obtener respuestas tipo Sí, No, hacer clic en el lugar del documento donde deba aparecer la respuesta y seleccionar Campo de formulario con casilla de verificación en la barra de herramientas Formularios.

5. Guardar el formulario e imprimirlo.
6. Para imprimir solamente los datos del formulario, una vez relleno, hay que activar la casilla de verificación Imprimir datos solo para formularios del cuadro de diálogo Opciones de impresión.

Formularios en pantalla

La figura 17.2 muestra la barra de herramientas Formularios, a la que se accede seleccionándola en el menú emergente de cualquier barra de herramientas.

Figura 17.2. La barra de herramientas Formularios

Para crear un formulario en pantalla hay que hacer lo siguiente:

1. Crear el documento y guardarlo como una plantilla, como vimos en el capítulo 3.
2. Escribir las preguntas.
3. Insertar los campos y controles utilizando la barra de herramientas Formularios y el Cuadro de controles.
4. Determinar las propiedades de cada campo o control haciendo clic con el botón derecho y seleccionando Propiedades en el menú emergente.

5. Protegerlo, seleccionando el botón **Proteger formulario** de la barra de herramientas Formulario.
6. Guardarlo.

Creación del formulario como una plantilla

Los formularios se guardan como plantillas para mantener la coherencia y que todos los formularios enviados a los destinatarios sean iguales, diferenciándose únicamente en los datos que el usuario completa.

Como ejemplo, crearemos un formulario como plantilla de esta forma:

1. Seleccionar Archivo>Nuevo. Hacer clic en Plantillas generales en el Panel de tareas Nuevo documento.
2. En el cuadro de diálogo Nuevo, seleccionar el botón de opción Plantilla.

3. Elegir la plantilla Documento en blanco y hacer clic en Aceptar.
4. Seleccionar Formato>Tema y elegir el tema Rectángulos. El fondo del tema no se verá en este formulario, pero sí podremos usar sus estilos.
5. Seleccionar Insertar>Imagen>Imágenes prediseñadas.
6. Hacer clic en la opción Galería multimedia, en el Panel de tareas Imágenes prediseñadas.
7. En la galería, hacer clic en el signo (+) de Colecciones de Office, para abrirlo.
8. Seleccionar la colección Mapas.
9. Hacer clic en el botón **Lista** de la barra de herramientas para ver los nombres de los archivos.
10. Seleccionar el globo terráqueo ¡0335112.wmf.
11. Hacer clic con el botón derecho y elegir Copiar.
12. Seleccionar Ver>Encabezado y pie de página.
13. Hacer clic en el documento nuevo y elegir el botón **Pegar**.
14. La imagen quedará colocada a la izquierda del encabezado. Hacer clic con el botón derecho y elegir Formato de imagen.
15. En la ficha Diseño, seleccionar Detrás del texto.
16. Hacer clic en el botón **Cambiar entre encabezado y pie de página**.
17. Hacer clic en **Insertar fecha**.
18. Hacer clic en el botón **Cerrar**.

Nota:

Los Temas no se ven en Vista Diseño de Impresión ni Vista Normal, solamente en Vista Diseño Web. Pero los encabezados no se ven en Diseño Web.

Ahora que la plantilla tiene la fecha y el logotipo, hay que empezar a crear texto:

1. En la esquina superior izquierda, escribir ¿Le gusta viajar?. El texto quedará encima de la imagen, pero ésta no se ve en Vista Normal. Si no queda bien, activar la ventana de encabezados y mover la imagen con el ratón para centrarla.
2. Seleccionar la frase y hacer clic en la lista desplegable Fuente, para elegir Umbra BT. En Tamaño, seleccionar 12 puntos.

3. Hacer clic unas líneas más abajo, seleccionar Título 4 en la lista desplegable Estilo y luego escribir el texto fijo: ¿Le gusta viajar? Deseamos conocer sus gustos e intereses, para ofrecerle lo mejor de nuestros servicios. Por favor, responda a las siguientes preguntas y le enviaremos una oferta adecuada a sus gustos, junto con un obsequio:.
4. Unas líneas más abajo, seleccionar Título 2 en la lista desplegable Estilo y escribir: ¿Cuál es su transporte colectivo favorito?
5. Debajo, con estilo Normal, escribir: Avión y pulsar la tecla **Tab**.
6. Hacer clic en el botón **Campo de formulario con casilla de verificación** de la barra de herramientas Formulario.
7. Pulsar **Intro** y, de igual modo, escribir Barco, Tren, Autobús, con sus respectivas casillas de verificación.
8. Pulsar **Intro**, seleccionar estilo Título 2 y escribir ¿Cuál es el objetivo de sus viajes?
9. Pulsar **Intro** y con estilo Normal, escribir: en cinco líneas: Visitar monumentos, Ver paisajes, Conocer ciudades, Conocer personas, Familiarizarse con otras culturas. A continuación de cada línea, pulsar **Tab**, insertar una casilla de verificación y pulsar **Intro** para añadir un salto de línea.
10. Seleccionar estilo Título 2 y escribir ¿Qué época del año prefiere para viajar?
11. Pulsar **Tab**, hacer clic en el botón **Campo de formulario con lista**, de la barra de herramientas.
12. Hacer clic con el botón derecho en el campo de lista y seleccionar Propiedades en el menú emergente.
13. En el cuadro de diálogo Opciones de campo de formulario con lista desplegable, hacer clic en la casilla Elemento de la lista y luego escribir Primavera.
14. Hacer clic en Agregar y escribir Verano. De igual forma, agregar Otoño e Invierno.
15. Pulsar **Intro**, seleccionar estilo Título 2 y escribir ¿Qué continente le gustaría visitar?
16. Pulsar **Tab**, hacer clic en el botón **Campo de formulario con lista**, de la barra de herramientas.
17. Hacer clic con el botón derecho en el campo de lista y seleccionar Propiedades en el menú emergente.

18. En el cuadro de diálogo Opciones de campo de formulario con lista desplegable, hacer clic en la casilla Elemento de la lista y luego escribir Europa.
19. Añadir Asia, África, América del Norte, América del Sur y Oceanía.
20. Pulsar **Intro**, seleccionar estilo Título 2 y escribir Dentro de ese continente, qué país sería su predilecto?
21. Pulsar **Tab** y después seleccionar **Campo con texto** en la barra de herramientas.
22. Hacer clic con el botón derecho y seleccionar Propiedades en el menú emergente.
23. En el cuadro de diálogo Opciones de campo de formulario con texto, escribir 15 en el cuadro de número Largo máximo. Esto permite al usuario escribir 15 caracteres.
24. Pulsar **Intro** y, con estilo Normal, escribir: Indique por favor sus datos: Seleccionarlo y hacer clic en el botón **Negrita** de la barra de herramientas Formato.
25. Pulsar **Intro** y escribir Nombre, pulsar **Tab** e insertar Campo con texto. El largo máximo deberá ser también de 15 caracteres.
26. Debajo y de igual manera, escribir las líneas: Apellido, Dirección, Ciudad, Provincia, Código postal, Teléfono, Fax, e-mail. Cada una de ella con su correspondiente campo de texto.
27. Para quitar el sombreado, hay que hacer clic en el botón **Sombreado de campo** de la barra de herramientas Formulario. En caso de imprimir un formulario, conviene siempre desactivar el sombreado, aunque, en este caso, las listas desplegables no son válidas para impresión.
28. Guardar la plantilla como Le gusta viajar.dot.

El formulario se puede enriquecer con imágenes gráficas y otros campos. En este caso, se trata solamente de realizar un ejercicio de aprendizaje. El formulario guardado como plantilla se almacena en la carpeta Windows\Application Data\Microsoft\Templates. En Vista preliminar, el formulario tiene el aspecto que muestra la figura 17.3.

Opciones de los campos de formulario

Hemos visto el cuadro de diálogo Opciones de campo de formulario con lista. Todos los campos de formulario tienen sus opciones recogidas en un cuadro de diálogo similar, al que se accede seleccionando Propiedades en el menú emergente o pulsando el botón **Opciones de campos de formulario** de la barra de herramientas Formulario.

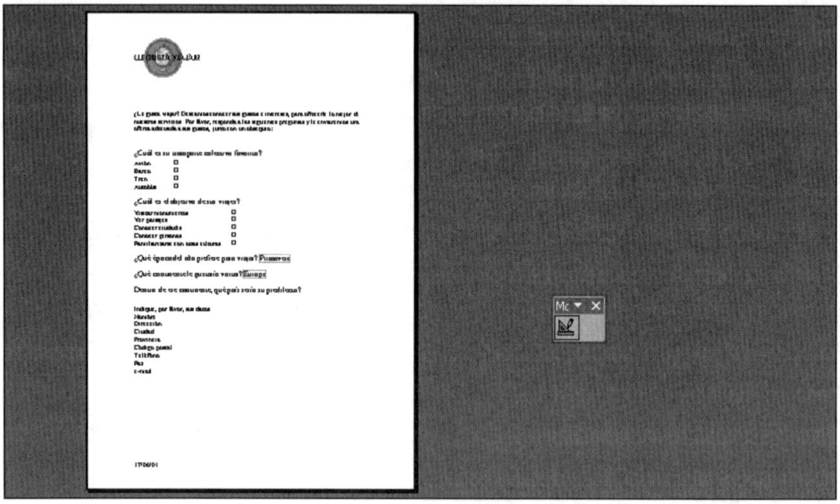

Figura 17.3. El formulario en Vista preliminar

Veamos algunas de ellas:

- Las casillas de verificación tienen opciones para indicar un tamaño exacto o automático.
- La opción Valor predeterminado permite elegir si la casilla ha de estar activada o desactivada al abrirse el formulario. En el ejemplo anterior, lo normal es que estén desactivadas para que sea el destinatario quien elija. En realidad, cuando solamente se puede elegir una opción entre varias, es más adecuado insertar un botón de opción en lugar de una casilla de verificación, pero la barra de herramientas Formulario carece de ellos, aunque se pueden insertar utilizando el Cuadro de controles que veremos a continuación.
- La opción Texto predeterminado de los campos de texto permite insertar un texto que aparecerá hasta que el usuario escriba otro encima. Si deja el campo en blanco, el texto predeterminado será el válido.
- La opción Largo máximo permite al usuario escribir el número de caracteres que se especifique. La opción Ilimitado no es muy útil, a menos que el campo de texto sea muy grande y esté destinado a un informe.
- Las opciones Al entrar y Al salir permiten ejecutar una macro cuando el usuario haga clic en el campo o cuando salga de él. Una macro pue-

de ser útil para impedir que el usuario escriba, por ejemplo, la dirección sin haber escrito el nombre previamente.

- La sección Marcador indica el nombre del marcador que Word da al campo creado. La opción Calcular al salir es útil si el programa debe realizar un cálculo cuando el usuario salga de este campo para ir a otro, por ejemplo, la edad si ha insertado su fecha de nacimiento.
- El botón Agregar ayuda da acceso al cuadro de diálogo Texto de ayuda para los formularios. En él se puede insertar un texto previamente guardado como Autotexto o bien escribir un texto en la ventana central. Por ejemplo, se puede dar una pequeña explicación de cómo rellenar un campo o de las consecuencias de hacerlo. El texto de ayuda aparecerá en la barra de estado de Word. La ficha Tecla de ayuda F1 de este mismo cuadro de diálogo es igual que la anterior, sólo que el usuario recibirá ayuda si pulsa la tecla de función **F1**.

Protección de los formularios

Hemos guardado el formulario anterior como una plantilla, pero, si se trata de enviar un formulario en línea, hay que protegerlo antes de guardarlo, para evitar que los destinatarios sobrescriban el texto fijo, solamente hay que permitirles escribir en los campos de texto o marcar las casillas de verificación. Tampoco deben escribir en una lista desplegable. La protección del formulario incluye los formatos. Después de protegerlo, la barra de herramientas Formato queda desactivada.

Para proteger el formulario hay que hacer lo siguiente:

1. Hacer clic en el botón **Proteger formulario** de la barra de herramientas Formulario. Para incluir una contraseña, es preciso usar la opción de menú Herramientas>Proteger documento y, en el cuadro de diálogo Proteger documento, seleccionar Formulario y escribir la contraseña.
2. Para modificarlo, hay que seleccionar Herramientas>Desproteger documento. Si se ha guardado con contraseña, habrá que indicarla.
3. Guardar el formulario como plantilla.

Comprobación del formulario

Para cumplimentar el formulario, hay que hacer clic en Archivo>Nuevo, seleccionar Plantillas generales en el Panel de tareas Nuevo documento, seleccionar la plantilla Le gusta viajar.dot, hacer clic en el botón de opción Documento y pulsar Aceptar.

Esto permite comprobar que el documento no tiene fallos. Por ejemplo, si permite escribir, formatear o seleccionar texto, es que falta la protección. También puede suceder que los campos hayan perdido las opciones asignadas. Esto ocurre a veces al hacer clic inadvertidamente en el botón **Restablecer campos de formularios** de la barra de herramientas Formulario, que devuelve a los campos las opciones predeterminadas.

Las casillas de verificación se activan y desactivan haciendo clic. Las listas desplegables se despliegan al hacer clic, para mostrar los elementos. Los campos de texto permiten escribir 15 caracteres como máximo. Si eso es así, la plantilla es correcta y el formulario se puede utilizar.

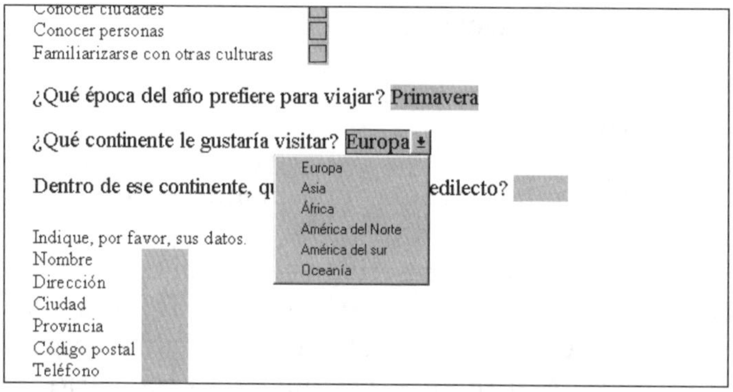

Figura 17.4. La lista desplegable en el formulario

Empleo de los datos de los formularios

Truco:

Después de recibir los formularios rellenos, se pueden incorporar los datos a una base de datos de Access, Paradox o dBase. Hay que hacer lo siguiente:

1. *Antes de enviar el documento creado a partir de la plantilla, seleccionar Herramientas>Opciones.*
2. *Seleccionar la ficha Guardar.*
3. *Hacer clic en la casilla de verificación Guardar datos sólo para formularios.*
4. *Hacer clic en Aceptar.*

A continuación, hay que enviar el documento a los destinatarios y, al recibirlo relleno, hacer lo siguiente:

1. Seleccionar Archivo>Guardar.
2. Aparecerá el cuadro de diálogo Guardar como. Normalmente, tendrá seleccionada la opción Texto sin formato (*.txt) en la lista desplegable Guardar como tipo. De lo contrario, seleccionarla.
3. Seleccionar la unidad y carpeta, indicar el nombre del archivo.
4. Al hacer clic en Guardar, aparecerá el cuadro de diálogo Conversión de archivo.
5. Aceptar los parámetros predeterminados.
6. Los datos quedarán separados por punto y coma, como hemos visto en la conversión de archivos de texto para bases de datos.

Más sobre el diseño de los formularios

La forma más fácil de crear un formulario es dibujar o generar una tabla, en la que será más fácil colocar el texto, los campos y las imágenes. Los botones **Dibujar tabla** e **Insertar tabla** de la barra de herramientas Formulario funcionan de idéntica manera a las de las herramientas normales de Word que utilizamos en el capítulo 8.

Hemos visto las limitaciones de la barra de herramientas Formularios en cuanto a herramientas para inserción de campos. Podemos usar el Cuadro de controles para insertar controles ActiveX que son muy versátiles y permiten seleccionar numerosas opciones y propiedades. Se activa seleccionándolo en el menú emergente de cualquier barra de herramientas.

Los controles ActiveX

Los controles ActiveX son objetos que permiten introducir o presentar valores. Se pueden asociar a una macro que modifique su comportamiento. El botón **Más controles** del Cuadro de controles da acceso a 151 nuevos controles que se pueden utilizar simplemente seleccionándolos para insertarlos en el formulario. La figura 17.6 muestra la opción **Más controles** desplegada.

Los controles ActiveX llevan asociado un programa que se puede visualizar haciendo clic en el botón **Ver código** del Cuadro de controles. Esto da acceso al Editor de Visual Basic.

Figura 17.5. El Cuadro de controles

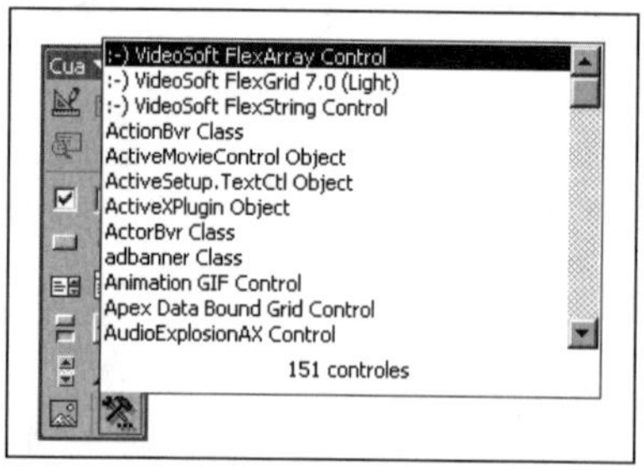

Figura 17.6. 151 controles

Cuando el Cuadro de controles está activo, es decir, cuando se pueden insertar y manejar controles, el botón **Salir del modo Diseño** se encuentra visible en la pantalla. De lo contrario, hay que hacer clic en el botón **Modo Diseño**, que es el primero del Cuadro de controles, para activar sus funciones.

Manejo de los controles ActiveX

Como objetos, los controles ActiveX se pueden seleccionar y cambiar de tamaño o de posición en el documento, así como utilizar las funciones de la barra de herramientas Dibujo para alinearlos correctamente de forma vertical u horizontal, para que queden bien colocados en la página del formulario.

Lo más cómodo es crear una tabla en el formulario y alinear los controles en las celdas, pero también se pueden colocar en la página del formulario y activar la barra de herramientas Dibujo. El menú Dibujo, que vimos en el capítulo 14, tiene opciones para alinear o distribuir los controles como si se tratara de dibujos o autoformas.

Por ejemplo, para que todos los controles queden perfectamente alineados uno encima de otro, hay que seleccionar el primero, pulsar la tecla **Mayús** y continuar seleccionando los demás. Después hay que hacer clic en el menú Dibujo y entonces elegir la opción Alinear o distribuir>Alinear verticalmente.

Propiedades de los controles ActiveX

Las propiedades de los controles ActiveX se utilizan para modificar sus características y comportamiento. Por ejemplo, el nombre que recibe el control (Name) y el título que ha de mostrar en el formulario (Caption).

Si insertamos un botón de opción en un formulario, recibirá automáticamente el nombre de OptionButton1. El cuadro Propiedades, al que se accede seleccionando Propiedades en el menú emergente, indica Caption: OptionButton1.

Para cambiar el título (no el nombre) del botón, hay que escribirlo en la propiedad Caption: por ejemplo, BotónRadio1. El nombre no se puede cambiar puesto que forma parte del código del control, mientras que el título es el que aparece visualmente en el formulario.

La propiedad Picture, por ejemplo, permite insertar una imagen en la superficie del control. Así, los botones de comando pueden llevar una imagen o un texto que identifique su acción. Muchas de las propiedades que aparecen en el cuadro, se activan al hacer clic en la casilla contigua. La propiedad Picture muestra tres puntos suspensivos que, al pulsarlos, darán acceso a un cuadro de diálogo en el que seleccionar la imagen para el botón.

Las propiedades que indican False se activan para presentar una lista desplegable en la que se puede seleccionar True y viceversa, como es el caso de la propiedad Locked (bloqueado). Si el control está desbloqueado de forma predeterminada, la propiedad indicará False. Si se cambia a True, estará bloqueado.

La figura 17.7 muestra el cuadro Propiedades. Obsérvese el control Botón de radio 1 a la izquierda, al que hemos cambiado el título usando la propiedad Caption, y el botón de comando a la derecha, en el que hemos incrustado una imagen, utilizando la propiedad Picture. La propiedad Picture aparece activada con los tres puntos que se pueden pulsar para acceder al cuadro de diálogo Cargar imagen. La palabra (icono) indica que la imagen aplicada al botón es un icono de Windows.

Los controles ActiveX permiten insertar en el formulario toda la gama de elementos de los cuadros de diálogo de Windows: listas desplegables, controles de número, botones de alternar, cuadros combinados, barras de desplazamiento, etc.

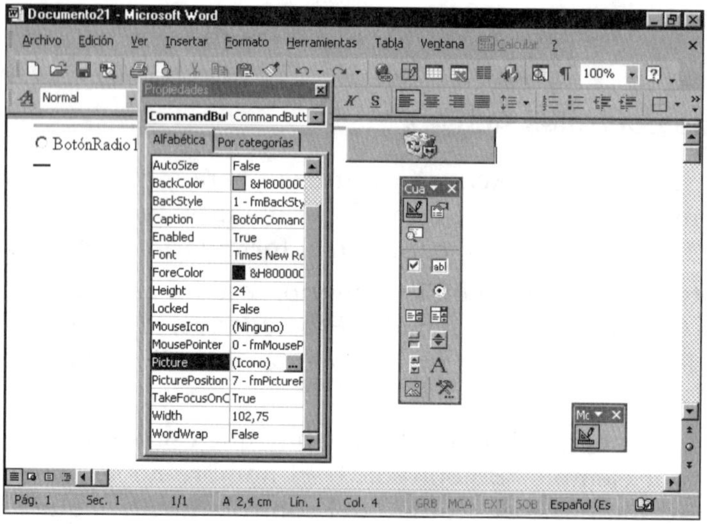
Figura 17.7. Las propiedades de un botón de comando

Nota:

La barra Herramientas Web *también contiene numerosos controles similares a los del* Cuadro de controles.

Formularios Web

Word 2002 permite también crear formularios Web para Internet o para intranets corporativas, pero es necesario generarlos sobre una página Web creada con Word.

1. Seleccionar Archivo>Nuevo, elegir una plantilla del Asistente para páginas Web o seleccionar Página Web personal, en el cuadro de diálogo Nuevo.
2. Para aplicar un Tema, seleccionar Formato>Tema y elegirlo. Si se trata del Asistente para páginas Web, lo dará a seleccionar en una fase del proceso.
3. Para controlar el espaciado del formulario y colocar los botones y controladores correctamente, lo mejor es crear una tabla, haciendo clic en el botón **Insertar tabla** de la barra de herramientas Formularios.
4. Hacer clic en el documento y después en el control a insertar de la barra de herramientas Formularios o de la barra Herramientas Web.

5. Seleccionar Propiedades en el menú contextual.
6. Hacer clic en el botón **Enviar** o **Enviar con imagen** de la barra Herramientas Web. Al seleccionar Enviar imagen, aparece entonces el cuadro de diálogo Insertar imagen para buscar la imagen a insertar en el control, en la que ha de hacer clic en el usuario para devolver el formulario relleno.

Word 2002 inserta encima de los controles un límite Principio de formulario y debajo un límite Final de formulario. El resto de los controles del mismo formulario deben insertarse dentro de estos límites, pero una misma página Web puede contener más de un formulario. Estos límites sólo aparecen en modo Diseño, pero no se ven con un explorador Web.

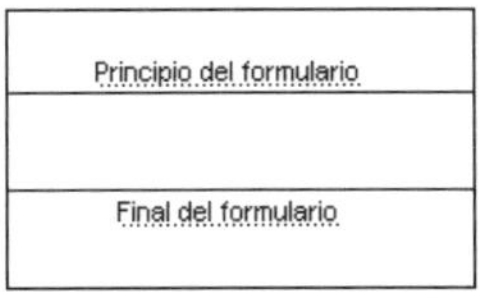

Figura 17.8. Las marcas de principio y fin del formulario

Distribución electrónica de documentos

Envío de documentos por fax

Para enviar documentos y/o formularios por fax, hay que hacer esto:

1. Seleccionar Archivo>Enviar a>Destinatario de fax.
2. En el primer cuadro del Asistente para faxes, hacer clic en Siguiente.
3. Si el documento que aparece en la casilla El documento siguiente no es correcto, seleccionarlo. Se puede elegir el botón de opción Sin cubierta. Hacer clic en Siguiente.
4. Si el programa de fax no aparece en la casilla, hacer clic en Otro para seleccionarlo. Hacer clic en Siguiente.
5. En el cuadro ¿A quién va destinado? seleccionar Libreta de direcciones o bien escribir o seleccionar los nombres y números de fax en las casillas.
6. Si se ha seleccionado con cubierta, elegir el estilo.
7. Hacer clic en Finalizar.

8. El botón Opciones de fax de Internet del asistente permite conectarse a los servicios de envío de faxes a través de Internet, en lugar de hacerlo vía telefónica (si se trata de una línea diferente).
9. Al terminar, hacer clic en el botón Enviar fax ahora.

Advertencia:

Si la opción Destinatario de fax *no aparece en el submenú* Enviar a *o esta inhabilitada se debe a que el sistema no está configurado para enviar faxes. Es preciso configurarlo mediante los iconos* Agregar nuevo hardware *y* Agregar o quitar programas, *del Panel de control de Windows. Si el programa de fax no aparece al hacer clic en el botón* Otro *del asistente, se debe a que no está instalado o está mal configurado. Será preciso volver a instalarlo.*

Envío de documentos por correo electrónico

El envío de documentos y/o formularios por correo electrónico es similar al envío por fax. Hay que hacer lo siguiente:

1. Seleccionar Archivo>Enviar a>Destinatario de correo (como datos adjuntos).
2. En los cuadros Para y CC escribir los nombres de los destinatarios separados por puntos y comas. También se pueden seleccionar en la Libreta de direcciones, haciendo clic en el botón Para o CC.
3. De manera predeterminada, el nombre del archivo aparece en el cuadro Asunto. También se puede escribir un nombre de asunto distinto.
4. Hacer clic en el botón **Enviar**.

Para utilizar Word como editor predeterminado de correo electrónico, hay que hacer lo siguiente:

1. Abrir Outlook.
2. Seleccionar Herramientas>Opciones.
3. Hacer clic en la ficha Formato de correo.
4. Activar la casilla de verificación Usar Microsoft Word para modificar mensajes de correo electrónico.

Envío de documentos para distribución

Para enviar los documentos y/o formularios a una lista de distribución, hay que hacer lo siguiente:

1. Seleccionar Archivo>Enviar a.
2. Si ya existe una lista de distribución adjunta al documento, seleccionar Destinatario de distribución siguiente. En el caso contrario, seleccionar Destinatario de distribución.
3. Si Microsoft Exchange está instalado, aparece un cuadro solicitando elegir un perfil de MS Exchange. Si no está instalado Exchange, sino Outlook, aparecerá entonces un mensaje en blanco en la ventana de Outlook.
4. Hacer clic en el botón Dirección del siguiente cuadro de diálogo, para abrir la Libreta de direcciones.
5. Seleccionar, a continuación, la libreta en la lista Mostrar los nombres que figuran en:
6. Hacer clic en cada nombre de destinatario en el campo Escriba el nombre o selecciónelo en la lista y luego en el campo Para.
7. Los botones Mover y las flechas permiten colocar los destinatarios en un orden diferente.
8. Hacer clic en Aceptar al finalizar.
9. Elegir De uno en uno o Todos a la vez, según la manera deseada de envío.
10. La opción Distribuir envía el documento inmediatamente. Agregar a la lista adjunta la lista al documento para su envío posterior.

Nota:

El perfil de Exchange especifica si el mensaje se ha de enviar vía Microsoft Fax, Microsoft Mail u otro servidor de comunicaciones y almacena la información necesaria para cada servicio de comunicación, como puede ser el tipo de módem o fax del usuario. Si es la primera vez que se utiliza, aparecerá entonces el Asistente para la Bandeja de entrada que ayuda en la configuración. Para enviar el documento a una carpeta configurada en Microsoft Exchange, hay que seleccionar Enviar a, Carpeta de Exchange.

Advertencia:

Si la opción **Destinatario de distribución** *no aparece en el submenú* **Enviar a** *se debe a que Word no ha detectado la presencia de un programa de mensajería compatible. Los programas de correo electrónico que usa Word 2002 son Outlook 2002 o Microsoft Exchange, pero no es imprescindible disponer de ellos para poder enviar documentos en línea. Cualquier programa de 32 bits compatible con MAPI (Interfaz de programación de aplicaciones de mensajería) puede funcionar.*

Resumen

En este capítulo hemos aprendido a crear formularios electrónicos con las herramientas de Word 2002. Hemos utilizado la barra de herramientas Formulario y los Temas de Word para crear un formulario en línea de ejemplo, con algunos campos de formulario sencillos.

Durante la creación del formulario, hemos puesto en práctica lo aprendido en capítulos anteriores para insertar imágenes de la Galería multimedia. Hemos visto la forma crear formularios de papel, en línea o formularios Web para distribuir en Internet o en una intranet de empresa.

Hemos aprendido también a utilizar las opciones de los campos de formulario, a proteger el texto fijo para que los destinatarios no lo modifiquen y a comprobar su funcionamiento.

También hemos visto cómo utilizar los datos recogidos en los formularios para componer una base de datos, aplicando las técnicas de archivos de texto delimitado que aprendimos en el capítulo anterior.

Además de las herramientas de la barra Formulario, hemos aprendido la posibilidad de usar las del Cuadro de controles, que son controles ActiveX.

Finalmente, hemos aprendido a distribuir los formularios y otros documentos por fax, correo electrónico y utilizando listas de distribución.

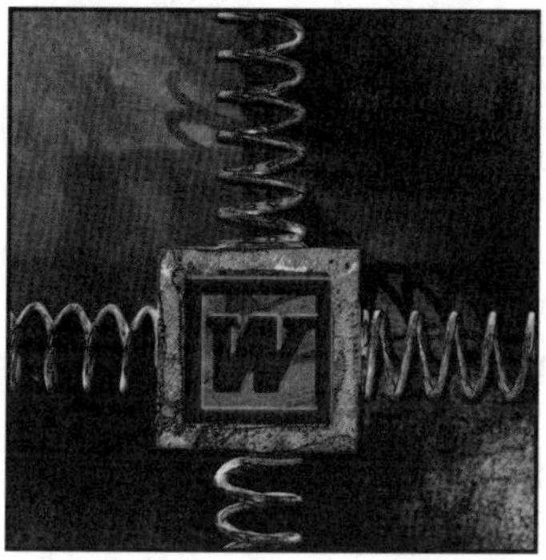

Capítulo 18

Las herramientas de programación de Word

En este capítulo aprenderá a:

- Personalizar macros de Word 2002.
- Manejar las macros automáticas de Word.
- Proteger el ordenador de los virus de macros.
- Trabajar con el Editor de VBA.
- Acceder a la Base de conocimiento de Microsoft.
- Acceder a diversos sitios Web relacionados con Word y con Office.

Personalización de las macros de Word

El cuadro de diálogo Macro muestra las macros existentes en la plantilla seleccionada, lo que permite modificarlas, haciendo clic en el botón Modificar. Pero hay muchas macros que no se dejan modificar, como sucede con los comandos de Word y al seleccionar una de ellas, el botón Modificar aparece desactivado. La única posibilidad de modificar el comportamiento de una macro de Word es crear otra con el mismo nombre, pero que realice otra tarea o la misma tarea mejorada. Word ejecutará la nueva tarea en lugar de la anterior.

Las macros incorporadas de Word aparecen en la lista Nombre de la macro del cuadro de diálogo Macros, al seleccionar Comandos de Word en la lista Macros en.

Por tanto, es posible modificar las macros de Word para mejorar el funcionamiento de algunos comandos. Para reemplazar una macro incorporada por otra, hay que escribir o grabar una nueva macro con su mismo nombre, pulsar un botón o seleccionar un elemento de menú para que el comando original ejecute la macro en su lugar. Por ejemplo, para reemplazar por otra la macro incorporada VerEsquemaMaestro, hay que seleccionarla en el cuadro Nombre de la macro, luego hay que seleccionar Todas las plantillas y documentos activos en la lista Macros en y finalmente, elegir Crear, para abrir el Editor de VBA y escribir la macro.

Otra forma de modificar una macro es grabarla en lugar de escribirla en el Editor de VBA. Al abrir un documento en vista Documento maestro, aparece, de forma predeterminada, de menor tamaño que el documento original. Para comprobarlo, hay que hacer lo siguiente:

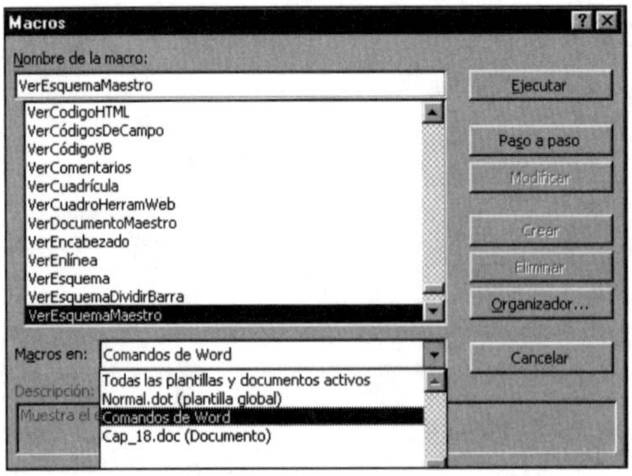

Figura 18.1. Las macros incorporadas de Word

1. Abrir un documento cualquiera.
2. Seleccionar Herramientas>Macro>Macros.
3. En el cuadro de diálogo Macros, desplegar la lista Macros en: y seleccionar Comandos de Word.
4. En la ventana Nombre de la macro, seleccionar VerEsquemaMaestro.
5. Hacer clic en el botón Ejecutar.

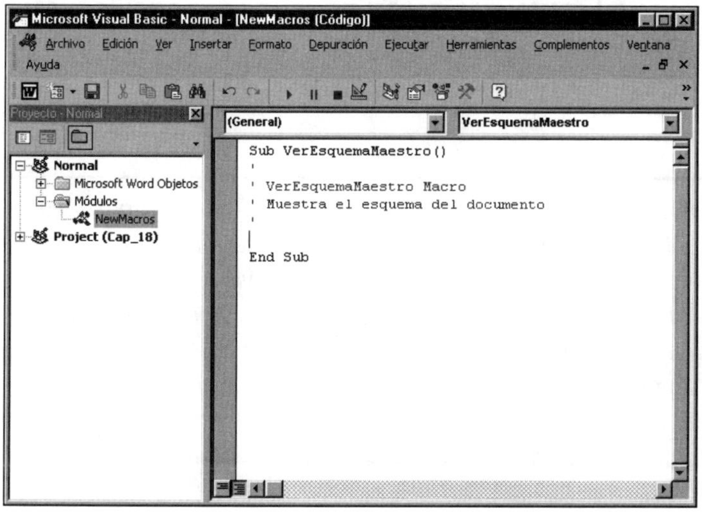

Figura 18.2. La macro incorporada VerEsquemaMaestro en el Editor de VBA

El documento aparecerá en Vista Documento maestro, pero de tamaño inferior al normal. La lista desplegable Zoom tendrá seleccionado 73%.

Para modificar la macro de manera que Word muestre de forma predeterminada los documentos maestros al 100 por cien de su tamaño, hay que crear otra macro con esa selección de Zoom:

1. Seleccionar Herramientas>Macros>Grabar nueva macro.
2. En Nombre de la macro, escribir VerEsquemaMaestro, que es el nombre de la macro a reemplazar. Los botones Barras y Teclado permiten asignar la macro a un barra de herramientas o a una combinación del teclado.
3. Hacer clic en Aceptar.
4. Cuando la Grabadora de macros se haga visible, seleccionar Ver>Esquema.

5. En la barra de herramientas Esquema, hacer clic en el botón **Vista documento maestro**.
6. Seleccionar Ver>Zoom.
7. En el cuadro de diálogo Zoom, seleccionar el botón de opción 100%.
8. Hacer clic en Aceptar.
9. Hacer clic en el botón **Detener grabación** de la Grabadora de macros.

A partir de ese momento, al visualizar un documento en modo Esquema o en modo Documento maestro, aparecerá con el tamaño real y la lista desplegable Zoom mostrará 100%.

Nota:

Las macros creadas con Word 2000 son totalmente compatibles con Word 2002 y se ejecutan directamente. Las macros creadas con versiones anteriores, como Word 6 o Word para Windows 95, no llevan código de VBA, sino de WordBasic, el lenguaje usado anteriormente para programar con Word. Es necesario convertirlas para poderlas ejecutar en Word 2002. Para convertirlas, únicamente hay que crear un documento basado en la plantilla que contenga las macros a convertir y adjuntar la plantilla seleccionando Herramientas>Plantillas y complementos. Después de convertirlas, es necesario guardarlas, para evitar que Word las vuelva a convertir la próxima vez que se abran.

Las macros automáticas de Word

Las macros automáticas se ejecutan automáticamente al iniciar Word, y éste las reconoce porque su nombre empieza por "auto". La tabla 18.1 las resume:

Tabla 18.1. Las macros automáticas de Word

Macro	Lugar de almacenamiento	Se ejecuta automáticamente
AutoExec	En la plantilla Normal o en un complemento global	Al iniciar Word.
AutoNew	En una plantilla	Cuando se crea un documento nuevo basado en la plantilla.

Macro	Lugar de almacenamiento	Se ejecuta automáticamente
AutoOpen	En un documento o en una plantilla	Cuando se abre un documento basado en la plantilla o que contiene la macro.
AutoClose	En un documento o en una plantilla	Cuando se cierra un documento basado en la plantilla o que contiene la macro.
AutoExit	En la plantilla Normal o en un complemento global	Al salir de Word.

Las macros automáticas se incorporan a veces a Word a través de los complementos. Para localizarlas, hay que seleccionar Herramientas>Macro>Macros, hacer clic en la macro y observar el nombre de la plantilla en la lista desplegable Macros en. Si una macro no es necesaria, se puede borrar fácilmente seleccionándola en este cuadro de diálogo y haciendo clic en el botón Eliminar.

Truco:

*Para iniciar Word sin que se ejecuten las macros automáticas, hay que seleccionar Inicio>Programas, mantener pulsada la tecla **Mayús** y hacer clic en Microsoft Word.*

El Organizador

Hemos utilizado el Organizador en el capítulo 4. Además de las fichas para copiar y trasladar plantillas y estilos, el Organizador dispone de la ficha Elementos del proyecto macro, que permite copiar y trasladar macros de unas plantillas a otras de la misma forma que lo hicimos con los estilos.

Es necesario utilizar este cuadro de diálogo cuando se trata de copiar botones de barras de herramientas que tengan macros asociadas, ya que, de lo contrario, el botón se copia a otra barra, pero no la macro correspondiente. El Organizador permite copiar las macros por separado.

El Organizador permite también modificar el nombre de las macros, seleccionándolas en la ventana y haciendo clic en el botón Cambiar nombre.

Los virus de macros

Existen virus asociados a macros y Word suele advertirlo al cargar una plantilla que contenga macros. En tal caso, el programa da a elegir entre abrir el archivo con o sin macros. En caso de duda, es recomendable seleccionar la opción Abrir sin macros o, aún mejor, No abrir y aplicar un antivirus.

Nota:

El Ministerio de Ciencia y Tecnología y la empresa Panda Software crearon en junio de 2000 una página Web para informar a los usuarios acerca del problema de los virus y de su detección y control. La página contiene consejos interesantes sobre la manera de protegerse de los virus y una lista de recursos.
La dirección es:

http://www.sinvirus.com

Otras direcciones donde encontrar antivirus en Internet son:

http://www.avp.ru
http://www.cai.com
http://www.commandcom.com
http://www.datafellows.com
http://www.nai.com
http://www.norman.com
http://www.pandasoftware.es
http://www.sophos.com
http://www.symantec.com
http://www.trendmicro.com

La opción Seguridad

Los virus de macros no son tan agresivos como los virus tradicionales, al menos por ahora, pero este tipo de virus no sólo se propaga al sistema propio, sino que puede contagiar a otros a través de un disco, un recurso compartido en una red, mediante los mensajes de correo electrónico o a través de Internet. En todo caso, siempre conviene protegerse de ellos.

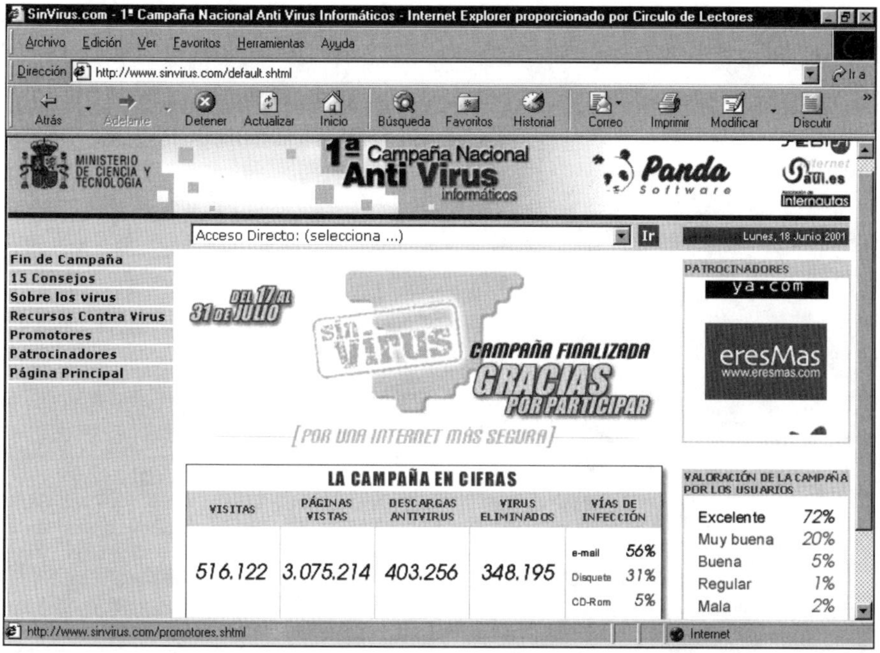

Figura 18.3. La campaña antivirus del Ministerio de Ciencia y Tecnología

Para ello, Word 2002 cuenta con la opción de menú Macro>Seguridad. La figura 18.4 muestra la ficha Nivel de seguridad del cuadro de diálogo Seguridad, que ofrece tres niveles:

- Alto. Al elegir esa opción, las macros que no proceden de ninguna de las fuentes de confianza definidas en la ficha Fuentes de confianza, quedan desactivadas automáticamente.
- Medio. Al elegir esa opción, las macros no definidas en la ficha Fuentes de confianza no se desactivan, pero Word presenta un cuadro de aviso que ofrece tres posibilidades:
  - Habilitar macros. Con esta opción, el documento se abre con todas las macros operativas. Si la plantilla de alguna de las macros contiene un virus, infectará el equipo. Por ello, no conviene seleccionar esta opción si no existe seguridad de la procedencia del programa.
  - Deshabilitar macros. Con esta opción, el documento se abre con las macros desactivadas. Eso significa que no hay peligro de infección, pero también que las acciones que dependan de una macro no se podrán ejecutar. Siempre es aconsejable aplicar el antivirus al disco que contiene el programa sospechoso.

- **Más información**. Esta opción ofrece datos sobre medios de seguridad en Word.

- **Bajo**. Al elegir esta opción, el ordenador queda desprotegido. Es conveniente no utilizarla, a menos que se disponga de un antivirus no sólo potente, sino actualizado.

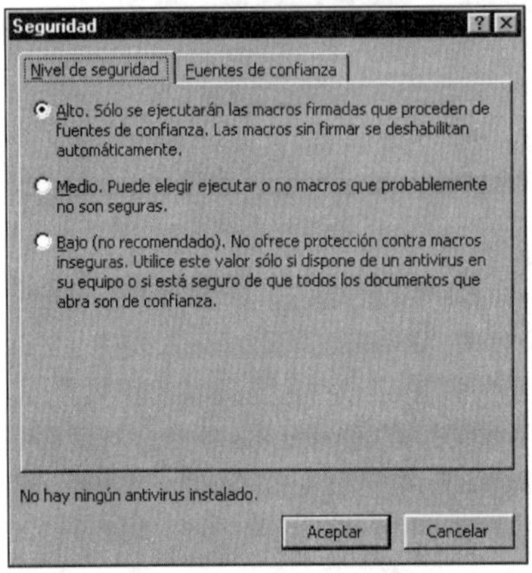

Figura 18.4. La ficha Nivel de seguridad

Fuentes de confianza

La ficha **Fuentes de confianza** del cuadro de diálogo **Seguridad** presenta una ventana central en la que aparecen los programas o empresas considerados seguros. Para que el sistema incorpore a este cuadro esas fuentes, es preciso tener instalada una versión 4.0 o posterior de Internet Explorer y tener activado un nivel de seguridad alto.

Hay que hacer lo siguiente:

1. Abrir el documento que contenga las macros.
2. Cuando aparezca el mensaje de advertencia, hacer clic en la casilla de verificación **Confiar siempre en las macros de esta fuente**. Esta acción incluirá el programa o empresa de origen en las fuentes de confianza.

Advertencia:

Las fuentes seguras llevan una firma digital. Por ejemplo, Internet Explorer no admite controles **ActiveX** *que no vayan firmados, si tiene activado el nivel de seguridad* **Mediano** *o* **Alto**. *Por tanto, si una fuente carece de firma digital, la casilla de verificación*

Confiar siempre en las macros de esta fuente aparece desactivada o no aparece en la ficha Fuentes de confianza.

Opciones de seguridad de Internet Explorer

Para activar las opciones de seguridad en Internet Explorer, hay que hacer lo siguiente:

1. Seleccionar Herramientas>Opciones de Internet.
2. Hacer clic en la ficha Seguridad.
3. Situar el control deslizante en el nivel deseado. Si se intenta seleccionar un nivel inferior a Mediano, aparece un cuadro de advertencia, como el que puede verse en la figura 18.5. Hay cuatro niveles:
   - Alto. Se deshabilitan todas las funciones que puedan suponer peligro, incluyendo las cookies. Hay que tener en cuenta que, con las cookies desactivadas, hay páginas Web en las que no se puede entrar, por ejemplo, Amazon.com.
   - Mediano. El sistema pregunta antes de descargar cualquier contenido que pueda ser peligroso. Ofrece la opción de guardarlo en un disco externo.
   - Medio bajo. Reduce la protección y descarga contenidos sin preguntar, a menos que sean obviamente peligrosos.
   - Bajo. Desactiva la protección. Todos los elementos funcionan y no hay advertencias.

El Editor de VBA

VBA es Visual Basic para aplicaciones y es el lenguaje de programación que utiliza Word desde la versión 97, para sustituir a WordBasic. El Editor de VBA se compone de varios elementos. Todas las ventanas tienen un menú contextual con las opciones necesarias para la gestión de sus funciones, así como opciones para fijarlas (Anclable) y para cerrarlas (Ocultar). Otras tienen la opción Acople, para acoplarlas a las demás ventanas abiertas. Todas son fácilmente manejables con el ratón para cambiarlas de tamaño o de posición.

Para abrir el Editor de VBA e iniciar una macro, hay que seguir los pasos siguientes:

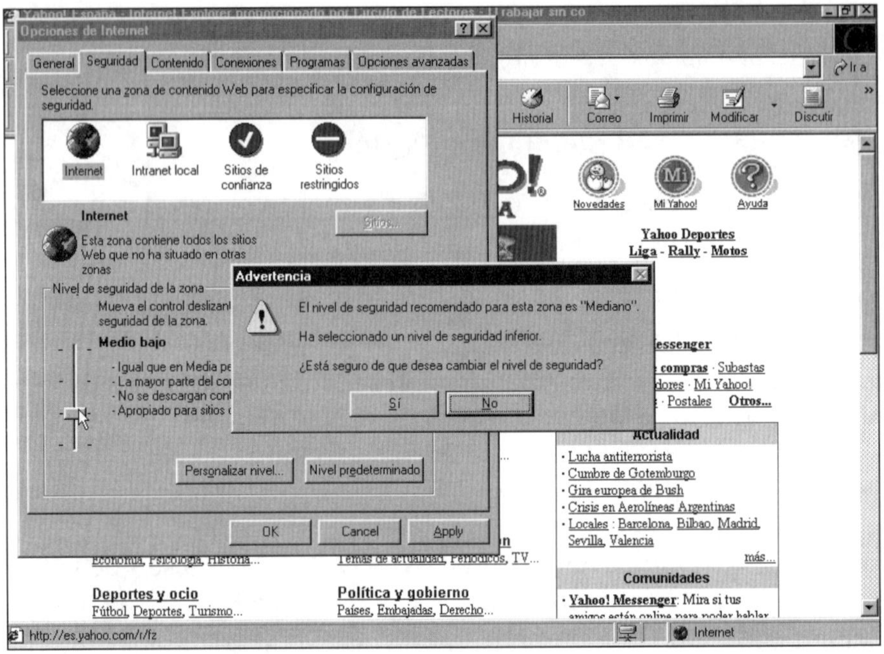

Figura 18.5. La seguridad en Internet Explorer

1. Seleccionar Herramientas>Macro>Editor de Visual Basic (o bien pulsar **Alt-F11**).
2. En el Explorador de proyectos, hacer clic en la primera opción, que es Normal.
3. Seleccionar Insertar>Módulo. Se creará un módulo con el nombre de Módulo 1.
4. Escribir Sub NombreMacro.
5. Pulsar **Intro**. Aparecerá el paréntesis inicial tras el nombre de la macro y la instrucción de salida.
6. Escribir el código.
7. Pulsar **F5** para ejecutar la macro.
8. Seleccionar Archivo>Cerrar y volver a Microsoft Word.

La barra de herramientas Visual Basic

La barra de herramientas Visual Basic se activa seleccionándola en el menú emergente de cualquier barra de herramientas. Contiene botones para iniciar el Editor, para abrir el Cuadro de controles, el cuadro de diálogo Seguridad, para iniciar la grabación de una macro y para abrir el Editor de secuencias de comandos. El Editor de VBA tiene su propia barra de herramientas integrada en la interfaz.

Figura 18.6. La barra de herramientas Visual Basic

Las aplicaciones en VBA

Las aplicaciones creadas con VBA se componen de diferentes elementos, para cada uno de los cuales, el Editor de VBA dispone de una herramienta específica:

El proyecto

Antes de empezar a trabajar con VBA, es preciso crear y definir un proyecto, que es el contenedor en que se almacenan todos los elementos: colecciones de módulos, formularios, módulos de clase, así como referencias a otros proyectos, además del documento asociado. La primera opción que aparece en el Explorador de proyectos se llama Normal y es un proyecto predefinido de VBA. La figura 18.7 muestra el Editor de VBA con tres proyectos: Normal y los dos proyectos denominados Capítulo_18 (que es el título de este capítulo y por tanto del documento de Word activo en este momento) y Word 2002 (que es el título de otro documento de Word abierto en este momento). El Editor ha creado ambos proyectos automáticamente.

El Explorador de proyectos

El Explorador de proyectos está normalmente activado. De lo contrario, se activa haciendo clic en el botón **Explorador de proyectos** de la barra de herramientas del Editor de VBA. El Explorador de proyectos estructura sus contenidos de forma arborescente, como el Explorador de Windows o el Registro de configuraciones. Las ramas se despliegan para mostrar los elementos correspondientes a cada nodo, al hacer clic en el signo (+) y se repliegan al hacer clic en el signo (-). Los tres botones de la barra de herramientas son:

- **Ver objeto** presenta el objeto seleccionado. Por ejemplo, en la figura 18.7 puede verse el objeto Word2002 que es el título del documento activo. Al hacer clic en el objeto ThisDocument, se abre el documento Word2002 en la ventana de Word.
- **Ver código** (F7) muestra el código en la ventana de código. Para visualizar el código, módulo o formulario de un elemento, también se puede seleccionar en el Explorador de proyectos y hacer doble clic en él. El Editor de Visual Basic abre automáticamente una ventana de código, módulo o UserForm. La figura 18.7 muestra el código, visible en la ventana de código, de la macro creada anteriormente.
- **Alternar carpetas** oculta las carpetas si están visibles o las muestra si están ocultas, colocando al mismo tiempo los elementos por orden alfabético o en sus carpetas correspondientes. Al ocultar las carpetas, muestra los nombres de los proyectos, módulos y objetos.

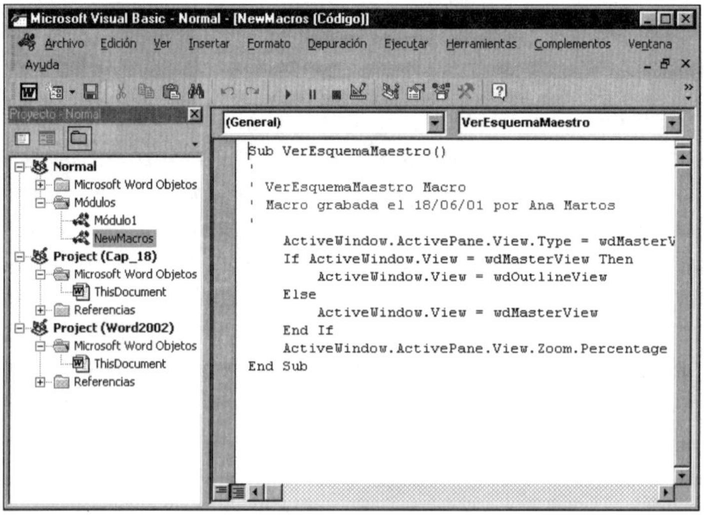

Figura 18.7. El Editor de VBA con el código de la macro anterior

La ventana de código

En la figura 18.7 puede verse la ventana de código con el código de la macro creada anteriormente para visualizar los documentos maestros al cien por cien de su tamaño.

La lista desplegable de la izquierda se llama Objeto y permite seleccionar y ver el código de un formulario o del control seleccionado dentro del formulario. La lista desplegable de la derecha se llama Procedimiento y permite seleccionar un procedimiento específico y hacer que aparezca al principio de la ventana.

La barra de desplazamiento horizontal contiene dos botones:

- **Ver procedimiento**, permite visualizar únicamente el procedimiento seleccionado en la lista desplegable Procedimiento.
- **Ver módulo completo** está activado de forma predeterminada.

La opción de menú Ventana>Dividir divide en dos partes la ventana de código, al igual que la ventana del documento de Word y de la misma forma se puede eliminar la división, haciendo doble clic en la barra. Cada división de la ventana tiene barras de desplazamiento propias, para dejar una fija y desplazarse en la otra.

Los módulos y los procedimientos

Los módulos son contenedores que almacenan macros y definiciones. Son las unidades básicas de código de VBA y se crean al grabar una macro. Para crear un módulo desde cero, hay que abrir el Editor de VBA y luego seleccionar Insertar>Módulo. Hay que distinguir entre tres tipos de módulos:

- Módulos estándar o de código. Se crean seleccionando Insertar>Módulo. Contienen definiciones de funciones, procedimientos, datos. Definen procedimientos, variables y constantes para utilizarlos dentro del proyecto en que han sido definidos.
- Módulos de formulario. Se crean seleccionando Insertar>UserForm. Definen un objeto visible para uso dentro del propio proyecto. Un UserForm es un cuadro de diálogo personalizado.
- Módulos de clase. Se crean seleccionando Insertar>Módulo de clase. Contienen definiciones de propiedades y métodos para la clase. Definen objetos que serán utilizados por la aplicación activa o por otras aplicaciones y proyectos.

Los procedimientos

Los procedimientos son secuencias de instrucciones que se ejecutan como si fueran una unidad. El nombre del procedimiento siempre se define a nivel de módulo. Todo el código ejecutable debe estar contenido en un procedimiento. Se inician seleccionando Insertar>Procedimiento. Esta acción presenta el cuadro de diálogo Agregar procedimiento que ayuda a iniciarlo con la sintaxis adecuada.

Las listas desplegables que aparecen en la parte superior del módulo son las secciones Declaraciones y Procedimientos.

- La sección Declaraciones contiene los nombres y tipos de los elementos a utilizar en el módulo.
- La sección Procedimientos contiene los subprocedimientos y procedimientos de función del módulo. Los subprocedimientos se inician con la instrucción Sub NombreDeProcedimiento ( ) y terminan con la instrucción End Sub. Si el módulo contiene más de un procedimiento, el primero en ejecutarse se suele denominar MAIN (principal).

La ventana UserForm

El botón **Insertar módulo** de la barra de herramientas del Editor de VBA tiene una lista desplegable que aparece en la figura 18.8, para insertar módulos, módulos de clase, procedimientos o cuadros de diálogo personalizados (UserForms). Este botón se denomina **Insertar UserForm, Insertar Módulo de clase** o **Insertar procedimiento** según el proceso activo.

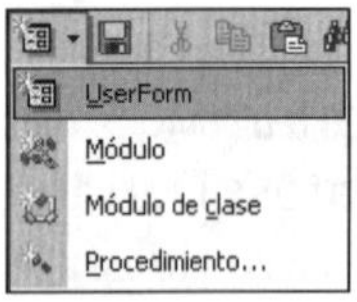

Figura 18.8. La lista desplegable Insertar módulo

Al seleccionar UserForm, se abre la ventana con un cuadro de diálogo nuevo en blanco y aparece el Cuadro de controles. Para acceder a un UserForm existente, hay que hacer doble clic en el elemento en el Explorador de proyectos o seleccionar Ver>Objeto.

Los objetos

Hemos hablado de objetos en capítulos anteriores. Cada objeto se identifica por una serie de propiedades que aparecen en la ventana Propiedades. La figura 18.7 muestra las carpetas Microsoft Word Objetos en el Explorador de proyectos.

La ventana Propiedades

La ventana Propiedades, similar a la que vimos en el capítulo 17, contiene las propiedades del objeto seleccionado. Están organizadas en dos fichas: por orden alfabético y por categorías. Si no está presente, se abre selec-cionando el botón **Ventana Propiedades** de la barra de herramientas.

Las propiedades se seleccionan igual que hicimos en el capítulo 17 con las propiedades de los controles ActiveX. Al hacer clic en la casilla situada a la derecha de la propiedad, ésta se puede modificar escribiendo un nuevo valor, seleccionándolo en la lista desplegable que aparece o bien accediendo a un cuadro de diálogo cuando en lugar de una flecha abajo la casilla muestra tres puntos suspensivos.

En la figura 18.9 se puede ver la ventana Propiedades del objeto Cap_18, que es este documento. La propiedad TrackRevision está señalada como False, lo que significa que no se ven las marcas de revisión. Si hacemos clic en la flecha abajo para desplegar la lista y seleccionamos True, se verán las marcas de revisión.

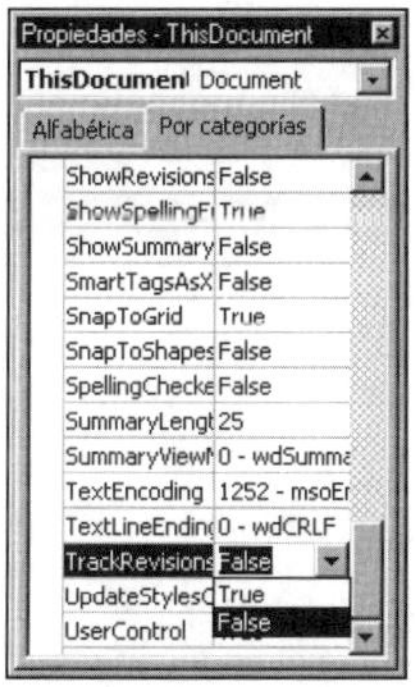

Figura 18.9. La ventana Propiedades de este documento

El Examinador de objetos

El botón **Examinador de objetos** de la barra de herramientas abre el Examinador de objetos (también aparece al pulsar **F2** o la opción Ver>Examinador de objetos). Sirve para examinar los objetos que contiene el proyecto y para ver sus propiedades, métodos y eventos. También se pueden ver en él los procedimientos y constantes disponibles en las bibliotecas de objetos del proyecto.

También se puede utilizar para localizar objetos creados anteriormente o bien creados para otras aplicaciones. Al seleccionar un objeto, aparece la información en la parte inferior de la ventana del **Examinador**. También permite agrupar los objetos, seleccionando **Miembros del grupo** en el menú emergente o **Mostrar miembros ocultos** para visualizar todos.

La parte izquierda del **Examinador de objetos** muestra las clases, mientras que la de la derecha, los métodos y las propiedades correspondientes al objeto seleccionado.

En la figura 18.10 puede verse el **Examinador de objetos**, en el que hemos seleccionado el objeto Percentage de la clase Zoom. Obsérvese que la parte inferior de la ventana indica que Percentage es una propiedad de Zoom y lo define como miembro predeterminado de la clase Zoom de Word.

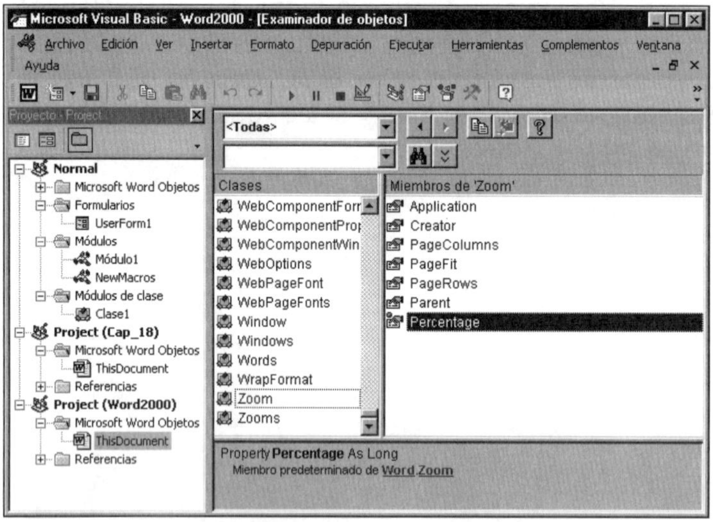

Figura 18.10. El Examinador de objetos

Para buscar un objeto con el **Examinador**, hay que hacer lo siguiente:

1. Seleccionar Todas en la lista desplegable Proyecto/Biblioteca.
2. Escribir la cadena de caracteres en el cuadro **Texto de búsqueda**, situado debajo de la lista anterior. Están permitidos los caracteres comodín estándar. Para probar, podemos buscar el objeto Percentage.

3. Hacer clic en el botón **Búsqueda**.
4. El botón **Mostrar resultados de la búsqueda** mostrará la ventana con los resultados siguientes: Biblioteca: Word. Clase: Zoom. Miembro: Percentage.

Nota:

Después de realizar una búsqueda, el botón ***Mostrar resultados de la búsqueda*** *pasa a llamarse* ***Ocultar resultados de la búsqueda****. Al hacer clic en él, la ventana recupera su aspecto anterior.*

Las referencias

Para buscar las referencias disponibles para un objeto, hay que hacer clic en él con el botón derecho y seleccionar Referencias en el menú emergente. Esto abre el cuadro de diálogo Referencias mostrando la biblioteca de referencias disponibles para ese objeto. Por ejemplo, para el objeto Percentage que hemos seleccionado, la biblioteca de referencias de objeto es Microsoft Office 10.0.

Los métodos

Los métodos son el medio que ofrece VBA para aplicar las funciones o procedimientos definidos para el objeto. Por ejemplo, el método Read lee un número específico de caracteres en un archivo de texto TextStream y devuelve la cadena resultante. Su sintaxis es: objeto.Read(caracteres). El método Write escribe la cadena especificada en un archivo de texto TextStream. Su sintaxis es la siguiente: objeto.Write(cadena de caracteres). TextStream es el objeto archivo de texto.

Los métodos del objeto seleccionado aparecen en la ventana derecha del Examinador de objetos, al igual que sus propiedades.

Los eventos

Los eventos son acciones que se producen al trabajar con un programa o aplicación. Un evento común es, por ejemplo, hacer clic con el ratón en una casilla de verificación o en un botón. Otro evento es hacer clic con el botón derecho del ratón. Esos eventos son capturados por el programa para procesarlos y poner en marcha los correspondientes menús emergentes, opciones, cuadros de diálogo, etc.

Constantes y variables

Una constante de VBA es un elemento, con un nombre, que mantiene un valor constante a través de la ejecución de un programa. Las constantes pueden ser cadenas, literales numéricos o bien cualquier combinación que incluya operadores aritméticos o lógicos (con excepción de Is y exponenciación). Cada aplicación principal puede definir su propio conjunto de constantes. El usuario puede definir constantes adicionales con la instrucción Const.

Las constantes simplifican la programación y se pueden utilizar en cualquier lugar del código en lugar de valores reales. Se puede declarar una constante dentro de un procedimiento o al principio de un módulo, en la sección de Declaraciones.

Una variable es un contenedor o un lugar de almacenamiento que puede contener cierto tipo de datos. Estos datos se pueden modificar durante la ejecución del programa. Cada variable tiene un nombre único que la identifica dentro de su nivel de ámbito. Puede especificar un tipo de datos o no. Los nombres de variable deben comenzar con un carácter alfabético, deben ser únicos dentro del mismo ámbito, no deben contener más de 255 caracteres y no pueden contener un punto o carácter de declaración de tipo.

La Ayuda de VBA

La Ayuda de Visual Basic se configura de forma predeterminada para instalación durante la primera ejecución, es decir, que la primera vez que se usa hay que insertar el disco para completar la instalación. La Ayuda de Visual Basic contiene toda la información necesaria respecto al funcionamiento del Editor, al método de programación y a todos los elementos disponibles. La figura 18.11 muestra la Ayuda en la ventana Contenido. Obsérvese que hay carpetas cerradas para Constantes, Directivas, Eventos, Funciones, Grupos, Métodos, Objetos, etc. En la ventana de la derecha se pueden ver las subcarpetas de las constantes de VBA. Cada una de ellas se despliega al hacer clic para mostrar las Constantes de atributos, de color, de comparación, de entrada/salida de archivos, etc.

Los formularios

Los formularios de VBA permiten crean cuadros de diálogo personalizados de forma muy fácil. Su nombre en VBA es UserForms, como hemos visto anteriormente. Para crear un formulario sencillo con VBA, hay que hacer lo siguiente:

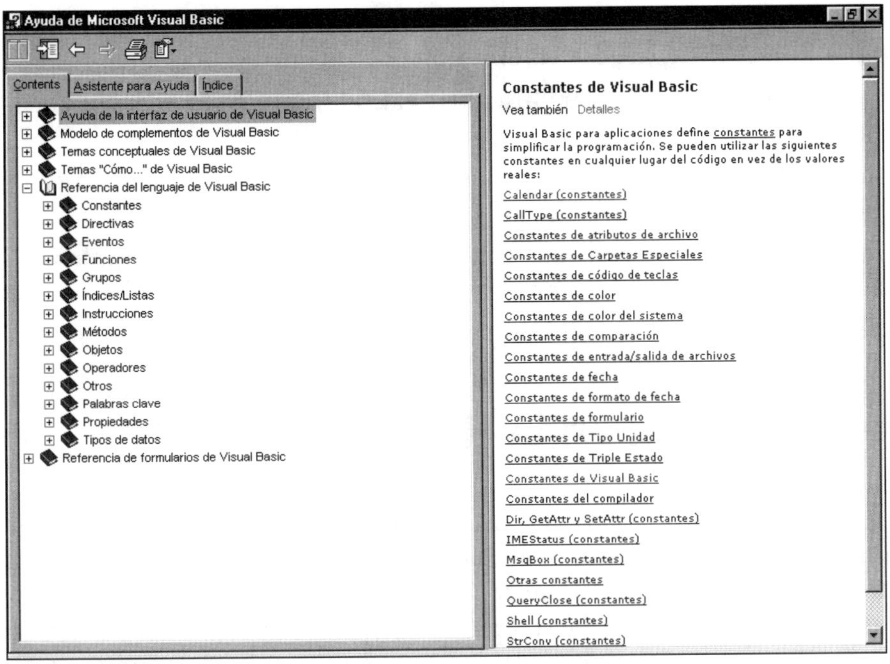

Figura 18.11. La Ayuda de Visual Basic

1. Abrir el Editor de VBA.
2. Seleccionar Insertar>UserForm. Aparecerán el Cuadro de controles, la ventana Propiedades y el formulario en sí, formando parte de un proyecto en el Explorador de proyectos.
3. Seleccionar la propiedad Caption en la ventana Propiedades y darle el nombre que haya de aparecer en el cuadro de diálogo, por ejemplo, Imprimir formulario.
4. Para insertar texto en el formulario, seleccionar el botón **Etiqueta** del Cuadro de controles y trazar sobre el formulario.
5. Seleccionar la propiedad Caption de la etiqueta y luego borrar el nombre Label1.
6. Escribir dentro de la etiqueta del formulario el mensaje para el usuario, por ejemplo, Para imprimir el formulario, haga clic en el botón Imprimir.
7. Para insertar un botón de comando, seleccionar el botón **CommandButton** en el Cuadro de controles y trazar sobre el formulario, a continuación de la etiqueta.

8. Seleccionar la propiedad Caption del botón de comando y escribir el nombre que deba aparecer en el botón, por ejemplo, Imprimir.
9. Hacer doble clic en el botón para abrir el Editor de VBA y escribir el código.
10. Para insertar otro tipo de controles, hacer clic en el Cuadro de controles y trazar sobre el formulario.
11. Para colocar los controles, seleccionarlos y hacer clic en Formato>Alinear. También se pueden centrar, organizar, igualar tamaño, etc.
12. Al terminar de crearlo, seleccionar Ejecutar>Ejecutar UserForm.

Microsoft Word en la Red

Existen numerosas direcciones en Internet en las que se puede encontrar ayuda, información, trucos, actualizaciones y toda clase de ideas acerca de Word y de la suite Office. Dado que la nueva versión es reciente, todavía no existen muchos recursos para ella, pero sí pueden encontrarse numerosos datos y recursos para Word 2000 y Office 2000, la mayoría de los cuales son aptos para la suite XP.

Es recomendable visitar las direcciones siguientes:

- http://communities.msn.es/photoalbums/ – Centro fotográfico MSN Picture it!
- http://microsoft.com/spain/usuarios/default.asp – Trucos, pistas, formación.
- http://microsoft.com/spain/usuarios/trucos/word/default.asp – ídem para Word.
- http://msdn.microsoft.com/library/default.asp?URL=/library/techart/wordanchor.htm – Artículos técnicos sobre Word.
- http://msdn.microsoft.com/office/ – Centro de desarrollo de Office en línea.
- http://office.microsoft.com/spain/ Herramientas en Internet con enlaces a todas las páginas Web de Office en el mundo.
- http://office.microsoft.com/spain/designgallery/default.aspx – Design Gallery Live.
- http://office.microsoft.com/spain/Downloads/default.aspx – Centro de descargas de Office 2000 y XP.

- http://officeupdate.microsoft.con/worldwide/spain/2000/downloaddetails/supmacros.htm – Macros complementarias de Word 2000, válidas para Word 2002.
- http://support.microsoft.com/directory/default.asp?&SD=GN – Soporte Microsoft España.
- http://www.ethek.com/ofimatica/ – Sitio Web no oficial con numerosos trucos y pistas para Office y otros productos de Microsoft.
- http://www.microsoft.com/office/ – Página inicial de Office, con novedades, anuncios y sugerencias.
- http://www.microsoft.com/office/word/support.htm – Trucos para Word.
- http://www.microsoft.com/presspass – Información y anuncios de productos.
- http://www.microsoft.com/spain/office – Página de Microsoft España con información sobre la suite Office.
- http://www.microsoft.com/spain/office/productos_y_soluciones/tips.htm – Enlaces con páginas Web con trucos y soluciones para Office.
- http://www.microsoft.com/spain/support – Página de Microsoft España con información técnica y acceso a la base de conocimiento de Microsoft, Service Pack y utilidades.
- http://www.microsoft.com/spain/support/office/office/officeXpp.asp?FR=0 – Soporte para Office XP, con acceso al área de descarga de Word 2002, a la Base de conocimiento y a los grupos de noticias sobre Word y Office.
- http://www.microsoft.com/worddev/prodinfo/word97enh.htm – Foro de programadores de Word.
- http://www.pcworld.com/software/word_processing/articles/oct97/1510p344c.html – Página web de la revista PC World con tutoriales y artículos.
- http://www.slipstick.com/index.htm/ – Slipstick Systems Exchange Center, donde se pueden obtener sugerencias e información sobre las aplicaciones de Microsoft.

El Centro de descargas de Office

El Centro de descargas de Office en español ofrece numerosas descargas para actualizar o bien mejorar los programas de la suite Office 2000 y Office XP.

Hay que hacer lo siguiente:

1. Seleccionar el producto, Word, y la versión, 2002/XP, en las listas desplegables.
2. Elegir el tipo de descarga: Actualizaciones, Complementos y extras o Convertidores y visores.
3. Hacer clic en el botón Lista de actualización.

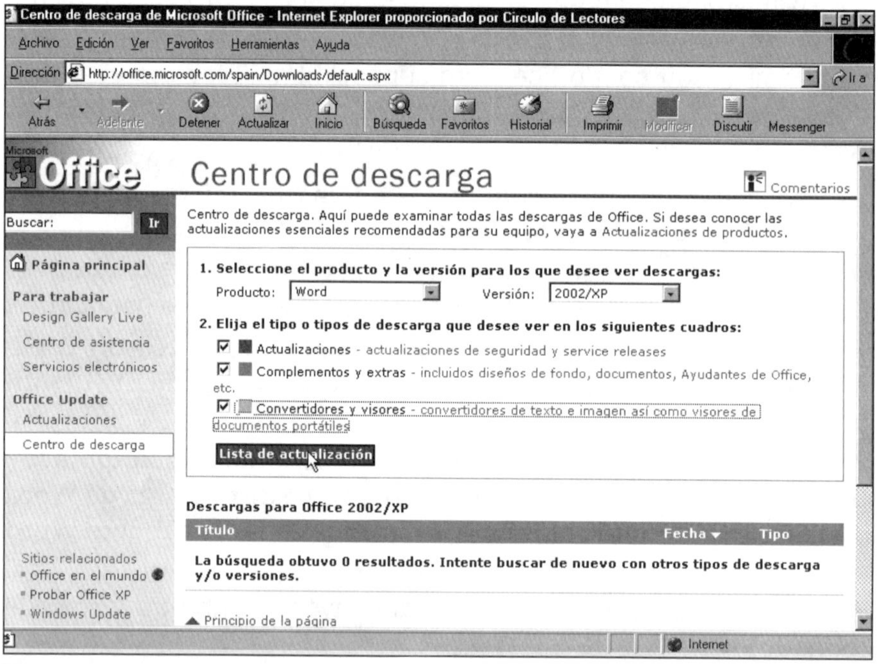

Figura 18.12. Selección de descargas para Word 2002

La lista de descargas presenta el título del producto, la fecha, una breve descripción, el espacio que ocupa y el tiempo previsto de descarga. El enlace Descargar ahora pone remite a la página específica de descarga del producto seleccionado.

Una vez en la página del producto a descargar, se encuentra información sobre el mismo, tamaño total y tiempo total de la descarga, instrucciones de instalación e instrucciones de uso.

También se pueden encontrar las instrucciones de desinstalación, así como la posibilidad de encontrar soporte técnico para dicho producto específico.

La base de conocimiento de Microsoft

La base de conocimiento de Microsoft ofrece numerosas macros de ejemplo para ilustrar la creación de macros de Word en VBA. La mayor parte de estos ejemplos suponen al lector conocedor de ese lenguaje de programación. También se pueden encontrar en el Slipstick Systems Exchange Center, que es el lugar en el que se pueden buscar vínculos y sugerencias para las aplicaciones de Microsoft.

Para obtener información acerca de las macros de Word, se pueden visitar las páginas Web de soporte de Microsoft, donde se pueden encontrar algunas explicaciones sobre la sintaxis, funcionalidad y utilización de Visual Basic para aplicaciones, así como sobre la forma de crear, modificar, solucionar problemas y depurar las macros de Word. También se puede encontrar información de recursos para escribir macros, como libros o servicios en línea y facilita macros de ejemplo que se pueden adaptar a las necesidades del usuario.

Es probable que cuando este libro salga a la calle existan numerosas macros de ejemplo para Word 2002. Por ahora, las que muestra la figura 18.13 (se encuentran en el CD-ROM de acompañamiento) han sido creadas para Word 2000.

Nota:

La carpeta **Complementos\ComplementosOffice** *del CD-ROM de acompañamiento contiene el archivo de macros complementarias para Word 2000* **macros.exe**. *Se trata de la plantilla* **Macros9.dot** *con una serie de macros de ejemplo que se ejecutan con Word 2000. No son para Word 2002 (u Office XP) sino para Word (u otro programa de Office) 2000, por lo que se pueden instalar si no se dispone de esa versión del programa. Después de instalarlas, hay que seleccionar la plantilla* **Macros9.dot** *en el cuadro de diálogo* **Plantillas**. *Si aparece el cuadro de aviso* **Advertencia de seguridad**, *hay que activar la casilla de verificación* **Confiar siempre en las macros de esta fuente** *y hacer clic en* **Habilitar macros**. *Para ejecutar una de estas macros, hay que hacer clic en* **Ejemplos de macros** *en la barra de herramientas* **Macros**. *La macro* **Ejemplos de automatización** *contiene ejemplos de macros sencillas para automatizar tareas entre Word, Access y Excel.*

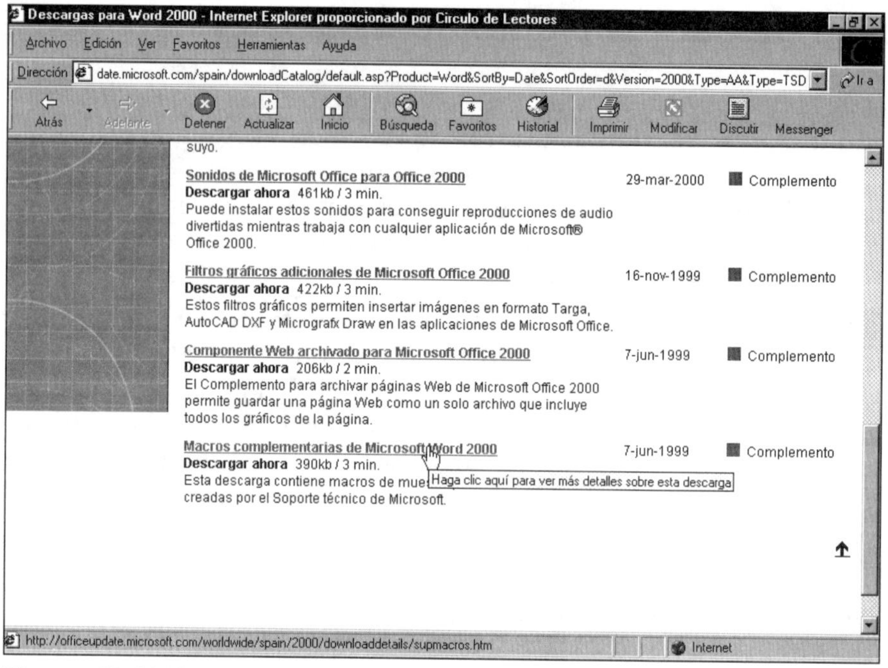

Figura 18.13. Macros de ejemplo para Word 2000

Para acceder a la Base de conocimiento de Microsoft, hay que dirigirse a la dirección:

http://www.microsoft.com/spain/support/office/office/officeXpp.asp?FR=0

y hacer clic en el enlace Buscar (Knowledge Base). Se accede también en la dirección:

http://search.support.microsoft.com/kb/c.asp?DU=C&LNG=SPA&SA=PER

El área de búsqueda puede limitarse a soporte en español, a la base de conocimiento en español o a la base de conocimiento en inglés. La consulta se debe centrar en un producto, por ejemplo, Word 2002. Además, se puede buscar por clave de acceso.

Por ejemplo, para localizar las macros automáticas de Word 2002, que no se reflejan en la Ayuda, hay que escribir Macros automáticas en la casilla y hacer clic en el botón **Ir a**.

Resumen

En este capítulo hemos aprendido a modificar y personalizar las macros incorporadas de Word, localizándolas en el cuadro de diálogo Macros y creando macros similares con otra funcionalidad. También hemos visto la manera de desactivar las macros automáticas de Word.

También hemos aprendido a proteger el ordenador de los virus de macro, utilizando antivirus y activando los mecanismos de protección de Word y de Internet Explorer. Asimismo hemos visto la forma de acceder a diversas páginas de Internet que ofrecen antivirus, incluyendo la creada por el Ministerio de Ciencia y Tecnología.

Hemos visto las funciones principales del Editor de Visual Basic para aplicaciones, las barras de herramientas y los elementos principales que lo componen, así como los componentes más significativos de la estructura de programación de VBA. La Ayuda de Visual Basic ofrece gran cantidad de información y, sobre todo, la relación de constantes, objetos, clases, directivas, funciones, etc., imprescindibles para programar con VBA.

Finalmente, hemos visto una larga lista de direcciones Web relacionadas con Word y Office, en las que se puede localizar una gran cantidad de información, trucos, pistas y soporte técnico no solamente para estos programas, sino para las herramientas de programación. Hemos aprendido a manejar la Base de conocimiento de Microsoft en Internet para localizar información sobre Word 2002 que no aparece en la Ayuda en línea.

Capítulo 19

Recursos compartidos de Office XP

En este capítulo aprenderá a:

- Instalar y utilizar el Ayudante de Office.
- Utilizar el Editor de ecuaciones.
- Actualizar el Editor de ecuaciones a MathType.
- Utilizar Document Imaging y Scanning.
- Crear gráficos con Microsoft Graph.

Las funciones compartidas de Office

Durante la instalación personalizada de Office XP, hay dos opciones que se relacionan con los recursos compartidos por las distintas aplicaciones de la suite:

- Funciones compartidas de Office.
- Herramientas de Office.

Las funciones compartidas de Office son los convertidores, los filtros, las herramientas de corrección, el Ayudante de Office y otros recursos que se instalan para emplearlos con cualquier programa de la suite. Las Herramientas de Microsoft Office son la Galería multimedia, Microsoft Office Document Imaging, Microsoft Office Document Scanning, el Asistente para guardar mi configuración, el Editor de ecuaciones, Microsoft Graph, Microsoft Query, VBA y otras que se instalan en la ruta C:\Archivos de programa\Archivos comunes\Microsoft Shared.

Algunas, como Microsoft Office Document Imaging o Microsoft Office Document Scanning, se activan seleccionando Inicio>Programas>Herramientas de Microsoft Office. Otras se activan desde el interior de una aplicación, pues no pueden funcionar de forma autónoma, como WordArt o Microsoft Graph. Otras pueden funcionar de manera autónoma aunque se suelen iniciar desde la ventana de alguna aplicación, como la Galería multimedia o el Editor de ecuaciones.

Hemos visto algunas de estas miniaplicaciones y herramientas en los capítulos anteriores, como WordArt, Microsoft Query, VBA y la Galería multimedia. En éste veremos otras herramientas igualmente interesantes.

El Ayudante de Office

Uno de los recursos que comparten todas las aplicaciones de la suite Office XP es el Ayudante de Office. Pero, debido a las muchas quejas y sugerencias que ha recibido Microsoft por las inmiscusiones del Ayudante en el trabajo cotidiano, en esta versión viene desactivado en la Instalación típica, de manera que, para instalarlo, hay que seleccionar el modo de instalación personalizada. La figura 19.2 muestra el Programa de instalación de Microsoft Office, en el momento de seleccionar el Ayudante de Office y sus personajes para configurarlos.

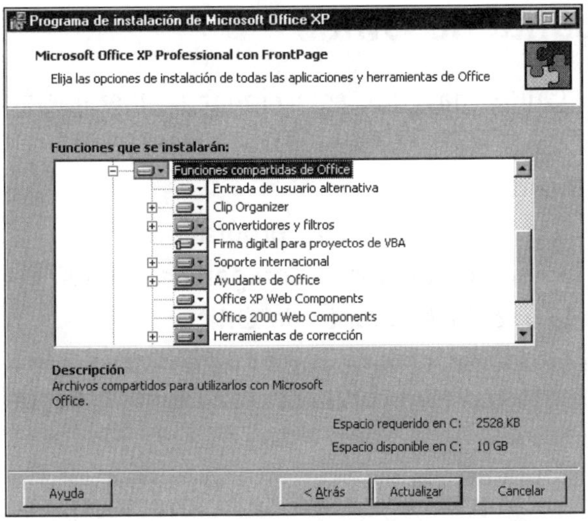

Figura 19.1. Instalación de funciones compartidas de Office

Microsoft lo ha reemplazado por el Cuadro de Ayuda, que se encuentra en la barra de menú. El cuadro acepta cualquier tipo de pregunta expresada incluso de forma coloquial, porque solamente toma en consideración palabras clave, prescindiendo de partículas no significativas, como artículos, preposiciones, etc. Solamente hay que escribir la pregunta dentro del cuadro y pulsar **Intro**.

Microsoft ha aceptado con humor las serias críticas que ha recibido acerca de las intromisiones del Ayudante de Office, creando una página Web de desagravio a los usuarios, en la que Clippy (la versión norteamericana de Clipo) recibe los vituperios de diversos personajes, terminando por entonar su conocida cantinela "Parece que está escribiendo una carta" con ritmo Country. Se encuentra en las direcciones siguientes:

http://www.officeclippy.com/indexyes.html

http://www.officeclippy.com/downloads.html

Nota:

El CD-ROM de acompañamiento contiene dos clips de vídeo en formato Flash y un archivo de sonido con la canción de Clippy en formato Winamp. Se puede escuchar también con el Reproductor de Windows Media. *Los reproductores están también en el CD-ROM. El apéndice B detalla el contenido del CD-ROM.*

Instalación del Ayudante de Office

Para instalar el Ayudante de Office hay que seleccionar la Instalación personalizada. Si el programa ya está instalado, hay que hacer esto:

1. Volver a ejecutar el programa de instalación.
2. Seleccionar el botón de opción Agregar o quitar programas.
3. Hacer clic en el signo + de la opción Funciones compartidas de Office.
4. Hacer clic en el signo + de la opción Ayudante de Office.
5. Activar los personajes con la opción 1, para que el programa los instale la primera vez que se utilicen o bien con la opción Ejecutar desde mi PC.
6. Hacer clic en Actualizar o Siguiente.

Nota:

El apéndice A detalla los pormenores de la instalación personalizada.

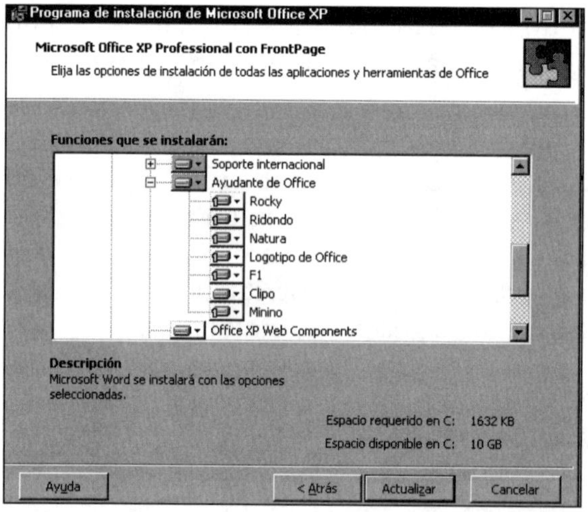

Figura 19.2. Instalación del Ayudante de Office

Funcionamiento del Ayudante de Office

Una vez instalado, el Ayudante de Office se pone en marcha de varias formas:

- Espontáneamente, al abordar una tarea cualquiera.
- Al escribir una pregunta en el Cuadro de ayuda de la barra de menú. Si el Ayudante no está activo, el Cuadro de ayuda se comporta de la misma manera, con excepción del personaje.
- Al seleccionar Ayuda>Mostrar el Ayudante de Office.

- Al hacer clic en el botón **Ayuda de Microsoft Word**, de la barra de herramientas Estándar.

Como cualquier barra de herramientas, el Ayudante de Office se puede desplazar a cualquier punto de la pantalla haciendo clic en él y arrastrándolo. Lo que no es posible es agregarle botones.

Cuando se presenta en la pantalla, el Ayudante de Office ofrece tres opciones:

- ¿Qué desea hacer? Hay que escribir la palabra o frase en el cuadro de texto, por ejemplo, macros automáticas.
- Buscar. Hacer clic en este botón después de escribir la palabra o la expresión.
- Opciones. Abre el cuadro de diálogo Ayudante de Office, que veremos a continuación.

Al hacer clic en él, plantea una pregunta con dos opciones: ¿Qué tipo de ayuda desea?

- Ayuda con esta función. Ofrece ayuda específica para la tarea activa.
- Ayuda con algo más. Vuelve a la pregunta anterior: ¿Qué desea hacer?

El Ayudante de Office tiene también un menú emergente con las siguientes opciones:

- Ocultar. Oculta el Ayudante. Para volver a visualizarlo, hay que hacer clic en el botón **Ayuda de Microsoft Word**, de la barra de herramientas Estándar o elegirlo en el menú Ayuda.
- Opciones. Da acceso al cuadro de diálogo Ayudante de Office que veremos a continuación.
- Elegir ayudante. Da acceso a la Galería del cuadro de diálogo Ayudante de Office.
- Animar. Anima la imagen del Ayudante con efectos diferentes en cada ocasión.

Configuración del Ayudante de Office

El cuadro de diálogo Ayudante de Office tiene dos fichas:

- Galería. Presenta la galería de personajes, entre los que elegir el más adecuado. Al pulsar el botón Aceptar, el personaje entra en escena desplazando al anterior.
- Opciones. La tabla 19.1 muestra las opciones de esta ficha:

Tabla 19.1. Opciones de configuración del Ayudante de Office

Opción	Función
Utilizar el Asistente de Office	Si está desactivada, al seleccionar el botón Ayudante o el menú Ayuda, aparece la Ayuda de Microsoft Word.
Responder a la tecla **F1**	Permite acceder a la Ayuda o al Ayudante pulsando la tecla de función **F1**.
Ayuda con asistentes	Presenta un asistente específico para cada caso.
Mostrar alertas	El Ayudante de Office se encarga de los avisos, en lugar de los cuadros de mensaje del sistema.
Buscar ayuda del producto y de programación	Ayuda en la programación con Visual Basic.
Mover cuando moleste	Si está activada, el Ayudante se aparta para no interferir con los cuadros de diálogo.
Sugerir temas de ayuda	Presenta ayuda especifica para la función en curso.
Con sonido	Acompaña su actuación con sonidos.
Uso más eficiente de las funciones	Indica funciones desconocidas e ideas sobre cómo utilizar mejor las funciones conocidas.
Uso más eficaz del mouse	Ofrece sugerencias acerca del uso más eficaz del ratón.
Métodos abreviados	Muestra teclas de métodos abreviados para las funciones en uso.
Mostrar sólo sugerencias de prioridad alta	Muestra sólo sugerencias importantes, como las que tratan de funciones para ahorrar tiempo.
Mostrar sólo sugerencias al inicio	Presenta la Sugerencia del día al iniciar Word.
Restablecer mis sugerencias	Presenta las sugerencias anteriormente vistas.

Desactivación del Ayudante de Office

Hay varias formas de desactivar el Ayudante de Office:

- Seleccionar Ayuda>Ocultar el Ayudante de Office.
- Hacer clic en el Ayudante con el botón derecho del ratón y seleccionar la opción Ocultar.
- Desactivar la casilla de verificación Utilizar el Ayudante de Office del cuadro de diálogo Ayudante de Office.

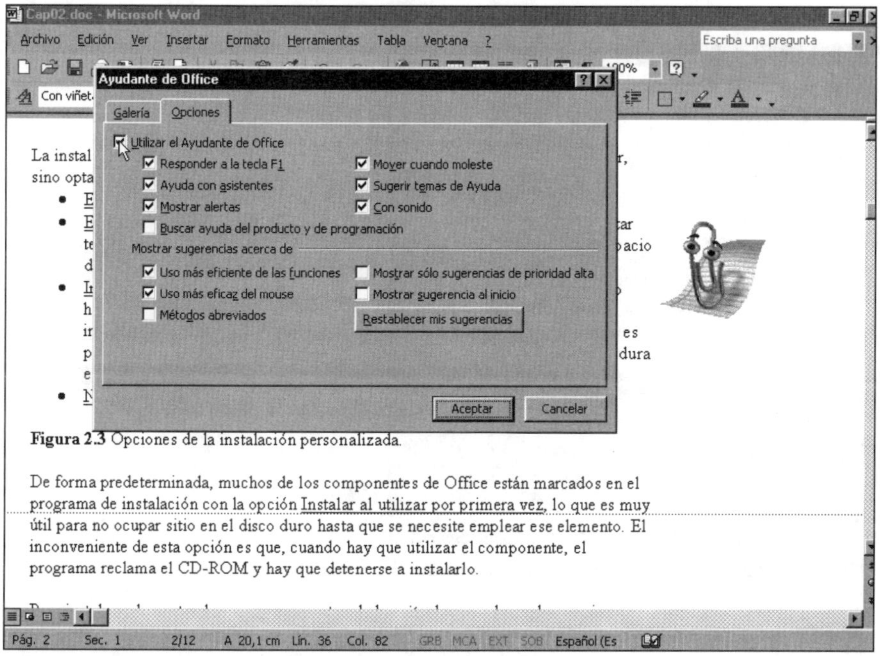

Figura 19.3. Las opciones del Ayudante de Office

El Editor de ecuaciones

El Editor de ecuaciones es una ventana con una barra de herramientas compuesta por 19 botones que despliegan otras tantas paletas emergentes de símbolos y plantillas.

Para acceder al Editor de ecuaciones, hay que seguir los pasos que se describen a continuación:

1. Abrir un documento de Word.
2. Seleccionar Insertar> Objeto.
3. En el cuadro de diálogo Objeto, seleccionar Crear nuevo.
4. Seleccionar Microsoft Editor de ecuaciones 3.0.
5. Hacer clic en Aceptar.

El Editor de ecuaciones es una de las herramientas de Office, por lo que, si no aparece en el cuadro de diálogo Objeto, es que no se ha instalado. En tal caso, hay que ejecutar de nuevo el programa de instalación y seleccionar el botón Agregar o quitar, para instalar únicamente esa función.

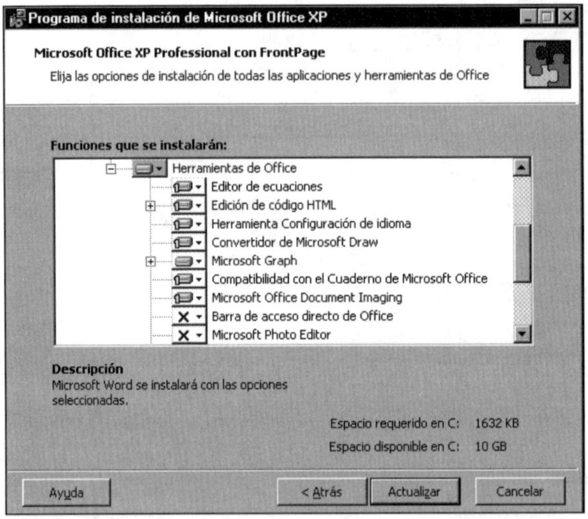

Figura 19.4. Instalación de las Herramientas de Office

Al abrir el Editor de ecuaciones, aparecen la ventana del Editor, la barra de herramientas y la ranura de inserción en la que hay que colocar el primer componente de la ecuación. Cada componente tiene su cuadro de inserción, por ejemplo, un quebrado tendrá un cuadro para el numerador y otro para el denominador.

Accesos rápidos al Editor de ecuaciones

Para evitar tener que insertar el Editor de ecuaciones cada vez, hay dos posibilidades de crear accesos rápidos. Si solamente se va a utilizar con Word, lo mejor es crear un botón en una barra de herramientas existente o nueva. Si se va a utilizar con otros programas, es preferible crear un acceso directo en el Escritorio, porque el **Editor de ecuaciones** es un programa autónomo que puede iniciarse desde Windows, sin necesidad de insertarlo en Word ni en otro programa.

Para ponerlo en una barra de herramientas, hay que hacer lo siguiente:

1. Seleccionar **Personalizar** en el menú emergente de cualquier barra de herramientas.
2. En la ficha **Barras de herramientas**, seleccionar **Nueva** para crear una nueva barra.
3. Darle un nombre, por ejemplo, **Ecuaciones**.
4. En la ficha **Comandos**, seleccionar **Insertar** en el cuadro **Categorías**.
5. En el cuadro **Comandos**, seleccionar **Editor de ecuaciones**, que se encuentra hacia el final de la lista, y luego arrastrarlo a la barra de herramientas.
6. Hacer clic en **Aceptar**.

Para crear un acceso directo al Escritorio, hay que hacer lo siguiente:

1. Abrir el Explorador de Windows o Mi PC, contrayendo la ventana para que se vea el Escritorio.
2. Acceder al **Editor de ecuaciones**, en la ruta **C:\Archivos de programa\Archivos comunes\Microsoft shared\Equation\Eqnedt32.exe**.
3. Hacer clic en el archivo **Eqnedt32.exe** con el botón derecho y arrastrarlo al Escritorio.
4. Seleccionar **Crear iconos de acceso directo aquí** en el menú emergente.
5. Modificar el nombre del acceso directo, cambiándolo, por ejemplo, a **Editor Ecuaciones**.

Creación de ecuaciones con el Editor

Crear una ecuación consiste en utilizar las paletas de símbolos y plantillas, así como el teclado, e ir construyendo y ensamblando la ecuación por piezas. Hay que escribir el texto y los símbolos en la ranura de inserción que contenga el punto de inserción y que puede estar separado de los demás o formar parte de una plantilla.

En el **Editor de ecuaciones**, el punto de inserción tiene gran importancia, ya que, igual que sucede con cualquier texto, cuadro o imagen en Word, la función seleccionada se aplica al lugar en que se encuentre el punto de inserción, por lo que no hay que perderlo de vista. Afortunadamente, el menú del Editor contiene también el comando Deshacer en el menú Edición, aunque solamente deshace la última acción realizada.

Para desplazar el punto de inserción de un cuadro a otro, es posible utilizar el ratón, las teclas del cursor o la tecla **Tab**. La plantilla se encarga de la mayoría de las posiciones y espacios necesarios en la construcción de la ecuación. La barra de menú tiene también opciones para ajustar el espaciado y la alineación de los componentes de la ecuación, así como para controlar el tipo y el tamaño de la fuente de la ecuación. Para borrar caracteres hay que utilizar las teclas **Supr** y **Retroceso**, igual que con el texto normal.

Insertar texto en el Editor de ecuaciones es distinto a hacerlo en la ventana del documento de Word. Conviene tener en cuenta lo siguiente:

- En el Editor de ecuaciones hay que escribir dentro de una ranura de inserción.
- El Editor inserta los espacios en blanco delante y detrás de los signos.
- La **Barra espaciadora** solamente funciona al seleccionar el estilo Texto en el menú Estilo. No se pueden insertar espacios en blanco dentro de las ecuaciones, ya que cada plantilla lleva su estructura.
- Para escribir texto o insertar ecuaciones, hay que seleccionar previamente la opción en el menú Estilo, eligiendo Texto o Matemáticas.
- Para seleccionar elementos incrustados, como barras superpuestas, tildes, vectores o signos integrales, hay que pulsar **Control** y, cuando el puntero se convierta en una flecha vertical, hacer clic en el elemento incrustado.

Para escribir una ecuación, hay que hacer lo siguiente:

1. Abrir el Editor de ecuaciones.
2. Para escribir números o letras, hacer clic en la ranura (el punto de inserción se encuentra en ella al abrir el Editor) y escribir.
3. Para escribir, por ejemplo, subíndices o superíndices, hacer clic en el botón **Plantillas para subíndices y superíndices**, seleccionar el formato y cuando la ranura de inserción se sitúe en el lugar debido, escribir el subíndice o el superíndice.
4. Para escribir ecuaciones, fracciones, integrales, etc., seleccionar la plantilla adecuada y escribir una vez que la ranura de inserción adquiera

la posición y forma adecuada. Por ejemplo, para escribir una fracción, hay que seleccionar una de las tres primeras plantillas de la paleta para fracciones y radicales, según el formato de la fracción, hacer clic en el numerador, escribirlo, hacer clic en el denominador y escribirlo (véase figura 19.5).

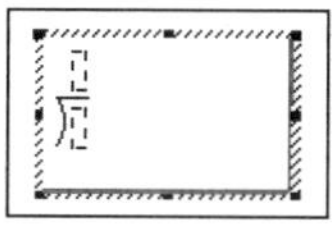

Figura 19.5. Las ranuras de inserción

5. También es posible anidar unas plantillas en otras, por ejemplo, anidar una raíz cuadrada en el denominador de una fracción. Para ello, hay que elegir la plantilla de la fracción y, cuando pase a la ventana del Editor, escribir el numerador, hacer clic en el denominador y abrir de nuevo la paleta de las plantillas para seleccionar la de la raíz cuadrada, que pasará inmediatamente a la ranura de inserción del denominador, donde ya se puede escribir la cifra.
6. No es posible insertar espacios en blanco en las ecuaciones. Para ampliar el espacio disponible hay que seleccionar Formato>Espacio y elegirlo en el cuadro de diálogo Espacio que permite cambiar el espacio predeterminado y la alineación.
7. Al terminar de construir la ecuación, hacer clic fuera de ella para volver a la ventana de Word, donde la ecuación habrá quedado incrustada. Para abrir una ecuación incrustada hay que hacer doble clic en ella, como con cualquier objeto incrustado de Word.

Edición de las ecuaciones

Para modificar una ecuación insertada en un documento de Word, hay que hacer clic en ella con el botón derecho y seleccionar una opción en el menú emergente. En la ventana del Editor, no existe menú emergente. Las opciones son:

1. Modificar abre el Editor de ecuaciones.
2. Abrir abre una ventana con la barra de menú y la ecuación lista para editar con un tamaño más grande que la opción Modificar.
3. Convertir abre el cuadro de diálogo Convertir, que hemos visto en el capítulo 13.

La opción idónea para modificar una ecuación es Abrir, ya que la ecuación aparece con gran tamaño en una ventana especial. El menú Ver permite ampliar o reducir el tamaño hasta 400% así como elegir Zoom para personalizarlo. Después de modificar la ecuación, hay que seleccionar Archivo>Salir y volver al documento de Word.

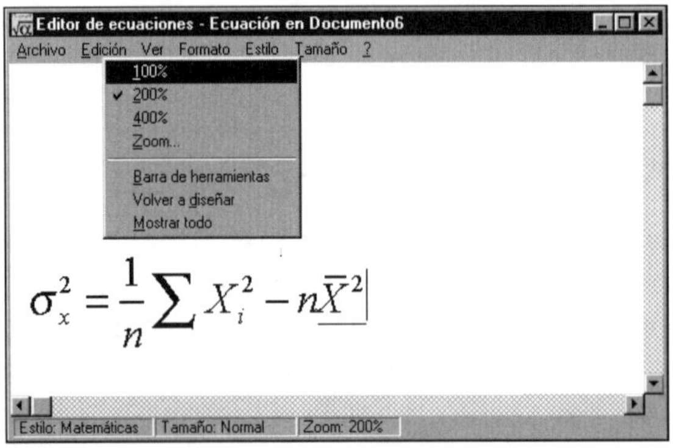

Figura 19.6. La ventana de edición con el menú Ver

Modificación del espacio predeterminado y la alineación

Para modificar el espaciado de las ecuaciones hay que utilizar el cuadro de diálogo Espacio, que se abre seleccionando Formato>Espacio, en la barra de menú. El botón de desplazamiento permite acceder al cuadro correspondiente al elemento cuyo espaciado hay que modificar, ya sea la fila o columna de matrices, la profundidad de superíndices o subíndices, alto o profundidad del numerador, el grosor de la barra de fracción, etc.

Después de seleccionar el elemento, hay que modificar el espacio predeterminado del Editor, escribiéndolo directamente en el cuadro de número adyacente. La unidad de medida utilizada es el punto, pero puede ser cambiada, escribiendo la abreviatura que corresponda a la nueva medida, según la lista siguiente:

- Pulgadas: pda
- Centímetros: cm
- Milímetros: mm
- Puntos: pt
- Picas: pi

También es posible alinear horizontalmente una o más líneas de ecuaciones, utilizando asimismo el menú **Formato** o los símbolos de alineación. Se pueden alinear las líneas a la izquierda, a la derecha o al centro o bien en torno a signos igual, comas decimales o símbolos de alineación. Para alinear un grupo de ecuaciones, hay que hacer clic en el comando, en el menú **Formato**. Para alinear las líneas de una ecuación, hay que colocar el punto de inserción dentro de ellas y luego seleccionar una de las opciones de alineación.

Los símbolos de alineación se encuentran en la paleta **Espacios y puntos suspensivos**, cuyo primer botón se llama **Alineación** y se utilizan como punto de referencia en torno a los cuales se alinean una o más líneas de ecuaciones simples o múltiples.

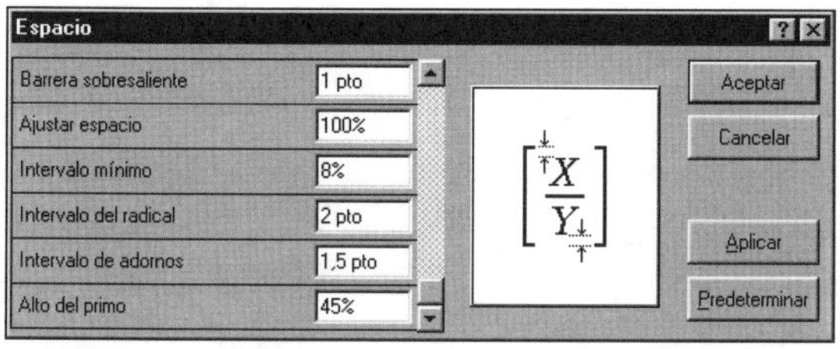

Figura 19.7. El cuadro de diálogo Espacio

Las plantillas del Editor de ecuaciones

La barra del **Editor** presenta el nombre de cada botón cuando se le acerca el cursor. Al desplegar la paleta y apuntar con el ratón al botón de una plantilla determinada, la barra de estado muestra la descripción correspondiente. Así sabrá qué tarea se puede realizar y dónde pulsar para empezar el trabajo. Las plantillas disponibles están recogidas en la tabla 19.2.

Tabla 19.2. Plantillas del Editor de ecuaciones

Plantilla	Nombre del botón
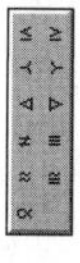	**Símbolos de relación.**
	**Espacios y puntos suspensivos.**

Plantilla	Nombre del botón
	**Adornos.**
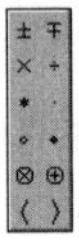	**Símbolos de operadores.**
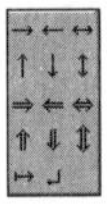	**Símbolos de flechas.**
	**Símbolos lógicos.**
	**Símbolos de la teoría de conjuntos.**
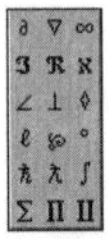	**Símbolos variados.**
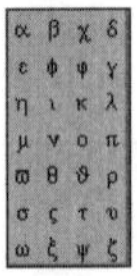	**Caracteres griegos (minúsculas).**
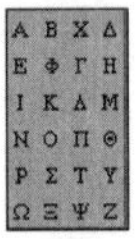	**Caracteres griegos (mayúsculas).**
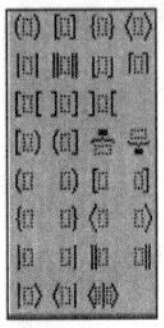	**Plantillas de barreras.**
	**Plantillas para fracciones y radicales.**

Plantilla	Nombre del botón
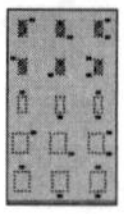	**Plantillas para subíndices y superíndices.**
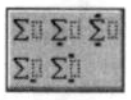	**Plantillas de sumatorias.**
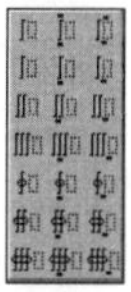	**Plantillas de integrales.**
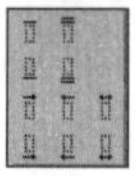	**Plantillas de barras subyacentes y superpuestas.**
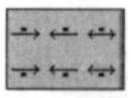	**Plantillas de flechas rotuladas.**
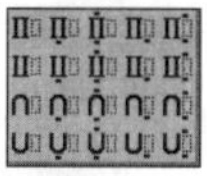	**Plantillas de productos y teoría de conjuntos.**
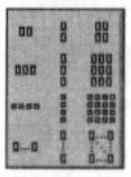	**Plantillas para matrices.**

Los símbolos

Los símbolos científicos o matemáticos se pueden insertar en una ecuación de la misma forma que las plantillas, desplegando la paleta correspondiente y seleccionando el símbolo adecuado. Pero no hay que olvidar insertar primero la plantilla y situar el punto de inserción en la ranura correcta, puesto que de lo contrario, el símbolo irá a parar a la ranura de la ecuación en que se encuentre el punto de inserción.

Los adornos

Los adornos son las tildes, barras superpuestas, flechas (vectores), comillas dobles o simples y puntos simples contenidos en la paleta Adornos.

Las matrices

La plantilla para matrices comprende matrices y vectores desde una fila y dos columnas a cuatro filas y cuatro columnas y de tamaño variable.

Para controlar las dimensiones, hay que acceder al cuadro de diálogo Matriz, seleccionando un modelo de tamaño variable en la paleta. Este cuadro permite también definir la alineación, anchos de columna y altos de fila y el tipo de líneas de partición.

Para desplazarse dentro de la matriz de izquierda a derecha, hay que pulsar la tecla **Tab** y para desplazarse de derecha a izquierda, **Mayús-Tab**. También se pueden emplear las teclas del cursor **Flecha arriba**, **Flecha abajo**, **Flecha dcha.** y **Flecha izda.**

Nota:

La Ayuda del Editor de Ecuaciones es muy completa e ilustra el trabajo de creación de ecuaciones con ejemplos y sugerencias.

MathType 4

El Editor de ecuaciones se puede actualizar con MathType 4, que es una versión creada por el fabricante del Editor, mucho más completa y profesional. Para leer las prestaciones de esta versión, hay que hacer esto:

1. Seleccionar Ayuda>Temas de ayuda del Editor de ecuaciones.
2. Elegir la ficha Contenido.
3. Seleccionar la última carpeta, Actualizar el Editor de ecuaciones.
4. Hacer clic en Mostrar.

La empresa fabricante de estos programas se encuentra en la dirección:

http://www.mathtype.com

Merece la pena visitar esa página y acceder a la información siguiente:

- Lista de funciones de MathType 4.0 para Windows. Para ello hay que hacer clic en el enlace MathType Detailed Features for Windows (véase figura 19.8).

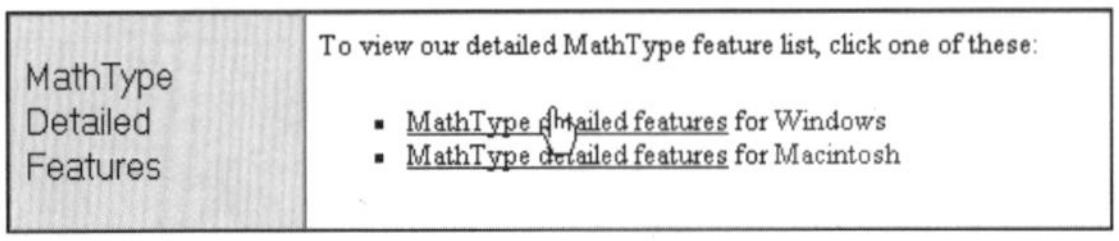

Figura 19.8. Las funciones de MathType 4.0 para Windows

- Diferencias entre MathType 4 para Windows y el **Editor de ecuaciones**. Para ello hay que hacer clic en el enlace **Equation Editor vs. MathType for Windows** (véase figura 19.9).

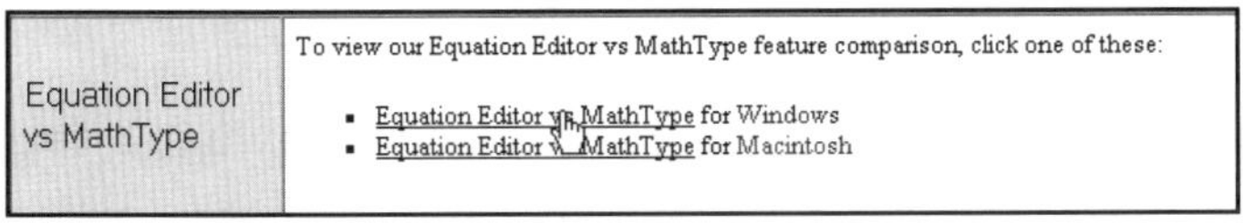

Figura 19.9. Las funciones de MathType frente a las del Editor de ecuaciones

- Trucos y sugerencias para el **Editor de ecuaciones**. Para ello hay que hacer clic en el botón **Equation Editor Tips & Tricks** de la barra de botones de la izquierda. Para acceder a las páginas de trucos y sugerencias, precisa identificarse, facilitando la dirección de correo electrónico.

Microsoft Office Document Imaging y Scanning

Microsoft Office Document Imaging y Microsoft Office Document Scanning son herramientas a las que se accede seleccionando: **Inicio>Programas>Herramientas de Microsoft Office**. En conjunto, ambas resultan muy prácticas para escanear imágenes y, sobre todo, texto, porque tienen una opción de reconocimiento óptico de caracteres (OCR) que permite enviar el texto digitalizado a Word para su edición.

Para las imágenes, Document Imaging dispone de algunas opciones de zoom y otras para copiar, cortar y girar. La opción **Archivo>Abrir** solamente busca imágenes almacenadas con formato Tiff, que es el más adecuado para digitalizar y reconocer texto.

Para digitalizar un texto y enviarlo a Word, hay que hacer lo siguiente:

1. Seleccionar **Inicio>Programas>Herramientas de Microsoft Office>Microsoft Office Document Imaging**.
2. En la ventana de Document Imaging, seleccionar **Archivo>Digitalizar documento nuevo**. Esta acción abre Document Scanning.
3. En la ventana de Document Scanning, seleccionar las opciones de configuración. Para digitalizar texto, lo mejor es elegir **Blanco y negro**.
4. Hacer clic en el botón **Digitalizar**. Esta acción pone el escáner en marcha e inicia el proceso de escaneado.

5. Document Scanning digitalizará el texto como una imagen. Hacer clic en Listo (a la izquierda de la barra de estado) al terminar, para guardar el archivo.
6. Para accionar el OCR, hay que seleccionar Archivo>Reconocer texto utilizando OCR.
7. Una vez finalizada la tarea de reconocimiento del texto, hay que seleccionar Archivo>Enviar texto a Word.
8. Seleccionar las páginas en el cuadro siguiente. El programa abre un nuevo documento en blanco en Word e inserta en él el texto leído.
9. Aplicar las herramientas de Word para corregir los errores y formatear el texto.

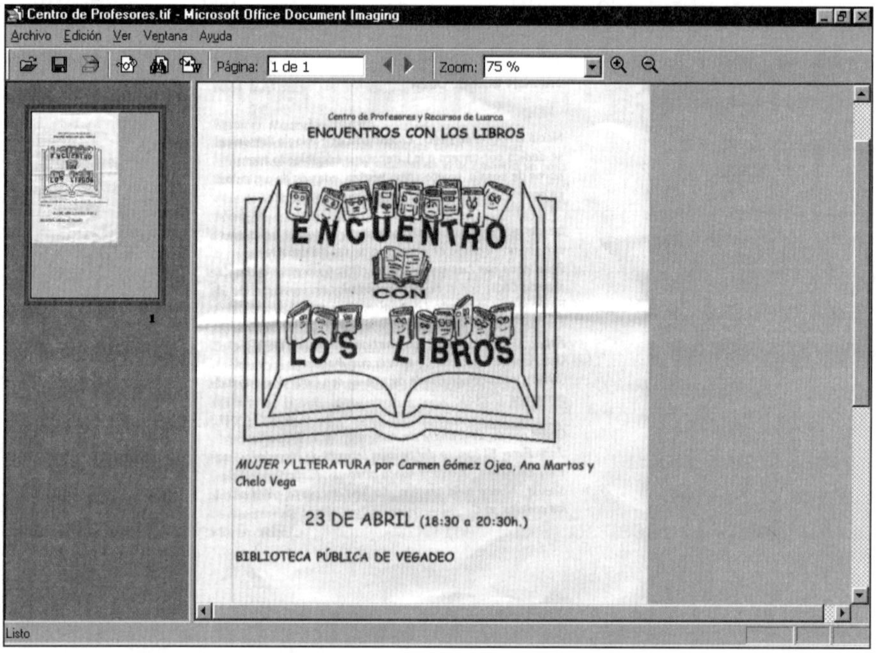

Figura 19.10. Document Imaging con un texto digitalizado

Opciones de configuración

Document Scanning tiene opciones de configuración predeterminadas que se pueden modificar para configurar el programa de forma personalizada. El botón Opciones de conf. preestablecida despliega un menú con tres opciones. La opción Crear nueva configuración preestablecida permite establecer parámetros personalizados. Por ejemplo, para elegir otro idioma para la lectura de textos con OCR, hay que hacer lo siguiente:

1. Dar un nombre a la nueva configuración y hacer clic en Aceptar.
2. En la ficha General, seleccionar el escáner. El programa lo detectará automáticamente. Para hacer una prueba, seleccionar el botón Escáner de la ventana principal de Document Scanning y hacer clic en el botón Probar escáner.
3. En la ficha Procesamiento, seleccionar el idioma en la lista Idioma de OCR. La casilla de verificación Utilizar OCR para reconocer el texto de la imagen digitalizada debe estar activada.
4. En la ficha Resultado, seleccionar la carpeta de destino, haciendo clic en el botón Cambiar.
5. En la ficha Página, seleccionar el tamaño de la página.
6. Hacer clic en Aceptar.
7. Hacer clic en el botón Digitalizar.
8. Hacer clic en Listo al terminar, para guardar el archivo.

Advertencia:

Al instalar Microsoft Office Document Imaging, se convierte en aplicación predeterminada para todos los archivos gráficos que lleven la extensión .Tif, lo que puede resultar inconveniente porque apenas tiene prestaciones para las imágenes gráficas con formato Tiff. Lo mejor es cambiar el programa por el que usualmente se utilice para tratamiento de imágenes, como PaintShopPro, Photo-Paint, PhotoShop, etc. En el capítulo 13 vimos la forma de cambiar el programa predeteminado en la ficha Tipos de archivo del cuadro de diálogo Opciones de carpeta. Hay que localizar el tipo Archivo de Microsoft Office Document Imaging, hacer clic en el botón Edición y pulsar el botón Examinar para localizar el programa de tratamiento de imágenes.

Microsoft Graph

Microsoft Graph es una miniaplicación que funciona únicamente incrustada en un documento de Word, Excel, PowerPoint, etc. Se inicia seleccionando Insertar>Imagen> Gráfico.

También se puede agregar el icono a una barra de herramientas, por ejemplo, a la misma barra creada para el **Editor de ecuaciones**, seleccionando **Gráfico** en la ventana **Comandos** del cuadro de diálogo **Personalizar** y arrastrando el botón sobre la barra de herramientas.

El programa ejecutable de Microsoft Graph se halla en la ruta C:\Archivos de programa\Microsoft Office\Office 10\Graph.exe, pero no se puede ejecutar haciendo doble clic en él en la ventana de Mi PC, porque solamente se ejecuta desde otra aplicación como Word. Por tanto, no merece la pena crear un acceso directo al Escritorio.

Creación de un gráfico

Al inicio, Microsoft Graph presenta un gráfico predefinido, que se puede modificar fácilmente escribiendo otras cifras y datos en la Hoja de datos. También se puede generar el gráfico a partir de datos de Word, haciendo lo siguiente:

1. Seleccionar Tabla>Insertar>Tabla y elegir una tabla de tres columnas.
2. Escribir los datos que contiene la tabla 19.3.

Tabla 19.3. Los datos para el gráfico

Año	Turistas	Cifra negocio
1997	1000	300
1998	1200	361
1999	1100	332
2000	1300	391

Una vez creada la tabla, crearemos el gráfico:

1. Seleccionar Tabla>Seleccionar tabla.
2. Hacer clic en el botón **Gráfico** de la nueva barra de herramientas.
3. Microsoft Graph creará el gráfico.

Modificación del gráfico

Después de crear un gráfico con Microsoft Graph, queda incrustado en el documento de Word. Como objeto incrustado, se abre en una ventana en la que la barra de menú y las barras de herramientas de Word son reemplazadas por las de Microsoft Graph. La Hoja de datos refleja los datos de la tabla, pero muestra una columna vacía, porque la tabla predefinida tiene cuatro y la tabla de ejemplo sólo tres. A causa de ello, el gráfico está mal dispuesto. Hay que hacer lo siguiente:

1. Hacer clic con el botón derecho en la columna en blanco de la Hoja de datos.
2. Seleccionar Eliminar en el menú emergente.
3.  Cerrar la Hoja de datos haciendo clic en el botón **Cerrar** de la esquina superior derecha.

En la ventana de Word, el gráfico es un objeto que podemos modificar y formatear igual que si se tratase de una imagen prediseñada, una fotografía o un dibujo. Para trasladarlo o cambiarle el tamaño, hay que seleccionarlo y arrastrarlo con el ratón o estirar una de las esquinas. Para pasar de una ventana a otra, solamente hay que hacer clic. Para pasar de la ventana de Graph a la de Word, hay que hacer clic fuera del gráfico y para pasar de la ventana de Word de nuevo a la de Graph, es preciso hacer doble clic en el gráfico.

Para formatear el gráfico, hay que tener en cuenta que, aunque aparenta ser un todo, se compone de diversos elementos que se pueden modificar, agregar o eliminar de forma independiente. Por lo tanto, antes de hacer clic en el gráfico para modificarlo o cambiarle el formato, es necesario observar cuidadosamente el elemento y apuntarlo con el ratón, para leer la información emergente y asegurarse de que se trata del elemento deseado. Al recorrer los elementos del gráfico con el ratón, la información de pantalla va indicando Eje de valores, Eje de categorías, Área del gráfico, Serie"2000" Punto "Número de turistas", Valor 130.000, etc.

Para seleccionar un elemento, hay que hacer clic en él. Para modificarlo, lo más cómodo es hacer clic con el botón derecho del ratón y luego elegir el comando en el menú emergente. Si el elemento seleccionado es un plano lateral en un gráfico de tres dimensiones, el menú mostrará el comando Formato de los planos laterales.

Formato del gráfico

Para elegir otro tipo de gráfico, hay que hacer lo siguiente:

1. Hacer clic con el botón derecho en la zona en blanco dentro del marco del gráfico, donde la información de pantalla indica Área del gráfico.

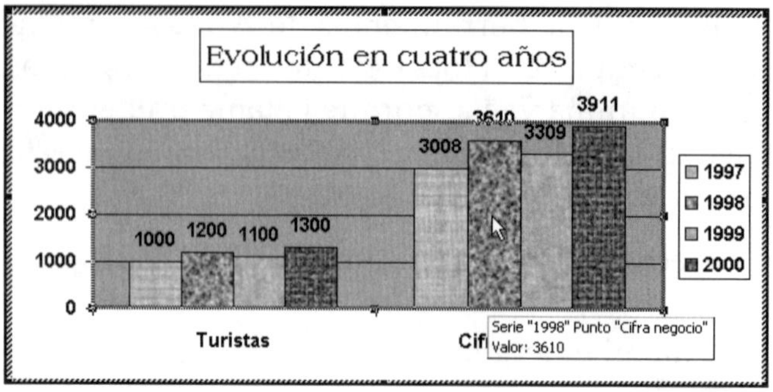

Figura 19.11. La información sobre los elementos del gráfico

2. Seleccionar Tipo de gráfico en el menú emergente.
3. Elegir entonces el tipo de gráfico, como por ejemplo, Barra agrupada con efecto 3D.

Para insertar un título en el gráfico, hay que hacer lo siguiente:

1. Hacer clic con el botón derecho en Área del gráfico.
2. Elegir Opciones del gráfico en el menú emergente.
3. Seleccionar la ficha Títulos.
4. Escribir Evolución en cuatro años en Título del gráfico.
5. Hacer clic con el botón derecho en el título y seleccionar Formato del título del gráfico en el menú emergente.
6. En la ficha Fuente, seleccionar Americana BT, Negrita, 11 puntos.
7. En la ficha Tramas, seleccionar borde Automático.

Para que aparezcan rótulos en las columnas, hay que seguir los siguientes pasos:

1. Seleccionar una a una las series de datos en el eje de categorías. Al aproximar el ratón, indicará respectivamente Serie 2000, Serie 1999, Serie 1998 y Serie 1997.
2. Para cada una, hacer clic con el botón derecho y luego elegir Formato de serie de datos.
3. Seleccionar la ficha Rótulos de datos y hacer clic en la casilla de verificación Valor.
4. Ampliar el tamaño del gráfico estirando de la esquina inferior derecha, para dejar espacio para los valores de los rótulos.

Para formatear las columnas con otro relleno, hay que seguir los pasos siguientes:

1. Seleccionar una a una las series de datos y elegir Formato de serie de datos.
2. En la ficha Tramas, hacer clic en el botón Efectos de relleno.
3. En la ficha Textura, seleccionar una textura para cada serie. La leyenda acusará los cambios automáticamente.

Para cambiar la escala del eje de valores, hay que hacer lo siguiente:

1. Hacer clic con el botón derecho en el Eje de valores.
2. Seleccionar Formato de ejes en el menú emergente.
3. En la ficha Escala, quitar la selección de la casilla de verificación Máximo y escribir 4000. Las restantes casillas quedarán con las opciones automáticas.

Finalmente, hay que hacer clic fuera del gráfico para incrustarlo en Word. Se puede cortar y pegar en otro documento distinto del que contiene la tabla. El archivo de ejemplo se encuentra en la carpeta \Ejemplos\Cap19 del CD-ROM de acompañamiento.

Resumen

En este capítulo hemos aprendido a utilizar algunas de las herramientas y funciones compartidas por los programas de la suite Microsoft Office.

Hemos aprendido a instalar y configurar el Ayudante de Office, que, en la nueva versión, viene desactivado de forma predeterminada y ha sido reemplazado por el Cuadro de ayuda.

Hemos aprendido igualmente a manejar el Editor de ecuaciones, que aporta 19 plantillas para crear ecuaciones muy diversas. Hemos visto la manera de crear ecuaciones, de modificarlas y de cambiar algunos de sus aspectos.

También hemos visto la forma de acceder al programa de actualización del Editor de ecuaciones, MathType 4, en una página de Internet, donde hemos encontrado información acerca del producto, estudios comparativos entre MathType 4 y el Editor, así como numerosas sugerencias, recomendaciones, trucos y pistas para el trabajo profesional con el Editor.

Otra de las herramientas de Office es un conjunto de miniaplicaciones, Document Imaging y Document Scanning, con las que hemos visto la manera de escanear un texto como imagen, aplicarle una herramienta de reconocimiento de caracteres y exportarla a un documento de Word para su edición.

Finalmente, hemos aprendido a manejar Microsoft Graph, insertando un gráfico de ejemplo a partir de una tabla de Word y modificando su tipo, formatos y algunos de sus elementos.

Capítulo 20

Herramientas para Internet

En este capítulo aprenderá a:

- Manejar las barras de herramientas de Word para Internet.
- Manejar el Asistente para páginas Web.
- Utilizar temas y marcos.
- Crear Carpetas Web y Ubicaciones FTP.

Word y la World Wide Web

Una página Web es una página lógica que contiene textos, imágenes, sonidos, animaciones, etc. y que dispone de hipervínculos para poder enlazar con otras páginas. Un sitio Web es un conjunto de páginas Web enlazadas que tratan de un tema común o que corresponden a una misma empresa. Por ejemplo, el sitio Web http://www.iberia.es consiste en varias páginas Web enlazadas entre sí, en que una muestra horarios, otra precios, otra itinerarios, otra ofertas, otra enlaces de vuelos, etc.

Word comprende funciones y capacidades para trabajar como editor de páginas Web. Entre otras, hay que considerar las siguientes:

- Permite insertar hipervínculos directamente en los documentos. Además, las direcciones Web se convierten en hipervínculos automáticamente, a medida que se escriben si está activada la casilla de verificación Rutas de red e Internet por hipervínculos en la ficha Autoformato. Los hipervínculos pueden hacer referencia a páginas Web y a otras direcciones de Internet, así como a documentos de una red local o del mismo equipo o a direcciones de correo electrónico. Hemos visto los hipervínculos en los capítulos 11 y 13.
- Se pueden importar documentos HTML. La opción Todos los documentos de Word de la lista Tipo de archivo (cuadro de diálogo Abrir) incluye Htm, Html y Url.
- Se pueden guardar documentos como páginas Web, seleccionando la opción Archivo>Guardar como página Web.
- Haciendo clic en un hipervínculo con la dirección electrónica del destinatario, se puede iniciar un mensaje de correo electrónico.
- Se puede acceder directamente a las páginas Web de Microsoft para ayuda y soporte, empleando el menú Ayuda y otros enlaces que hemos visto en los capítulos anteriores.

Las barras de herramientas Web y Herramientas Web

Word 2002 ofrece diversas barras de herramientas para la creación y gestión de páginas Web. Además de las barras de herramientas Web y Herramientas Web, que veremos a continuación, hay otras barras como Marcos o Discusiones Web.

La diferencia fundamental entre las dos primeras, es que la barra Herramientas Web (figura 20.2) es un conjunto de botones, herramientas y controles a aplicar a formularios en línea y páginas Web, mientras que la barra de herramientas Web (figura 20.1) es una barra de gestión, útil para navegar en Internet, en una intranet o incluso en un equipo local.

La barra de herramientas Web

La barra de herramientas Web contiene botones similares a los de un explorador Web y a los de los cuadros de diálogo de Microsoft. El menú desplegable del botón Ir tiene dos opciones:

- Establecer página de inicio. Crea la página de inicio a partir de un documento.
- Establecer página de búsqueda. Crea la página de búsqueda a partir de un documento.

Para crear una página de inicio o de búsqueda, solamente hay que abrir el documento que haya de utilizarse como página de inicio o de búsqueda y hacer clic en la opción correspondiente de la barra de herramientas.

Al cambiar la página de búsqueda con la barra de herramientas Web, la nueva página de búsqueda también se utilizará en el navegador Web, siempre que sea compatible con Office 2002.

Figura 20.1. La barra de herramientas Web

Nota:

La página de inicio es la primera que aparece en el explorador, al acceder a un sitio Web y puede contener hipervínculos a otras páginas o documentos. La página de búsqueda es un medio de acceso a páginas Web que permite buscar elementos por tema, palabra clave o coincidencia de consulta o bien presenta una lista de hipervínculos a otras páginas o documentos.

La barra Herramientas Web

En el capítulo 17 vimos la similitud entre la barra Herramientas Web y el Cuadro de controles. Pero entre ambos existen dos diferencias notables.

Una es que la barra Herramientas Web contiene más controles que el Cuadro de controles y otra es que los controles de la barra Herramientas Web son nativos Html, por lo que, al insertar un control del Cuadro de controles, queda como un control de formulario que puede servir para impresión o envío en línea, mientras que, al insertar un control de la barra Herramientas Web, Word 2002 marca automáticamente el principio y el fin del formulario.

Figura 20.2. La barra Herramientas Web

Los botones de esta barra de herramientas son controles de formulario estándar HTML que son los que se utilizan en la World Wide Web. Normalmente precisan archivos de soporte adicionales, así como soporte de servidor, por lo que es conveniente dirigirse al administrador Web o bien al administrador de la red antes de planificar un trabajo con dichos controles.

La tabla 20.1 recoge algunas funciones de los controles de la barra Herramientas Web.

Tabla 20.1. Los controles de la barra Herramientas Web

Control	Función
Casilla de verificación	Activa o desactiva un elemento.
Botón de opción	Un grupo o dos o más opciones que solamente permite tomar una de cada grupo.
Cuadro combinado	Presenta una lista de opciones.
Cuadro de lista	Permite al usuario desplazarse al resto de la lista, si hay más opciones de las que permite el tamaño del cuadro.
Cuadro de texto	Permite al usuario escribir una línea de texto.
Área de texto	Permite al usuario escribir varias líneas de texto.
Enviar	Al hacer clic, envía datos al servidor.
Enviarimagen	Al hacer clic, envía imagen al servidor.

Control	Función
Restablecer	Restablece los parámetros predeterminados, eliminando los datos entrados por el usuario.
Oculto	Pasa al servidor información no entrada por el usuario, por ejemplo, datos del equipo de éste.
Contraseña	Cuadro de texto con asteriscos (***) que ocultan el texto que entra el usuario.
Clip de vídeo	Muestra un clip de vídeo o una imagen o bien texto alternativos. El clip se puede reproducir *n* veces, al abrir el formulario, al hacer clic o en ambos casos.
Sonido de fondo	Un clip de sonido o un texto alternativo que se repite *n* veces.
Desplazamiento de texto	Un texto (marquesina) que se desplaza en la zona señalada con un tipo de movimiento, velocidad y dirección determinados.

Creación de páginas Web

Hay diversos métodos para crear una página Web:

- Escribir el código HTML en un procesador de textos, utilizando los lenguajes de programación disponibles.
- Utilizar entornos visuales de programación, como FrontPage, Dreamweaver, etc.
- Crear los documentos con un programa conocido, como Word o PowerPoint y convertirlo en página Web con las herramientas del mismo programa.

En Word, una página Web se crea y modifica como cualquier documento, organizando el texto y los gráficos de forma que aparezcan en la pantalla de la forma adecuada.

Al guardar el documento como página Web, Word convierte entonces el formato en código HTML. Sin embargo, no todos los formatos de Word se pueden convertir a código HTML, lo que significa que el documento HTML final puede no quedar exactamente como el documento original de Word.

Recomendaciones para el diseño de la página Web

Antes de crear la página, merece la pena dedicar algún tiempo a considerar algunas recomendaciones respecto al diseño:

- El diseño debe contemplar el mensaje que debe transmitir la página. Es conveniente trazar un boceto de los distintos niveles de recorridos que los visitantes podrán hacer en ella. Es recomendable diseñarla de manera que quepa en una hoja de 800x600 píxeles (incluso, si es posible, de 640x480, en previsión de visitantes con navegadores antiguos), no en un papel tamaño folio o DIN A4, de forma que el visitante pueda verla completa sin desplazarse. También es importante colocar los títulos y los objetos de manera que ayuden a examinar la página rápidamente, sin necesidad de buscar los contenidos de interés.
- Es importante que los elementos que componen las páginas sean homogéneos para dar la sensación de coherencia y advertir al visitante que se encuentra siempre en el mismo sitio Web. El **Asistente para páginas Web** proporciona **Temas** que vimos en el capítulo 17, con los que es fácil mantener un formato coherente en las páginas.
- También resulta útil concentrar el contenido en una o dos pantallas, para que el visitante pueda leerlo de una vez con cualquier navegador, sin necesidad de desplazarse. El primer golpe de vista global es muy efectivo.
- Conviene que las imágenes no sean muy grandes, para evitar el exceso de tiempo de carga. En todo caso, se pueden colocar miniaturas que se carguen inmediatamente y que el visitante pueda desplegar para visualizarlas cómodamente. Si una imagen ocupa mucho espacio y además contiene información de acompañamiento, es mejor insertar un hipervínculo para pasar a otro documento que contenga la información y así evitar sobrecargas en la misma página.
- Para reducir el tamaño de los archivos gráficos hay que utilizar menos colores, disminuir el alto y el ancho de la imagen o recortarla. También se puede repetir la imagen, por ejemplo, usando la misma imagen para los botones o las viñetas en todas las páginas Web, la imagen se descarga sólo una vez, aunque aparezca en varias páginas. Aunque Word tiene herramientas para el tratamiento de las imágenes, es mejor usar un programa de diseño gráfico como PhotoPaint, PaintShopPro, PhotoShop, PhotoDraw, etc.

- Conviene visualizar la página Web creada con varios navegadores distintos, para comprobar que se ve igualmente bien tanto el texto como las imágenes, puesto que éstas pueden variar de un navegador a otro, viéndose en uno correctamente y en otro distorsionadas.
- No hay que olvidar que muchos visitantes desactivan la visualización de gráficos para ganar tiempo o por otros motivos, por lo que conviene incluir texto alternativo, que aparece siempre en el navegador aunque no se visualice el gráfico o el efecto especial.
- En cuanto a los vídeo clips, si el visitante usa un sistema lento, puede tardar varios minutos en descargar un clip que dure unos segundos. Por tanto, conviene reducir el tamaño de estos archivos, suprimiendo los marcos innecesarios, reduciendo el alto o ancho del vídeo, empleando menos paneles, aplicando blanco y negro en lugar de color y comprimiendo los archivos.
- Los colores del gráfico de fondo no deben interferir con los colores de las imágenes o con el texto de la página. Conviene no utilizar texto blanco porque Word sólo permite ver el fondo en modo Diseño Web y si el visitante visualiza el documento en otra vista, como Diseño de impresión, puede que no vea el texto blanco.
- Los hipervínculos deben estar situados (a poder ser en la parte inferior de la página) de manera que faciliten el desplazamiento en la página y el acceso a lo que despierte el interés del visitante. Asimismo es importante que lleven etiquetas claras y legibles, con el fin de evitar que los visitantes se desplacen por error a páginas que no sean de su interés.
- HTML no admite el formato de columnas periodísticas, pero es fácil colocar el mismo contenido en una tabla, con o sin borde, que produzca un efecto visual similar y permita organizar la página Web. Las columnas, los gráficos y el texto se pueden preparar para que aparezcan alineados en los navegadores.

Las funciones no soportadas

No todos los navegadores pueden mostrar los formatos de Word, por lo que, al guardar un documento como página Web (seleccionando Archivo>Guardar como página Web), Word convierte los formatos no soportados en otros que puedan leer los navegadores Web.

Para crear páginas Web que utilicen solamente los formatos aptos para determinados navegadores, hay que hacer lo siguiente:

1. Seleccionar **Herramientas, Opciones.**
2. Hacer clic en el botón **Opciones Web** de la ficha **General.**
3. Seleccionar la ficha **Exploradores** y desactivar las funciones no soportadas, seleccionando la versión de los navegadores que deben utilizar los visitantes y haciendo clic en la casilla de verificación **Deshabilitar características no admitidas por estos exploradores.** De esa manera, Word desactivará los formatos no aceptados por los navegadores seleccionados en la lista desplegable anterior.

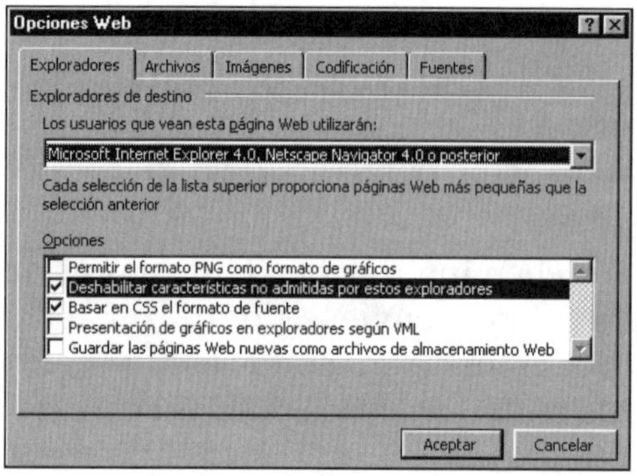

Figura 20.3. Desactivación de funciones no soportadas

Conversión de un documento de Word en página Web

Word permite crear una página Web a partir de cualquier documento. Sólo hay que convertirlo en página Web seleccionando **Archivo>Guardar como página Web.** La figura 20.4 muestra el esquema **Ingenieria.doc** que utilizamos en el capítulo 11 convertido en página Web con este sencillo método. El resultado es el archivo **Ingenieria.htm.** El documento aparece en Internet Explorer. En la ventana del Bloc de notas puede verse el código HTML del mismo.

Advertencia:

Al guardar un documento como página Web, es importante hacer clic en el botón **Cambiar título** *del cuadro de diálogo* **Guardar como página Web** *y modificar el título o, por lo menos, comprobarlo, porque Word dará a la página Web como título la primera línea del documento.*

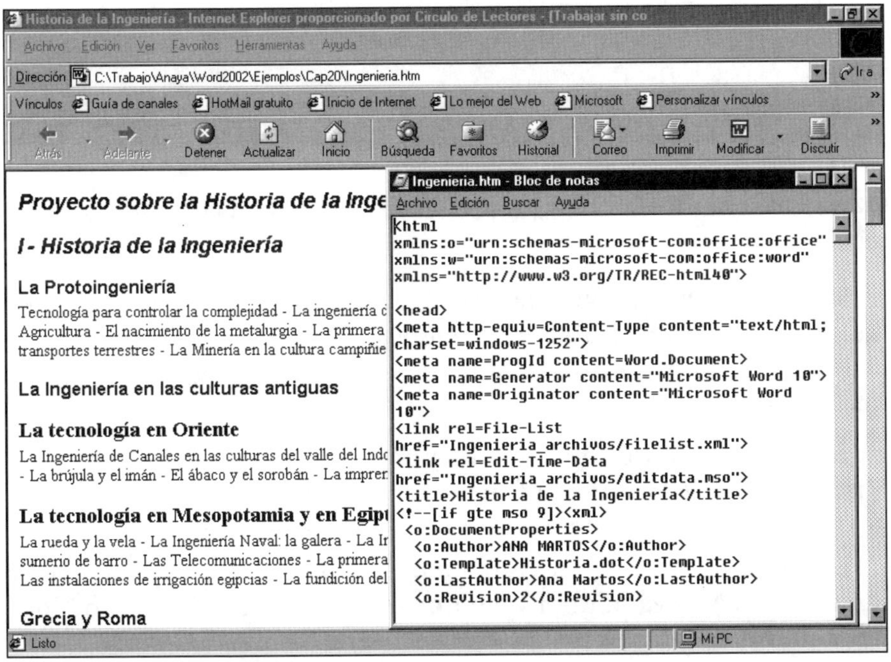

Figura 20.4. Ingenieria.htm

Para ver un documento con Internet Explorer hay que seleccionar Archivo>Abrir, hacer clic en el botón Examinar y localizar el archivo. Para ver el código HTML hay que seleccionar Ver>Código fuente.

Nota:

La forma más rápida de ver un documento con Internet Explorer es hacer doble clic en el nombre del archivo en Mi PC o el Explorador de Windows. Si tiene formato HTML, se abrirá en Internet Explorer automáticamente.

La opción Archivo>Guardar como página Web convierte el documento en su formato binario. Únicamente hay que especificar la ubicación (que incluye un servidor Web) y dar el nombre al archivo, al que Word asigna automáticamente la extensión .Htm. El documento se convierte en Html y se almacena en el servidor Web indicado.

Después de guardar un documento como página Web, conviene volver a abrirlo y comprobar que todos los formatos siguen siendo correctos. A continuación, hay que abrir el documento con el navegador y verificar su exactitud.

Creación de una página Web con Word 2002

El método más sencillo de crear páginas Web con Word consiste en lo siguiente:

1. Seleccionar Archivo>Nuevo. Hacer clic en el enlace Plantillas generales del Panel de tareas Nuevo documento.
2. En el cuadro de diálogo Plantillas, seleccionar la ficha General y hacer clic en Página Web.
3. Crear la página usando todos los recursos de formato de Word 2002. En Vista Diseño Web también funciona Hacer clic y escribir y pueden verse el fondo, el tema y todos los elementos de formato.
4. Para crear una nueva página Web a partir de la creada, hay que hacer clic en el botón **Nueva página Web** que ocupa el lugar del botón **Nuevo documento en blanco** de la barra de herramientas Estándar.

5. Guardar el documento seleccionando Archivo>Guardar como. El cuadro de diálogo Guardar como presenta el botón Cambiar título que permite modificar el título que ha de aparecer en la página Web.
6. Para obtener una vista previa de la página, hay que seleccionar Archivo>Vista previa de la página Web.

Nota:

Al guardar un documento como página Web, Word 2002 crea una carpeta para todos los archivos de soporte y él mismo se ocupa de mantenerla. Si se elimina el documento, Word elimina esos archivos automáticamente.

El Asistente para páginas Web

Otra forma de crear la página Web es usar el Asistente para páginas Web que está en la plantilla Páginas Web del cuadro de diálogo Plantillas.

1. En el cuadro Título y ubicación, hay que indicar el nombre del sitio Web y el lugar en que se ha de guardar. Lo más sencillo es guardar todo en una carpeta del disco duro y posteriormente enviarlo a un servidor

Web. Es importante guardar todos los elementos de la página en la misma carpeta.

2. En el cuadro Desplazamiento hay que elegir o bien un tipo de marco o bien otra página Web. Lo más adecuado es usar marcos para el desplazamiento en la página, pero hay navegadores que no admiten marcos y es preciso establecer el desplazamiento a otra página Web. Veremos los marcos en un próximo epígrafe.
3. En el cuadro Agregar páginas hay que indicar las páginas de que se compone el sitio Web. El Asistente ofrece una página personal y otras dos en blanco. Los botones de la izquierda permiten añadir páginas en blanco, plantillas o archivos existentes como páginas Web. El botón Quitar página elimina las páginas sobrantes o inconvenientes.
4. En el cuadro Organizar páginas hay que señalar el orden y nombre de las páginas que componen el sitio Web, pero el título a que se refiere el Asistente no es el nombre del archivo, sino el título que aparece en la barra de título del navegador. Por ejemplo, el documento Ingeniería.htm, que es el nombre del archivo, aparece en la figura 20.4 con el título Historia de la Ingeniería.
5. En el cuadro Tema visual se puede seleccionar uno de los temas de Word haciendo clic en el botón Seleccionar temas. Hemos visto los temas en el capítulo 17 y los retomaremos en un próximo epígrafe.
6. El botón Finalizar termina el proceso. La página aparece en la pantalla en Vista Diseño Web, para aplicarle las modificaciones necesarias.

Modificación de la página Web con Word

Internet Explorer ofrece dos menús para modificar la página Web con Word. Ambos conducen al mismo resultado:

- Seleccionar Archivo>Modificar con Microsoft Word.
- Hacer clic en el botón **Modificar** de la barra de herramientas Estándar y seleccionar Modificar con Microsoft Word.

Los Temas de Word 2002

Hemos visto brevemente los temas en el capítulo 17 para aprovechar los estilos en un formulario. A diferencia de las plantillas, los temas no contienen entradas de Autotexto ni barras de herramientas personalizadas, macros o métodos abreviados, sino que proporcionan un estilo al documento, empleando colores, fuentes e imágenes gráficas.

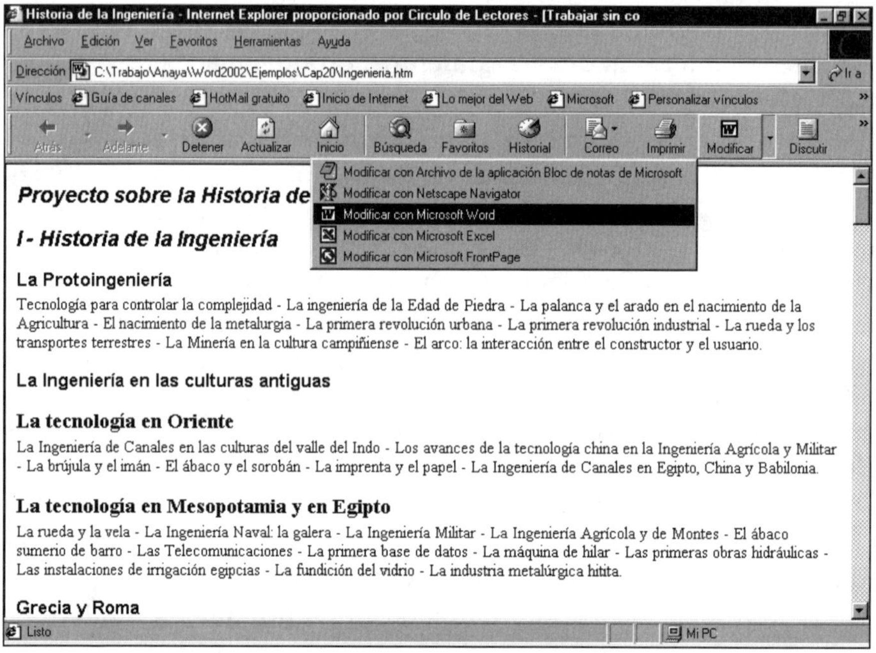

Figura 20.5. Modificar con Microsoft Word

Al aplicar un tema a un documento, Word personaliza el color del fondo, los estilos de títulos y cuerpo de texto, las viñetas, las líneas horizontales, los colores de los hipervínculos y los del borde de las tablas de ese documento. Se puede aplicar un tema, cambiarlo por otro o eliminarlo, empleando la opción de menú Formato>Tema. El cuadro de diálogo Tema presenta una muestra del tema elegido y permite seleccionar opciones para aplicar colores más luminosos al texto o a las imágenes, dar animación a algunos gráficos o bien aplicar un fondo al documento. Para ver la animación de gráficos, hay que visualizar la página Web mediante un navegador.

El cuadro de diálogo Tema contiene los temas instalados que aparecen en el cuadro de la derecha al seleccionarlos en la lista de la izquierda. Para los no instalados, aparece el botón Instalar en el lugar en que debería de aparecer el tema y solamente hay que hacer clic e insertar el disco de instalación de Word u Office para disponer de él.

Para cambiar el tema aplicado por otro en una página Web, hay que hacer clic en el botón Predeterminar. Para aplicar el tema a todo el sitio Web, hay que seleccionarlo en el cuadro Tema visual del Asistente para páginas Web.

Los Marcos de Word 2002

La opción de menú Formato>Marcos inserta marcos que permiten organizar mejor el contenido y los vínculos de las páginas Web y facilitar el acceso a los visitantes.

Los marcos pueden también incluir la tabla de contenido de la página, siempre que se seleccione la opción Tabla de contenido en marco, en el submenú Marcos.

Esta opción permite agregar una tabla de contenido simple a un documento grande que utilice títulos integrados de Word. De esta manera, el resultado es inmediato, puesto que Word se hace rápidamente cargo de los títulos del documento y genera la tabla con hipervínculos en el marco izquierdo.

El cuadro Desplazamiento del Asistente para páginas Web facilita la creación de una página de marcos, permitiendo optar por el modelo vertical o el horizontal.

La barra de herramientas Marcos

También se puede iniciar una página Web y utilizar los botones de la barra de herramientas Marcos para agregarlos a la página.

Figura 20.6. La barra de herramientas Marcos

La barra de herramientas Marcos contiene los botones siguientes:

- **Tabla de contenido en marco**. Permite insertar la tabla de contenido de la página.
- **Marco nuevo a la izquierda**. Permite utilizar una lista de hipervínculos como tabla de contenido.

- **Marco nuevo a la derecha**. Permite presentar el texto principal de la página vinculado al marco izquierdo, de manera que al pulsar un hipervínculo de la lista del marco izquierdo, el contenido aparezca en el derecho.
- **Marco nuevo arriba**. Almacena texto o imágenes que pueden permanecer inmóviles, mientras el visitante se desplaza en la página, por ejemplo, los títulos.
- **Marco nuevo abajo**. Puede ser invisible para el usuario, pero contener el nombre del archivo para el conjunto de marcos.
- **Eliminar marco**. Borra el marco seleccionado.
- **Propiedades del marco**. Da acceso a un cuadro de diálogo con las dos fichas:
  - Bordes, para formatear el borde y el color del marco.
  - Marco, para denominarlo, darle las dimensiones adecuadas y vincularlo al archivo.

Creación de un marco

Para crear un marco en una página Web, hay que hacer clic en el botón correspondiente de la barra de herramientas y, una vez creado, hacer clic en el interior para colocar el punto de inserción y empezar a escribir o insertar imágenes.

Al acercar el cursor a un marco, se convierte en una flecha de dos puntas con la sugerencia Cambiar tamaño, para estirar hacia uno u otro lado, igual que se modifica el tamaño de las filas y columnas de un tabla de Word.

Al desplazar un marco a otra carpeta, equipo o servidor, es preciso desplazar con él todos sus contenidos, pues, de lo contrario, los hipervínculos no funcionarán y las imágenes gráficas pueden no aparecer. Todos los archivos de soporte se guardan en la misma carpeta con el nombre del archivo al que corresponden.

Los documentos o imágenes contenidos en un marco se modifican como si se tratase de ventanas de Word. Después de cambiarlos, hay que seleccionar Archivo>Guardar.

Después de construir y organizar el conjunto de marcos, hay que seleccionar Archivo>Guardar como página Web, para indicar la ubicación adecuada en la lista Guardar en, del cuadro de diálogo Guardar como. La página inicial de cada marco y todas las imágenes se guardan en la misma ubicación que el conjunto de marcos. Las demás páginas Web con hipervínculos desde el conjunto de marcos, se guardan de forma individual.

Propiedades de los marcos

El menú emergente de los marcos tiene una opción igual al último botón de la barra de herramientas Marcos, Propiedades del marco. El cuadro de diálogo Propiedades del marco tiene dos fichas, Bordes, con la que modificar su aspecto, los colores del borde, el nombre, etc. y Marco.

La ficha Marco de este cuadro de diálogo está desactivada si se accede a él en el menú emergente, pero se activa al acceder haciendo clic en el botón **Propiedades del marco** de la barra de herramientas. En ella se puede seleccionar la página inicial y establecer vínculos.

Hipervínculos entre páginas Web y marcos

El cuadro de diálogo Insertar hipervínculo, que vimos en los capítulos 11 y 13 facilita la inserción de hipervínculos tanto entre páginas Web como entre marcos.

Para insertar un hipervínculo a otra página Web, hay que hacer esto:

1. Escribir el texto o insertar la imagen en que deba hacer clic en visitante para desplazarse.
2. Seleccionar el texto o la imagen y hacer clic en Insertar>Hipervínculo.
3. En el cuadro de diálogo Insertar hipervínculo, seleccionar ahora el botón Archivo o página Web existente.
4. Seleccionar o escribir la página en la lista Dirección.
5. Hacer clic en Aceptar.

Si se trata de la misma página Web, es preciso insertar un marcador en el lugar de destino y, en el cuadro de diálogo Insertar hipervínculo, hacer clic en el botón Marcador e indicar el nombre en el cuadro de diálogo Marcador.

Si se trata de crear hipervínculos entre marcos, hay que hacer lo siguiente:

1. Después de crear el hipervínculo en el cuadro de diálogo Insertar hipervínculo seleccionando la página de destino, hay que hacer clic en el botón Marco de destino.

2. En el cuadro de diálogo **Establecer marco de destino**, seleccionar el marco en la lista desplegable. Este cuadro ofrece un mapa de los marcos de la página y los presenta numerados.

Las carpetas Web

Las carpetas Web son un método para administrar las páginas Web en Word 2002. La opción **Agregar carpeta Web** del Panel de tareas **Nuevo documento** pone en marcha el **Asistente para agregar Carpeta Web.** Hay que seleccionar el botón de opción **Crear nuevo elemento de carpeta Web** e indicar luego la dirección de acceso al servidor y el nombre de la carpeta.

De forma predeterminada, el cuadro de diálogo ofrece situar la carpeta en **Mis sitios Web en MSN**, en la dirección **http://es.msnusers.com/** que da acceso al servidor Microsoft Passport, donde se puede conseguir una contraseña y un inicio de sesión para una cuenta.

Hay que hacer lo siguiente:

1. Hacer clic en **Mis sitios Web en MSN.**
2. Antes de abrirse la sesión, aparecerá el cuadro de diálogo **Iniciar sesión de Microsoft Passport** que solicita el nombre del inicio de sesión y la contraseña.
3. Hacer clic en el enlace **¿No tiene un Microsoft Passport? Obtenga uno aquí** (figura 20.7).

Figura 20.7. Obtención de un Microsoft Passport

4. En el cuadro de diálogo **Abrir nueva cuenta de Microsoft Passport**, escribir la dirección de correo electrónico, una contraseña diferente a la

del correo electrónico con 8 caracteres como mínimo y los restantes datos que solicita.

5. Tras iniciar la sesión, el cuadro de diálogo Creando una carpeta nueva solicita el nombre de la carpeta. Tras escribirlo, hacer clic en el botón Finalizar.

Después de crear la carpeta Web, se accede a ella desde los cuadros de diálogo Abrir o bien Guardar como, seleccionando Carpetas Web en la lista desplegable Buscar en:. Dentro de ella, aparecerá la carpeta creada en el servidor Mis Sitios Web en MSN, como se ve en la figura 20.8.

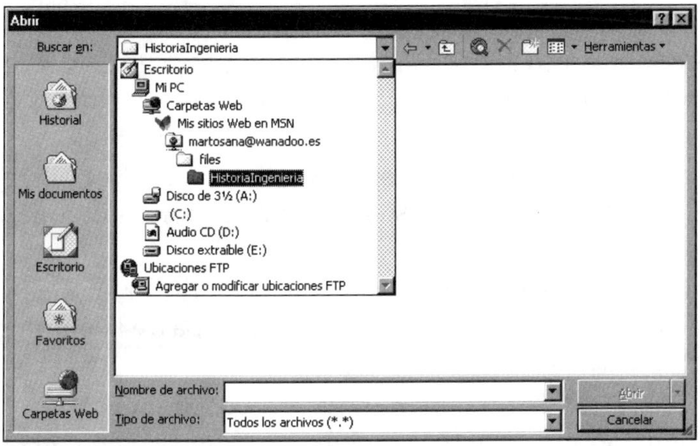

Figura 20.8. La nueva carpeta en Carpetas Web

Las ubicaciones FTP

También se pueden publicar páginas Web a través de Word utilizando la opción Ubicaciones FTP y empleando la página FTP como cualquier disco duro o disco de red. En primer lugar, al igual que vimos con las Carpetas Web, hay que crear una ubicación de la forma siguiente:

1. Averiguar la dirección FTP en la que copiar las páginas Web, preguntando al administrador de la red o bien al proveedor de servicios de Internet.
2. Solicitar el nombre de usuario y contraseña y consultar el espacio disponible para la página.
3. Abrir el documento y seleccionar Archivo>Guardar como.

4. En la lista desplegable Guardar en, seleccionar ahora la opción Ubicaciones FTP.
5. En el cuadro de diálogo Agregar o modificar ubicaciones FTP, escribir el nombre del sitio FTP (la dirección obtenida anteriormente) y hacer clic en Agregar.
6. Una vez creada, hay que guardar las páginas en la nueva ubicación, seleccionándola en la lista Buscar en.

Resumen

En este capítulo hemos analizado las herramientas que Word 2002 ofrece para crear páginas Web y para realizar algunas actividades relacionadas con Internet o con una intranet.

Hemos visto las barras de herramientas Web y Herramientas Web. Esta segunda es similar al Cuadro de controles, pero guarda con él algunas diferencias que hemos analizado.

Para la creación de páginas Web, hemos visto una lista de recomendaciones relativas al diseño, formato, etc. que facilitan la descarga de la página y los desplazamientos del visitante.

Hemos aprendido a convertir documentos de Word en páginas Web y hemos visto someramente el método de creación de páginas Web con el Asistente para páginas Web.

Hemos aprendido el manejo de los Temas y los Marcos de Word aplicables a la construcción de páginas Web, así como la inserción de hipervínculos en páginas o marcos.

También hemos aprendido a crear Carpetas Web en las que guardar los elementos de una página Web, e igualmente hemos visto la manera de agregar Ubicaciones FTP. En la creación de Carpetas Web hemos aprendido la forma de conseguir una cuenta gratuita en el servidor Microsoft Passport.

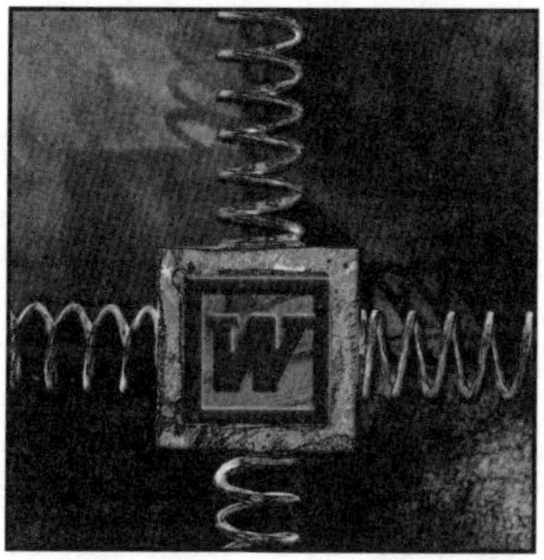

Apéndice A

Instalación personalizada de Word 2002

Instalación de Microsoft Office XP

Word 2002 forma parte de la suite Office XP. La instalación típica instala todos los productos de la suite con la mínima intervención del usuario, pues el Programa de instalación de Microsoft Office XP se ocupa de todo.

El proceso de instalación típica del programa, sea Word 2002 o toda la suite Office XP, consiste en insertar el disco en el lector de CD-ROM y seguir las instrucciones de Windows Installer y del Asistente para la instalación, que únicamente pedirá confirmación para aceptar la licencia, el número de serie y datos del usuario y aceptar la carpeta de instalación que será C:\Archivos de programa.

Truco:

*Para evitar que un CD se ejecute automáticamente al insertarlo, hay que mantener pulsada la tecla **Mayús** mientras se cierra el lector de CD-ROM.*

La nueva versión de Word puede convivir con versiones anteriores, siempre y cuando se instale en una carpeta diferente. En caso de mantener una versión anterior, es muy importante activar la casilla de verificación Mantener estos programas en la etapa de la instalación en que el Asistente advierte que va a eliminarlos.

Nota:

Word 2002 puede convivir con unas versiones tan antiguas como Word 6 o Word 2x. Si se mantiene Word 2x, no hay que olvidar instalar los convertidores de texto en la instalación personalizada.

Si se instala la nueva versión de Word sobre una versión anterior, el Asistente presenta dos opciones:

- Actualizar ahora. La actualización escribe los archivos de Word 2002 sobre los de la versión antigua, manteniendo la configuración existente.
- Elija un tipo de instalación. La instalación personalizada ofrece la posibilidad de seleccionar, uno a uno, los programas y las funciones a instalar.

Opciones de instalación de Word

Si se trata de instalar únicamente Word 2002 y el disco contiene la suite Office XP completa, es preciso seleccionar la opción Instalación personalizada. Esta opción es también útil cuando se trata de instalar únicamente algunas funciones, bien sea por falta de espacio o por otra razón.

Si instala sólo Word, es importante recordar instalar las Funciones compartidas y las Herramientas de Office, que vimos en el capítulo 19. La figura A.1 muestra el cuadro de la instalación, con todos los programas de la suite más los dos grupos de funciones y herramientas que comparten todas las aplicaciones.

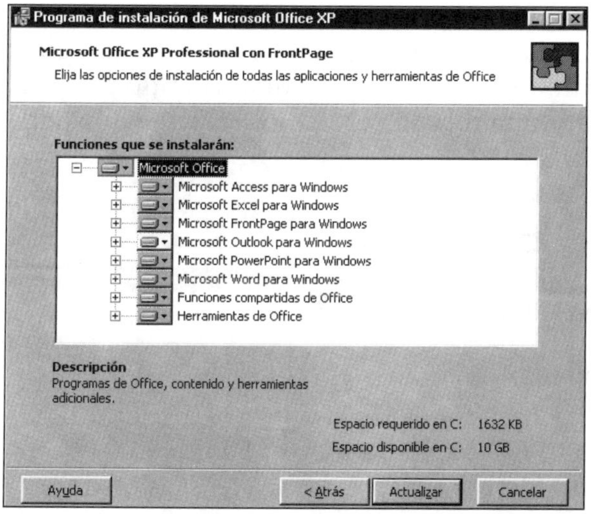

Figura A.1. Los programas de la suite Office XP

La instalación personalizada de Word 2002

La instalación personalizada de Word permite seleccionar uno a uno los componentes no solamente de Word, sino los elementos y herramientas comunes a la suite.

Además de poder seleccionar los elementos a instalar, la instalación personalizada permite elegir entre distintos tipos de instalación. Así, si un componente se va a usar inmediatamente o con mucha frecuencia, conviene seleccionar la opción Ejecutarlo desde Mi PC, es decir, que esté siempre disponible y sin demora. Pero si otro componente se va a utilizar tan sólo al cabo de algún tiempo e incluso no existe la seguridad de tener que emplearlo, conviene seleccionar la opción Instalar al utilizar por primera vez, para que el elemento quede *dormant* en el equipo hasta que sea necesario ejecutarlo y, entonces, habrá que insertar el CD-ROM de instalación para configurarlo. Es el caso de muchos filtros, convertidores y funciones como Document Imaging. Si el equipo dispone de poco espacio, también se puede seleccionar la opción Ejecutar desde el CD para los componentes que se utilicen muy esporádicamente, ya que este tipo de instalación, si bien no ocupa lugar en el disco duro, sí emplea mucho tiempo en la ejecución de cada elemento. Por último, para los elementos que nunca se vayan a emplear debe seleccionarse la opción No disponible.

De forma predeterminada, muchos de los componentes de Office están señalados con la opción Instalar al utilizar por primera vez, lo que es muy útil para no ocupar sitio en el disco duro hasta que se necesite emplear ese elemento. El inconveniente de esta opción es que, cuando hay que utilizar el componente, el programa reclama el CD-ROM y hay que detenerse a instalarlo.

Instalación personalizada

Las opciones de la instalación personalizada son:

- Ejecutar desde mi PC. Copia los archivos especificados al disco duro.
- Ejecutar todo desde mi PC. Copia todos los archivos al disco duro, para evitar tener que utilizar el CD-ROM de nuevo. Es útil si el equipo tiene mucho espacio disponible.
- Instalar al utilizar por primera vez. El componente queda en estado letárgico hasta que hay que ejecutarlo. Entonces se pone en marcha el programa de instalación que, en ocasiones, solicita el CD-ROM, aunque normalmente no es preciso. Si el equipo tiene recursos suficientes, la instalación en estos casos dura escasos minutos.
- No disponible. No instala el componente.

Para llevar a cabo la instalación personalizada de Word 2002, hay que hacer lo siguiente:

1. Seleccionar el botón de opción Personalizada y hacer clic en Siguiente.
2. Hacer clic en el signo + que hay junto al icono de cada componente, para desplegar los elementos que contiene. Por ejemplo, Microsoft Word

para Windows contiene los elementos Ayuda, Asistentes y plantillas, Reparar texto cortado, etc.

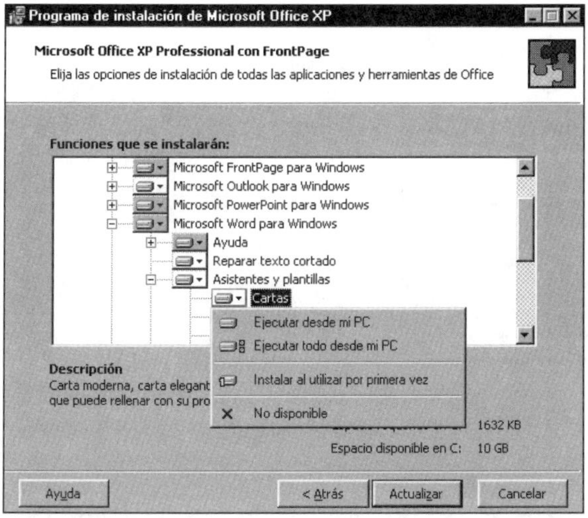

Figura A.2. Las opciones de la instalación personalizada

3. Elegir la opción de instalación. Si hay espacio suficiente en el disco, se puede elegir Ejecutar todo desde mi PC para evitar pérdidas de tiempo posteriores, cuando haya que utilizar alguna función. Aun así, lo más probable es que queden recursos sin instalar definitivamente. Obsérvese en la figura A.3 que casi todos los filtros gráficos están marcados con la opción 1 (Instalar al utilizar por primera vez).
4. Hacer clic en Instalar (o en Actualizar si se instala sobre una versión anterior).

Instalaciones posteriores

Después de instalar el programa e incluso de utilizarlo, puede ser necesario instalar algún componente que haya quedado fuera. Es posible también haber marcado alguno con la opción No disponible y después notar su necesidad. En tal caso, hay que hacer lo siguiente:

1. Hacer doble clic en el icono Agregar o quitar programas del Panel de control.
2. En la ficha Instalar o desinstalar del cuadro de diálogo Propiedades de agregar o quitar programas, hacer clic en Instalar.

Figura A.3. Opciones de instalación predeterminadas

3. También se puede ejecutar el CD-ROM de instalación de Word 2002 u Office XP. Aparecerá el panel que muestra la figura A.4. Seleccionar la primera opción, Agregar o quitar funciones.

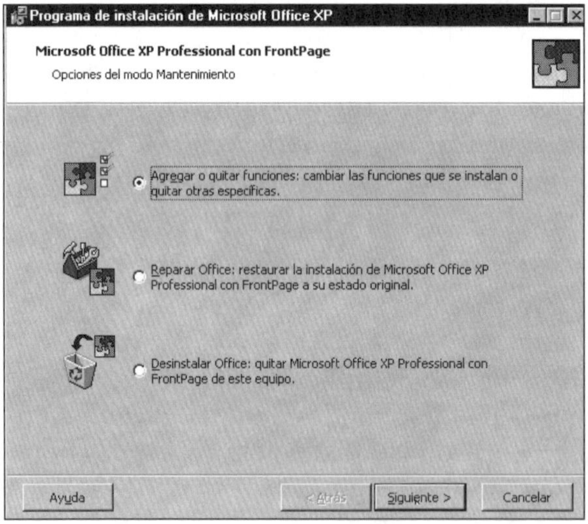

Figura A.4. Agregar o quitar funciones

4. Hacer clic en el signo + hasta localizar el componente o componentes.
5. Hacer clic en Instalar.

La opción Reparar Word (o bien Reparar Office) de este cuadro de diálogo reinstala los componentes y funciones que hayan sufrido algún daño.

La opción Desinstalar desinstala el programa o la suite completa. Es importante usar exclusivamente este método para desinstalar Word, Office o cualquiera de los componentes de la suite o de uno de sus programas.

Advertencia:

Hay que tener en cuenta que los programas de instalación no se limitan a descomprimir y copiar los archivos en una carpeta del disco duro, sino que copian e instalan accesos, bibliotecas y rutinas en diversos lugares del equipo, como en algunas carpetas de Windows (Inf, System), el Registro de configuraciones y rutas de acceso de otros archivos. Por tanto, es muy importante no eliminar un programa borrándolo o borrando la carpeta, sino que es imprescindible utilizar el programa de desinstalación, si lo tiene. Si no tiene programa de desinstalación, hay que emplear el icono Agregar o quitar programas *del Panel de control de Windows, seleccionar la aplicación y pulsar el botón* Agregar o quitar.

Apéndice B

Contenido del CD-ROM

El CD-ROM de acompañamiento

El CD-ROM que acompaña a este libro consta de dos carpetas principales, cada una de las cuales comprende varias carpetas.

- Ejemplos.
- Complementos.

La carpeta Ejemplos

La carpeta Ejemplos contiene dieciséis carpetas con los archivos de ejemplo de los capítulos del libro. Hay una carpeta para cada capítulo, excepto para los capítulos 0, 1, 2, 18 y 20. Estos mismos archivos se encuentran en la página Web de Anaya Multimedia, en la dirección

http://www.anayamultimedia.es

Seleccionando los menús: Atención al cliente>Complementos>Manuales Avanzados>Manual Avanzado Word 2002.

Conviene recordar que, al copiar los archivos al disco duro o al disponer de un lector de CD-ROM que tenga asociada una letra diferente de la E, es probable que los ejemplos que llevan archivos vinculados no funcionen bien, especialmente el documento maestro del capítulo 11, y los diferentes archivos del capítulo 13. No es difícil modificar la ruta de acceso a los vínculos pero, en todo caso, los ejemplos son resultados de ejercicios a realizar en cada capítulo, por lo que lo más conveniente es crearlos, y estudiar y consultar el capítulo correspondiente. Los archivos de soporte no deben ofrecer problema alguno.

En las diferentes carpetas pueden encontrarse archivos que no son de Word; por ejemplo, en el Cap.7 se encuentra un archivo, relacionado con el modo de impresión, cuya extensión es .prn, cuya función se explica en el correspondiente capítulo, u otros archivos de CorelDraw (Cap.16), Excel, ó Access, cuya función también se explica en los capítulos correspondientes.

Se recomienda que, antes de empezar a trabajar con los archivos y ejemplos de las diferentes carpetas, se proceda con la lectura de los respectivos capítulos del libro.

La carpeta Complementos

En esta carpeta de Complementos encontrará un conjunto de herramientas útiles para trabajar diferentes aspectos de Word 2002, de Office XP, y de Office en general. Muchas de estas herramientas son versiones freeware, shareware, trials, ... sujetas a condiciones particulares de utilización. La estructura de carpetas es la siguiente:

Clippy

Esta carpeta contiene dos vídeo clips, episode1.exe y episode2.exe, con el formato Flash y un archivo de sonido, vers1.wma con la canción de Clippy en formato Winamp. Se puede escuchar también con el Reproductor de Windows Media. Los reproductores se hallan en las carpetas Reproductor de Windows Media y Winamp.

Complementos Office

Esta carpeta contiene los siguientes complementos y actualizaciones para Office 2000, Office XP, Word 2000 y Word 2002:

- Asistente para guardar mi configuración. El nombre del archivo es savemy.exe. Se trata de una herramienta de Office que se instala con la suite Office XP en la ruta Inicio>Programas>Herramientas de Office. Este Asistente almacena el perfil del usuario en las páginas Web de actualización de Office, lo que permite descargar actualizaciones y complementos adecuados a la configuración del equipo. Se instala fácilmente siguiendo las instrucciones de un Asistente.
- Archivos adicionales de ayuda para Word 2002. El nombre del archivo es wdhelp.exe. Es la actualización de los archivos de ayuda de Word 2002, de fecha junio de 2001, que reemplaza a los existentes anteriores a dicha versión. Hay que hacer doble clic para ejecutarlo y extraer los archivos en la carpeta C:\Archivos de programa\Microsoft Office\Office 10\3082. Cuando el Asistente pregunte si ha de rescribir los archivos existentes, responder Sí a todo. Si la versión adquirida de Word 2002 es posterior a esa fecha, no conviene actualizarlos.
- Archivos adicionales de ayuda para Office XP. El nombre del archivo es ofhelp.exe. Es igual que el anterior, pero para la suite Office XP. Su fecha es 6 de junio de 2001. Hay que hacer doble clic en el programa y extraer los archivos a la carpeta C:\Archivos de programa\Microsoft

Office\Office10\1034. Cuando el Asistente pregunte si ha de rescribir los archivos existentes, responder Sí a todo. Si la versión adquirida de Word 2002 es posterior a esa fecha, no conviene actualizarlos.

- Lista de teclas de método abreviado de Office. El nombre del archivo es 02kkeys.exe. Se trata de un archivo con formato de libro de Excel denominado Lista de teclas de método abreviado útiles de Office 2000.xls. Se puede instalar en cualquier carpeta y se abre con Excel 2000 ó 2002, haciendo doble clic en el Explorador de Windows o Mi PC. La lista contiene los métodos abreviados más importantes para todos los programas de la suite Office. El Apéndice C de este libro contiene una lista completa de los métodos abreviados para Word 2002.
- Macros complementarias de Word 2000. El nombre del archivo es macros.exe. Se trata de la plantilla Macros9.dot con una serie de macros de ejemplo que se ejecutan con Word 2000. No se pueden instalar si no se dispone de esa versión del programa. Después de instalarlas, hay que seleccionar la plantilla Macros9.dot en el cuadro de diálogo Plantillas. Si aparece el cuadro de aviso Advertencia de seguridad, hay que activar la casilla de verificación Confiar siempre en las macros de esta fuente y después hacer clic en Habilitar macros. Para ejecutar una de estas macros, hay que hacer clic en Ejemplos de macros en la barra de herramientas Macros. La macro Ejemplos de automatización contiene ejemplos de macros sencillas para automatizar tareas entre Word, Access y Excel. En el momento de cerrar este libro no existían aún macros para Word 2002.
- Albaran.zip es un archivo comprimido que contiene una plantilla para albaranes creada con formato de Word 2000 ó 2002. Se abre haciendo doble clic en el archivo .zip y doble clic en el archivo .doc.

- Sonidos es una carpeta que contiene un archivo que se llama sounds.exe, con un conjunto de sonidos que se instalan mediante el Asistente para la instalación de sonidos de Microsoft Office. Hay que indicar la carpeta de destino C:\Windows\Media. También se pueden instalar en cualquier otra carpeta y después trasladarlos a \Windows\Media, probarlos y dejarlos, o bien eliminarlos.

Para utilizar los sonidos de Office, hay que hacer lo siguiente:

1. Hacer doble clic en el icono Sonidos del Panel de control.
2. En la lista Sucesos, seleccionar uno, por ejemplo, Abrir programa.
3. Hacer clic en la lista desplegable Nombre y seleccionar un sonido.

4. Hacer clic en el botón Probar.
5. Para eliminar sonidos de un suceso, hay que seleccionar Ninguno en la lista desplegable.
6. Hacer clic en Aceptar.

Compresores

- WinZip. Contiene la versión 8 de este popular programa shareware para compresión de archivos. Se instala haciendo doble clic en el archivo winzip80.exe. El Asistente realiza la instalación de manera automática y da a elegir entre utilizar WinZip con ayuda de un asistente o utili-zarlo de la forma tradicional.
- Arj. Contiene la versión shareware del compresor Arj. Se pone en marcha al hacer doble clic sobre el archivo arj.exe.

Comunicaciones

- CuteFtp. Contiene el archivo Cute.exe, que instala la versión 4.0 del popular gestor de ficheros CuteFTP, que facilita el envío de archivos al servidor de Internet para la publicación de páginas Web.
- CU-SeeMe. Contiene dos archivos con dos versiones de CU-SeeMe, un programa de videoconferencia con prestaciones similares a las de NetMeeting. Cu-seeme.exe instala la versión 1.0. Cu311.exe instala la versión 3.1.1. Ambas son gratuitas para demostración.
- ICQ. Contiene la última versión de ICQ (*I seek you*), 2000b, el más popular de los programas de chat y búsqueda de amigos y compañeros en Internet. Después de instalarlo, la dirección de la página de inicio del navegador cambia automáticamente a la página Web de ICQ. Para cambiarla en Internet Explorer, hay que seleccionar Herramientas>Opciones de Internet y modificar la dirección del campo Dirección URL: de la ficha General.
- mIRC. Contiene el archivo mIRC561t.exe, que instala la versión 5.61 de 32 bits del conocido programa mIRC, que facilita las operaciones de IRC, ya sea usando comandos o botones de barras de herramientas. Permite también reprogramar teclas de función y automatizar tareas.

Diseño y Animación

- AiPicture. Contiene el archivo aipict.zip que instala la versión 5.0 del programa Al Picture Utility, un visor de imágenes Jpeg capaz de generar imágenes de gran calidad con archivos muy pequeños.
- Flash5. Contiene el archivo flash5-trial.exe, una versión de prueba por 30 días del programa de diseño gráfico y animación Flash 5. Con él se han creado los clips de vídeo de Clippy que contiene la carpeta Clippy.

Gestores de descargas

- DownloadAccelerator. Contiene un programa acelerador de descargas que se pone en marcha automáticamente al seleccionar un enlace de descargas en Internet. Envía el archivo a la carpeta seleccionada, ofrece información del curso de la descarga y, si hay un conflicto y ésta se interrumpe, la continúa posteriormente, reintegrando el archivo a su lugar. Se instala en la ruta Inicio\Programas, haciendo doble clic en el archivo dap4.exe. Sitúa un icono en el extremo derecho de la barra de tareas de Windows para iniciarlo con un clic.

- MrCool. Contiene otro acelerador de descargas. El nombre del archivo es mrcooli.exe y se instala automáticamente al hacer doble clic en él. Permite arrastrar y colocar URL o copiarlas al Portapapeles de Windows. Si se trata de descargar una página Web grande o un archivo largo, MrCool ofrece la posibilidad de remitirlos por correo electrónico. La ayuda está muy bien estructurada y permite aprender rápidamente su manejo. Al igual que Download Accelerator, se instala en Inicio\Programas y sitúa un icono en el extremo derecho de la barra de tareas de Windows para iniciarlo con un clic.

MP3

- Audiograbber. Contiene el archivo agfreesetup.exe que instala la versión 1.6.2, en español, de Audiograbber, un reproductor-codificador para sonido digital CD y MP3.
- FreeRipMP3. Contiene el archivo freerippp3.exe. Se trata de un programa gratuito capaz de grabar pistas de sonido digital directamente de discos compactos, sin necesidad de utilizar la tarjeta de sonido. Permite almacenar las pistas como archivos Wav con calidad CD o codificar a formatos MP3 u Ogg Vorbis. Es preciso que el lector de CD-ROM soporte extracción de sonido digital. Se instala automáticamente haciendo doble clic en el archivo ejecutable.

- MP3Blaster. Contiene el archivo mp3blast1.exe. Es una versión de prueba de un reproductor de MP3. La versión definitiva comprende descodificación de MP3 a Wav, así como de Wav a MP3, que en la versión de prueba están desactivadas.
- MP3Pro. Contiene el archivo mp3ProAudioPlayer_v1_0.exe. Es una versión de evaluación del sustituto de MP3, que pretende conseguir calidad CD en un espacio inferior al que ocupa MP3. Para conseguirlo, separa las piezas musicales en dos partes, una de ellas en MP3 normal y la otra mediante una nueva tecnología denominada Spectral Band Replication (SBR). Según las evaluaciones de HispaMP3, se trata de una versión bastante mejorada de MP3, pero que no cumple todas las expectativas de compatibilidad con el hardware.

Multimedia

Esta carpeta contiene archivos de sonido, imagen y vídeo utilizados básicamente en el capítulo 13.

Navegadores

Contiene los siguiente navegadores:

- Go!Zilla. Contiene la versión 3.5 gratuita de la herramienta Go!Zilla.
- Internet Explorer. Contiene la versión 5.5 de Internet Explorer en castellano (se instala ejecutando el archivo ie5setup.exe).
- Netscape. Contiene la versión 4.5 de Netscape Communicator en castellano, así como su más reciente versión, la 6.

Reproductores Multimedia

- RealPlayer. Contiene el archivo rp8-es-setup.exe que instala la versión básica de Real Player, un reproductor para ver y oír música y televisión en Internet, así como para reproducir archivos de sonido. Instala un icono en la zona derecha de la barra de tareas de Windows, para iniciarlo con un doble clic.
- Reproductor de Windows Media. Contiene el archivo Mplayer2.exe, un reproductor de vídeo y sonido de Microsoft.

- Winamp. Contiene el famoso reproductor de archivos digitales de sonido MP3 Winamp3. El icono de la barra de tareas de Windows pone en marcha el reproductor. Esta versión gratuita ofrece numerosas prestaciones, que incluyen personalización del programa, audio CD, listas de piezas musicales, etc.

ScreenSavers Builder

El archivo SSBuilder.exe instala una herramienta para crear protectores de pantalla con imagen y sonido. Al hacer doble clic en el archivo, se in-cia el programa de instalación que solicita un nombre y un código de registro para proceder a la instalación. Para utilizar el módulo de evaluación, hay que hacer clic en el botón Try SaverBuilder. Esa acción pone en marcha un Asistente el cual instala el programa. En el último cuadro del Asistente hay que hacer clic en la casilla de verificación I've read and understand the above, para que el botón Finalizar se active. Después de instalarlo, aparece el cuadro de diálogo Propiedades de pantalla, con la ficha Protector de pantalla mostrando el protector de muestra de Screen-Savers Builder.

Seguridad Internet

En esta carpeta encontrará las carpetas que se presentan a continuación, con dos archivos de acceso a Internet desde los que usted podrá descargar las más recientes versiones de prueba de estos programas de Seguridad. Es necesario por tanto tener configurado el acceso a Internet.

- Norton Internet Security. Contiene el archivo de prueba NIS9X_trial.exe, que instala la versión 3 de Norton Internet Security 2001, un sistema de protección contra virus y accesos no autorizados, todo en una sola suite. Las herramientas antivirus Norton se actualizan al hacer clic en el programa LiveUpdate, ya sea manual o automáticamente, programando períodos de tiempo.
- Norton Personal Firewall. Contiene el archivo de prueba npf30_trial.exe. Instala la versión 2001 de Norton Personal Firewall, una herramienta de seguridad en Internet que protege al equipo de accesos no autorizados, bloqueando cualquier intento de acceso.

Todos los contenidos de este CD-ROM (programas, aplicaciones, ..) son freeware, shareware y demos, propiedad de las casas que junto a ellos se describen, y están sujetos a sus condiciones de utilización. Anaya Multimedia no se hace responsable de losprogramas ni de los daños que éstos pudieran ocasionar por un uso indebido. No obstante, para cualquier consulta, puede dirigirse a nuestro soporte técnico, al teléfono 91 320 90 36, o a nuestra dirección en Internet: www.anayamultimedia.es.

Apéndice C

Tabla de consulta rápida

Los métodos abreviados de Word 2002

Además de la selección de comandos y opciones de menú, Word 2002 ofrece la posibilidad de utilizar métodos abreviados y combinaciones de teclas para poner en marcha sus funciones y para realizar tareas como abrir o guardar archivos, copiar y pegar texto, etc.

La tabla C.1 comprende numerosos métodos abreviados del teclado, pero también se puede obtener una lista en un documento de Word, haciendo lo siguiente:

1. Seleccionar Herramientas>Macro>Macros.
2. En la lista desplegable Macros en, seleccionar Comandos de Word.
3. En el cuadro Nombre de la macro, pulsar **L** para acceder a los comandos que empiezan por esa letra y seleccionar ListaDeComandos.
4. Hacer clic en el botón Ejecutar.
5. En el cuadro de diálogo Listar comandos, hacer clic en Configuración actual de los menús y el teclado. También se puede elegir Todos los comandos de Word.
6. Hacer clic en Aceptar. Word escribirá una tabla de métodos abreviados y comandos en un nuevo documento.

Tabla C.1. Comandos de Word y métodos abreviados del teclado

Comando	Método abreviado
Abrir	**Control-A**
Abrir	**Control-F12**
Abrir	**Alt-Control-F2**
Abrir o cerrar párrafo	**Control-0**
Activar o desactivar código caracteres	**Alt-X**
Actualizar Autoformato	**Alt-Control-U**
Actualizar campos	**F9**
Actualizar campos	**Alt-Mayús-U**
Actualizar fuente	**Control-Mayús-F7**
Alternar Maestro y Subdocumentos	**Alt-Control-**
Alternar Mostrar campo	**Mayús-F9**
Anterior	**Control-Mayús-F6**

Comando	Método abreviado
Anterior	**Alt-Mayús-F6**
Maximizar/minimizar	**Alt-F10**
Restablecer	**Alt-F5**
Lista con viñetas	**Control-Mayús-I**
Título1	**Control-Mayús-1**
Título2	**Control-Mayús-2**
Título3	**Control-Mayús-3**
Autoformato	**Control-O**
Autotexto	**Alt-Control-G**
Ayuda	**F1**
Ayuda ¿Qué es esto?	**Mayús-F1**
Bloquear campos	**Control-3**
Bloquear campos	**Control-F11**
Buscar	**Control-B**
Cambiar Mayúsculas/minúsculas	**Mayús-F3**
Campo anterior	**Mayús-F11**
Campo anterior	**Alt-Mayús-F1**
Campo carácter	**Control-F9**
Campo combinado	**Alt-Mayús-O**
Campo Fecha	**Alt-Mayús-F**
Campo Hora	**Alt-Mayús-H**
Campo Lista numerada	**Control-Mayús-Y**
Campo Página	**Alt-Mayús-P**
Campo siguiente	**F11**
Campo siguiente	**Alt-F1**
Cancelar	**Esc**
Carácter a la derecha	**Flecha dcha.**
Carácter a la izquierda	**Flecha iza.**
Centrar párrafo	**Control-T**
Cerrar o salir	**Alt-F4**
Cerrar panel	**Alt-Mayús-C**
Código VB	**Alt-F11**
Códigos de campo	**Alt-F9**

Comando	Método abreviado
Combinar al imprimir	**Alt-Mayús-I**
Combinar en documento	**Alt-Mayús-D**
Modificar origen de datos	**Alt-Mayús-M**
Combinar y revisar	**Alt-Mayús-R**
Comentario	**Alt-Control-A**
Comprimir fuente	**Control-<**
Comprimir fuente un punto	**Alt-Control-<**
Comprimir selección	**Mayús-F8**
Copiar	**Control-C**
Copiar formato	**Control-Mayús-C**
Copiar texto	**Mayús-F2**
Cortar	**Control-X**
Cortar	**Mayús-Supr**
Crear Autotexto	**Alt-F3**
Cursiva	**Control-K**
Cursiva	**Control-Mayús-K**
Definir carácter	**Control-Espacio**
Definir carácter	**Control-Mayús-Z**
Definir párrafo	**Control-W**
Desbloquear campos	**Control-4**
Desbloquear campos	**Control-Mayús-F11**
Deshacer	**Control-Z**
Deshacer	**Alt-Retroceso**
Desvincular campos	**Control-6**
Desvincular campos	**Control-Mayús-F9**
Disminuir a texto independiente	**Control-Mayús-T**
Distribuir párrafo	**Control-Mayús-J**
Cerrar documento	**Control-R**
Cerrar documento	**Control-F4**
Dividir documento	**Alt-Control-V**
Maximizar documento	**Control-F10**
Mover documento	**Control-F7**
Restablecer documento	**Control-F5**

Comando	Método abreviado
Tamaño documento	**Control-F8**
Editor de secuencias de comandos	**Alt-Mayús-F11**
Eliminar	**Supr**
Eliminar palabra	**Control-Supr**
Eliminar palabra anterior	**Control-Retroceso**
Encabezado o pie de página vinculado	**Alt-Mayús-N**
Espacio párrafo 1	**Control-1**
Espacio párrafo 5	**Control-5**
Espacio párrafo 2	**Control-2**
Especial	**Control-Mayús-F3**
Especial	**Control-F3**
Esquema	**Alt-Control-Q**
Esquema aumentar nivel	**Alt-Mayús-Flecha iza.**
Esquema contraer	**Alt-Mayús--**
Esquema contraer	**Alt-Mayús-- (teclado numérico)**
Esquema disminuir nivel	**Alt-Mayús-Flecha dcha.**
Esquema expandir	**Alt-Mayús-+**
Esquema expandir	**Alt-Mayús-+ (teclado numérico)**
Esquema mostrar primera línea	**Alt-Mayús-L**
Esquema mover abajo	**Alt-Mayús-Flecha abajo**
Esquema mover arriba	**Alt-Mayús-Flecha arriba**
Estilo	**Control-Mayús-W**
Estilo Normal	**Control-Mayús-A**
Estilo Normal	**Alt-Mayús-Borrar (Número 5)**
Examinar anterior	**Control-Re Pág**
Examinar selección	**Alt-Control-Inicio**
Examinar siguiente	**Control-Av Pág**
Extender carácter a la derecha	**Mayús-Flecha dcha.**
Extender carácter a la izquierda	**Mayús-Flecha iza.**
Extender al fin del documento	**Control-Mayús-Fin**
Extender al final de línea	**Mayús-Fin**
Extender al final de la ventana	**Alt-Control-Mayús-Av Pág**
Extender fuente	**Control-Mayús-<**

Comando	Método abreviado
Extender fuente un punto	**Alt-Control-Mayús-<**
Extender una línea abajo	**Mayús-Flecha abajo**
Extender una línea arriba	**Mayús-Flecha arriba**
Extender una página abajo	**Mayús-Av Pág**
Extender una página arriba	**Mayús-Re Pág**
Extender una palabra a la derecha	**Control-Mayús-Flecha dcha.**
Extender una palabra a la izquierda	**Control-Mayús-Flecha iza.**
Extender un párrafo abajo	**Control-Mayús-Flecha abajo**
Extender un párrafo arriba	**Control-Mayús-Flecha arriba**
Extender al principio de documento	**Control-Mayús-Inicio**
Extender al principio de la línea	**Mayús-Inicio**
Extender al principio de la ventana	**Alt-Control-Mayús-Re Pág**
Extender selección	**F8**
Fin de columna	**Alt-Av Pág**
Fin de columna	**Alt-Mayús-Av Pág**
Fin de documento	**Control-Fin**
Fin de fila	**Alt-Fin**
Fin de fila	**Alt-Mayús-Fin**
Fin de línea	**Fin**
Fin de ventana	**Alt-Control-Av Pág**
Fuente	**Control-M**
Fuente	**Control-Mayús-F**
Fuente Symbol	**Control-Mayús-Q**
Guardar	**Control-G**
Guardar	**Mayús-F12**
Guardar	**Alt-Mayús-F2**
Guardar como	**F12**
Hacer clic en el campo	**Alt-Mayús-F9**
Activar o desactivar marcas de cambio	**Control-Mayús-E**
Contar palabras	**Control-Mayús-G**
Agregar tecla de menú	**Alt-Control-+**
Eliminar tecla de menú	**Alt-Control--**
Personalizar tecla del teclado	**Alt-Control-+ (teclado numérico)**

Comando	Método abreviado
Revisión	**F7**
Sinónimos	**Mayús-F7**
Volver a contar palabras	**Control-Mayús-O**
Hipervínculo hacia atrás	**Alt-Flecha iza.**
Hipervínculo hacia delante	**Alt-Flecha dcha.**
Hipervínculo Insertar	**Alt-Control-K**
Imprimir	**Control-P**
Imprimir	**Control-Mayús-F12**
Ir A	**Control-I**
Ir A	**F5**
Marcador	**Control-Mayús-F5**
Marcar elemento de índice	**Alt-Mayús-E**
Marcar elemento TDC	**Alt-Mayús-B**
Mayúsculas	**Control-Mayús-U**
Información del sistema	**Alt-Control-F1**
Modo Menú	**F10**
Mostrar Título1	**Alt-Mayús-1**
Mostrar Título2	**Alt-Mayús-2**
Mostrar Título3	**Alt-Mayús-3**
Mostrar Título4	**Alt-Mayús-4**
Mostrar Título5	**Alt-Mayús-5**
Mostrar Título6	**Alt-Mayús-6**
Mostrar Título7	**Alt-Mayús-7**
Mostrar Título8	**Alt-Mayús-8**
Mostrar Título9	**Alt-Mayús-9**
Mostrar Todo	**Control-Mayús-8**
Mostrar todos los títulos	**Alt-Mayús-A**
Mostrar todos los títulos	**Alt-Mayús-T**
Mover texto	**F2**
Negrita	**Control-N**
Negrita	**Control-Mayús-N**
Normal	**Alt-Control-N**
Nota al final	**Alt-Control-L**

Comando	Método abreviado
Nota al pie	**Alt-Control-O**
Nuevo	**Control-U**
Objeto anterior	**Alt-Flecha arriba**
Objeto siguiente	**Alt-Flecha abajo**
Oculto	**Control-Mayús-O**
Otro Panel	**F6**
Otro Panel	**Mayús-F6**
Página	**Alt-Control-D**
Página abajo	**Av Pág**
Página arriba	**Re Pág**
Palabra a la derecha	**Control-Flecha dcha.**
Palabra a la izquierda	**Control-Flecha iza.**
Panel Traducir	**Alt-Mayús-F7**
Párrafo abajo	**Control-Flecha abajo**
Párrafo arriba	**Control-Flecha arriba**
Párrafo carta Estilo	**Alt-P**
Párrafo alinear derecha	**Control-D**
Párrafo alinear izquierda	**Control-Q**
Párrafo justificado	**Control-J**
Pegar	**Control-V**
Pegar formato	**Control-Mayús-V**
Principio de columna	**Alt-Re Pág**
Principio de columna	**Alt-Mayús-Re Pág**
Principio de documento	**Control-Inicio**
Principio de fila	**Alt-Inicio**
Principio de fila	**Alt-Mayús-Inicio**
Principio de línea	**Inicio**
Principio de ventana	**Alt-Control-Re Pág**
Quitar sangría	**Control-Mayús-R**
Quitar sangría francesa	**Control-Mayús-G**
Reemplazar	**Control-L**
Regresar	**Mayús-F5**
Regresar	**Alt-Control-Z**

Comando	Método abreviado
Rehacer	**Alt-Mayús-Retroceso**
Rehacer o Repetir	**Control-Y**
Rehacer o Repetir	**F4**
Rehacer o Repetir	**Alt-Intro**
Repetir Buscar	**Mayús-F4**
Repetir Buscar	**Alt-Control-Y**
Salto columna	**Control-Mayús-Intro**
Salto página	**Control-Intro**
Sangría	**Control-H**
Sangría francesa	**Control-F**
Tamaño de fuente	**Control-Mayús-M**
Seleccionar columna	**Control-Mayús-F8**
Seleccionar tabla	**Alt-Borrar (Número 5)**
Seleccionar todo	**Control-E**
Seleccionar todo	**Control-Borrar (Número 5)**
Seleccionar todo	**Control-Número 5**
Separador estilo	**Alt-Control-Intro**
Siguiente	**Control-F6**
Siguiente	**Alt-F6**
Siguiente error ortográfico	**Alt-F7**
Sobrescribir	**Ins**
Subíndice	**Control-Mayús-0**
Subrayado doble	**Control-Mayús-D**
Subrayado de palabras	**Control-Mayús-P**
Subrayar	**Control-S**
Subrayar	**Control-Mayús-S**
Superíndice	**Control-+**
Versales	**Control-Mayús-L**
Vista preliminar	**Control-F2**
Vista preliminar	**Alt-Control-I**

Índice alfabético

A

Asistente,
para cartas, 40, 239
para consulta, 40, 258
para páginas Web, 44, 84, 479
Autocorrección, 36, 158
Autoformato, 34, 78
Autotexto, 159

B

Barra de herramientas
Bases de datos, 40, 243
Combinar correspondencia , 239
Detener grabación, 41
Encabezado y pie de página , 34
Imagen, 43, 139
Web, 469
Búsqueda, 179

C

Celdas, 36
Colaboración en línea, 44
Compatibilidad, 42, 383
Consulta de MS, 40
Control de cambios, 42
Crear plantillas, 39, 84
Cuadro de controles, 43, 402
Cuadro de diálogo,
Bordes y sombreado, 34
Configurar página, 30
Fuente, 31
Grabar macro, 41
Guardar como, 29, 172
Modificar el estilo, 39, 116
Numeración y viñetas, 33
Opciones, 36
Ortografía y gramática, 36
Párrafo, 32
Personalizar, 33
Personalizar teclado, 39, 119
Plantillas y complementos, 132
Salto, 32, 135
Símbolos, 33, 122, 201
Tablas y bordes, 34
Tabulaciones, 32

D

Dibujar tabla, 36
Diccionario, 155
Discusiones Web, 44
Diseño de impresión , 35
Diseño Web, 35

E

Editor VBA, 425
Efectos de texto,32, 33
Encabezados y pies de página, 34, 97
Espacio entre pares de caracteres, 32
Esquema, 33, 262
Estilos de párrafo, 39, 106
Estilos de tabla, 37
Estilos predefinidos, 38

F

Ficha Páginas Web, 44
Formato, 204, 214
Fórmula, 37
Formularios, 377
Fuentes instaladas, 32

G

Galería Multimedia, 444
Grabar nueva macro, 41
Grabar una macro, 41
Galería Multimedia
Guiones, 36, 144

H

Herramientas Web, 43, 468
Hipervínculos, 44
Editor VBA, 425

M

Mapa del documento, 35
Marcos, 44
Microsoft Query, 40, 257,444

N

NetMeeting, 44
Numeración y viñetas, 33

O

OLE, 314
Opciones de autocorrección, 36, 158
Opciones de Autoformato, 34
Organizador, 39, 134
Origen de datos, 40
Ortografía y gramática, 35, 70, 154

P

Panel de tareas
  Combinar correspondencia, 40
  Estilos y formato, 38, 108
  Mostrar Formato, 38
Plantillas predefinidas, 29, 84
Proteger documento, 49, 373

S

Sinónimos, 36, 166

T

Tablas y bordes, 37
Tecnología OLE, 42
Temas, 44, 68
Traducir, 168

V

Vincular al archivo, 43, 319
Vista preliminar, 35, 185